Yuehansheng
Pingzhuan

约翰生评传

蔡田明 / 著

国际文化出版公司
·北京·

图书在版编目（CIP）数据

约翰生评传 / 蔡田明著. —北京：国际文化出版公司，2022.4
 ISBN 978-7-5125-1390-7

 I. ①约… II. ①蔡… III. ①约翰生 – 评传 IV. ① K835.615.6

中国版本图书馆 CIP 数据核字（2022）第 010857 号

约翰生评传

作　　者	蔡田明
责任编辑	侯娟雅
出版发行	国际文化出版公司
经　　销	全国新华书店
印　　刷	天津中印联印务有限公司
开　　本	710 毫米 ×1000 毫米　16 开 23.5 印张　　　　　　382 千字
版　　次	2022 年 4 月第 1 版 2022 年 4 月第 1 次印刷
书　　号	ISBN 978-7-5125-1390-7
定　　价	88.00 元

国际文化出版公司
北京朝阳区东土城路乙 9 号　　　邮编：100013
总编室：（010）64271551　　　　传真：（010）64271578
销售热线：（010）64271187
传真：（010）64271187-800
E-mail：icpc@95777.sina.net

目录

第一章　英国中部的家乡　\\001

第二章　牛津大学　\\049

第三章　伦敦　\\091

第四章　编纂《英语词典》　\\149

第五章　写作《拉塞拉斯》前后　\\197

第六章　养老金生活　\\229

第七章　高地旅行　\\275

第八章　《诗人传》　\\305

第九章　最后岁月　\\331

没有尾声的结尾　\\368

后　记　\\370

第一章　英国中部的家乡

第一章　英国中部的家乡

2009年9月18日，这个特别日子给英国中部地区带来节日的气氛，利奇菲尔德城（Lichfield）迎来他们伟大的儿子塞缪尔·约翰生（Samuel Johnson，1709—1784）300周年诞辰庆典。

利奇菲尔德隶属斯塔福德郡，坐落在英国中部地区，往南16英里①接壤大城市伯明翰，周边环绕其他几个中小城镇，地处交通要道，有两条贯穿南北东西的铁路线，一条是伦敦—西北干线，一条是布里斯托尔—东北干线。与铁路线交错并行的还有高速公路。虽车辆繁忙穿梭，城区内却闹中有静、安宁祥和。早在中世纪，这里就是交通要道，人口一直维持在3000人左右，1990年后的十年人口增加到7000人，2009年以来维持着近3万人口。

中部名城

"Lichfield"一词的含义是"死者之地"。通常，人们抬着死者要走过利奇门，再安置在教堂墓园下葬，故此利奇菲尔德又有殉道基督徒圣地之称。在塞缪尔·约翰生于1775年编辑出版的《英语词典》②中，他以"向伟大的母亲致敬"的方式诠释这个地名，赞美自己出生的地方。

据传说，4世纪时就有罗马军队在利奇菲尔德驻兵，对信仰基督教的英国人进行过血腥大屠杀。圣·查德主教（Saint Chad，利奇菲尔德主教，669—672）来到此地，带领信徒建城，后来这里成为一个基督教传播中心。圣·查德之所以要选

---

① 1英里≈1.61公里。——著注（本稿注释均为著注）
② 《英语词典》（*The Dictionary of the English Language*，1755），即《约翰生词典》。

此地，是因为他相信西方天主教之父圣奥古斯丁（St. Augustine，396—430）曾访问过这个被屠之地，并宣称其为"圣地"。

建于12世纪的圣·查德小教堂，是斯塔福德郡现存最古老的建筑，至今仍安静地矗立在斯托（Stowe）水塘旁。靠水塘的北边原先有个建于7世纪的撒克逊教堂，1085年被诺曼教堂取代，之后又被以崇拜圣母的天主教堂替代，在1195年和1330年间修建的利奇菲尔德大教堂①原址基础上经不断扩充和修缮，得以保存下来。斯托水塘周围柳树成荫，福泽万世。小说家丹尼尔·笛福（Daniel Defoe，1660—1731）于1720年曾来访，赞叹这里有英国最美丽高雅的中世纪大教堂。这个俗称"山谷之女子"的"三尖塔"风雨飘摇千年，依然高耸矗立，自然成为这座历史古城最显著的地标。

利奇菲尔德属英国八个最早具有城市地位的民间教区之一，其特殊的地方自治体制直到英国国会通过英"地方政府法"（1972）才改变。城镇管理机构土地信托会（the Conduit Lands Trust）负责管理房地产收入，同时为城镇居民承担免费用水及其他社会福利。1860年为纪念成立300周年，"信托会"建"钟塔楼"。1953年，市政厅举办建城400周年纪念活动。

名人荟萃

利奇菲尔德小城是个名人辈出的地方。中世纪，由主教罗杰·德·克林顿（Roger de Clinton，？—1148）负责设计，利奇菲尔德镇网格街道的模式自此确定，并建了一个小修道院（1148）；在利奇菲尔德语法学校（1495年建立）读书的学生中，有查理二世复辟时期的古董商、政治家埃利亚斯·阿什莫尔（Elias Ashmole，1617—1692），还有诗人约瑟夫·艾迪生（Joseph Addison，1672—1719），他陪当时任大教堂院长的父亲在这里度过青少年岁月。

进入18世纪，除约翰生外，这里还留下了其他名人的足迹，如英国表演艺术

---

① 利奇菲尔德大教堂（Lichfield Cathedral）是英格兰中世纪教堂当中唯一一个有三个尖塔的教堂。

大家大卫·加里克（David Garrick，1717—1779）[①]、女诗人安娜·西沃德（Anna Seward，1742—1809）、著名生物学家达尔文的祖父伊拉兹马斯·达尔文（Erasmus Darwin，1756—1802）医生。因同属斯塔福德郡区，泰坦尼克号船长爱德华·史密斯（Edward Smith，1850—1912）的全身铜像亦安放在城里四个水塘之一——灯塔公园的主教鱼塘（Bishop's Fish Pool）旁供人瞻仰。

自小城这个伟大的儿子去世后，这里成为朝圣之地。詹姆斯·鲍斯威尔（James Boswell，1740—1795）[②]和赫丝特·林奇·斯莱尔夫人（Mrs. Hester Lynch Thrale，1741—1821）[③]是两位到这里最早的"约翰生粉"或称"约翰生爱好者"（Johnsonian）。后来造访的约翰生的崇拜者络绎不绝。市场街广场竖立起约翰生塑像（1838）和鲍斯威尔塑像（1908）给家乡人带来永久的荣耀。"约翰生家乡协会"（The Johnson Society of Lichfield）自1910年建立后，每年举办"诞生日晚宴"，约翰生爱好者和学者团聚一起，以特殊的仪式向这位伟人致敬。

环顾周边，没有什么比地域开阔的中部地区更能造就人才的地方了。这座交通便利、宗教氛围浓郁、历史丰富的英国小城，是如何孕育其伟大的儿子，而他又是如何离开家乡，在更广阔的天地生活，终生贡献智慧财富于人类的呢？我们慢慢来了解这位伟人走过的道路和他跌宕起伏的传奇人生吧。

勇敢的男儿

塞缪尔·约翰生生于1709年9月18日下午4点。1765年年已56岁的塞缪尔·约翰生讲述说，当年，在紧靠市场街角新建的四层楼房里，母亲莎拉·约翰生

[①] 戏剧表演家，约翰生的学生，后二人成为终生朋友。1737年，他和约翰生一起到伦敦寻求事业的发展。

[②] 苏格兰律师，作家，与约翰生认识21年，他撰写了最有影响力的《塞缪尔·约翰生传》。(The Life of Samuel Johnson，1791)。

[③] 约翰生晚年最重要的女性友人，彼此陪伴19年。再婚后夫姓皮奥齐，著有《约翰生逸事》(Anecdotes of the Late Samuel Johnson，1786) 等。

（Sarah Johnson）[①]难产，幸得当地有名的男接生员乔治·赫克托（George Hector）帮助。父亲迈克尔·约翰生（Michael Johnson）是位书商，时年52岁，而母亲莎拉40岁。他们结婚三年多，老年得子，才生头胎。

接生员乔治就住在这座四层楼房附近。瘦弱的莎拉面临难产，至下午4点，一切痛苦结束。约翰生自撰《年鉴》（*Annals*）[②]提到这个诞生日时说："我出生时几乎死去，很长时间无法哭出来。"

乔治手里抱着安静的婴儿，安慰这位母亲说："这是一个勇敢的男儿。"担心他的身体虚弱且性命不保，家人当晚就在出生的房间给他施洗礼，由就近的圣玛丽教堂的教区牧师威廉·贝克（William Baker）主持。父母给新生儿安排了两位教父，一位是律师理查德·韦克菲尔德（Richard Wakefield），一位是塞缪尔·斯温芬（Samuel Swinfen）医生——他为了就近工作方便租住在约翰生父母新建的宽大楼房里。新生婴儿有两个教父，多少说明家庭的一定社会地位和父母对儿子的期望。

塞缪尔的起名提议可能来自其大舅也就是莎拉的哥哥塞缪尔·福特（Samuel Ford），正如第二个孩子取了母亲弟弟的名字纳撒尼尔（Nathaniel）。传记作家沃特·杰克森·贝特（Walter Jackson Bate）[③]分析，父亲不会轻易对取名权让步，可巧碰上塞缪尔·斯温芬医生也用了这个名，便不再坚持。另一位传记作家詹姆斯·克里福德（James L. Clifford）[④]认为，其父亲肯定与起名无关，因为妻子总是嘲讽丈夫的贫困家庭背景，而为自己的家族感到自豪。

迈克尔老来得子喜出望外，洗礼后，"塞缪尔"昵称"塞儿"。约翰生书信常用签名为"塞·约翰生"。

[①] 父姓福特（Ford）。
[②] 约翰生写的简短自传，有些部分写作于1743年，有些写于1764—1772年。
[③] 《约翰生传》（*Samuel Johnson*, London: The Hogarth Press, 1978）的作者。
[④] 《青年约翰生》（*Young Sam Johnson*, New York: McGraw-Hill Book Company, Inc. 1955）的作者。

可怜的孩子

　　塞儿出生时正赶上父亲第二天要当值,骑马巡行镇区边界。这年7月,迈克尔当选为镇治安官,这是一个有很高荣誉却无收入的职位,履职者的首要任务是为有着3000人口的小城的治安骑马环绕镇区16英里视察边界。这个习俗形成于印刷工业时代前。因为缺少印刷图物,人们更愿意"亲见"而非后来"眼观"区界标志。儿子的出生与事业高峰并行,当被问起谁会被邀请陪骑时,迈克尔会自豪地回答:"现在镇里的所有人。"骑行队伍壮观,一路欢声笑语,返回到小城协会门前品尝饮料甜品后才告结束。

　　有时候,一个原本很好的意图却有可能导致致命的后果。那时,迈克尔担心妻子奶水不足,急切之下,便把孩子交给临街的琼·马克卢(Joan Marklew)照顾,因为她有个一岁半的孩子,正处在断奶期。马克卢夫人30多岁,看上去挺健康,但她儿子患有结核性淋巴结炎(即淋巴结核,scrofula),一生几乎无法工作,晚年目盲。

　　到奶妈家只五分钟的步行路程,莎拉却不放心儿子,常去看望,生怕流言说她太宠溺儿子,特意绕道走。又为了不让奶妈多心,她有时会说只是顺道来访,有时特意留下些东西然后找借口再来取。按说爱儿心切,莎拉有时也无须什么理由,这"勤看孩子"的行为即便按照现代人的观念也无可挑剔,可是在18世纪,英国人对待孩子的态度比较严格,莎拉心里知道,邻居见她哪怕一天跑一次也会在背后嘲笑她。通常孩子略长大后,在假期或周末人们习惯将他们放到亲戚朋友家"过夜",以便让他们早日摆脱家庭的溺爱,早点接受社会群体的管教,早点培养个人独立精神。

　　40多岁才做母亲,莎拉自然免不了格外关注儿子。孩子的每个问题,身上的任何征兆,都会成为父母记忆最深的部分。几周后,这个婴孩的半边臀部出现感染,看上去像烧伤,起初肿胀、溃破,很快溃烂,然后自然痊愈。不久,他的眼睛又被感染，家里很快带他在当地做了手术，从左臂切割放血，导引排毒。对这个手术所带来的痛苦，塞儿因为太小而无特别印象，只隐约记得自己有只"蛋奶糊小湿手"，这双"湿手"在6岁后便全干了。

雪上加霜的是，另一病症又在塞儿身上发作，这回是在脖子部位——淋巴结核，后来他的胞弟也得过类似的病。

病情发展，不久后，塞儿的脖子腺体病毒感染，随即做了无麻醉手术，留下了大块疤痕。谁知他不久又得了天花病，疤痕又出现在脸上。此时的塞儿有多么苦难，受淋巴结核所患影响有多么严重，终致面容尽毁，真是令人一言难尽。

这么折腾了约十周，塞儿被送回家，他的小姨纳撒尼尔·福特看到他后直惋惜："可怜的孩子，病歪歪的，几乎眼盲。若是在大街上看见，绝不会有人愿意抱起这个可怜小家伙。"

斯温芬医生常感叹从未见过一个孩子经受如此多的病痛。

塞儿不仅左耳聋，左眼几乎全盲，右眼和右耳也受到严重损害。最重要的视听功能几乎丧失，面部和脖子部位留下大小不一的节疤。这样一副残缺不全体貌的一个人，若活下去，是需要其他能力来弥补的。自然，未来要生存下去，塞儿必须忍受结核性淋巴炎带来的身体影响，还要承受由此带来的更多心理方面的痛苦。

女王的触摸

然则，弱者得助。莎拉的堂姐，一位富裕的寡妇伊丽莎白·哈里奥特（Elizabeth Harriotts）就住在离利奇菲尔德约20英里的特里斯尔区（Trysull）。她比莎拉大8岁，没有孩子，住的是安逸舒适的砖石房，对这位多病的外甥十分关心，提出要带回家照顾，方便就近带他看眼科医生。

迈克尔起初很不情愿，他嫉妒她的强势地位，可自身糟糕的经济状况，使他即便有很强的自尊心也无力一直干预。第二年，哈里奥特夫人便把塞儿带回自己家，让他接受当地眼科专家的治疗，主治医师是年轻的罗马天主教医生托马斯·阿特伍德（Thomas Attwood）。

此时为塞儿治病成为母亲最大的心事。淋巴结核又称瘰疬症，英文也写作King's Evil，字面意思为"国王的邪恶"，民间传说只要国王触摸就能治愈。莎拉救子心切，决心有机会带孩子去伦敦"治病"。

"国王的触摸"这一神奇的疗法之说早在爱德华时期（1042—1066）就开始了，中部地区尤其迷信成风。离小城5英里远的教区，保存有一个人被查理二世（1660—1685在位）触摸后病愈的记录。天主教信徒詹姆斯二世（1685—1688在位）到小城访问时，就在那个中世纪建起的三尖顶教堂内触摸过许多病患。利奇菲尔德著名医生约翰·弗洛耶（John Floyer，1649—1734）著《哮喘疗法》（*A Treatise of the Asthma*，1698），提倡医疗触摸，通过宣传后广为人知。几十年后，即位女王安妮不弃"家传"，自诩有此能力，以佐证其继承权合乎法理。在位末年，她最多一次触摸了200多人。[这个行为到乔治一世时期（1714—1727）被终止。教义为先，因为若让这种触摸疗法流传下去，会让人产生复活天主教而轻视英国国教意味的感觉。]

1712年春，伦敦报纸刊登消息说3月19日女王将触摸患者。莎拉接受弗洛耶医生的建议，她似乎看到了希望。但这既不容错过，也不容易做到——除接受王室复杂的审批程序外，为避免不必要的触摸，申请人须持医生证明，还要有当地教区人士担保出具从未被触摸过的声明。早有两位教父的塞儿自然不会遇到太大困难。

1712年3月，莎拉带着2岁多的塞儿上路了。当年，从利奇菲尔德不远处的伯明翰到伦敦，公共马车要走三天。他们经历了一个并不舒适的颠簸旅途来到了伦敦，莎拉期待神迹会出现。莎拉平时不喜算计，承担这次费用对她的家庭来说并不十分困难。他们乘坐公共马车去，返回则搭运货的四轮马车，比去时多用两天时间。约翰生后来听母亲说，这是因为他咳得很厉害，怕影响其他乘客。母亲把两个几尼缝进衣袋以免被抢劫。同时，怕人家不让她们乘公共马车，她还隐瞒了自己已怀孕两个月的实情。塞儿病得很重，路途中没少惹麻烦。约翰生的回忆录说道："车上有位妇人抱我，另一位讨厌我。"

到伦敦后，他们住在迈克尔认识的书商约翰·尼科尔斯（John Nichols）位于奥尔德斯格街道的家里。这里是伦敦图书交易中心，也是热闹的古文物和服装买卖的市场，离莎拉的表兄科尔内留斯·杰森（Cornelius Jesson）家不远，这位表兄是一家五金商店和一家基督教医院的管理人。

触摸仪式在圣·詹姆斯宫举行。因为那个历史悠久的"白厅"（1530—1698）被烧毁，而后来闻名于世的白金汉宫尚在建造，直到维多利亚女王1837年登基才启用。

约翰生对赫丝特·斯莱尔夫人说起过这次触摸。他仅有模糊不清的一点记忆，只记得有位戴黑纱的女人，还记得有个男孩在宫殿里哭喊。当年女王触摸患者后，她会把一条带金线的白丝带放在患者肩脖或手臂上，约翰生很珍惜这条丝带，穿戴在内衣里，直到去世。

在伦敦，母亲给塞儿买了些东西，其中有一条带斑纹点的亚麻裙，还有一只小银杯和一个小汤勺，刻了"塞儿"字样。母亲保留它们直到离世，后来约翰生的妻子特蒂·伊丽莎白（Tetty Elizabeth Johnson，1689—1752）在他们最拮据时卖掉了银杯，约翰生晚年仅保留着小汤勺。从伦敦回家后，父母并未见有任何奇迹发生在儿子身上，除经常祈祷外，没再寻求其他迷信方式去医治。

约翰生常回忆家境的清贫，对此，传记作家克里福德持保留意见，认为约翰生的父亲能送母子俩到伦敦一行本身就表明家庭经济状况远非太差，其母亲乘便宜的拉货马车返回，客人拥挤，多达30人，这个省钱的回程，是因为莎拉担心病重孩子的吵闹会影响搭乘公共马车的有身份的乘客。

父母的婚姻

约翰生对父母生活不和谐的印象，实与他们门不当户不对的婚姻背景有关。现代传记作家考证，生活在德比郡的约翰生的祖父威廉·约翰生确实出身卑微。他是个劳工，贵族的侍从，家里生育三个儿子迈克尔、本杰明、安德鲁和一个女儿玛格丽特。1664年，全家迁居利奇菲尔德。1666年圣·玛丽教堂的记录显示，在246户交税名单中，约翰生祖父紧挨在最低等之上。

但清贫自有社会帮助。通过本地慈善机构和管道土地信托会资助，三个儿子接受了基本的文化教育。老大迈克尔16岁时得到4英镑（相当于现在的400英镑）的资助，到伦敦文具书店给书商理查德·辛普森（Richard Simpson）当学徒工八年，24岁返乡下后做起书店业务（1681）。其他两个兄弟也做过这位书商的学徒，其中安德鲁在伯明翰开书店。这位安德鲁叔叔曾是拳击爱好者，对约翰生的体力锻炼产生了直接影响。

母亲莎拉·福特的家族，属于古老而受尊敬的阶层，在17世纪初是伯明翰北部阿斯顿区的磨坊主。莎拉的祖父于1648年去世，祖母玛丽和儿子福特（Cornelius Ford）搬迁到伯明翰南五英里远的伍斯特郡的乡村，在那儿买下大片地产。

科尔内留斯·福特于1661年结婚，生育了八个孩子。他比邻居有稍好的家境，有私人藏书，有地产收入，他的孩子们得到很好的照顾，从小接受教育。全家1668年先是搬到沃里克郡科德乌斯，后来又在帕克伍德居住了13年。萨拉的兄弟亨利是位事业成功且在伦敦小有名气的律师。

让萨拉很自豪的是，除了成功律师兄弟，大哥约瑟夫（Joseph）在剑桥学医，成为斯陶尔布里奇（Stourbridge）的名医。兄弟姐妹离家后，莎拉独自与父母生活。在1701年母亲去世之后，她成为帮父亲打理家业的助手，因此延误了婚事。1706年莎拉37岁，年纪已不小，但还是想找个家庭条件好的男人。

姐姐帮助了她。姐姐菲比与马鞍匠约翰·哈里森（John Harrison）结婚后，住在利奇菲尔德。在看望姐姐期间，经人介绍，莎拉认识了勤劳的高个子书商迈克尔·约翰生。迈克尔已人到中年，无论年轻时遭遇多少挫折，这时也到了该平顺的时候。作为一个活跃的生意人和市政厅公众人物，他需要有个妻子照顾家庭和帮衬生意，同时，期待未来有孩子能继承家业。这些都成为闪婚的原因——他们于1706年6月19日结婚。

约翰生的父亲遇见其母亲时已49岁，一直把精力放在生意和教堂事务方面是他晚婚的原因之一。他自身还有可能引发精神失常的抑郁症，这一病症后来随着家庭经济的拮据和妻子的唠叨有所加重，幸运的是他通过体力活动和努力工作克服它。但是不幸的是，这种病症传给了儿子。

詹姆斯·鲍斯威尔所著《约翰生传》（*The Life of Samuel Johnson*，1791），"传

中之传"的地位无人可超越，无论之后有再多增写的约翰生传，无论他的传有多少可圈点的失误，也无法改变其成为难以复制的约翰生传记之经典。鲍斯威尔书中提到迈克尔单相思的故事，只是经后人考证有误，后来贝特在又克里福德的《青年约翰生》基础上增加了详情。实情是，迈克尔29岁那年曾与一位德比郡富商的23岁女儿玛丽·尼德（Mary Neild）登记结婚，但不知何因，两年后，这位女子却与另一位绅士詹姆斯·沃纳（James Warner）结了婚。从那以后20年迈克尔没有成婚，也许是他恐婚，回避婚姻问题，转而把精力更多地放在了事业上，这段不幸的婚事，他从未告诉过后来的家人。

原生家庭

婚后，迈克尔竭力展示其成功人士或当家男人的担当，后来还盖起了四层楼房，但从此背上了沉重的债务，同时带来生活的不安全感。而没有什么生意头脑的莎拉，只看眼前利益，把贫困直接归咎于丈夫的生意欠佳。

迈克尔对妻子下了"禁社交令"，不鼓励她与邻居交往，怕承担接待客人的费用，还嘱咐家人不要买茶，因为茶在当时是很贵的开销。莎拉接受了这种要求。"顺从"丈夫的压抑，她后来曾跟塞儿流露过："如果有重新开始的机会，我不会接受这个无社交活动的家庭戒律。"

莎拉从小足不出户，几乎是在家人宠爱的环境中成长起来的。她总是以夸耀娘家家族为荣，常常激起丈夫的不满。莎拉的富有亲戚关心塞儿的眼疾，迈克尔就尽力回避，而这些亲戚来访，他为了逞强，就把公家的马带回家炫耀。

迈克尔"默许"家庭歧视，为了生活的和谐，他也懂得必要的妥协。

"我父亲牵马，以治安工作为由离家出走。"这种回避矛盾的场面，约翰生后来在与妻子、与同住屋檐下的几位女性的生活中经历过。"我父母彼此并不幸福，他们很少交谈。"约翰生认为，父亲不愿谈起他的生意，而母亲不熟悉他的生意，除了抱怨、担心和怀疑，就是谨慎地谈论其他话题。"若母亲有文化，他们能成为很好的伴侣。""如果她的谈话范围多样些，就会给一些不受欢迎的话题增加趣味。"谈话要有趣,需要心灵的沟通。约翰生后来把"有话谈"作为婚姻幸福家庭的标准,写进散文和小说里。

父母的心理不平衡和彼此间的蔑视,约翰生很早就感觉得到,他曾表示自己不知该站在哪一边。迈克尔几乎不会说起自己的家族,约翰生后来向鲍斯威尔承认,父亲从未谈过祖父家里的事。

母亲的影响

由于父亲忙工作并很少在家,培养教育孩子的职责更多地落在母亲身上。约翰生早期的教育都来自母亲。他回忆说,从伦敦看病回乡不久的一天早上,母亲对躺在床上的他说,人死后有两个地方可去,一个是幸福的天堂,一是悲惨的地狱。约翰生的童年印象里,父母双方都无任何有效的方式帮助一个生病的孩子克服弱点和增强信心。过分的宠爱和严厉的责备,效果都适得其反。"我母亲总是说我举止不当,要守规矩、努力学好,可我提出说她应告诉我什么可做、什么不可做时,她就不知道说什么了。"

母亲的常识与孩子的认知落差大,导致了母子间的矛盾。约翰生说,从感情上来说他很爱母亲,却并不敬佩她。"有天她叫我'小狗',我反问她是否知道小狗的母亲是什么。"3岁后,弟弟纳撒尼尔出生,兄弟俩分享父母的爱和关注。

母亲不懂得如何化解孩子间的妒忌。约翰生对斯莱尔夫人说,两兄弟很早就成为"争夺母爱的对手"。他强调,没有痛苦的处罚,孩子是不会长记性的。与对母亲的态度相反,他虽被父亲的阅历吸引,却在感情上排斥他。父亲在外是个骑高头大马的治安官,受其他孩子喜爱,却得不到自己孩子的感恩。也许是因为他公务和生意缠身很少在家的缘故,或许是因为年龄差距大的障碍,父子难成伴友;如果说约翰生对母亲是直接表示反感,那么,对父亲就是回避。

约翰生对鲍斯威尔说:"我从不相信父亲所说的。我总认为他说的理所当然,如同牧师之辞。"他总结的经验是:"父亲与儿子间总是有斗争的。"

他另一个童年经历的总结是:老年人不适合管教孩子。约翰生从小就表现出早熟，具有过人的才智，只要有机会，他就被要求在邻居和亲戚面前展示才华，以得到夸奖。有一首略显笨拙的打油诗的故事，鲍斯威尔于1776年听约翰生的继女露西·波特（Lucy Porter）讲过，出自其母亲之口。还在穿衬裙时，约翰生走在父亲边上，无意中踩死小鸭群里的一只，将它埋葬之后，他写了首悼念鸭子的诗。约翰生起初说这首诗有一半是父亲所写，后来又对鲍斯威尔说，都是父亲一个人操笔，"他是个愚昧的老人。这样去夸耀孩子很愚笨"。

约翰生很早就有一种自己是"老人的孩子"的朦胧意识，他试图摆脱父母的干涉，追求独立自主，而父母出于宠爱便放任他的行为，不仅包容他懒散拖延和我行我素的习惯，还为自己的孩子天资聪颖、记忆力超群而自豪，随时要他应景表演。1712年10月14日，约翰生的弟弟纳撒尼尔洗礼，母亲让他拼写弟弟的名字并念出音节，晚间在客人和她丈夫面前一遍遍地重复表演。

这类事发生太多，自然激起了他本能的叛逆之心。有时候，当大家期待他的表演时，塞儿会突然离开，摆脱这类纯粹为了大人的炫耀，跑到树下，躲避这种强迫。拼写弟弟名字的表演游戏成为他最初的记忆。传记作家约翰·韦恩（John Wain）在《约翰生传记》[①]里写到，他一生接触过许多人，亲弟弟纳撒尼尔反倒是他提到最少的一个。虽有诸多原因，却不难理解其中"逃避"的意味。

约翰生深知"被比较"会伤害孩子们的自尊心，到了晚年，他甚至拒绝听孩子们背诵和演唱。戴维·诺克斯（David Nokes）教授特别强调这样一个故事：有个朋友叫两个儿子先后背诵诗人约翰·盖伊（John Gay，1688—1732）的《挽歌》（*Elegy*），让约翰生旁听，然后做出谁读得好的判断。他不便直接拒绝，便要求两人同时背诵，希望在嘈杂中尽快了结这件事。[②]这个在韦恩看来"人人皆知"的逸事，尽管他有些唐突粗暴，却表明约翰生了解孩子的心理。

鲍斯威尔写的约翰生传记里记载了一个塞儿骑在父亲肩上听牧师布道的故事，克里福德曾经考证过，确有这么一个牧师来小城布道，并确认定这位牧师就是著名托利派传教士亨利·萨谢弗雷尔（Henry Sacheverell）。那是1710年6月，教会和小城协会以敲钟并赠三打酒的仪式欢迎这位牧师，但是，那时的塞儿只有九个月

[①] 韦恩：《约翰生传记》（*Samuel Johnson-a Biography*，New York：The Viking Press，1975）。
[②] 诺克斯：《约翰生一生》（*Samuel Johnson a Life*，London：Faber and Faber Ltd，2009）。

大，公职在身的迈克尔不太可能在公众面前让孩子骑在自己肩上。后来关于约翰生的传记中有保留地记录了这个故事，因为他们认为约翰生幼儿时就能沉醉于宗教世界里的神态自然能给他的人物形象增添色彩。

超强的记忆力

约翰生的超强记忆力在很小的时候就表现出来了。有一天母亲叮嘱他好好读一本祈祷书，要用心记住，因为书是借的，读完要还。说完，母亲走上三楼，却听到儿子跟在她后面，她停下来转头问他怎么了，塞儿说他能背了。没有传记能够确认他所背诵这个段落有多长。不过他后来完成编纂语录体《英语词典》就基本靠默记，这恰能证实他有过目不忘的本事。

约翰生的朋友们回忆起来都说他有这方面的天赋。韦恩就此分析，认为约翰生的大脑有特异功能，这种功能有助于弥补他体质和情绪的缺陷。人都有或强或弱的记忆力，选择那些有趣和满足自己需要的东西，下意识地保存下来。心理学表明有些普通人能够记住电话簿里的内容，而有些能人的记忆力却很差，约翰生的记忆力似乎介于两者之间；不过，他不仅思考力极强，而且显然具有异常的天赋或超群的能力。

约翰生对宗教的恐惧来自幼年时家庭的影响。莎拉的父亲办福音讲道，给人们布道加尔文教，女儿又把受惩罚会下地狱的思想传给儿子，导致他从未能免除对未知世界的恐惧。有一次，牛津大学的威廉·亚当博士（Dr.William Adams）[①]委婉地问他"天谴"意味着什么，他情绪激动地回答说："先生，送到地狱，接受永久的惩罚。"

刺激童年想象力的不全是宗教的神秘，还有童话故事和冒险传奇。传记作家彼特·马丁（Peter Martin）在他的书[②]里叙述，约翰生记得听母亲讲圣乔治和龙的传说，给他的印象极深。斯莱尔夫人的《约翰生逸事》提到约翰生最早是坐在

[①] 约翰生的长期朋友，他们相识于牛津大学。
[②] 马丁：《约翰生：一部传记》(*Samuel Johnson: a Biography*, London: Phoenix, 2008)。

女仆大腿上听这些传说的,而克里福德认为,这个叙述并不真实。[①]

早期若能激发孩子的想象和好奇心,要比灌输真理更能满足孩子。约翰生相信,冒险的传奇故事比一般教材更适合孩子,他曾对斯莱尔夫人说,孩子们不要听关于孩子的故事,他们喜欢听大怪物、看城堡,这些能启发他们的大脑。当夫人反驳说,事实正相反,因为儿童读物《精明的汤姆》《清纯少女》在市面上很畅销,可约翰生仍坚持认为:"请记住,父母帮买的书,孩子从来不读。"

学前班(1714—1716)

约翰生的系统学习从学前班开始,他在离他家仅130多米的寡妇安·奥利弗夫人(Dame Ann Oliver)开办的私校入了学。她开幼儿班,还开了一家小甜品店,约翰生有印象,说她能读"黑体"——那是一本古英国哥特式黑体字书,是她从约翰生父亲的书店里借过的一本"黑体"《圣经》。

1716年,因为身体健康原因,约翰生没有直接升小学,他从奥利弗夫人的幼儿班转到邻居托马斯·布朗(Thomas Browne)开办的高班。

布朗先生原是个鞋匠,后来开办私校负责高班孩子的教育。布朗已60岁,身体虚弱,教约翰生没多久(据说仅两年)便去世了。约翰生仅了解他这位老师写过一本题献给宇宙的书,现在已找不到了。研究学者阿利·里德(Aleyn Reade)的11册《约翰生纪事》(*Johnsonian Gleanings*,1909—1952)提到,这个学校课室简陋,仅老师用桌椅,学生都席地而坐。

奥利弗夫人学校的详情难以考据,但鲍斯威尔写的约翰生在这个阶段打老师的故事,为后世传记作家所采用,凸显出约翰生童年时期的倔强,留下"狂傲和独立"发展的人生踪迹。不过,传记家、《英语辞典》研究专家罗伯特·德马利(Robert DeMaria)称其年轻时"敌视、傲慢和嘲讽"的态度[②],或研究专家唐纳

[①] 克里福德:《青年约翰生》,第23页。
[②] 德马利:《约翰生创作生平》(*The Life of Samuel Johnsonn*,Cambridge:Blackwell Publishers,1993)第21章。

德·格林①（Donald Greene）描写的约翰生的"好斗"个性，随岁月的流逝逐步被弱化以致终有妥协，并非总是固执不变的形象。贝特曾言说他视约翰生为一个具有"勇气兼智慧"的人。②

约翰生的小学同学埃德蒙·赫克托（Edmund Hector）医生对鲍斯威尔说，从伦敦见女王回来后，约翰生在学校里一切正常，仅身带伤疤。那个折磨他的抽搐痉挛病症是在青少年时期才有的，发病原因是因为他体质虚弱还是强迫性神经症所导致情绪紧张，已无从考证。德马利认为，约翰生8岁后患的病，应是现代医学所说的"图雷特综合征"（Tourette's syndrome）。③图雷特综合征表现为肢体抽动、心理不安，有人便依据弗洛伊德学说，分析约翰生"痛苦的内疚和罪恶感"的深层心理，判断他有依恋母亲和下意识憎恨父亲的俄狄浦斯情结。有人以他早年不乐意接受父母的夸奖来证明这一点，说他一直下意识地拒绝母亲的爱，又本能地认同父亲"害怕自己疯了"的意识。这终导致他内心总是不安，备受折磨。

有人强调，约翰生的自卑情结来自他的身体多病和社交障碍，他不断地在得不到妥协的理性与强烈的自我情绪间冲突挣扎而无法自拔。传记作家克里福德肯定这些描述分析都有思想根源支持，但强调要多元化、多角度、多层次来理解，仅靠单一的精神分析理论是不充分的。约翰生一生坎坷，遗传、生理疾病和早年情绪冲突持续折磨他，但即使眼盲耳聋，他又自有与众不同的个性。

贝特以约翰生回忆童年的一些用词，如"愚昧的老人""厌恶父亲的宠爱""老人的孩子"等，来表明他这些不满的"自我需求"和要摆脱父亲影响的认知，早就是弗洛伊德式的超级自我意识的表述。

约翰生的故事，从他一出生便与众不同。一个先天身体缺陷而后天智力超常的人总是神秘莫测且令人钦佩的。若能揭示他如何"损不足以奉有余"的传奇一生，才有令人思考的"内在深沉的特质"。④这是传记最基本也是最重要的任务。

---

① 格林主编：《约翰生重要作品集》（*Samuel Johnson the Major Works*，New York：Oxford University Press，1984）。
② 贝特：《约翰生传》，第509页。
③ 德马利：《约翰生创作生平》，第5页。
④ 《漫步者》（*The Rambler*），第60期。

耳濡目染

　　塞儿在3000人口的利奇菲尔德耳濡目染，感受这个小城的宗教信仰、文化氛围和有序的管理、安全的环境，健康成长。

　　通常星期二和星期五是市场街的集市日，每年还有四次年节会，最热闹的是惠特蒙日或五旬日，方圆几里的人们会集到这个繁荣的小城，看花车游行，当街跳莫里斯舞，还有人到坡地的"绿山亭"喝酒唱歌。有些习俗，保留至今。公假日，人们围观一种"狗与牛斗"的动物游戏：一条戴着铁链的狗，试图咬一头被铁圈拴住的牛，不是狗被牛踢倒，便是牛被狗咬伤，常吓走兴奋围观的孩子们。克里福德认为约翰生早年没少观看这种热闹而残酷的运动，这让他养成晚年见暴力便回避的习惯。

　　小城的盛典活动和有效的经营管理，给约翰生幼小的心灵留下了必要秩序的影响。信托会所属公司管理供水，一般家庭有水管供水，偏远家庭要接雨水用。信托会雇用全职工，负责冬天除冰、修水管。街灯由住户分别负责。在无月光之夜，家家会在窗前点亮油灯，以保障街道安全。夜里行人要携带提灯，否则会被守夜人盘问。这与四周没有建城墙有关。

　　当时的房子多为木草棚搭建，易着火，灭火方法不外乎用长杆拉倒屋顶或建筑物，或用皮桶盛水扑灭。刑事法庭规定每户居民应备有24级梯、长杆和装水皮桶等一套防火用具。信托会提供手摇灭火器，小城有消防员和救火设备。有个叫"印地安"的大机房就在塞儿家不远处，巨大的灭火器在节日时会被抬出来参与游行，孩子们兴奋不已地追着围观。这些机械科学的应用技术，塞儿早已在家乡亲眼看到并给他留下了神奇印象，当能用笔墨时，约翰生便毫不掩饰内心的喜好，赞扬推进科学研究的"英国皇家学会"（1660年成立）及历史上出现的那个伟大时代。

　　小城法规严明，管理有序。当时最棘手的问题是垃圾和粪便处理。没有地下排污系统，居民要把垃圾倒在指定地点。老城外虽挖有深坑，懒人却随地倒，寄希望于老天下雨冲走。住在教堂附近的居民被要求一周清洗一次周边道路；粪便要两天清理一次，不能滞留到礼拜天，违者罚款两先令，严重违反者罚三先令四便士；还有一些细节规定，如热灰不能倒在街道上、腐肉菜食不能直接埋掉等，规定得都很细致。约翰生的父亲有被罚款两先令的记录。尽管有许多人会因违规被罚款，但这里却很少有盗贼，居民的生活和财产得到保护，卫生问题虽多，但不失安全。克里福德肯定地说，这是个可以让孩子们愉快成长的地方。

利奇菲尔德拥有很好的地下水资源，以泉水出名。当地所建洗澡池，有专人看管，收费不超过两便士，对穷人免费。在圣·查德教堂的井旁还有澡池，人们慕名来教堂对面的斯陀水塘，试用含铁质的斯陀水。那些到斯陀区治好皮肤病的报道给患者带来信心，塞儿也常被父母带到水塘治疗皮肤病。

约翰生在一首拉丁文诗歌里提到学游泳的事，是他罕见地提到与父亲的一段亲密的回忆。他声称，那时他就有很好的潜水技能。鲍斯威尔和斯莱尔夫人都记录了他晚年这个说法，并给予"他年轻时是个勇敢坚毅的绅士"的美誉。

历史遗迹

影响约翰生成长的，应该还有小城那些腥风血雨的历史记忆。利奇菲尔德在17世纪中叶的英国国内战争时期差不多是个废墟，大教堂的封闭街区地势高，有河水围绕，成为主战场。经过十年（1643—1653）国会军与查理一世的保王军三次来回抢夺，街区被枪炮夷为平地，之后新教的"圆头党"即护国军夺回小城，直到王政复辟（1660）。

国会军摧毁教堂、憎恨所有宗教和仪式、亵渎洗礼，给当地人留下了深刻印象。韦恩提到，布鲁克领主（Lord Brooke）的离奇死亡和哑巴戴沃特（Dumb Dyott）的神奇枪法，成为人们口中的传奇故事。

加尔文派认为，布鲁克死于上帝的旨意。这个领主死亡的地点离奥利弗夫人的学校不远，也在约翰生去父亲的皮革工厂的路上，约翰生晚年表示渴望有人建个领主纪念碑。

克里福德认为，因国内战争在城镇发生的一幕幕，使他不能以完全客观的态度对待克伦威尔的护国军、提倡个人自由的诗人约翰·弥尔顿（John Milton）和评价那些蔑视古老文化传统的清教徒，因而，他也就从未能克服害怕革命的心理，完全打消对任何突然改变的价值的怀疑。[1]

需要补充的是，正是他这样的固执成就了他的深刻思想。他坚信，人类的思想进步是缓慢的，人类的困境绝不会因一次革命甚至多次流血就永远消除。

英国两党的政治斗争早在1679年就开始了。维护旧王室、支持被废黜的詹姆斯二世的"雅各拜"分子，在1688—1746年期间也有各种复辟活动。安妮女王（1702—1714在位）去世后，新朝代诞生，安妮的第二个侄子接替她成为汉诺威王朝的乔治一世国王。那些保王的"雅各拜"即詹姆斯二世的势力，借助在法国避难的詹姆斯的儿子及孙子的武装动员，曾一度打回英格兰。反叛军依靠苏格兰高地人的武装进攻，一时逼近伦敦城，终在决定命运一战的卡洛登战役（1746）败下阵来。

迈克尔·约翰生作为托利党人，也许会为改朝换代惋惜，但他一次次地当选公职人员，作同样程序的宣誓，至少表面上看是顺从新朝王室的。迈克尔在家可以站在雅各拜的立场谈话，但实际上他并不想采取任何行动，在行为上并不勉强地接受了这不可逆转的历史。这也是后来他的儿子选择的立场。

利奇菲尔德城虽有保皇的根基，却不全是托利党的社区。约翰生是在这种相互平衡的政治选区环境中成长的，况且他母亲家族的更多人是辉格党的支持者。

可以说，在威廉三世和玛丽二世时期（1688—1694），托利党和辉格党轮流控制国会。在安妮女王的大部分统治期间，有两个托利党领导人主持国会；汉诺威王朝初期，有两个辉格党作为国会领导人。1715—1734，塞儿在城镇的日子，选民都选辉格党议员。为此，克里福德认为，把约翰生后来坚持托利党保守主义归因于其家乡的政治氛围影响显然是错误的。韦恩持不同看法，青年约翰生的托利思想也许来自其他，而利奇菲尔德镇无疑对此有主要的影响。

英国和欧洲社会在18世纪初或法国革命前是基本稳定和相对保守的。从"骑

---

[1] 克里福德：《青年约翰生》，第37页。

行时代"进入"蒸汽机时代",约翰生既对残存的封建守地生活无耐心,也不热心于资本商家的敛财行动。约翰生的思想,是建立在力求社会稳定的基础上的,所以他提倡亚里士多德的"普遍人性"也就有其合理的一面。韦恩认为,与20世纪相比,约翰生生活时期的一切事物,基本看起来是"自然"而"没有丑陋"的,与工业化的污染不沾边。这是我们理解约翰生思想的时代背景。[①]

宗教信仰

党派选择方面,宗教确实是个重要因素。英国国教的正统地位,自亨利八世(1509—1547在位)提倡,经100多年与天主教信仰者反复的斗争之后得以确立。自是两党人的共识。至于罗马天主教和高教派,强调顺从,更倾向于托利党。英国低教区和异教徒则属于辉格党。即使在英国国教内部,彼此也有分歧:那些低职位和穷的教区牧师大多是托利党人,而其主教多是活跃的辉格党人,并在贵族院任职从政。苏格兰长老会在宗教问题上常持异见,以民族自豪,倾向于支持天主教的斯图亚特王室。

作为小镇公民,迈克尔乐意接受任何形式的变化,却不意味着他对待宗教问题很随便。他是个忠诚的新教徒,积极参与各种教区活动。1690年的一个记录表明,他买下圣·玛丽教堂的座席,结婚后,又替其太太买了座席。无疑,他期待两个孩子长大后能一起参加礼拜堂服务。

但塞儿未能如他们所愿。这应与一次事故有关。塞儿7岁那年,也就是1716年,复活节那天,圣·玛丽教堂发生事故。伦敦报纸刊登消息称,教堂内尖石块掉落到走廊,聚会人群惊慌失措,乱作一团,有人砸窗而逃。后来教堂重建,直到1721年12月30日才开放,南部的圣·迈克尔教堂一度替代其作为公众祈祷地方。据说迈克尔夫妇的座席被转到圣·约翰医院小教堂,在那里做礼拜长达五年。也许是因为敏感于塞儿的身体状况不利于逃避教堂意外事故,也许是因为他害怕到

---

① 韦恩:《约翰生传记》,第4~43页。

了新环境人们以奇怪的眼光看他，再加上父母不强迫孩子的自由意愿，约翰生就养成在教堂外行走和独自一人看书的习惯。

后来他承认自己早年对宗教怀疑并愧疚。对他"泛泛和随意"的叙说，斯莱尔夫人在其《约翰生逸事》里解读为"孩子气、无理性和嘲笑"，但鲍斯威尔不认同并批评了她的说法。约翰生的宗教信仰应当说直到读大学期间才稳定形成。贝特认为，他从早期的怀疑甚至抵制宗教到后来坚定了信仰这个转变的过程，才是其人生价值的所在。

贝特总结说，约翰生"沉默不语、自我处罚和人格独立"三方面的特点，与他对宗教的一般态度有关。[1]他健谈是有条件的。从鲍斯威尔写的约翰生传记可见，他回答问题多于提出问题。他惩罚自己，不放过任何内疚的感觉。他的独立依托于自己努力后的自信。

约翰生的口音是典型的英国中部地区口音，其斯塔福德郡方言从未改变。诺克斯著的约翰生传记里提到，在读词典编撰计划时，切斯特菲尔德伯爵纠正约翰生一些拼写和发音的失误，约翰生开始意识到并注意学习正确的拼写。大卫·加里克有时喜欢对自己老师搞恶作剧，把柠檬汁挤入潘趣酒碗，当众人面喊谁的"普趣"而非标准发音"潘趣"。约翰生固执可爱，他坚持认为家乡人才是英格兰最质朴和最体面的人，他们有适当的财富，口音纯正。

克里福德在约翰生传记里提到，约翰生成长的城镇是个有"美丽女人"和"正派醉汉"的地方，正如约翰生的小学同学汤姆·纽顿（Tom Newton）牧师引朋友霍金斯·布朗（Hawkins Browne）的话称之为"英格兰的帕福斯"[2]。小说家笛福发现，这是个"有佳伴陪同的地方"，气氛活跃。德马利因此批评那些说"约翰生到伦敦谋生是乡下人进城"的看法，依据是其家乡没有想象中闭塞，其父亲的书店就是英国中部地区一个接收各种信息的窗口。

---

[1] 贝特：《约翰生传》，第42页。

[2] 指塞浦路斯。

小学

从7岁半到15岁，约翰生在利奇菲尔德语法学校读书。学校很出色，让这个城镇在十七八世纪远近闻名。学校早年由利奇菲尔德主教、牛津布拉森学院合办人威廉·史密斯（William Smith）建立（1495），起初为圣·约翰医院培养拉丁文人才，后建在圣·约翰街，由镇公所负责，办成了一所免费教育学校。

在严厉的主教约翰·亨特（John Hunter）任校长期间（1704—1741），学校声名鹊起。外地好学生慕名来此寄宿学习，多达100多人。学校离约翰生家很近，他是日课生。

他在低年级时最喜欢的老师是汉弗利·霍金斯（Humphrey Hawkins），年约50，教拉丁文，因无大学文凭，教职一直得不到提升，每年只有5~10英镑工钱。为补充收入，他在放假期间还开办私校、管理教会账目或给教堂洗布单。约翰生跟他学习了两年四个月，他重视并耐心地善待这个奇异的天才，让约翰生感受到"我被他纵容和关心"。

当时学习的是荷兰哲学家伊拉斯谟（Erasmus, 1466—1536）和英国的约翰·科利特（John Colet, 1467—1519）等早期人文思想家所提倡的理论，课程与100年前斯塔福德郡学生所学一样，重视拉丁文，既无法语课，也无现代史、经济和科学，采用的是当时最流行的英国文艺复兴学者威廉·利利（William Lily, 1468—1522）的"拉丁文语法"，英国学校自1540年后普遍采用此语法课程。无论写诗或翻译，拉丁文和希腊文的熟练精通都被视为当时精英教育的最高成就，拉丁文好，自然就被认为是个好学生。

学校对学生的基本要求是背诵、翻译和写作。在这个缓慢的学习过程中，老师常靠教鞭强制管理学生的注意力。约翰生后来对教鞭的赞扬，表明他对此没有太痛苦的记忆。他总是得意地在堂兄汤姆·约翰生（三叔安德鲁的儿子）面前炫耀，背诵刚学会的拉丁诗文，据说有一次背出了拉丁文语法书里16页141行的内容。

当年英国普通学校的日程表是：周一到周三让学生做作业练习，反复背诵；周四考核；周五早上做名词练习，下午练动词；周六是考试日。基本要求是能背出"教义问答法"（Catechism），其他要记住的是拉丁文《伊索寓言》和法国马图林·科迪尔（Mathurin Cordier，1480—1564）的语录——这位法国教育家、加尔文好友的教本一时成为学校必学科目。彼特·马丁所著约翰生传记里提到，早有查尔斯·胡尔（Charles Hoole）的英语改编本（1657），为英文与拉丁文的对话本，内容很适合同龄孩子的顽皮特点，颇能引起孩子们的兴趣和共鸣。

约翰生没有像其他学生一样对课业负担的抱怨。他后来说，虽只能记得大概，却对一句话印象很深："当你憎恨一个人，你就让他富起来。"当年他对母亲复述这句话，母亲完全不能理解，疑惑于富有怎能带来不幸。从这个童年的回忆，可见其母亲的认知和视野是狭隘的。这一观点，他后来写进诗歌《人类欲望的虚幻》（The Vanity of Human Wishes，1749）："增加他的财富，毁灭了他的安宁。"

约翰生对母亲帮助他学语法有着很深的印象。他自述起初对动词变化形式比较"厌恶"。他担心考不好动词造句，而母亲总是鼓励他，说起他的儿时往事，总是很高兴地说自己有个会造句的儿子。约翰生回忆说："想到这个小时候的事让我感到温馨。"

约翰生的藏书室保留有几本学校的书，其中一本是利利的《简明拉丁文语法》（Short Introduction of Grammar），英国自1542年起便广为使用并不断修订完善。

约翰生热心于学习并有照相机一般的记忆力，没有太难的作业能吓倒他，他总是盼着开学和学期末十天的复习考试。

由于视力差，约翰生从不参与体育活动，他满足于缺少这些活动的懒散状态。他继承了家族的体型，个高块大。他的三叔安德鲁在伦敦书店做实习工，同时是个拳击手和摔跤手，有人认为是这位叔叔教约翰生拳击，让他学会了防卫。

母系家族也有好体质。母亲的哥哥科尔内留斯·福德有过跳远的记录。约翰生晚年告诉朋友，他为走近路，跳过篱笆墙，也爬过树。马丁提到，一个匿名作者写约翰生晚年回家乡，走到语法学校旁的"利维特草坪"，想起年少时的事，便立刻脱下大衣，摘下假发和帽子，跃过栏杆。那是他去世前三年的事。也许意识到运动方面的缺陷，他要弥补身体上的不足，争取在头脑方面特别优秀。

约翰生一向就与众不同。为了不让同学们知道自己在用功学习，他用记忆力去征服他们，结果同学们都很尊敬他，有问题就请教他。为讨他喜欢，有些同学还以各种方式接近或恭维他。与他走得近的同学是埃德蒙·赫克托，年长约翰生一岁半，两人常一起上学、一起买零食、一起在街道闲逛。

赫克托为鲍斯威尔所写的传记提供了许多鲜为人知的信息，如背约翰生上学的故事。赫克托说，他们早上去他家叫他上学，三个学伴轮流分工，一人背起，两人在旁扶持，约翰生很得意地在同学背上去学校。冬天，在结冰的斯陀水塘，他们除去约翰生的鞋袜，用吊袜带捆绑缠绕其全身，有人赤足拉着他平躺的身躯溜冰。韦恩在他写的约翰生传记中拿自己20世纪上学的情形进行比较，认为那些有天资的孩子难免"书呆子气"，不受孩子们欢迎，且总是躲在老师背后以免受欺负，而约翰生却明显不同，这与其不仅脑子聪明还体型高大有关。

赫克托应是约翰生在校最好的朋友，后来他一直在伯明翰行医。虽常年不在一起，约翰生在1770年后多次回乡都会顺路到伯明翰停留。约翰生的初恋对象是赫克托的妹妹安娜，他晚年还在赫克托家见过她，并对鲍斯威尔多次提起当初的美好回忆。

1719年春，约翰生与其他同学被调整到高班。这个变化来得有些突然。学校长期以来都招收外地寄宿生，为保障本地人享受免费教育，学校收这些寄宿生费用（年费50英镑）以补充师资。亨特校长为招收更多学生，挤压教室做宿舍，随时调整高低班的人数。这个做法引起过家长和镇区的反对。

走出家门（1719）

在这换班的空当，约翰生有了第一次离开父母的远行。莎拉觉得儿子应有些新经历，特意安排他到伯明翰去看亲戚。大舅纳撒尼尔·福特是个经销衣服的商人；姨父哈里森是马鞍匠工，原本住在利奇菲尔德，妻子死后搬回伯明翰。那时塞儿9岁半，弟弟6岁半，兄弟俩有两周的假期轮流住在他们家。

在大舅家，他们得到了舅妈的关照。在姨父家，让他喜欢的是家里有两个女孩。莎丽·福特是约翰生大舅的大女儿，负责照管房子，约翰生喜欢她并评价她近乎"完美无瑕"。姨父的小女儿菲比和约翰生仅差几个月，俩人玩得很好。尽管有莎丽和菲比的吸引，塞儿和弟弟并不开心，因为姨父不喜欢他们，而他们也讨厌姨父。约翰生回忆说，姨父很吝啬也很粗俗，每晚喝得大醉；他脾气暴躁，自傲炫富，却并不富有。

姨父哈里森的马鞍店在高街，与塞儿的叔叔安德鲁工作的书店正相对。约翰生有时去看望叔叔，他从前是个拳击手，生活非常不幸，与重病的第三任妻子萨拉·怀特（Sarah White）生活后，欠下药剂师托马斯·谢泼德（Thomas Shepperd）的许多费用。因此，他有不少时间在被债权人关押的监牢里度过。这个"亲见"，与关于其的日后思考，让约翰生在《漫步者》里直抒胸臆，写下檄文《债务人的牢房》。

离高街不远处，住着绸布商哈里·波特（Harry Porter）先生和夫人伊丽莎白，他们有三个孩子。当时他们不认识，但16年后，约翰生与伊丽莎白成为夫妻。

约翰生对这次远行印象颇深。他在思考父母为何要孩子去给人家添麻烦，同时又感受离开父母权威阴影下的心情舒畅。为与女孩们多玩几天，他想要延期返校。他要表明自己可以独立，写信给母亲说他要在开学第一周的星期四返回。父亲来接他们时无意中对马鞍匠流露情绪说这一路要照顾两个小家伙是个负担，被他远远听到，伤害了他内心的"独立"意识。

约翰生对什么是"聚精会神"也别有体会。假期要做作业，他在姨父家，一边在厨房窗口下写作业，一边也斜着眼睛看莎丽跳舞。他最后下决心不分心，直到完成作业。他承认，如此"专心"在以后很少能够再复制一次。韦恩说，他要是荷兰画家约翰内斯·维米尔（Johannes Vermeer，1632—1675），一定会画下这个"眼与心"既合一又分离的场景。

亨特校长

从伯明翰回来，面对升级，他不情愿地含泪告别他喜欢的低班老师霍金斯，接受新老师爱德华·霍尔布鲁克（Edward Hollbrooke）的教导。爱德华刚从剑桥毕业，20多岁，脾气急躁，与霍金斯老师相反。

爱德华三年的教学并未给学生留下任何知识广博的印象，有时被学生发现他不懂拉丁文语法，有时拒绝学生的求助，难以保持学生对他的尊重。不过，有同学如约翰·泰勒博士（Dr.John Taylor，1711—1788）却认为他是个虔诚的人，是最好的学者和祷告牧师。

被升班的课程要比其他正常班进度慢些。他们主要读《伊索寓言》，做翻译拉丁文的练习。有位学生借给约翰生一本英译注释的《拉丁文短语》，他提及往事时说，即使不知其意，他还是照抄了一个词来造句。

虽不喜欢做作业，但约翰生一旦开始做便很快就能完成。拖延的习惯很让他母亲担忧。有时他还很叛逆，不愿把作业交给老师看。有次他完成了25道题，见班上其他人只做16道题，他就干脆就把5道题藏起来，放进父亲书店的柜子里。

这时，他接受了语法学校约翰·亨特校长的教导。这位时年大概45岁的以鞭打出名让学生敬畏的校长，常不区分是无知还是粗心，一律给予严厉处罚。当时社会的处罚规则多达160多条，冒犯任何一条都可被处以绞刑，所以校长常对学生说，现在受鞭打可免未来上绞刑架。一般处罚是打臀部，如果要加以羞辱，就脱裤打。

约翰生不太喜欢亨特校长，但也不觉得他的鞭打方式是错的。他始终感激这位牛津大学毕业的校长。有人问他是如何练就精湛的拉丁文知识的，他就说要感谢这位校长的鞭打，否则，自己会一事无成。他一再对鲍斯威尔确认，这种处罚能刺激竞争，尽管会在学友间引发憎恨和妒忌。约翰生对校长的回忆就是这样，既恨其严厉又敬其惩罚，还肯定他是个"好校长"。

约翰生受处罚不是因为理解能力问题，根据校友赫克托所说，主要是因为他喜欢在课堂说话，分散同学的注意力。另外，他有些懒散习惯，被视为一个"闲散的高个儿男孩"。亨特校长一脸严肃，衣冠楚楚，难以博得学生们好感。约翰生后来见到校长的孙女、诗人安娜·西沃德，觉得一眼看去两人很像，引起他本能的害怕，而这位被称为"利奇菲尔德天鹅"的女诗人，对约翰生也没有什么好感。

在学校期间，学生们难免会有逃学和其他小动作，包括收藏和偷看禁书，约翰生晚年去这所学校时曾指着一个地方告诉时任校长牧师托马斯·普赖斯（Thomas Price），说那是当年他们学生藏东西的地方。

校友

  约翰生成绩优异且记忆力强，很快就在高班同学中表现突出，保持着"孩子王"那样的气场。同学赫克托回忆说他看一眼十八行诗就能背诵全文，仅有的一处不同还是特意为改进诗韵的。

  除校友赫克托外，约翰生与约翰·泰勒走得很近。在亨特的学校，泰勒是寄宿生，父亲是位律师，他比约翰生小一岁半，二人成为终身朋友。两人兴趣观念有分歧，性格也迥异，但这并未让他们分开，当属互补型朋友。约翰生晚年回家乡时，总会到阿什伯尼看泰勒，如同经伯明翰时会去看赫克托一样。这是他终生保持友谊的两个小学同学。

  泰勒一生收到约翰生书信的数量仅次于斯莱尔夫人和鲍斯威尔，共计百余封。他的辉格党理念，实与约翰生那被人视为盲目的托利党想法有冲突。然而，约翰生曾对斯莱尔夫人表达泰勒在自己心中的地位说："他比现在仍活着的任何男人和女人更了解我的心。"泰勒为鲍斯威尔和其他传记作者提供的"干货"常是些猛料，毕竟是他们是相知60多年的好友。有个他们之间的逸事：一天早餐时间，泰勒在校长夫人面前背诵一首讽刺约翰生的打油诗。约翰生是日课学生，因在家吃早饭而不在场，后来他听说后很不高兴，因为他非常讨厌人们背后议论他、嘲弄他。泰勒后来坚称不知道当时那首诗是谁写的，鲍斯威尔对此持怀疑态度。

  约翰生在校总是争取最优秀，不允许他人超过自己。水暖工的儿子西奥菲勒斯·洛维（Theophilus Lowe）比他大一岁半，是他唯一的竞争对手，后来洛维获得剑桥圣约翰学院的奖学金。约翰生告诉鲍斯威尔，除洛维外，人们从不会拿别人跟他比较，只说某人是如同约翰生一样好的学者。在他认为，洛维并不是个好学者。

  约翰生在高年级生中还是个"小头目"，学生追随他，但他却让校长亨特恼火，尤其是他的"懒散拖拉"和课上说话的毛病。赫克托回忆，他们假期一起闲逛，常见约翰生自言自语。这个习惯确实一直保持到晚年。他在假日几乎不做作业，总是把作业拖到快开学才去完成，甚至有时提前一小时才到学校去做。成年后，人们看他写稿，总是处于一种匆忙的状态。

他一直下决心要改掉拖拉的恶习。传记作者常把人的老年与少年习惯联系起来加以确认。据英国诺丁汉大学英语教授诺曼·佩奇（Norman Page）《约翰生年谱》[①]记载，1764年，约翰生55岁生日时曾谈到这个改不掉的毛病。他常对鲍斯威尔说，他一生都在治自己的"懒散"，想要解开这个"罪恶链条"，下决心早起，制订"更好生活的计划"。他更多的时候把懒惰的原因简单地归结为不能早起。他忏悔一生把时光浪费在了晨时的床上，65岁时在复活节发誓"要早起，不要晚于八点"。

鲍斯威尔写的约翰生传记似乎过于强调他晚年的生活状态与早年的联系，显然并未考虑他无固定工作这个生活常态。不上班，自然容易懒散。不过，这个越下决心、越难克服的自我斗争，让他陷入一种挣扎的惯性。好在，他绝不会被这个障碍所折磨、摧毁，即使有时感到崩溃，他也有能力把拐点拉回来。对这样的自我"平衡"，克里福德的约翰生传记里，根据谱系学家的理论，从其家庭的基因解释——他父亲有患抑郁症的记录，他母亲方面心智较健康，二者在约翰生身上达到互补或平衡，使他总能在黑暗的日子渡过难关。

因为现在找不到当年学校的档案，他的许多同学难以一一确认，而有些知名人士则容易查到，如比他高班的校友、诗人艾萨克·霍金斯·布朗（Isaac Hawkins Browne）。他比约翰生大5岁，健谈，行为有些古怪，给约翰生留下了一定印象，约翰生给斯莱尔夫人的女儿苏珊写信，描述艾萨克因知识渊博而出名："他是这个国家的第一智者。"不过，约翰生对他的一些行为颇为反感，比如他在墙上挂空罐捕捉麻雀，谈起吃这些小麻雀还有些得意，这让约翰生认为他有些疯癫。但是，虽有位夫人感觉与艾萨克在一起有"三不能"容忍："沉闷、非机智、醉酒"，甚至有人指责他在国会一言不发，约翰生却认为，有艾萨克陪伴很愉快，他的交谈"自然、纯清、令人愉快"。

医生罗伯特·詹姆斯（Robert James, 1705—1776）比约翰生大4岁，曾编写《医学词典》（*A Medicinal Dictionary*, 1743），可惜他于1776年去世，鲍斯威尔未

[①] 诺曼·佩奇：《约翰生年谱》（*Dr. Johnson: a Chronology*, Boston: G.K. Hall & Co, 1990）。

能从他那儿了解约翰生。他的校友还有主教和法官汤姆·牛顿（Tom Nnewton）、大法官伯爵约翰·厄德利·威尔莫特（John Eardley Wilmot）、牧师助理查尔斯·康格里夫（Charles Congreve）、药剂师威廉·贝利尔（William Bailye）、富豪安德鲁·科贝特（Andrew Corbet）。

对于那些不起眼的同学，约翰生一向保持关心，对他们并不冷漠。晚年（1776年3月）他曾和鲍斯威尔在家乡与哈利·杰克逊（Harry Jackson）一起吃饭，一点也不介意这位看起来"愚笨无教养"的老校友。

那时，尽管他的同学认他为卓尔不群，但在利奇菲尔德，很少有人注意语法学校这个相貌怪异的学生。同学中，曾有两兄弟把他带到家里玩，他们的父亲见约翰生外貌有些蠢笨，斥责孩子不要带这个胡说八道的人回家。另一个故事说，邻居威廉·巴特（William Butt）家有几个与约翰生同龄的孩子，听他们讲这位体宽、骨瘦如柴的"大孩儿"，他预言说这个孩子有一天会成为"伟人"。[①]

广泛阅读

约翰生一生的谈话或写作都劝朋友勤勉。他的抑郁症也让他总是在忙于一些事，若不做什么，便觉得自己一定有错，如他总是提醒自己要"早起"。他认为吸烟也不是坏事，因为人总要有事填补空虚的时刻。他后来评价印刷商人斯特汉："仅有很少的情形，一个人为挣钱能保持天真地工作。"如同有些人把"挣钱"本身当作退休生活干到死一样。

韦恩认为，当他无事可做又没有人陪伴时，书店就成了他"神佑的天堂"。迈克尔虽不能在经济上称职地赡养家庭，但他的书店生意却给儿子提供了宝贵的精神食粮。

天才要有土壤。在小城镇，就连中产阶级也难得能有这样一个私人图书馆去满足一个聪慧孩子的求知欲。当父母争吵、弟弟淘气，或情绪郁闷时，约翰生总

[①] 克里福德：《青年约翰生》，第62页。

是能随手拿起一本感兴趣的书来读，至于"人人皆知"的他从未把一本书读完的说法，不能作为他不专心读书的证明。他自有不同于常人的认知方式。

在学校，他学拉丁文，读希腊、罗马文学；在家里，面对一排排书架，他有机会选任何看上眼的书。

他早年的读书笔记虽未保留下来，人们还是可以从某方面了解他的读书趣味。他很快就从巨人和妖怪等主题的儿童读物进入高水平的阅读。德马利强调，约翰生成年后不信任虚构文学，更注重真实和历史，把严肃文学与娱乐文学严格区别，这是他早年到晚年思想的自然变化过程。作家、爱尔兰主教托马斯·珀西（Thomas Percy，1729—1811）回忆说，约翰生小时候过分喜欢骑士的浪漫故事，这一爱好保持了终生。9岁那年，约翰生沉醉于莎士比亚的魅力。有一天，他读《哈姆雷特》，被魔鬼场景吓怕，从厨房跑出，来到门口台阶，以便街上有行人能看到他，为他壮胆。后来他在写《麦克白》的评论时说："我阅读莎士比亚时，十分警觉地看周围，才发现自己孤独一人。"

阅读时，他常激发出极大的想象力。《李尔王》中考狄利娅之死，让他十分恐惧，震惊于这个显然背离诗人的正义的情节，不愿再去读最后的场景，直到多年后被责任编辑要求才去重读了它。

约翰生读书无计划，父亲书店也为他的泛读提供了方便，看哪本书顺眼随手拿起便读。在一本书的前言里，他记得作者说意大利诗人弗朗切斯科·彼特克拉（Francesco Petrarch，1304—1374）是"诗歌的复兴者"。何为复兴者？好奇感一直在他脑海翻腾。后来有一次他找弟弟藏的苹果，以为苹果会放在书架上，他爬上书架时看到了《彼特克拉诗集》，顿时仿佛面对着一位复兴者，他捧起书就读，竟把找苹果的事全忘了。他似乎发现了彼特克拉所具有的复兴诗歌的魅力，如韦恩所言，他沉浸于这个欧洲文艺复兴的智慧乐园，并成为一个最后的代表者。[①]

家里书多，要看就看有趣的，但他很少把一本书从头到尾读下来。他愉快地阅读而非当作一种任务，选读那些能让他思想受益的书。他一直保持着这个习惯，固执己见地甚至嘲讽那些主张把每本书读完的人。晚年他劝年轻人，若无事可做，口袋里放本书，随时阅读。他承认，他多数知识是在这样泛读中获得的。他不喜

---

① 韦恩：《约翰生传记》，第29页。

欢读长篇的书,仅有三本书他希望写得更长,那就是《堂吉诃德》《鲁滨逊漂流记》《天路历程》。

逐渐地,他从泛读学会快读,虽读得快,却能抓住要点。"捧书读"的画像是他传神写照的经典。据说他读书时,身体总伴有痉挛动作。

他从父亲那儿接受到的是什么样的引导无从得知,也许是工作太忙,迈克尔静心阅读的时候不多。约翰生记得,父亲出远门,到苏格兰地区联系业务回家后,曾带来一本书放在他手里,阅读这本马丁·马丁(Martin Martin)的 *Description of the Western Islands of Scotland*①,引发他长久的好奇,这一"好奇",在他晚年行走苏格兰高地的过程中得到了满足。

书店业务

在父亲的书店看客人选书购书,父亲的建议和客户的评价都可能被他有意无意地听见,这成为他后来写《诗人传》(*The Lives of the Most Eminent English Poets*)的早期资源。如父亲告诉过他,约翰·德莱顿(John Dryden,1631—1700)的诗歌《押沙龙与阿齐托菲尔》(*Absalom and Achitophel*)卖得很快,受关注程度与当时人们对牛津牧师"萨谢弗雷尔"案件②(1710)的关注等同。

通常,地方书店从伦敦拿到新书或旧书很快就会转手卖掉。迈克尔最大的投资是在1706年9月约翰生出生的前几年,他购买了德比郡第九世伯爵(the Earl of Derby)的藏书共2900册,主要是教堂主教的档案和法国历史。在英国中部几个地区如格洛斯特、图克斯伯里和伊夫沙姆,都有他拍卖书的记录。他的书店也印制一些宗教指导性书籍。

迈克尔的书店以家乡为主,兼顾邻近几个分店,逢集市日还会去设摊位。如他在利奇菲尔德北部12英里的尤托克西特(Uttoxeter)的小巷里租了个小库房,

---

① 书名大意为:苏格兰西部岛屿游历。
② 亨利·萨谢弗雷尔(Henry Sacheverell,1674—1724),英国国教高级牧师,1709年11月5日作煽动性布道而全国闻名,被判有罪并遭到下议院打压。

正对着他在街上的摊位。有时约翰生会陪父亲去各地的集市。

书店自然要照顾客户，有位准男爵，迈克尔购进新书就会先带去让他挑选。正因为有这类固定老客户，确保了他书店生意的平稳发展。他的书店并非只卖书，还卖文具、小药、马具等，并兼顾为旅行者提供各类帮助。

迈克尔的书店业务发展较好，他又投资了羊皮生产，开了家制革公司。因为当时有法规要求皮革制作人要有七年的皮匠资格，他曾被一位从前的雇员控告非法经营（1717），一年后被判无罪。

迈克尔还曾有拖欠税费的问题，由于四年不交"消费税"，1725年受到警告。家庭生活的挣扎状况，让约翰生从父亲的经历认识到"售书人不能以此为生，因为收入少，欠债多"，所以后来他只写书，不直接参与图书经营。何况征订他也不在行。不难想象，约翰生关于"消费税"有种本能的憎恨，除把这种税看作辉格党的税、把收税员看作"所有人类中的低等人"（《懒散者》*The Idler*，No.65）外，还在词典中不无偏见地写下这样的定义：税收不是依据一般财产的判断；收税人是靠消费税得到收入的可怜职员。

青春期诗作

学生时期，约翰生起初对教堂无多大兴趣，甚至持怀疑态度。为找基督信教的证据，他从店里拿过一本荷兰神学家胡果·格劳修斯（Hugo Grotius，1583—1643）的书，发现自己的拉丁文水平不足以理解这本书，放弃后从未想要找类似的英文书读。他知道，有人比他有更多类似的怀疑，却能说服自己。因为这个从原罪带给他的痛苦，他对灵魂永生思想的认同方面打上了折扣。

他对宗教的怀疑持续了几年，因为一个10岁的孩子不会有逻辑或理性。1721年，圣玛丽教堂修复后，他被迫与家人一起参加礼拜日。他还是持冷淡的态度，随便议论，并未深思。他有些怀疑的言论，让他母亲大为吃惊。虽不经常到教堂，但接受家庭熏陶不可避免，只是有时候母亲安排的家庭读物并未经过甄选。

礼拜天是严肃日。母亲常让他读一本宗教读物《人的责任》（*The Whole Duty*

of Man)。①论"贼"一章，他看到比以前的认识更错误的概念，不能认同那样的看法。他后来说，要教孩子优秀的东西，但要注重原则，只有这样接受不同看法，思想才不会困惑。

每个人的青春期不可避免地会有性意识。斯莱尔夫人说，有天约翰生看到她送孩子上学，突然说："让你的孩子告诉你，他的梦。最早的心灵的堕落是从梦幻开始。"当她问他说的是什么意思，他却粗暴地说了声"别问我"并生气地走开了。克里福德认为，一般孩子感觉到性渴望时，与所接受的道德观便会发生冲突，作为敏感的约翰生，自会有更强烈的不安，如其祈祷文揭示，他一生都被这样的心理斗争所折磨。

除一首存疑的小诗《鸭子》，他15岁以后才有写诗的记录。朋友赫克托说，他写诗自娱自乐，喜欢背诗给跟他一起玩的校友。他早年学习翻译和模仿的罗马诗人有贺拉斯和荷马。他起初喜欢颂诗，应是受抒情诗启发。他阅读并模仿17世纪英国流行诗人罗伯特·赫里克（Robert Herrick，1591—1674）、安德鲁·马维尔（Andrew Marvell，1621—1678）和乔治·赫伯特（Geroge Herbert，1593—1633）。

有人说《水仙花》（*On a Daffodil*）是他写的第一首诗。这首诗足以让那些认为约翰生是个"固执的城市讽刺诗人"的人感到惊讶。赫克托把这首诗的复印件交给鲍斯威尔，从它看出这首诗写作于约翰生大约15岁时。鲍斯威尔并未公布这首诗，可能是考虑这首诗并不太好。德马利认为，这首诗与诗人罗伯特·赫里克有直接联系，因为他有很多描写凋谢花朵方面的诗歌。约翰生虽模仿玄学诗人的诗歌，却与他们不同，更客观中立一些。克里福德认为这首《水仙花》表达的是一个人瞬间的欢快情绪。约翰生本人并不喜欢这首诗，认为它没有很充分地写出花的特性。后来他再也没有写过有关花的诗。

他第二首诗是《友谊，诵诗》（*Friendship, an Ode*）。他视为人类关系的理想，早有希腊哲学家西塞罗的诗歌《论友谊》、欧洲人道主义者和之后代如英国哲学家弗兰西斯·培根（Francis Bacon，1561—1626）、英国戏剧批评家杰里米·科利尔

---

① 克里福德：《青年约翰生》，第75页。

（Jeremy Collier，1650—1726）等人所赞颂。[①]约翰生希望通过人类的友谊关系找到幸福。这也许是他遇到人生第一位导师后的有感而发。他的这位导师是他的表哥科尔内留斯·福德（Cornelius Ford，1694—1731），以下简称科尼。

表哥科尼

约翰生与表哥科尼于1725年9月初次见面，当时科尼卷入莎拉与迈克尔的法律事务。莎拉与迈克尔于1706年签署结婚文件时，双方同意，从新娘莎拉的430英镑嫁妆费里拿出200英镑，加上新郎迈克尔的100英镑，合计300英镑，单独存蓄，作为未来家庭和孩子的专门应急费用，这笔资金由两位信托人负责保管，一位是莎拉的哥哥约瑟夫·福德（Joseph Ford）医生，住在斯托布里奇；一位是理查德·帕奥特（Richard Pyott），他住在离利奇菲尔德两英里外。

但迈克尔从未支付那100英镑，为此，帕奥特不愿再做受托人，而莎拉的200英镑都在她哥哥手里。1721年，约瑟夫医生去世，这笔钱转由他的儿子也就是莎拉的侄子科尼监管。1725年，迈克尔与科尼协商一致，以家庭住房做抵押，借款给迈克尔200英镑，从中拿出一半归还一直没有支付的100英镑共同基金，剩下的一半用于解决迈克尔的财务困难。

1725年9月16日签约，科尼到利奇菲尔德看房验收，兑现合同，这时，他见到了约翰生。两人相见恨晚，互相认可彼此的能力，很快就建立良好关系。

临走时，科尼邀请他一起去自己在佩德莫（Pedmore）的家。原本说好只去几天，结果约翰生住了九个多月。母亲所以同意他走和放纵他迟迟不归，实在也是因为当时家里困难，同时也因为她与丈夫关系有些紧张，常为小事争吵。另外，家里杂事也多，顾不过来。那时莎拉雇用一个15岁的女仆凯瑟琳·钱伯斯（Catherine Chambers），昵称"基蒂"，约翰生对这位新来的仆人颇有好感，常关心她。在雇主去世后，基蒂仍寄住在这个家里直到1767年去世。那时的基蒂虽能帮莎拉处理些琐事，但显然对他们状况不好的生意和家庭纠纷无法插手。

[①] 德马利：《约翰生创作生平》，第13页。

约翰生幸在青少年时期得到名师指点，并有两个鼓舞激励自己未来人生的榜样。表哥科尼就是其中一人。从外表看，这两位表兄弟区别很大，约翰生16岁，高大、消瘦、年轻，常常情绪不安，总是在"抖动"；表哥31岁，个矮，脖子粗短，肩宽，体胖，长着一张有一双慧眼和酒窝的孩子脸，表现出的是一种踌躇满志的神态。

作为小镇书商的儿子，约翰生虽无书不读，在人生阅历方面却是完全空白的。一经接触，科尼就对表弟有好感，欣赏他明智、好奇、博览群书和坚定的思想，仿佛他是藏在利奇菲尔德等待被发现的天才，马上邀请他到家里玩，热心引导这位前途无量的小表弟。

科尼本是位才华横溢的学者，接受过最好的拉丁文学习。他个性活跃，是个说唱高手，1713年曾获剑桥大学文学学位，后来还获得奖学金。若他乐意或踏实工作，将是大学里的优秀学者，可是，他不愿过一个教师的安静生活，1725年秋天离开学校融入挥霍无度的伦敦剑桥社交圈后，养成恶习。为解决欠债问题，他与一位大自己13岁的43岁老处女朱迪思·克劳利（Judith Crowley）结婚。这似乎给表弟树立了一个婚姻莫问年龄的直接榜样。靠那位贵格会铁匠女儿的财富，科尼还清了债务，痛改前非，加入英国教会，人称"教区牧师福德"。他居住在民风简朴的佩德莫乡间，这里离斯托布里奇镇距离仅一英里半。房产是父亲死后遗留的，妻子朱迪思是位勤奋和受人尊敬的家庭管家。然而，在结婚一年半后，科尼就厌倦了过于安静的生活，他需要思想方面的交流，欢迎客人到家里畅谈文学。

正是科尼在所有方面都表现出最好状态的这个重要时期，约翰生受邀来访了。

在表哥家

科尼爱好文学，谈他所读的一切。他对哲学兴趣不大，认为"智慧文学里的花果，要比其茎根叶好"。但他热爱社交，难以成为一个学究和书虫。他喜欢交谈，朋友认为这就是他的一种做学问的方式。除古典文学外，他对当代文坛十分熟悉，喜欢谈起他认识的诗人蒲柏和其他文人的逸事。他喜欢的同代文人还有医生兼诗人塞缪尔·加思（Samuel Garth，1661—1719）、诗人马修·普莱尔（Mathew Prior，1664—1721）、剧作家威廉·康格里夫（William Congreve，1670—1729）、诗人艾迪生等。

约翰生来访时，正当蒲柏翻译荷马史诗《奥德赛》(*Odyssey*)的上部之际。蒲柏和他的翻译助手之间的趣事，包括威廉姆·布鲁姆（William Broome）和伊莱贾·芬顿（Elijah Fenton）和蒲柏编辑出版《莎士比亚戏剧集》的原委，这些从表哥口中娓娓道来，自有亲近感，更为亲切。这些诗人的逸事，也成为未来约翰生写《诗人传》的直接素材。

约翰生从表哥那里看到一个切实可见的"生活世界"，得到最大的收获是鼓励，一个年轻人入世前最需要的支持。约翰生铭记着表哥的两个劝告：一是要有一般知识，不只读一个主题的书，学习要抓主干，主干能动摇整个大树，无须关注一枝一叶；另一个是，如果争取从未有人追求过的谈话家的头衔，很容易就能在世上走出自己的路。

克里福德以"并非相投"一词，表明约翰生当时对自己今后要成为"谈话家"的看法并不以为然。马丁认为，表哥所以让表弟关注谈话，根据斯莱尔夫人的日记，是因为他厌倦剑桥卖弄学问的迂腐，希望表弟在未来能别开生面。但贝特主张说他耐不住孤独寂寞而培养这个与人相谈的习惯，对他未来的学术发展不利。

事实上，约翰生主要靠写作成为作家。读霍金斯所著的约翰生传记，没有人会认为他是个谈话家，而读鲍斯威尔所写的约翰生传记，就难有人否认他是谈话家了。而表哥本人无论多么健谈，几无作品，又无鲍斯威尔那样的记录人，难以"谈话家"的身份存世。

面前这位年长很多的表哥的世界观、学术功底、高级品位、伦敦的社会阅历，深深地吸引了约翰生，如同给他打开了一个新的天地。表哥的图书室有大量古籍，方便读书或翻译。两人在一起时主要是"谈话"。贝特认为，这次会面与在一起的九个多月，是约翰生的"再生"。

在佩德莫，约翰生并未与世隔绝，通过表哥的关系，他结识了一些朋友，进入一个之前未知的高层社会。约翰生可能去过哈格利庄园（Hagley Park），在那里也许见过同龄人、未来辉格党杰出政治家乔治·利特尔顿（George Lyttelton）[①]，其在伊顿读书，假期回家度假。乔治也是诗人蒲柏的亲密朋友。

在斯托布里奇，约翰生与母亲福德家的亲戚接触频繁。他与表嫂关系很好，并认识了表嫂的同父异母兄弟安布罗斯·克劳利爵士（Sir Ambrose Crowley）。克劳利拥有大量财富，促使家族成员与贵族结盟，是诗人艾迪生一首讽刺诗中人物"杰克·安维"（Jack Anvil）的原型。

约翰生对表哥的印象基本是正面的，不同于科尼在英国政治讽刺家威廉·霍格思（William Hogarth，1697—1764）笔下的"醉鬼"形象：不参与教堂活动，不是整天在伦敦大街闲逛，就是与朋友在夜间喝得酩酊大醉。在霍格思的名画《午夜的现代谈话》（Midnight Modern Conversation，1731—1732）里，就有以科尼为原型创作的"教区牧师醉酒图"。

多数传记作者认为，这个有着"淫荡"和"挥霍"名声的表哥，在表弟到访期间，还是给予了他更多正面的教育和影响。贝特认为，约翰生不仅跟他学到了恰当判断和生动想象的谈话技巧，而且还受其良好的幽默感、智慧和知识熏陶；尽管约翰生的智慧和知识更优于幽默感。

表哥相比于父亲，给约翰生树立了更加正面的形象。站在16岁的人生路口，约翰生意识到眼前有这两位对他影响深远的人，既不能轻易学到，也不能轻易摆脱。他一生注定要先与自己斗争。任何战役先从谴责自己开始——这是他与常人的不同，又是他何以能够让自己伟大的根本。

谈话投机，忘乎所以，不知不觉开学时间到了，表哥挽留，他就一口答应，直到感觉反正晚了难以返校，他也就一个月接一个月地住了下去。可能他觉得课堂不如表哥家、老师的讲课不如和表哥的交谈，他忘了自己在逃学。

[①] 约翰生在《诗人传》中对他的诗歌有批评，引起蓝袜子社团人士的强烈反感。

斯托布里奇语法学校

1726年6月，在表哥家过了冬天，离家的九个月后，约翰生回到了家里。亨特校长对约翰生的逃学很不满，甚至把这看作是对他个人权威的蔑视，作为惩罚，不允许约翰生回到语法学校学习。

根据家庭的经济情况，父亲希望约翰生半工半读，做老师的助手，以减免学费，就找到亲戚查尔斯·思科马斯尔（C.Skrymsher）帮忙——他就住在纽波特学校附近。当时纽波特学校的校长塞缪尔·利尔（Samuel Lea）牧师以不认识这个孩子为由，随口就拒绝了，后来曾感慨他一生最难忘的事就是差一点就有约翰生这个伟人在自己的学校就读。

得知他被纽波特语法学校拒绝，表哥科尼觉得自己有责任，在去伦敦前便求助于同父异母的兄弟、老校董格雷戈里·希克曼（Gregory Hickman）出面，让表弟转到爱德华六世学校即斯托布里奇语法学校，这所学校的校长是约翰·温特沃斯（John Wentworth）牧师。

7月，约翰生进入斯托布里奇语法学校，寄宿校内。在校内，同学吃住在一起，可是活动空间有限。事后，他对前后两个语法学校有些比较，但看法自相矛盾。他对斯莱尔夫人说，他讨厌后来那位校长（温特沃斯），他的学识并不比自己高。不过他也说过在那里自己在拉丁诗歌翻译方面受教很多。在另一个场合，他告诉珀西主教，在利奇菲尔德的亨特校长那里，他在学校学得多而从校长那儿学得少；在温特沃斯的斯托布里奇语法学校，他从校长那儿学得多而在学校学得少。[①]贝特指出这个说法矛盾，侧重点不同。从实际看，却正相反，严厉的亨特应比懒散的温特沃斯让约翰生受益更多是个事实。

约翰生已16岁，到斯托布里奇学校的附加条件是要协助教小班学生，类似

---

① 克里福德：《青年约翰生》，第87页。与其说法相反的是马丁，参看《约翰生：一部传记》第49页和诺克斯《约翰生一生》第20页。

"学生老师"。约翰·温特沃斯校长四十八九岁，毕业于牛津大学，自1704年27岁起就成为这里的校长，虽有能力但较懒散，远不如亨特校长那样纪律严明。有了约翰生这个可用的助手，他对他很严厉，总是推责任给他。

约翰生在校并不怎么尊重这位校长，后来把自己的进步归因于勤奋和以前的老师。这似乎表明，他更感激严厉的亨特校长而不是懒散的温特沃斯校长。

通常在校生从早上6点到下午5点进行正规学习，剩余的是业余活动时间。在街上，孩子见面要说拉丁文，否则，发现违规后要被鞭打。礼拜天到教堂是强制性的。

学校不远处是校董希克曼的舒适房子。希克曼是科尼同母异父的哥哥，是这个镇子的活跃要人。他家里可提供轻松的社交环境。约翰生在他家不仅能见到他的12岁的女儿，还得到关心照顾，这家人都觉得他是个小天才，应好好培养。

在这个学校的短暂时期，无论如何评论其得失，约翰生至少有效地利用时间读书和写诗，特别吸引他的是图书馆。早在1665年，希克曼的祖先——一位主教——把大量藏书捐给了学校。能想象出约翰生在这里如何按他的习惯博览群书。他在这里留下一些翻译习作，如维吉尔的《田园诗》第一和第五片段。他也曾尝试把艾迪生的拉丁文诗翻译成英文对句。

他的兴趣集中于自己喜欢的诗人贺拉斯，把他的拉丁文诗译成英文四行诗。贝特认为，他的这些译作远胜一些著名诗人的青少年时期习作。他重视诗歌三方面的要素，即活力、道德、陈词（或平凡语的翻新）。温特沃斯校长完整地保留了约翰生当年这些习作，去世时转给侄子威廉·鲍尔斯（William Bowles），他是约翰生晚年认识的年轻朋友。

约翰生不仅做翻译，还写原创诗，至少有三首英文诗保留了下来，其中《费斯蒂娜·伦特》（*Festina Lente*）中有"让理性这个超级力量/控制洪水般的狂怒/平静你不安的灵魂"的句子，充满新古典主义的原则和自我劝诫的意味。贝特分析说，这首诗的成就远超《水仙花》，已有《人类欲望的虚幻》的一些意象。表嫂科尼夫人的侄女奥利维亚·莱昂德（Olivia Lloyd）来访时，他把这首英文短诗送给了这位年长他两岁的贵格派姑娘。这大概是他的一段爱慕经历。不过，约翰生晚年向鲍斯威尔提到，他的初恋是赫克托的妹妹安娜。

克里福德认为，鲍斯威尔所著的约翰生传记仅收录了三首诗中的英雄双韵体①和一些简单的四行诗，后来人陆续发现他的11首诗，这些诗表明，他不但有宗教情怀，还积极尝试各种诗体。

这年生日前，他给自己买了一本《拉丁文词典》，或作为自我奖励的礼物。他的两个习惯也开始形成：一是在生日、新年和复活节时常常自我检讨，痛下决心戒除懒散；二是喜欢计数，把大任务分成可控的小成分，然后计算完成它们所需要的天数。

1726年10月底，约翰生从斯托布里奇返回家乡。在校不足六个月为何要离开已无从考察，有人说他与温特沃斯校长发生了争执。赫克托的回忆中语焉不详地提到说他写的诗有"不纯洁的语义"引起了校长不满；有人猜测说是因为他辅导学生的工作不像校长所期待的那样令人满意。贝特认为这些都可能是借口，因为约翰生与这位校长彼此都缺乏尊重。

值得注意的是，鲍斯威尔写约翰生传时，特意把温特沃斯校长抱怨约翰生的"懒散、顽皮和小偷"等词给删去了。这里的"小偷"应当特指他私拿了几本自己觉得有用的学校的图书——那所简陋的学校实在无什么贵重东西可偷。②

在父亲书店的两年

返回家乡后，约翰生开始了在父亲的书店读书两年的经历。他那时是有些失落的。同学泰勒毕业了，准备进入大学学习；赫克托也在大学学习，没有像以前那样有时间陪伴他。他的家里没有太大变化，女仆基蒂欢迎他，弟弟在上学，而且两兄弟几乎玩不到一起。这个时期，表哥科尼似乎对他家的状况不上心，他们暂时失去了联系。

父亲虽得到高级行政官的职位，但这份工作并无薪水，只是增加了一些官方工作和财务报告的任务，对债务并无帮助，向朋友借贷成了家中常事。按理说儿

---

① "英雄双韵体"（Heroic Couplet）是一种英国古典诗体，由乔叟首创。
② 克里福德：《青年约翰生》，第93页。

子17岁，应上大学了，但因经济拮据，家里不得不放弃对他未来教育的投入，希望他能从父业，早日接班成为书商。

家长这个有些强迫的选择，对这个好学不倦的孩子确实是一种苦恼甚至屈辱。但约翰生仅表现出内心的苦闷，并没有公开对抗。他尝试子承父业。

看看周边一些成绩差的同龄人都上大学，将来无须努力就能找到好职业，他自然心存不甘，也难免妒忌。他在店里装订书，读一些手册，做些手艺活，都是他本人乐意做的事，能让患抑郁症的他安心一些。晚年作为老人回乡探访时，他在那个被人接管的书店里认出一本书是他亲手装订的；斯莱尔夫人50岁时，在其别墅，他还装订过一两本书。

约翰生不是一个好的销售员，他对事务性工作感到厌倦，宁肯读书而非卖书。只要看到好的书名，他便拿起来专心阅读，以至于常常忘了自己要干什么。他父亲不久就发现了儿子的天性，判断他不适合这个工作，但忙于到几个郊外市场售书，也顾不了他那么多。也可能老人怕伤了孩子的自尊心，难以张口指责。这也是一种关爱，何况他是老来得子。

他做事很自由，父亲几乎全由他自己。在父亲的眼皮下，他有时会觉得自己完全无用，自责不能聚精会神，还浪费时光，不知前途如何。有时父亲免不了嘲笑他的"没有生活计划"，激起他回应"我不是你想的那样什么也不做"。父亲与儿子的矛盾难以调和。

在书店两年，他尽力做自己的，继续在书海泛舟。他曾告诉鲍斯威尔说他早年读书非常努力，18岁时已掌握得"同现在一样多"，只是判断力不够好。他读娱乐书、旅游书、所有古典文学作者的书，读过希腊作者阿纳克里翁（Anacreon）和赫西奥德（Hesiod）等人的作品，19岁时已能流利地阅读拉丁文。

除读父亲书店里的书外，他还购买自己喜欢的书。他的藏书有签名"塞·约翰生1727"的古罗马诗人作品《彼得罗纽斯》（*Petronius*），还有精装本《拉丁文词典》和希腊悲剧作品《索福克勒斯集》（*Sophocles*）两册。

学者威廉·肖（William Shaw）是教士的儿子，他自1770年认识约翰生，最早写出一本回忆约翰生的书《回忆约翰生》（*Memoirs of the Life and Writings of the Late Samuel Johnson*，1785）。肖探访约翰生家乡的朋友，了解至当时他在书店被书"包围"的情形，比喻他"读书如吸毒"。当被问到他在书店是否慢待父亲的顾客时，约翰生直接回答说："如果为关注来往客人而取代阅读的愉快，是从不可能的。"

1727—1728年，他继续留在父亲的书店。处在青少年的迷恋期，他对小几岁的赫克托的妹妹安娜自然产生好感，50年后，他对鲍斯威尔谈起这个初恋："要是能与她结婚，对我来说应是幸福的。"

在斯托布里奇，他表现出对绅士社交圈的兴趣，回到利奇菲尔德，同样有修养高、思想活跃的人士，他们来买书，也欢迎书商的儿子到家做客。这些人有镇长西奥菲勒斯·利维特（Theophilus Levett）、律师斯蒂芬·辛普森（Stephen Simpson）、药剂师约翰·马滕（John Marten）、威廉姆·巴特（William Butt）和其他人。他的教父斯温芬医生虽于1727年搬到伯明翰工作，仍继续关照他。

自由而温和的船长彼特·加里克（Peter Garrick）就住在大教堂区附近，他因天主教迫害雨格诺派从法国西南港波尔多逃到英国避难（1685），后来参军，驻地就在利奇菲尔德，在这里他与牧师的女儿结婚，多数时间靠拿一半工资维持家庭生活。他们有七个孩子，其中老大彼特·加里克经商，老三、未来戏剧表演家大卫·加里克和弟弟乔治是约翰生后来创办的拉丁文学校的学生。

沃姆牧师

此时所有对约翰生友善并影响深刻的人，要数他的第二个榜样人物吉尔伯特·沃姆斯利（Gilbert Walmesley，1680—1751，以下简称沃姆）了。也许同在镇里，接触交流的时间更多，沃姆的影响甚至可说超过了科尼，尤其对约翰生有更多思想学术和文学观念上的直接帮助。为此，约翰生曾写感人至深的悼文，纪念这位他热爱的文学导师。

约翰生说："沃姆虽是辉格党人，但他心地善良，坚持原则，能容忍我。他熟悉各类书，如果不清楚，也知道从哪里去找。无可置疑，我从他的友情里每天都得到益处。"约翰生在完成《英语词典》（1755）后，曾不无遗憾地说他所认识的人已不再能欣赏它，显然不仅指他的妻子，还应有沃姆和科尼。

晚年在《诗人传》写爱德蒙·史密斯（Edmund Smith）时，约翰生提到，因他与沃姆的友谊，才得到有利于自己学识进步的优势。沃姆认识的他的牛津校友，把穿"破衣烂衫的史密斯"的故事讲给他听。约翰生往事重提，不忘师谊，所写的这本史密斯小传也是"沃姆小传"，他说，希望"至少我的感激之情，能报答他曾对我的十分关注"。

1727年，沃姆47岁，比约翰生大将近30岁，因痛风有些跛足。沃姆的父亲做过教区大臣，有过短暂的国会议员经历，他从小就在上层社会转圈，无乡镇人的观念。他从牛津三一学院法学专业毕业后，得到镇宗教庭的工作，任注册官，管理各类赌博资金，年薪250英镑，从不需要因生活所迫去努力工作。沃姆是个富有的单身汉，住在大教堂封闭区，租赁着主教专用的宽敞主教宫，而主教本人则选择搬到教会城堡区居住。

从沃姆的肖像可见他自信和权威的神气。诗人安娜·西沃德认为，他是城镇里"最有才能的学者和最文雅的绅士"，迥异于"个头高、过分胖、体变形，有时衣服脏兮兮"的约翰生。安娜在沃姆去世时才9岁，显然，她更多的是凭借成人后把"听说之人"与"亲见之人"作比较来判断，发泄对约翰生的不满，因为约翰生的《诗人传》里抨击了她喜欢的一些诗人。

在小镇的沃姆虽一直保持着与伦敦的联系，他较亲密的朋友有能力强、温和却吝啬的乔治·达克特（George Duckett）和牛津密友、诗人爱德蒙·史密斯以及后来结识的主教的儿子汤姆·伯内特（Tom Burnet）。这些朋友都是辉格党人。

他想要改变当时糟糕的社会现状，最后比较失望，所以更多地表现出孤独和慷慨，这让他晚年有兴趣去关心"崛起的天才"，把主教宫住所作为会客厅，招待小镇的天才孩子。父亲1713年去世后，沃姆离开伦敦社交圈回到家乡，安于独居和书斋生活。

作为爱书人，他少不了出门买书。从大教堂走不远，就可到市场街，到约翰生父亲的书店翻书、买书、订书。他选藏书时，有时会发牢骚，蔑视纯粹的雅各拜主义，有时大赞辉格党人。这些声音自然会被托利党主张的迈克尔听到。为了生意，迈克尔从不会因不同意见与客人发生口角，一直以职业商人的态度为他提供书籍服务。

在这个书店，也许早在1726年，沃姆就注意到了待在书店里的那个小青年，发现了书商这位聪慧过人的儿子。也许他问过他有关书的问题,也许他关心过他为何在书店浪费时间,也许他知道他无处可去,也许他从船长加里克家还听说过其他的什么——因为那个像猴子样机灵的大卫,常会说起他的这位"大朋友"。于是,沃姆主动发出邀请,从而,约翰生进入了一个新的社交圈。马丁认为,"这是社交赞助人的重要一步",自然,慧眼识珠,怎么说都不为过。每周会有两三个晚上,他们在大厅里进行忘年交的交谈甚至激烈的辩论。

沃姆虽然有鲜明的辉格党立场,但他对托利党的新书也会浏览。1726年秋,他订购斯威夫特(Swift)嘲讽汉诺威王室的小说《格列佛游记》(*Gulliver's Travels*),读他的爱情诗歌,购买蒲柏的《群愚史诗》(*Dunciad*)和《书信》(*Letters*),这让他在家里的交谈内容无不是新近的文学动态,开放而不拘泥于党派之争。

约翰生受家庭和小镇社会环境影响,持有强烈的托利党人思想,但沃姆并未打击他。他穿着不修边幅的衣装进入沃姆的高层社交圈,无拘无束地说出自己的看法,并未受到歧视,反而受到鼓励。在这个群体中,约翰生敏感于高层社会生活的魅力,也就不全敌视辉格党人。沃姆作为一位辉格党人,也许让弟子感到惋惜,他们终究谁也没有改变谁。韦恩猜测,他们能找到其他的共同话题,正所谓和而不同。

沃姆眼光敏锐,他特别关照身边的三个年轻人,他们后来都很出名。

第一个是稍微年长者罗伯特·詹姆斯。他1722年从牛津毕业,在剑桥从事医学研究,发明退烧的"詹姆斯药粉"。他嗜酒并常醉酒,长达20年。他本人是个工作狂,编写了巨卷本《医学词典》,约翰生为其撰稿并多少影响到编纂《英语词典》。詹姆斯曾对藏书家托珀姆·博克拉克(Topham Beauclerk,1739—1780)夸口说约翰生的希腊文比他早年导师沃姆要好,约翰生听说后很震惊地说:"詹姆斯医生并没有足够的希腊文知识,去敏感地发现自己对这个语言的任何忽视,而沃姆却有。"

第二个便是约翰生,当时还不到18岁。

第三个最年轻,大卫·加里克,当时仅有10岁的样子,后来成为英国著名的表演艺术家。沃姆最宠这位充满快乐、喜欢表演扮戏的小家伙。镇上组织表演,大卫·加里克与他的姐妹在乔治·法夸尔(George Farquhar)的名剧《征兵官》

（*Recruiting Officer*）里扮演角色，当时曾为演出菲力普斯的剧本《忧伤的母亲》（*The Distressed Mother*）写过后记的约翰生，被要求写一篇开场白。

可能是写得太拖延，演出时他未能交稿。一看到这个10岁左右的孩童的表演，约翰生已认可了这个小兄弟的特殊才能。只是，不管此时他是否会与观众同感，还是留下"轻松自然、真实幽默"的赞叹；但后来他对戏剧表演颇为藐视。

当被社会和家庭拒绝时，约翰生进入友好的会客厅，必定会有"不是家胜似家"的温暖感觉。马丁认为，沃姆热情、开放和丰富多彩的谈话对这位年轻人是完美的引导，如同约翰生在他的表兄科尼家，他学习谈话的艺术，开拓思想，坚持真实的基督原则。

贝特曾就两位人生导师对约翰生的不同影响做过比较。约翰生16岁时遇到31岁的表兄科尼，18岁见到47岁的沃姆，沃姆对他更有权威性。科尼虽在谈话方面胜于沃姆，却不喜欢政治并持争议无意义的看法，而沃姆有律师习惯性的争辩能力。沃姆喜欢约翰生思想的火花，不在乎他几近眼盲、身体抽搐的残障，这让约翰生敢说出自己的想法并与之辩论。沃姆至少对约翰生重视"学习法律"和"关心政治"两大方面有直接而重要的影响。

晚年时约翰生告诉小说家范妮·伯尼（Fanny Burney，1752—1840）："自开始进入这个世界时，我什么也不是，我生活的一大快乐，便是向所有已确立的智识人开火！"范妮的父亲查尔斯·伯尼（Charles Burney，1726—1814）是位音乐家，其家庭成员常与约翰生交往。

约翰生兼取两长，谈话像科尼，而写作像沃姆，揭露人类本性和人心向背，理解历史，懂得思想进步是缓慢的，欲速则不达。若没有这两个人先后持续的影响，约翰生的人生道路也许会是另一个走向，正是综合或互补影响，造就了后来的约翰生。

画家乔舒亚·雷诺兹爵士（Sir Joshua Reynolds，1723—1792）说，要是他写约翰生的传记，要把约翰生分为"活动与安静"两种状态来写。在活动中，如谈话时，约翰生似乎每分钟都要争强好胜，而他安静时刻才是他真实的自然性情。鲍斯威尔写的约翰生传记较好地表现了这两个方面。

沃姆虽不是职业作家，却有良好的批评力和智慧的判断力。从这位友善但有些偏激的老师那里，约翰生也学会了如何应对和坚持不同的意见。沃姆有强烈反对当时政府的辉格党倾向，碰到过尴尬：当亲托利党的政府签订《乌德勒支和平条约》（1713）的消息传来时，小镇上一片欢呼声，而沃姆却气愤地离开。

约翰生告诉友人说："从前有个暴力的辉格党人，我以极大的热情与他辩论。在他去世后，我感觉自己托利党的主见也被减弱了。"显然。他说的这个辉格党人就是他的人生导师沃姆。

约翰生起初人格独立的确立，是在沃姆和科尼的社交圈里培养出来的，到后来成为他的一种自觉自由意志。他后来也建立起自己的社交圈和俱乐部，如同导师一样固执己见，同时兼顾友善妥协。

第二章　牛津大学

牛津大学

1728年秋天，约翰生的前景突然光明起来。他得到一笔资助，可以去牛津大学彭布罗克学院读书。这笔资金的主要来源，来自母亲的富有表姐哈里欧特斯夫人的捐助。哈里欧特斯夫人曾关心塞儿的眼疾病，她讨厌迈克尔，1728年2月去世时，她给表妹家留下40英镑的遗产，特别嘱咐这笔钱要专款专用，只给孩子读书，不能用来填补家庭生意的坏账。钱虽不多，却足以给约翰生一个好的开始。

读书的诱惑太大，约翰生不会拒绝，尤其想到不比他聪明甚至愚笨的同学因为有钱早就上了大学。他入读彭布罗克学院。在他身边，他的教父斯温芬医生、母亲的表弟亨利·杰森（Henry Jesson）、父亲的好友理查德·派奥特（Richard Pyott）都在同一所学院接受过教育，他的社交圈的导师和朋友也是"牛津人"。况且，牛津这个当时将近700年历史的老校（1096年建立）还是托利党的重地，不同于剑桥是辉格党的本营。他对生意无兴趣，要当兵体检不合格，未来可选的工作有限，不外是律师、医生、郊区牧师和学校教师，而这些职业只有获得高等教育文凭才能得到。

父亲不能给他金钱上的帮助，最大的投资只有书，任他挑选，约翰生选了100多本书，远超出一般学生用书。这个书单保存到了现在。

当他准备行装时，幼儿老师奥利弗夫人前来送行，送给他一包"姜饼"，并告诉他说他是自己所教过的最好学生。这个夸奖让他感动而从未忘记。鲍斯威尔转述的这个故事，一直被引用或传诵。至于一个幼儿老师夸几岁孩子的话能有多大力量，何以触动约翰生的内心深处，很值得玩味。晚年名誉满满的约翰生，早已看不上那些无论出于真心或假意的赞美，只需要这"万绿丛中一点红"。

进入牛津是约翰生少年时代的结束。他的少年时代并不幸福，如韦恩提到，他既厌倦身边母亲虔诚的陈词滥调，又气愤于年迈的父亲总是拿儿子炫耀，还妒忌年轻而身体健全的弟弟、不满于学校校长的严厉处罚。不过，在表哥家几个月的愉快时光、在沃姆家谈话的金色夜晚，足以让他走出来，开始全新生活。

那年10月末，父亲陪19岁的儿子前往牛津。他们骑马经伯明翰和斯特拉特福约78英里来到牛津大学，书籍和衣物由运货马车托运。

10月31日，约翰生作为自费生进入学校（但不知何因，他的正式注册日期是当年的12月16日），先支付了7英镑作为今后不能按时交费的担保金。

到彭布罗克学院的第一天晚上，他父亲便急于带他去见导师威廉·乔登博士和威廉·亚当博士。鲍斯威尔的传记生动地描述了这个场景：在默默地听人交谈后，约翰生开口便引用了5世纪罗马语法学家马克罗比乌斯（Macrobius）的语录，立即让人感到他语出惊人。

亚当博士是乔登的侄子，该校毕业生，时年26岁，后在1775年曾担任校长。他对鲍斯威尔描述了对这个新生的最初印象：他是我所知道的最具资格进入大学的学生。

乔登博士当年43岁，是约翰生最初的大学导师，一个可敬和沉稳的学者。约翰生起初对他没有什么好感，甚至认为他教不了自己，还无视缺课罚款二便士的规定：乔登问他为何不上课，他却冷淡地回答说他在基督教堂的草坪溜达。晚餐时，老师派人叫他来自己房间，本以为会被严厉批评。约翰生后来告诉牛津大学诗歌教授托马斯·沃顿（Thomas Warton, 1728—1790）说："我们坐下来，乔登递给我一杯酒，说他不会为我逃学而生气。这本身就是最严厉的批评。第二天，他又叫来一些学生，说：'我们将会有一个愉快的下午。'"托马斯的哥哥、牧师约瑟夫博士（Dr.Joseph Warton, 1722—1800）早期与约翰生有许多交往，他是位诗人和维吉尔诗歌译者。

约翰生虽对老师的学问评价不高，却敬爱他的人品，他说："无论何时，一个人是乔登的学生，也是他的儿子。"乔登博士1729年11月初被调动到离牛津100英里远的教区。约翰生对乔登导师1739年去世总是感到愧疚和难过。

亚当博士虽接替乔登的位置成为约翰生名义上的导师，但因约翰生12月离校，并未直接教过他。亚当博士曾向鲍斯威尔坦承说约翰生"在他的水平之上"，约翰生听说后"眼里闪烁着满意神色"。

开学典礼在他入学后几天的11月5日，通常在大厅内举行活动。这天是篝火节，每逢假日活动，学校通常会要求学生写一篇小文，并要抄写复件，一件给导师，一件贴在大厅专栏上。约翰生在这次活动中因懒散懈怠并未交稿，后来他写《梦》的韵文时解释说，缪斯在他睡着时低声说他不必写政治诗，可写一个谦卑的主题。鲍斯威尔认为，《梦》的诗文合乎维吉尔的韵律。

约翰生这个"拖拉"的习惯一直保留终生。他通常不会理睬作业，到早上非要交之前才赶忙补写，把作文交给站在大厅等候的老师。他完成得如此轻松，让同学们十分惊讶。晚年他从不认为这样做是一种冒犯，在他看来，"除非知道自己会游泳，没有人会跳进深水里"。

彭布罗克学院在1728年仅是一座简单的四方庭院，普通学生的宿舍是栋狭窄昏暗的三层楼房，房顶是塔楼。约翰生的宿舍在二楼的通道旁，住宿费一年4英镑。上楼有40级台阶。在75岁那年，约翰生曾在护工扶持下走上这个狭窄楼梯。房间有两个窗，一个打开后可见校长马修·潘廷（Dr. Matthew Panting）的宿舍，另一个窗口往下可看到四方的庭院，远处有教堂和牛津塔。房间配置可以达到一般寄宿生的舒适标准。

寄宿生

约翰生到校后的第一周，仅有少于40人寄宿在学院，其中包括访问学者和学生。有些人已注册，但不一定来报道或寄宿。校园比较小，学生间彼此很快就熟悉了。

学院有严格的等级，培养阶层意识。学者会得到一些特别资助补贴。马丁提到，学生分"贵族""绅士""普通"三类自费生。贵族生是个小群体，有无限的特权，吃小食堂，来去自如，无须导师，也不必攻读文凭。在普通自费生中，有些"挣扎者"，他们是来自贫困家庭的学生，要准备自己的餐具和自我照顾，同时为学生和学者做些服务性体力活，抵消昂贵的学费及其他开销，如被派去敲学生的宿舍门检查，向导师报告学生是否遵守作息时间。

约翰生虽为"普通生",但自恃高傲,从未沦落到这个地步。有时他不满这些"大兄弟"的管制,故意捉弄他们,特意忽视敲门而不回应,甚至关门出走,嘲弄校规。诺克斯认为,整个大学期间流传的逸事,表明他有"不顺从"的特性,如同他早年的许多举止,突出要自由独立的人格。

鉴于约翰生晚年乐意把早年的贫穷夸大其词,利用这些苦难作为优势,克里福德认为,不应过分强调约翰生在彭布罗克学院的"清贫"。因为家里已为他支付全费,他既无须做体力活,也没争取去当学生辅导员,甚至房间还雇用仆人做清洁。不过,他在校13个月从未离过校,也是由于经费有限——圣诞节假期仅有三个本科生没有回家。至于自我"夸大他的独立",那是因为约翰生虽不比别人贫穷,却要克服形体缺陷赢得尊重,他要用自己"大脑的能力",与其他人以魅力、美貌、金钱、权力而获得名誉一样;这也是他蔑视权威的根本原因。

18世纪的大学,学院提供各种服务,如给学生送饼、送面包、送信、打扫房间和添加日用品。这些服务都要收费。记录在约翰生名下的消费有时一天累计高达16件(次),可具体消费了什么,因文件缺失而不得详知。马丁著的约翰生传记提到饮食簿记录说约翰生大约每周花费八个半先令,那么如果按一年在校42周算,合计24英镑,这个标准虽比普通生略低,却比跟班的"工读生"的平均水平还是高出两三个先令。①

学校有娱乐室、就餐大厅,冬天大厅内有火炉。学校的小教堂前一年早春开始修建,学生日间祈祷,要穿过狭小的小巷,到圣·阿尔丹(St Aldgate)教堂。学生一大清早到小教堂举行仪式,之后开始自学。由于非强制性,约翰生后来都不记得自己是否早起过。早上他一般不会有齐全的早餐,只有几片面包和果汁;上午有时有课,包括背书、翻译和个别辅导;下午自由安排。

约翰生向鲍斯威尔提到,彼此竞争是牛津学习的优越性。学生急于要在老师面前表现自己的优秀,而老师也忧虑他们的教学成果,期待学生能在大学竞争中表现出色。每个学院都有严格的纪律。在一个场合,他提到,他们的学院是个"诗人的鸟巢"。

回顾起往事,他显得很是怀旧。当时的学院并非处处理想,在校园,条件好

---

① 马丁:《约翰生:一部传记》,第73页。

的学生能多学，而落后生却很少得到鼓励。马丁在他的约翰生传记中引用了史学家关于18世纪牛津大学处于"大萧条"的看法，这既与学院缺少强制学生一定要毕业的制度有关，也与导师热衷于教职升迁而缺乏教学兴趣有关。

大学同学

1729年3月，大约在校五个月后，约翰生的小学同学约翰·泰勒由他任职法官的父亲陪同也来到牛津大学。两人见面非常兴奋，泰勒终于说服了父亲让他入读，与约翰生同一所学校。鲍斯威尔的约翰生传详细记录了约翰生为泰勒找老师以及一起学习、看笔记、讨论难题的经历。

约翰生在校外的具体生活情况，可通过校区所在城镇发生的事件猜测。那年的3月30日，他与泰勒听到一位小男孩在教堂喷泉处被谋杀的消息；夏天，他们也许看到了一位年轻人犯鸡奸罪被示众；还可能看到臭名昭著的盗马贼被绞死在城堡监狱，看到病态的学生被淹死在河里。

校园内外的社会活动十分丰富。在那个小镇周围有300多家小酒馆，家庭富有的自费生看赛马、参与夜间舞会、钓鱼、骑马郊游，或看斗鸡、到俱乐部喝酒、听传奇故事。

约翰生自知负担不起这些。他在日记里写道："我能自由地到饱蠹楼（Bodleian）[①]图书馆读书，发誓绝不偷书。"除了读书，他从未能让自己摆脱"贫穷可耻"的看法。他对这个不平等制度多有怨言，赞同后来他的朋友亦校友的作家奥利弗·戈尔德史密斯（Oliver Goldsmith，1730—1774）说的话："人们在这里学习自由的艺术，却同时被当成奴隶。"学习的是自由主义，实践的却是跟班"工读生"的仆人行为。

但约翰生并没有封闭自己，这一阶段结识的好友有菲利普·琼斯（Phil Jones）和约翰·弗拉德（John Fludger）。他们一起"逃学"，有时也会玩国际象棋，但从

[①] 这里采用钱锺书的译名。见《听杨绛谈往事》，三联书店2008年版，第106页。钱锺书1935—1937年在牛津埃克塞特学院学习。

不用它赌博。1776年约翰生与鲍斯威尔一起到牛津时曾提到与这两位同学的交往经历。

通过对这些身边同学的观察，约翰生强化了对整个体制的厌恶，发现连学生之间彼此都有阶层意识设置的障碍。霍金斯提到，约翰生严厉批判大学，不赞同让穷学生伺候有钱学生的做法，他主张："学者应同基督徒的生活一样，消除所有等级和特殊的区别。"

因为约翰生与两个学院都有联系，他是否认识其他本科生未能确知，如后来任内务大臣（首相）的三一学院学生威廉·皮特（William Pitt），也不知道他是否曾在学院见到其小学同学、后来任主教的查尔斯·康格里夫。

在学院，约翰生以有限的消费水平吃喝玩乐，参加一般性活动。尽管视力差，他仍会玩棒球、滑冰，还玩游戏。他也会去酒吧，从那里得到写诗的灵感。1778年，他在伦敦的大街上遇到多年未见的老校友奥利弗·爱德华（Oliver Edwards），回忆起在一起喝酒的欢乐时光。爱德华是在约翰生离校前不久才入校的，约翰生与他并不十分熟悉，还差点没认出来。

约翰生很受同学们的喜欢，有些学友喜欢听他打趣，分散紧张学习的压力。威廉·亚当博士后来对鲍斯威尔说："他是一个欢快和喜欢嬉戏的学生。"在学院的经历是他最幸福的一段生活，当听到亚当博士的这个说法，他反驳说："先生，我很粗鲁也很暴躁，为他们误解我喜欢嬉戏我感到很痛苦。我特别贫困，我想用文学和智慧走出一条路，因此，我蔑视所有的权力和权威。"

在某种压抑的情绪下，他因"懒散"被老师指责。他拒绝做强迫性的作业，也讨厌纪律，如仆人奉命来宿舍检查学生是否在学习时他会不开门响应。霍金斯讲述过一个故事：乔丹导师因为他缺课和未交作业，以罚金处罚，他却说："先生，你因我未出勤罚的两个便士，连其一半的价值都没有。"

约翰生至少有过两次被罚款的逸事被戏剧性地夸大，不过是想要表明约翰生的独立个性和不多的与老师的对抗争辩。实际上，他并不是一个不懂妥协的抗争者。亚当博士观察到，他的出勤率基本正常。尽管他曾经很自豪地表现出叛逆者的情绪，到了晚年还是为自己的一些行为感到羞愧。

如同在语法中学那样，他在大学时对同学也产生了影响。在牛津，他以善于用词并强调真实准确，给同学留下很深印象。如大学校友奥利弗·爱德华对鲍斯威尔说:"他有精湛的语言能力,我们都怕他。"不过,虽然表面上看约翰生在校充满自信,可他也常有些怪异的想法。

他的宿舍离校长马修·潘廷博士的住所很近,开窗的时候校长可听到他的自言自语:"我想看看他们是如何到其他地方学习的。""我要看国外大学,到法国和意大利。我要到帕多瓦。""我要关注未来。""一个雅典的笨蛋是所有笨蛋里最糟糕的。"

这样的片段,在韦恩看来,突出了约翰生两个特征:一是国际主义。有人以"约翰牛"漫画讽刺约翰生傲视欧洲群雄,尤其以编词典获得极大成就感而自豪。这很片面。因为约翰生早已把伟大的欧洲文学和思想体系融为自己的一部分,如从喜爱文艺复兴时期意大利诗人彼特拉克的诗歌,进而到渴望去看看国外的大学。二是讨厌"雅典的笨蛋"。雅典是学问中心,不应有笨蛋,尤其在这高深莫测的学问大殿里,若有便是最糟糕而难以容忍的。约翰生从表哥科尼和牧师沃姆的言行里,早已熟悉雅典人的学问态度和智慧才能。德马利的约翰生传记加强笔力刻画了约翰生与欧洲希腊学问相关的世界主义形象。[1]

在在校生中,约翰生的竞争对手是"诚实的"约翰·米克(John Meeke)。米克祖父约翰·库克是查理二世的拉丁文秘书。1754年,约翰生与牛津三一学院的托马斯·沃顿教授一起来到母校看望米克,双方进行了友好交谈。离开时,他对沃顿说:"米克很优秀。我记得上古典课时,我不能容忍他的优秀,尽量坐得离他远些,以便听不到他回答提问。"比较两人的成就时,约翰生有些欣慰:"他留在牛津成为学者,我到伦敦谋生,看我们的文化个性多么不同。"

写诗与读书

约翰生的诗才很快就在大学得到展现。小学同学赫克托说,圣诞节前要交作文时,他把蒲柏的《弥赛亚》(Messiah)翻译成拉丁文。要完成119行诗的翻译用

---

[1] 德马利:《约翰生创作生平》,第16页。

时一两个月很正常，可他速度极快，仅用了半个下午和第二天的一个上午。约翰生晚年回忆认为，这给了他一个展示才能的机会。是导师乔登最早向他提出这个翻译的建议，知道他有做不寻常事的能力。

诗歌的主题与他思考的观念适合，即真实无须大声而深入人心。贝特认为，他快速完成，是要吸引他人注意，想得到资助。他很熟悉诗人艾迪生在其家乡学校的优秀并得到奖励的故事，他晚年写《艾迪生传》就记录了艾迪生得到赞助人帮助并被女王学院推荐为"奠基人学者"。

好东西自会有人欣赏和推荐。这首翻译为拉丁文的诗歌在学生中相传，甚至传到了约翰生的家乡，迈克尔未经儿子同意便印发出来。也许蒲柏还得到一份。约翰生知道后很生气，不满父亲过于随意而笨拙的非正式推荐的做法："如果他不是父亲，他真想割他的喉咙。"在诺克斯看来，约翰生这样"恨父"与其恋母情结有关。

基督教寄宿生查尔斯·阿巴思诺特（Charles Arbuthnot）的父亲是蒲柏的朋友，交给蒲柏一个这首译诗的复制件。蒲柏说译得好，他之前也看过，这应是约翰生父亲印发派送的。但据泰勒说，蒲柏对这首诗或译者没有做什么评价。另一个材料是霍金斯的约翰生传记描述的，说年轻的查尔斯将约翰生的译诗交给蒲柏，约翰生得到蒲柏的夸奖："这首诗的作者留给后代一个问题：原创者是他还是我？"对于这两种记录，贝特认为泰勒的说法更接近事实。

约翰生曾对斯莱尔夫人说，人们想知道他在牛津的生活，答案应在泰勒和亚当之间，因为"他们总是讲真话"。遗憾的是，他没有艾迪生一样的幸运，他的诗歌赞助人并未因此出现。

这首诗应是约翰生最早出版的翻译作品，被收录进校友约翰·赫斯本兹（John Husbands）编辑的《诗歌选集》（*a Miscellany of Poems*，1731）。在这部300页的选集里，他是唯一入选的拉丁文译者。据说该选集也曾呈送给蒲柏。这本书是保留约翰生最早出版译诗的作品集，订户多数是他的同学，但订单里没有他的名字，因为那时他已离开学校，很可能完全不知道这个事。贝特认为，就算知道，他也不希望记住，因为这一年他无望地结束了大学的日子。

约翰生的在校生活中把大多时间用在了阅读而非创作上。他对鲍斯威尔提到他在牛津时集中攻读希腊文集，不限于历史，还有荷马史诗、欧里庇得斯悲剧，同时，也没有忽视拉丁文。他带到牛津的书有上百本，主要是一些古典图书。他还给自己制定了巨大的研究计划，包括各种知识。

随个人的兴趣爱好阅读成为约翰生的读书习惯。他对政治家威廉·温德姆（William Windham）说，他从未完整地读过一遍《奥德赛》，如同他常说自己"非常懒散和茫然无知"一样，他从不曾刻苦学习过。对于他的这些自嘲或夸大其词，鲍斯威尔总是持保留意见，提出要认真检验，不要轻信他所说的。因为他读的要比他说的多。入校时约翰生就比其他学生有更充分的准备。所以经济理论家、《国富论》作者亚当·斯密博士评价说，他（指约翰生）读的书比任何在世的人读的书都多。

在父亲的书店时他已在学习法文，到校后，他更自觉地练习。在书海中，他碰巧看到勒·格兰德（Le Grand）翻译的葡萄牙神父杰罗姆·洛伯（Jerome Lobo）的《阿比西尼亚①》（Abyssinia）的法文译本，对书里的故事以及叙述的那些几乎无人所知的民族国家的生活深感兴趣，几年后，他想到要翻译这本书。

曼德维尔和威廉·劳

伯纳德·曼德维尔（Bernard Mandeville）的《密蜂的寓言》（Fable of the Bees，1714）及其附录"美德之起源"，对约翰生影响巨大，他称其为"一个思想者的著作"。曼德维尔的这部作品曾备受争议：它以"蜂巢"为喻，强调社会发展得益于其成员积极谋求个人利益，人们对奢侈品的喜爱应视为公利而不是私恶，自爱是保持所有努力和进步的动力。曼德维尔著名的悖论是："自私的邪恶让公共受益。"如他举例，一个人喝很多酒，就有很多钱流动，让公共社会受益。

曼德维尔直接批评沙夫茨伯里伯爵（the Earl of Shaftesbury，1617—1713）的 Characteristics of Men, Manners, Opinions, Times② （1711），认为其树立的道德标准，推崇的"中间道路、平庸德行"的举止，只能"造就白痴"，同时，他不认同

---

① 阿比西尼亚：埃塞俄比亚的旧称。
② 书名大意为：人、举止、观点和时代之特征。

伯爵对"人类的高度赞美",并深表质疑。

曼德维尔不仅认为人性"自然善"或"自然恶",并进一步强调"美德是虚伪的",一个社会全依赖道德,只会导致冷漠无情而麻痹瘫痪。此时,约翰生还读曼德维尔14世纪关于一些地区的游记,对其描写的残酷现实与精明能干的人物个性留下深刻印象。他对家乡的诗人安娜·西沃德说:"曼德维尔确实打开了我对生活真实认知的眼界。"由此,贝特认定,约翰生的思想活力源于曼德维尔。①

这位荷兰出生的医生、作家兼政治家曼德维尔,其思想直接影响了休谟、卢梭和康德的理论体系构建,其惊世骇俗的政治观点,是当时文人乐于谈论并争论不休的话题。

显然,约翰生未来的写作、谈话,自然有曼德维尔思想的内在影响或无意的暗合。

一个人早年读什么书,几乎可以决定他后来说什么话写什么文章。②他虽克制自己,可其接受的内在思想如被压在水里的浮标一样随时都会冒出来。因而,自选文集时,他特意把写人类过于黑暗凶残的《儿鹰看人类》这篇文章删除,表明他对自己的思想有所修正,到编撰词典时,他又几乎不选曼德维尔的语录。在德马利看来,这是因为,他一方面读书无禁区,尽可能给自己扩大思考空间,而另一方面,他要辨识良莠标准,有所选择地介绍给其他人。这情形如同鲁迅自己看遍古书却说"年轻人不要读古书"。

然而,思想有源流。约翰生的"人类希望幻灭"这个中心思想,多少受曼德维尔思想的启迪,确切地说,如何避免其陷阱始终绕着他,走到哪个思考阶段,便留下那个阶段的心迹。智者一生的思想历程,通常都在最初被触动的观念上首尾回环。

跟随约翰生的旅途,我们应该不难发现他的"回家思想"③如同使用圆规,借用多恩(Donne)的爱情诗来说,无论走多远,"坚定"才能"终止在出发点上"。

---

① 贝特:《约翰生传》,第102、295、298、492页。
② 霍金斯认为,曼德维尔的"人是自私的"思想,极易影响缺乏思考的青年人及其道德行为,约翰生写道德文章和祷告词,积极提倡仁慈行善的思想,然而,时时内心挣扎,照镜找错,是排除其毒。
③ 参看钱锺书《说"回家"》篇,《钱锺书散文》,浙江文艺出版社,1997年,第541页。

传记无不强调约翰生在大学最为人乐道的行为是遇见威廉·劳（William Law）的一本书。因为这本书，约翰生确立了自己一生宗教信仰的方向。若宗教信仰是传记叙述的主题，其影响自然超过其他书，也超越如前所言的曼德维尔的思想影响。笔者更倾向于他一直"自我怀疑"的说法，在曼德维尔与威廉·劳之间挣扎，形同正负相互作用。如诺克斯举例说，他总是在复活节期间被"疑虑"干扰，每次下决心要坚定信仰、改邪归正，而"疑虑"却如刹车惯性难以停止。

晚年，有朋友的父亲担保约翰生做教区牧师，他考虑自己不适合而拒绝。他恐惧并与死亡斗争，被人看作信仰境界未臻至高峰。他的一生可谓一直在"信仰"与自己不能"全信仰"之间挣扎。基于此，我们才可能理解何以贝克以"自我—克制"、德马利以"妥协"来强调约翰生一生的重要特质。

这本唤醒他宗教意识的书是威廉·劳的 *Serious Call to a Devout and Holy Life*[①]（1728）。他拿起来看书名时觉得它无非是一本沉闷甚至可笑的读物，但读过后，他深受触动，仿佛灵魂深处闹了一场革命，远远超出他所以为的平庸，进而彻底改变了他从前随便谈论宗教而从未认真思考其真实的态度，甚至形成他后来写道德文章的基本思想。

威廉·劳的书中不仅描写了接受基督信仰的妇女米兰达的积极形象，还提出一些具体的可行的建议，如早起、有规律地祈祷（当年红衣主教每三小时一次）、适当地使用时间、每日严格要求自己、读《圣经》和其他好书，这些几成约翰生学习的标杆和检讨自己的标准。威廉·劳书里批评曼德维尔的消极颓废思想，也提醒了他要有希望的寄托，积极乐观地面对生活。

经此学习思考，约翰生受益终生，他对友人说，他早年不重视宗教，威廉·劳的书给他带来活下去的新希望，尤其是生病后。从此他绝不再离弃，诚如《罗马帝国衰亡史》的作者爱德华·吉本（Edward Gibbon，1737—1794）所说："若威廉·劳的书在他思想里燃起了虔诚的火星，他却践行并让其燃烧起大火。"在《英语词典》里，约翰生引用威廉书中语录多达200多条。

韦恩对约翰生接受基督信仰持有"建设性与毁灭性"的看法。就其建设性方面而言，指引和扩大了其内在人道思想；就其毁灭性而言，强烈激发了其无理性

[①] 书名大意为：唤起神圣的使命。

的罪恶感和自我惩罚，让他一生处在无止息的痛苦审判中。德马利认为，在约翰生看来，上帝不是可亲的父亲而是审判官。①

作为英国国教信众，不同于罗马天主教徒如何进入天堂有规则遵循，约翰生要靠自己的行动去通过审判的通道。一个预设的举止、虔诚、献身的标准，足以让多数人清楚什么是天堂和地狱的门槛，而这些对约翰生来说却远远不够。一个人拥抱基督信仰，并不会改变其自然本性，如同在评价英国批评家切斯特顿（G. K. Chesterton，1874—1936）和小说家格雷厄姆·格林（Graham Greene，1904—1991）时，人们难以看到其信仰与其思想、文字是融为一体的。约翰生一直在忧虑地思考，最终不过是同父母的模式那样，仅仅是习惯性地接受了上帝。

接受上帝信仰是他大学生活的重要事件，影响他终身的抑郁症或疑病症（Hypochondria）在这时开始形成。鲍斯威尔所著的约翰生传记里常有不少段落，描写他的"沮丧、沉闷、忧虑、绝望"。

但不管怎么说，此时返回家乡，可能是他不得不走的一步。

离校

1729年10月，约翰生在大学的学习开始不安定，他为家里未寄学费感到忧虑，开始用拉丁文记日记。为自我约束、克服懒散，他"统计"如果一天读书10～60页全年下来可读多少页，如果这样，几年就能把古典书读完。正如他后来写《拉塞拉斯》时强调，伟大的工作不仅靠力量，还要有毅力能坚持。

这样有些自欺欺人的表现，却能让他感到心安理得。在他1729—1734年的日记中常有"M"词头的字出现，引起各种猜测。这些日记如同祷文一样，成为他一生下决心改变懒散并"自我负责"的检讨形式。这些日记至今保留在哈佛大学韩德藏书室，是一个汇聚了几代约翰生藏书家藏品的巨大宝藏。

根据约翰生的友人赫克托说，《年轻作者》（*The Young Author*）创作于他20岁

---

① 德马利：《约翰生创作生平》，第29页。

时，发表在《绅士杂志》（*Gentleman's Magazine*，1743年7月），他把年轻学者追逐名誉的行为与农户为淘金放弃田园生活而遭海浪打击进行比较，认定这无尽头的"希望出名"比海洋和暴风更致命。他展示诗人的灵魂："在幸福的梦里，他挖金矿/狂喜地看到新发现的红宝石闪耀。"贝特从诗句分析这首诗应写在20岁即将结束之前，并认为这是20年后他的《人类欲望的虚幻》（1749）的微缩版，还可看作他预写《漫步者》道德文章的一个主题先行。就像人们无处不在的妒忌，秉持"人心背叛"的原则，出于妒忌或被人妒忌，人人都把内心真正的动机掩饰起来。他在提醒自己和年轻作者应意识到，任何名誉都是短暂的，追求美德，艺术才能常存。

在大学的生活虽受家庭经济困难的影响，约翰生却尽力保持着独立的意志和顽强的人格，不接受任何形式的帮助。校友泰勒回忆，当他知道基督学院学生看见他的鞋有两个大洞在背后讥讽他时，就发誓再也不到那里去。他在学院常穿着长袍校服，多少遮掩了部分寒酸。来自斯塔福德郡的学友威廉姆·维斯（William Vyse）出于同情心，让仆人放了一双新鞋在约翰生的宿舍门口，他看到后随手把它扔掉了，第二天照样穿着破鞋，若无其事。看似尴尬，其实他内心更多的是愤怒，我们只能猜测他可能尽量不出房间。"扔鞋"这件事确是事实，也是鲍斯威尔的约翰生传记里让人难忘的一件事。如霍金斯所说，他从不曾让自己摆脱"贫困可耻"的看法。之后读到卢梭那些乡间可以摆脱贫困或得到幸福的论述，约翰生觉得他不了解乡间的贫困，只是空有幻想且幼稚可笑。但"知耻"从不妨碍他人格和思想的"独立"，这是约翰生的难能可贵之处。

当泰勒知道约翰生不会再来学院后，便把自己记的导师埃德蒙·贝特曼（Edmund Bateman）的笔记带给他看。平时，泰勒有代数问题就找约翰生解答。有一次，约翰生有一个问题找几个同学问而没有得到答案，泰勒去找贝特曼咨询，而老师的解释仍未能让约翰生满意。这是他们在大学最后的互动。

约翰生在校已13个月，此时家里已无任何现金汇来。学校有两类奖学金，其中一类是年奖金10英镑，就算能得到也于事无补，根本无法维持在学校的继续学习。由于已有一个季度未付费，又到了圣诞节假日，约翰生便想借这个机会回家看看能否解决学费问题。他应该是完全无离校的打算，因为他回家时把自己的大量图书留给同学泰勒保存，这些图书直到六年后才取回。

1729年12月12日，一大早，他离开学院回家乡利奇菲尔德，这一走，直到25年后才再次到学校（1754）。泰勒陪他走到班伯里大路等候马车，分手后当晚赶回牛津。人们曾假设他后来一定培养了某种怨恨母校的情结，讨厌这个"不识君"的牛津大学。但事实相反，从1754年起到去世，他至少来访过这里27次，有时一住就是几周。他更多是到比邻的新因赫街圣彼得学院和大学学院，因为那里把他视为著名的道德家和学者来敬仰，而他第一次回母校（1754）虽受到校工的欢迎，却也遭遇了约翰·拉特克利夫（John Radcliff）校长的冷遇。[①]他最后一次（1784）带朋友、女作家汉纳·莫尔（Hannah More）到母校各处走走时，对这位女诗人自豪地说这里是会唱歌的"鸟巢"。

　　在牛津，如果说因旷课、蔑视老师、逃学，约翰生给人留下了不好好学习的印象，那么，之后学有所用、用有所成，如坚定宗教信仰、广泛读书不设界限、研读法文为后来翻译做准备、模仿写作拉丁诗文等，可以肯定，如德马利所言，他在大学的表现就不能用"懒散闲逛者"的名词来概述。

回家（1730）

　　回到家乡后，约翰生的抑郁症日益加重，沮丧和懒散成为他这时期突出的表现。1730年初，他的沮丧既有身体疾病的原因，又有目睹父亲的经济困境的现实压力，再加上职业前景暗淡这样的因素。在最严重的时候，他与友人泰勒谈起过自杀。这两年他没有写日记，没有与人通书信，人们不知道他在干什么，如马丁的传记说他"藏起来"了。

　　鲍斯威尔描写约翰生那时"病态的忧郁"，说他的精神达到了崩溃的边缘，总是神志恍惚，分不清镇塔楼里大钟摆动的时针。约翰生读乔治·切恩（George Cheyne，1672—1743）的 *The British Malady*[②]（1733），了解到他的病与自己是父亲老来得子有关，熟知了"情绪低沉、沮丧、压抑和可怕的幻想"这些抑郁症的状

[①] 指的是约翰生在当年3月28日开始五周的母校访问，对校长不订购他编撰的词典表示不满。
[②] 书名大意为：英国病。

态，进而接受切恩提出的"饮牛奶、吃素食、走远路、节制、禁食"等疗理方法。

他还试图以"为宗教奉献"的方式来控制自己，为此要求得到一本英国公祷书（the Book of Common Prayer）。严重坐卧不安时，他试图用超强的体能锻炼来减轻暴躁情绪，常从利奇菲尔德走到16英里外的伯明翰，来回长达30多英里。当尝试无效后，约翰生便写信给斯温芬医生。

他用拉丁文陈述自己的病症，忧虑自己患有精神病。斯温芬医生看到措辞准确的表达陈述，不但赞美其文字，还忍不住拿出来给几个朋友分享。文学是医生所爱。因为英国乃至欧洲选拔医生都会从语言文字考试成绩最好的学生中录取，至今传统不变，也可知为何医生中"弃医从文"者大有人在。

约翰生听说私信被分享后大为恼火。他认为医生暴露病人隐私的行为不可原谅。斯温芬医生当时14岁的女儿伊丽莎白知道此事后，告诉父亲说约翰生十分气愤。此后，他与这位教父的关系从未能和好如初。后来伊丽莎白与法国雨格诺难民、她的作文老师德斯蒙琳斯（Desmoulins）先生结婚，并以德斯蒙琳斯太太的身份得到约翰生关照，晚年住在约翰生的房子里。

这时期，家庭情况难以帮助约翰生缓解压抑的情绪。迈克尔仍照常做他的生意，即使斯陀水塘旁的羊皮革厂亏本，到期还是续了租。约翰生告诉斯莱尔夫人，后墙已倒塌，他父亲仍很勤奋，每晚都去锁门。在韦恩看来，20世纪30年代劳德与哈迪合作的好莱坞喜剧片，才有如此"严肃的愚蠢"，令人泪笑。

约翰生把他父亲明知无人偷盗还是有规律地按时锁门的行为，看作是一种可怕的精神错乱、几近发疯，这证明贫困无法使人放松并享受应得的休闲。诺克斯认为，他感觉父亲的发疯行为，一直作用于自己难以释怀的精神问题。鲍斯威尔以"病态的忧郁"和"可怕的疑病症"来描写约翰生这个从血管里继承于父亲的疾病，并认为他从此再也没有完全脱离其干扰，只能用劳作和参与谈话来娱乐，临时制止或舒缓一下这个有害无益的影响。

约翰生晚年用"黑狗"（Black dog）一词表达对抑郁的厌恶，仿佛抑郁症如狗会咬人那般。[1]不同于往昔，现代人对抑郁症已有更多认知和理解。

接下来，读者自会看到同代人如何看约翰生自卑却不自弃的生命旅程。约翰

---

[1] 马丁：《约翰生：一部传记》，第436页。

生一生与抑郁症斗争，能为当代读者提供一些如何看待和治疗其病的资源，这恐怕也是约翰生传应有的榜样作用。

约翰生仍想恢复中断的学业，可是，家里没有钱，也提供不了任何可能的帮助。他本可以接手父亲的生意，但他没有兴趣，更多想到的是自己独立的自由意志。他可以成为作家、诗人，这需要时间；他可以当老师，这需要文凭。

在抑郁症严重的时期，要他马上决定是有难度的，最容易的方式就是依旧懒散，一周一周地拖延下去。他留在学校的书，父亲需要拿它们卖钱，却不敢贸然向儿子提出，就算要取回，运费可能比书还昂贵。

新朋友赫维

此时，他参加沃姆主教宫的社交活动，比从前更有益于排除郁闷解心忧。导师沃姆欢迎他从大学归来，是在友情的支持下，他没有完全沉沦，常到沃姆的宫室圆桌上，与大家进行各种议题的讨论。

每当生活中不开心时，若遇到一个知心且有魅力之人，任何人都会改变心态。这时候，新朋友亨利·赫维（Henry Hervey）走进他的生活，不仅敬重他还善待他。赫维从军后，部队驻扎在利奇菲尔德（1730），因喜爱文学，如约翰生的表哥科尼和牧师沃姆一样，家里常有谈话小组聚集。赫维看重这个书商的儿子，而约翰生自然感受到友谊的温暖。赫维是布里斯托尔伯爵的第四个儿子，与约翰生早期的朋友都有联系，29岁前他是一个让家人烦恼的人，被称为"最野的人"，不过，他传承了家族的智慧和魅力。

赫维曾在牛津基督学院短暂求学，因大手大脚花销大而欠下巨债，还因跳墙摔断左腿。他大哥出面付费，给他在军队谋了个职位，因他常缺勤，无法得到提升。到利奇菲尔德不久，赫维与一位有潜力继承家业的女子结婚。他的诗歌有马修·普莱尔的优雅，虽不算做优秀，但也足以成为沃姆圈内的成员，与约翰生相识、交往。后来有人提到他的名字，约翰生内心立即升起敬意："赫维虽是个邪恶之人，可对我很好。我喜欢他。"

在朋友的督促下，约翰生偶尔也写些诗。他的小学同学赫克托大学毕业后于1931年到伯明翰做医生，他知道约翰生的病情，力图分散他的注意力，便委托约翰生替朋友写一首情诗。如通常一样，约翰生会忘记或忽视并拖延，剩下一周左右时间时他想起来，便赶快从楼下书店走到楼上房间去完成任务，仅几分钟后，他写完十四行的爱情诗歌 *On a Lady's Presenting a Sprig of Myrtle to a Gentlemen*[①]。这首诗很流行，在他生前刊登过20多次。

写诗仅是临时分散注意力，约翰生需要找一份工作。

找工作

1731年夏季结束前，听到斯托布里奇语法学校有人事变动，约翰生去找亲戚帮忙。这时恰巧有个助教在校不到一年就离开，学校管委会对校长工作不满，决定解雇温特沃斯校长。这个空位对约翰生有吸引力，他八九月份都住在斯托布里奇等候消息，希望能被聘用当校长。当地名人、表哥的亲戚乔治·希卡曼出手相助。

在斯托布里奇，他恢复了与老朋友的联系。乔治·利特尔顿从欧洲游学回来，准备参与更多聚会辩论；约翰生还见到五年前认识多丽丝·希卡曼（Dorothy Hickman），她现已17岁，亭亭玉立。他被她弹的小竖琴的声音所吸引，一度心动陷入爱河，心情格外舒畅，写祝贺诗给她。马丁的传记提到有三首爱情诗，其中最后一首就是为她去伦敦而作，诗中表达盼她早回来的心意。

此时，约翰生想见的表哥，却再也见不到了。

这年的8月22日，科尼在伦敦突然去世，地点在与妓院相连的小酒馆里。报纸评论褒贬不一，有的称他是个智者，也有的嘲讽他生活不检点。正是奢侈淫逸终导致他年初在舰队街因欠债坐牢，出狱后不久悲剧便发生了。科尼的经历与约翰生后来写的《萨维奇传》（*Savage*, 1744）诗人之死有些类同，不能不让人哀叹一

[①] 诗名大意为：当女士赠桃金娘花枝给绅士的时候。

个天才的不幸与颓废。贝特认为，科尼之死在某种程度上结束了约翰生的青春期生活。

约翰生的工作申请因缺少文凭未能成功。有人猜测是前校长温特沃斯不希望这个从前不服管教的"助教"接替自己的位置，特别干预了这件事。

其间，科尼的同父异母兄弟乔治·希卡曼先生看到约翰生给自己女儿多丽丝的诗，建议他用申请学校不成功的素材写些讽刺诗。这个建议并未触动年轻诗人的心，甚至激怒了他。他认为，一个人的失望不是好的写作题目："太贫瘠，写出来的诗歌如同建筑大厦没有石材。"拖延许久，他才给希卡曼先生回了信，结尾提出别忘记帮他推荐工作。

父亲去世（1731）

这个时期发生一件事，成就了约翰生晚年虔诚忏悔的行动。一天，迈克尔生病了，嘱咐儿子到尤托克西特照看书摊。约翰生拒绝了。当时学生在市场买卖货物有失牛津学子的尊严。就在这个不顺从的行为不久之后，大约过了六周，父亲因高烧不治去世。这件事情过去了这么多年，约翰生潜意识里的自律却让他从未淡忘此事："骄傲是拒绝的源头，而记住它是痛苦的。"50年后，他回到家乡，离开陪同的朋友消失了几天，独自去往尤托克西特，在父亲的摊位原址，为不孝而站立忏悔，把自己暴露在狂风暴雨之中，接受旁人嘲笑的眼神。

1731年12月，迈克尔挣扎的一生结束，享年75岁。女仆基蒂负责安排后事，12月7日，迈克尔的遗体被埋在圣·迈克尔教堂墓地。

迈克尔去世后，除情感的伤痛外，家里的状况无任何改变。他没有留下遗嘱。依据法律，他的遗产给了妻子三分之一，两个儿子各三分之一；根据当初的结婚协议，所有家具和店里物品都归妻子。迈克尔曾想留500英镑给孩子的美好计划，因他的去世而完全落空。他的个人财产有60英镑，约翰生在第二年7月接受了其中的20英镑。

莎拉打算在19岁的二儿子帮助下接手丈夫的生意，并期待大儿子找到工作，以减轻家庭负担。母亲与女佣经营着书店，因能力所限，这个书店不再是从前能够提供各种古籍好书的地方，仅相当于一个二手书店兼杂货店。

马基特博斯沃思语法学校助教

时间到了1732年。很幸运地，在三个月后，约翰生在莱斯特郡仅有99户人家的马基特博斯沃思（Market Bosworth）语法学校得到一个助教职位。这是通过朋友联系后得到的工作，可能是有沃姆干预的关系，经学校赞助人沃尔斯坦·迪克西（Wolstan Dixie）伯爵批准，给他年薪20英镑并提供一个住房。这个职位原本要求任职者有文凭并无任何疾病，但这些聘用条件全被忽视了，就仿佛英国一直就有熟人好办事的习俗。

迪克西伯爵就近安排这位"本科肄业生"住在离校较近的自家别墅区内，兼做世俗牧师的工作。

3月9日，约翰生步行到这个利奇菲尔德往东25英里的环境优雅的小镇，满心希望借此机会开始成功的教师职业之路。如果伯爵是个理性的人，他这个愿望应是可以实现的。可是，没想到，迪克西伯爵简直就是个无知恶霸。他30岁左右，是个单身汉，因脾气暴躁，虐待仆人，与邻居打架，卷入几桩法律诉讼案件。泰勒向鲍斯威尔提到迪克西时说他是个"被人唾弃的残暴恶棍"。约翰生的《漫步者》写"乡村的暴君"（No.142），应有其影子。18世纪英国乡村的农业，基本还是自给自足，很少受到外界交流影响，封闭自是产生专横跋扈人物的土壤。

这一时期，约翰生曾给朋友赫克托写信表明自己在那里的日子不好过，引用拉丁文"一日仿佛一生""几无变化，如杜鹃啼鸣一样单调"。

过了半年，大约6月中旬，约翰生回家办理父亲遗留的事务。他接受了19英镑，另1英镑已提前取用。他在日记中用拉丁文作简要记录："6月15日，我存起11英镑，这是我接受父亲的所有财产，我希望保存到母亲去世（祈祷她晚点），可靠利息增加到19英镑。我要控制自己，不要因贫苦而涣散，也不要因急需而作恶。"

第二天，他步行25英里路返回学校。也许因口袋里第一次有自己的钱，他能以更独立的态度对待欺人的伯爵。7月17日,他在伯爵的弟弟博蒙特牧师家,见到教区牧师长约翰·科贝特,两人交谈甚欢。约翰的哥哥安德鲁曾在牛津把床位让给约翰生。

之后,据说约翰生与伯爵吵了最后一架,毅然辞职回了利奇菲尔德。他曾说过,离开伯爵的学校如同走出了监狱。这一段时期在鲍斯威尔写的约翰生传记里被形容为"恐怖"的日子,以至于晚年约翰生在泰勒家休假时,见镇里有通往马基特博斯沃思方向的道路都会特意避开。韦恩从小说家的角度想到,这个细节提供了历史小说最好的"明暗对比"。

大概在这个月的第二周,他回到书店,改正了顺手看到的一些书里的拉丁文和字体错误,其中有一本17世纪意大利神父乔瓦尼·博纳(Giovanni Bona,1609—1764)的著作。

7月26日夜,约翰·科贝特告诉他,阿什伯尼学校的助教突然去世,需要能够立即接替他的人选,不需要文凭。约翰生想要得到这个职位,便给几个人写信,有约翰·科贝特、利奇菲尔德议会议员乔治·弗农(George Vernon),还有他这时已是阿什伯尼法官的亲密朋友泰勒,希望能得到他们的支持。

8月1日,阿什伯尼学校校董开会后没有录取约翰生,甚至都未正式考虑过他的申请书。第一个申请人托马斯·布里(Thomas Burne)虽无文凭,却被正式接受,不过他本人拒绝了,职位又给了来自诺丁汉的乔布·索特尔(Job Sowter)。由此可想,没有文凭或许并不是约翰生求职的唯一障碍,也许还因为学校听说他与伯爵相处关系不好,又也许是因为他的面容让学校不予考核,而且,泰勒和约翰当时才20出头,太年轻,对学校赞助人难以产生影响。

随后几个月,他在家无所事事,读书之外,只能给母亲和弟弟的书店帮个手。

这年秋天,曾到过利奇菲尔德演出的音乐家克劳迪·菲利普斯(Claudy Phillips)因贫困潦倒去世,约翰生听到大卫·加里克传达的消息并看到别人所写悼词,不满地说他能写得更好,因此,他写下了第一首墓志铭诗。鲍斯威尔的约翰生传记提到,这是篇美丽的墓志铭,诗里对音乐家克劳迪的贫困深表同情,哀叹一个天才就这样悄无声息地离开人世,一贫如洗地被埋入地下。

伯明翰（1732）

到秋季9月，约翰生已23岁，抑郁的状态时好时坏。他的朋友赫克托及时伸出了友谊之手，予以帮助。

赫克托一年前毕业，在伯明翰做了外科医生，听说了约翰生的状况，很担心他的健康，邀请他到伯明翰来住一阵子。伯明翰自然要比利奇菲尔德有更多的机会，从前这个以铁匠业出名并有些脏乱的大城市，正经历工业革命变革后大发展。他在这里前后居住了四年，为未来的生活奠定了基础。

借助工业革命的东风，伯明翰正在超越老城布里斯托尔和诺威奇，追赶新兴发展城市利物浦和曼彻斯特。约翰生感受到这个工业城市日新月异。这一年应是约翰生生活的一个转折点，后来，终于等到惊喜，遇到了未来的妻子。

到伯明翰后，赫克托带约翰生四处走了走，去见了见他的一些朋友，其中，五金商人兼校友约翰·泰勒（与约翰生小学同学同名）后来与钢铁厂老板桑普森·劳埃伊德三世（Sampson L.loyd Ⅲ）联手，在伯明翰创建著名的劳埃德（Lloyds）银行。克里福德认为，经约翰介绍，约翰生认识了法国雨格诺难民德斯蒙琳斯先生，他是伯明翰免费语法学校的作文老师，与约翰生的教父斯温芬医生的女儿伊丽莎白结了婚。

附近住着布商哈里·波特，赫克托从他那里定制服装。可能约翰生早已了解到一些情况，因为哈里的妹妹与利奇菲尔德语法学校的约翰·亨特校长结了婚。约翰生经人介绍与波特夫妇有交往，谁也不会想到有一天伊丽莎白·波特太太成为他亲爱的"特蒂"。两人初次见面，约翰生并没有多谈什么。起初到她家做客，波特夫人见约翰生其貌不扬，眼骨隆起，疤痕暴露，可听他谈话，却感到他非常多才有趣。他离开后，她对女儿露西说："这是我在生活中见到的最睿智的男人。"伊丽莎白的父亲杰维斯（Jervis）是位绅士，给了她600英镑的嫁妆，相貌平平的丈夫比她小两岁。

后来约翰生对斯莱尔夫人说过，特蒂40岁时依然"美丽"，"有孩子般的金发，表现力极强的眼神"。她十足的女人相貌和热爱智慧的特性，应是吸引约翰生注目的原因。此时，对这个差不多与母亲一样大的女人，他还说不上陷入爱河。

年轻时，约翰生并不像晚年那样戒酒。他曾对鲍斯威尔发誓："没有活着的人见我喝醉过。"对此，同学赫克托对鲍斯威尔说："他忘记了我。"这个故事，鲍斯威尔虽记了下来，但可能并不相信，就没写进书里。有一天，表兄格雷戈里（约瑟夫·福德）从斯托布里奇来到伯明翰，请约翰生和赫克托这两个年轻朋友游玩，到天鹅小酒店玩了一夜。知道表兄好酒，约翰生担心难以拒绝，便与赫克托商量分工，赫克托应付上半夜。等下半夜他到场时，赫克托已喝了三瓶酒，直接睡倒在店里。约翰生喝烈酒后，与朋友倒在同一张床上。严格地说，赫克托没有看到他喝醉的样子，可事实上他是真的喝醉了。

在伯明翰生活的这几个月，流传约翰生在性方面放荡不羁的传说，鲍斯威尔不相信。彼特·加里克提到，有三位"骑士"同时与发明家刘易斯·保罗（Lewis Paul）的放荡不羁的妻子有染，一位是约翰生，一位沃姆家的饭桌友、"发烧药"发明家罗伯特·詹姆斯医生，一位是爱尔兰桂冠诗人、剧场经理本杰明·维克托（Benjamin Victor）。

约翰生于1762年认识维克托，对他有不错的印象。据说维克托曾对大卫·加里克说，有位女人对他说约翰生是她所见最有魅力男人，而赫克托医生却尽力去反驳这个谣言。詹姆斯医生在约翰生到来前已离开伯明翰，还有，其他日期也不对。贝特考证，约翰生来伯明翰前，保罗太太已于1729年9月去世，她在世时确实与詹姆斯医生有染，确切地说，她说的是詹姆斯而非约翰生有魅力，传来传去误传给了维克托。

赫克托认为，约翰生虽看起来并无很坚定的宗教信仰，却"从不对女人任性"，也许他会放肆地喝酒，但在性行为方面却能克制自己。赫克托的反驳同样有些难以回避的实情，如醉酒这件事鲍斯威尔就相信赫克托的说法，因为这时期赫克托常与约翰生在一起。

书商沃伦

赫克托的房东是托马斯·沃伦（Thomas Warren），他经营书店，在城里算是位成功书商。两位青年请沃伦吃饭，由赫克托埋单。1732年11月，约翰生到伯明翰不到三个月时，沃伦创办了一份本地报纸《伯明翰日报》（*The Birmingham Journal*），一份折叠四页，每星期四出版。为确保原创性，他要写稿刊发新文章。在沃伦的邀请下，约翰生同意为报刊写些文章。

可惜从1732年秋到1733年冬的这份报纸没有一张完整地保全下来，约翰生发表在这份报纸的第一篇文章，应是所有约翰生爱好者搜寻的目标，但至今未有结果。

繁忙的城市生活并未改变约翰生的生活习惯。他大部分时间还是懒散，看看朋友，试图掩饰他在学习，要给人留下他的谈话都是原创的第一印象。他在房间自言自语，与最好的朋友争论、发脾气。

赫克托医生见他的抑郁症严重起来，担心他会发疯。可是，约翰生并没有完全放弃活下去的希望，内心意识鼓励他绝不放弃。克里福德认为，他先想到父亲。从孩童起，他已在许多方面无法爱父亲，而父亲同样不能爱他。两人有相同的特点：高大的身体，行动活跃却思想不稳定。他目睹过父亲的溃败，联想到自己也有同样的个性特点。

他要走出父亲的影子，闯出不同的路子，抵制这个似乎命定的失败和无解的压抑。他需要任务、工作、设想，来摆脱抑郁症。聪明的赫克托看到了这点，一有空便提醒他，甚至催他去做那些已列出计划的任务。

有一天，在沃伦的饭桌上，约翰生谈到葡萄牙里斯本神父洛伯的游记。神父26岁那年，先到东印度，辗转印度西海岸果阿，飘过阿拉伯海宣传罗马天主教，因传教被投狱，几年后才逃出。60岁后，神父回到里斯本，用葡萄牙文写出旅途经历，手稿未发表，后经英国驻葡萄牙大使要求，他据此写出系列文章，介绍尼罗河、棕榈树和红海，英国皇家协会以匿名方式出版了他的英文翻译作品

（1669），引起人们对神父的关注。法国人格兰德在葡萄牙图书馆发现了他尘封的手稿，把它译成法文，以"阿比西尼亚游记"（a *Voyage to Abyssinia*，1728）作为书名出版。因时隔近60年，没有人记得这本书有英译本，约翰生认为，此书资料丰富却过于冗长，若能把法文译本简写翻译成英文，不仅对读者有益，书商也能得到利润。当时执政的辉格党政府的外交政策是与葡萄牙联盟，而这本书对葡萄牙殖民地活动多少有些批判的意味，不过，这应该不会引起托利党人对辉格党政府的批判宣传，政治不该影响出版或给出版商带来麻烦。

沃伦十分赞同约翰生的看法，此外他还考虑到旅行文学是当时书店的畅销品类。约翰生所处时代，读者对域外的任何信息和报道都感兴趣。但是，因当时在伯明翰找不到这部法文译本，翻译计划被拖延。

1733年6月1日，约翰生离开租用的沃伦的房子，与波特太太的亲戚杰维斯先生一起到城里租房，而赫克托医生搬进他自己在新街的住所。两人为什么分开住，一向原因不明，但可以肯定不是吵了架，可能由于约翰生对长期依靠朋友比较愧疚。贝特分析，约翰生要自控或自律，抑郁症间发的暴躁、夜间要起床读书的冲动，自会干扰医生朋友的正常休息，同时，他想避免有客人到朋友家拜访时自己给人留下不好的印象。这些可能都是他要与朋友赫克托暂时分开的理由。恰在这时候，他的教父理查德·韦克菲尔德先生去世，给他留下了6英镑，足以让他支付全年的房租。

约翰生可以开始工作了。赫克托替朋友着想，特意从牛津彭布罗克学院借来洛伯神父游记的法文版本（1728年，此书至今保存在牛津大学图书馆）。这项翻译工作，既有利于分散约翰生抑郁的情绪，也有助于解脱其无所事事的厌倦。不过译书的进度很慢，因为他有持续的抑郁症，还习惯性懒散。

面对沃伦的焦急、印刷工的等待，赫克托决定采取其他策略，从人道主义关怀方面提醒约翰生加快翻译进度，告诉他说，沃伦的排字工奥斯本在等候，不能做其他工作，他和家人的生活都会受到影响。这一下打动了约翰生，他提出请赫克托协助完成翻译，他躺在床上，手拿法文书，口述英文，赫克托听写，完成后把文稿送到工厂，同时还做大量校对工作。1734年1月，交出书稿，约翰生得到五个几尼①的报酬。这一个多月的翻译收入，相当助教年薪的四分之一，还算是不低。

书在印刷中。一旦没有了任务，约翰生的情绪又低沉下去。

出版译作《阿比西尼亚游记》

《阿比西尼亚游记》英文译本于1735年初在伦敦出版②，译者署名为塞·约翰生。关于约翰生的署名，当时没有形成什么影响，很多传记把他的第一次正式署名推迟到此后26年所写的长诗《人类欲望的虚幻》。约翰生本人似乎对此译作很不以为然，在他看来这只是一次很平常的翻译，文字内容仅是旅行者的观感，况且，他坚持"译者不能超越作者"的翻译观。

但在另一方面，这部译本的出版有其重要的历史意义，它展现了译者的趣味和信念。在鲍斯威尔看来，这只是简译本。

诺克斯发现，他把数字译错至少十处。根据心理学家对这类无意识拒绝的分析，他允许这样明显的错误存在，是为掩饰其他方面，达到他能自由或自主地翻译而不只是顺从原文的目的，如同陀思妥耶夫斯基《地下室手记》的主人公所坚持的2+2=5那样，他躺在床上口述，就是不屈服，一切争取自由和独立。③

德马利认为，约翰生参与这项翻译工作，是把自己与宗教改革的欧洲团体联系起来，如英国作家托马斯·莫尔、荷兰哲学家伊拉斯谟那样，他们反对殖民主义的不公平；如荷兰哲学家格劳秀斯、瑞士哲学家勒-克莱尔一样，他们站在真正的天主教方面，改革基督传统；如法国作家丰特奈尔、意大利作家约瑟夫·斯卡利格一般，他们试图纠正从古代到今未受教育者习惯延续下来的非理性、非实验的错误和迷信。当时，斯威夫特出版小说《格列佛游记》，以明显的政治和宗教暗示嘲讽那些关于旅行的书，而约翰生想要达到的，是一种直接与文艺复兴、人道

---

① 1几尼相当于1英镑1先令（21先令）。1730年的1先令有今天1英镑的购买力。
② 实际出版地为伯明翰。这是当时本文中地方出版社的常用方式。
③ 诺克斯：《约翰生一生》，第73页。

主义关联的深度。他设"经验规则",重亲历"感觉"而非发热"想象",如他翻译过程中会增减他认为是准确或失误的说明性文字,帮助提升读者对作者的可信度的认同。

约翰生的行文风格尤其前言比译文更有趣。韦恩觉得,鲍斯威尔的约翰生传记中所选的几个段落是最好的批评文字,其他仅是文字惯例。贝特指出,读约翰生的译本,读者看完前言再读译文,会产生失望感。鲍斯威尔于1776年从朋友约翰·普林格尔爵士(Sir John Pringle)那里借来一本《阿比西尼亚游记》,好奇地拿给约翰生让他重看他42年前的旧作,当时约翰生第一反应是不要谈它。鲍斯威尔接着说:"自翻译这本书以后,你的风格有很大改进。"约翰生回答:"先生,我希望如此。"

在前言中,约翰生尽显自己的个性。他声称自己不是天主教徒,强调应公平地对待他们;他从不攻击天主教的教义,却谴责教内的一些做法,如揭露有些传教士手握利剑、口念福音,却在做着残杀真正的和平之神的可恶行端。到1734年,他的怀疑主义观念和写作文风已基本形成,诺克斯认为,自此以后变化不大。

这种"怀疑主义"在当时并不奇特,英国启蒙哲学家洛克提出通过感官印象直接获得知识而非理论教条,质疑探究人类在世界各地都自发形成的习俗思想,进而为人心相同、人人平等的普世价值观奠定基础。

约翰生相信人类是"善恶共存"体,造物主不会偏心地倾向于哪个民族的优劣。后来他写幸福谷王子在漫游中探寻幸福的故事[①]时,特别强调知识重于种族。贝特强调,区分什么是普遍的真实和什么是偶然,是约翰生成熟的思辨能力之最显著的特征,特别是作为一个文学批评家,他在这部译本的前言中已充分地表现出了他的兴趣和能力。

印刷稿在沃伦书店积压几个月后,有两家伦敦书商最后出版了他的译本,尽管销售量并不高,甚至有一家把价格从五先令降到四先令,但译本得到出版给了约翰生自信(这个译本直到约翰生去世才再版)。伊弗雷姆·钱伯斯(Ephraim Chambers)在伦敦《文学杂志》上给予评论。之后,伊弗雷姆编纂的《百科全书》

[①] 即《拉塞拉斯》,也有引进本译作"幸福谷""追寻幸福",是约翰生唯一的小说作品,本书第五章对此小说的写作有详细交代。

（Cyclopedia，1728）和约翰生在编辑英文词典时多有借鉴、引用。

约翰生很感激沃伦的帮助。沃伦于1743年破产，1755年约翰生给赫克托一封信中还打听"可怜的沃伦"的下落。

编波利提安诗文集（1734）

在完成《阿比西尼亚游记》翻译工作后，1734年2月，约翰生返回家乡，情绪如同他刚到伯明翰一样，觉得没有希望，自我憎恨，甚至灰心绝望。在伯明翰13个月，等同于在大学学习的时间，没有什么能解放他自己，在他看来，只是另一次失败。

他25岁，看起来一事无成，前景渺茫。他突发奇想想要出版意大利文艺复兴时期的诗人波利提安[①]的文集，梳理一下从彼特拉克到波利提安这个时期拉丁诗歌的发展史，附录波利提安的生平和诗歌注释。这既助波利提安出名，又可在经济上有收入。

为了得到波利提安的诗文集，他请要去牛津的老校友罗伯特·博伊思（Robert Boyse）主教从学院以"约翰生使用"的名义借出来一本书。这年的6月15日，书从牛津彭布罗克学院借出来，后来一直没有得到归还，50年后，约翰生去世，人们在他的书堆中发现这本书，但之后又下落不明。

当时，一个人要进入文学界，出版作品的途径是事先打广告征订，收集汇款，然后印书邮寄给征订者。约翰生出书也走此途径。

8月5日，广告刊出，这个译本预计480页，出版人是约翰生的胞弟N.约翰生（纳撒尼尔）。

不幸的是，他尚没有什么名望，自然没有人想要这样一本拉丁文诗歌，即使价格很便宜有销售担保，虽有少数朋友支持，终因达不到印刷成本而告终。

贝特认为，这个计划至少表明了约翰生的三个方面：一是重视文艺复兴时期

---

① 意大利15世纪人文主义者安哲罗·波利齐亚诺（Angelus Politianus）的笔名。

文化的复苏;二是感同身受:波利提安同样贫困且笨拙外貌、有惊人记忆力,在30岁后成为欧洲最优秀的学者;三是积极进取的心理标志,打开了他封闭抑郁的窗口。

德马利说,这本译作若能出版,可使约翰生进入他所敬佩的欧洲"学者—诗人"名人圈,这个圈子以意大利哲学家斯卡利格(Scaliger),荷兰哲学家、基督教学者伊拉斯谟(Erasmus)和意大利诗人波利提安等人为突出代表。[1]

书无法出版,失望自然难免。在这个不安定的时期,约翰生开始认真地写日记,其文笔表现出很强的加尔文主义的宗教色彩。据霍金斯说,为了记录自己的进步情况,在1734年11月10日,约翰生开始记录每天的社交情况,后来结集成册,他把此命名为"年书"。这不是一个完整的本子,由许多本子构成,被串在一起,且有不少部分失散。霍金斯曾看到他把部分本子付之一炬。也许他临终前焚烧的许多家庭文件,就包括一些"年书"。

分析约翰生的性情可知,他不会有规律地记日记,如鲍斯威尔那样持之以恒。这个"记日记"的举动,还有稍后给《绅士杂志》写信(11月25日),似于与此时他正在同波特太太谈恋爱有直接关系。

恋爱—结婚(1735)

正当他处在人生最低潮时期,一个转机出现了。他的好朋友、布商哈里·波特先生病逝,终年43岁,死因不明。马丁所著的约翰生传记中说波特先生死于破产的压力。诗人安娜·西沃德提供的一个传说是,波特先生临终前是约翰生在病床前照顾他——如果这个说法属实,约翰生这些天必是忙于往返家乡和伯明翰两地。

较为肯定的是,约翰生给予安慰时,寡妇伊丽莎白·杰维斯·波特,显然表示出不厌恶再婚的态度。她当时45岁,结婚20多年,是三个孩子的母亲,女儿露

---

[1] 德马利,《约翰生创作生平》,第32页。

西18岁,儿子杰维斯16岁、约瑟夫10岁。

波特夫人的父亲是个富有的地产商,在她6岁时去世。她与哈里结婚时带来的嫁妆600英镑一直储存着未动,依然合法地归她所有。这笔钱,对一贫如洗的约翰生是一笔大财富。然而,没有任何熟人暗示说约翰生是为钱结婚的。

人们一直都会问这样两个问题:一个中年妇女有什么魅力吸引了这位比她小近20岁的男人?而这位曾在文章里流露出有些厌恶女人的男人,为何突然接近一位中年妇女?

在克里福德看来,约翰生的行为似乎可套用"个性范式"来解释。作为情绪不稳定且身体有病的人,约翰生也许更担心笨拙求爱的结果,与其遭遇被年轻女人拒绝的窘境,不如选择面对老妇人的坦诚。

晚年的约翰生对老朋友斯莱尔先生提到,他30岁前从未给任何人留下过好印象。对自己不讨人喜欢的相貌和形体,他很有自知之明,一个有生活经验且风韵尚存的女人能够认可他,已是他的福分。

至于波特夫人,经历过爱情浪漫的幻想,她愿接受一个外表粗犷但有内涵的人,随时准备成为这个人的现成老师。约翰生的人生导师科尼和沃姆在婚姻上都不在乎年龄差距(一个娶大一个娶小),同样对约翰生产生了影响。

两性相吸引起了重要作用。约翰生晚年时告诉朋友博克拉克:"先生,这是双方爱慕的结婚。"他并不满足于仅是智力方面的沟通:"除非女人有热烈的多情,否则就是沉闷的伴侣。"他很快不叫她全名"伊丽莎白"而叫其昵称"特蒂",表明他喜爱她的感情程度。

他需要全身心的爱,除了梦,还有就是来自宗教信仰的自我克制,拒绝沉迷于玩弄女性。因为宗教的约束太强,难以自由放荡,地狱之火足以折磨他使他不敢接受非道德的生活。无论怎样,他需要一个妻子,若没有这位丰满寡妇的认可,他也不会那么心甘情愿。

同代人有世俗的看法,认为特蒂没有吸引性。这主要是来自他人对她晚年的印象。大卫·加里克说她:"肥胖,有大而隆起的胸,面颊通红鼓起如浓墨画出,服饰耀眼绮丽,说话和举止有些做作。"

诗人安娜·西沃德引她母亲的说法说她:"脸庞通红,一脸冷漠的特征。很典型的中年妇女。因为她的孩子都已长大,约翰生初次见她时,她表现出一种与年纪不相称的少女气质，有些令人讨厌的做作。"

还有人人嘲讽约翰生说，可能是他天生患眼疾看不清美丑。

牧师威廉·肖坚持认为，约翰生初次见她时，她"依然年轻美丽"，往好的方面说，肯定是个有敏锐智力的女人。这也应验了约翰生所说，她比其他人读喜剧读得好，在悲剧方面差些。他尊重她的能力，在开始讨论一个争议问题前，他会让继女露西先站在他这一边。

德斯蒙琳斯夫人后来说，波特太太需要有人照顾，她没有想到，有一天这个照顾她的人是个名人。她爱约翰生是真的，如同约翰生爱她。两人身体和精神上都能相互吸引。后来的事实表明，其他女人同样发现约翰生是个有魅力的男人，正是因为这种魅力，波特太太先迷恋上他，很快就做出了再婚的选择。

婚姻不总是个人选择。波特太太的家人和朋友对她做出这个不合适的选择十分震惊，两个儿子在她与约翰生婚后立即离开了母亲。大儿子杰维斯反对母亲与这个奇形怪状的人结婚，甚至后来在海军服役时都拒绝见母亲。小儿子约瑟夫经商后，与母亲有些来往，却从不与继父住在一起。仅有人女儿不能回避，但虽一直保持联系，起初相处时也较为冷淡。据说特蒂的大哥对此婚事很生气，曾表示若妹妹同意取消婚约，他愿为她提供一笔生活保障年金。

但特蒂顶住了所有压力，她只在乎心意，无视社会传统。她相信她富有的哥哥能照顾好她两个儿子，尽管他们的不满还是刺痛她的心。

1734—1735年的秋冬季节，约翰生在家乡和伯明翰之间来回走动，波特夫人搬出在高街的房子后仍在附近租房。

家教

想到结婚，约翰生考虑开始另一个计划以谋生。

伦敦《绅士杂志》创建于1731年，由爱德华·凯夫（Edward Cave）主编，很快得到好评，并广为流传。约翰生自然有兴趣关注杂志的文章和文学动态。

1734年11月25日，他从伯明翰写信给凯夫，提出写专栏的请求，还提出改进杂志的建议。他称赞凯夫或许会非常慷慨地愿意为原创诗歌支付50英镑稿费，暗示说若能得到这个年收入，他会移居伦敦，除提供稿件外，他还有其他想法能帮助把杂志办得更好。最后，他提示希望回信寄给伯明翰的史密斯先生收。

不知约翰生为何用了个假名。凯夫对这位"史密斯"或约翰生本人，是完全陌生的，他于12月2日回复说，虽不能贸然接受请求，却认可他可能有助于编辑杂志事务。这时，约翰生可能因忙于婚姻大事，没有与他继续联系。

他不知道，同样来自贫穷背景的原因，作为节俭的生意人，凯夫天真地幻想50英镑的诗歌奖可在伦敦买下任意作品。但事实上，诱饵太小，难以吸引一流作者。凯夫邀请了一些名流或大学教授做评委，却遭到耻辱性的拒绝。

第二年5月，关于婚礼的一切都已安排妥当，特蒂接受了约翰生的求婚。鲍斯威尔认为，约翰生的母亲知道儿子的个性，难以反对，或者说反对也不起什么作用，所以母亲那边的亲戚对这件婚事保持了沉默。

诗人安娜却提出不同的说法。她说，当时约翰生的母亲对儿子的婚事有想法，认为选择波特夫人结婚是不谨慎的做法。波特先生死于贫苦，而特蒂生活奢华，儿子若与她结婚，会步入一个不利于发展的处境。约翰生却回答说："我没有欺骗，我已告诉她最糟糕的情况。"

也许为了不显得那么仓促，本应春季末举行的婚礼被拖到了夏季，毕竟特蒂丧夫才半年多时间。

在这期间，约翰生还做过短期的私人辅导老师，在离家乡不远的大伍德区的托马斯·惠特比（Thomas Whitby）先生家给孩子辅导课业。镇公务员西奥菲勒特·利维特（Theophilus Levett）是约翰生的好朋友，还有助理牧师约翰·阿顿布鲁克（John Addenbrooke），后来利奇菲尔德的主任牧师，他们介绍并担保他得到了这份工作。由于有了特蒂带来的财产，结婚后他可以计划做长期的事业了。他首先想到的是建一所学校。为此，他要把五年半前留在牛津的100多本书运回来。5月18日，他写信给基督学院的人员请求他们提供帮助把书送到伯明翰。

他借此给其他校友写信联系，问候他小学同学理查德·康格里夫（Richard Congreve），告诉他们自己开办了一所学校。可是，他的信里并未提要结婚，可能是他猜到这些年轻的基督教会毕业生必对他与寡妇结婚有强烈反应，早说不如等事成后风波平静再谈。

婚礼

1735年7月9日,约翰生接到利奇菲尔德圣·玛丽教会关于他的婚礼安排的通知。第二天,在波特先生去世十个月后,他与他的特蒂在德比郡镇的圣·沃博(St. Werburgh)教堂举行了婚礼。

如果婚礼选在伯明翰举办,特蒂家庭方面明显会反对,因为虽然约翰生认识的朋友有限,也不太受欢迎,但难免会有妒忌嘲笑的流言;不选利奇菲尔德,也有类似的顾虑,避免同学和家乡人轻蔑和讥笑。鉴于上述人情世故,德比郡这个不太为朋友所知的地方,举行婚礼便最适合不过了。

结婚证上,他25岁,她40岁(实际年龄为46岁)。

他们可能是从利奇菲尔德骑马到德比郡去办婚礼的,途中的故事后来被渲染为人人皆知的约翰生逸事。路上,约翰生想到要给撒娇的夫人立一点规矩——斯莱尔夫人写出过此事,后有鲍斯威尔补充了约翰生所说的细节——夫人先是要他快骑,她赶不上后,又要他慢骑,追上来又说他落后了。"我不要成为一个任性女王的奴隶,便骑得很快并消失在她视野中。我确保她不会迷路,等她赶上来,发现她泪流满面。"

鲍斯威尔评价这是"男人的刚毅"。马丁认为,约翰生对朋友谈这个有些喜剧意味的场面,似乎表明他从未完全了解她的泪水。尤其是约翰生强调一个神气的女人会运用她的爱指使人"如同一条狗",而他不愿做"奴隶"。

综观约翰生,无论在生活和文学中,他都从未让自己过分浪漫,常在情绪与常识、感性与理智中挣扎。他坚持这是爱的婚姻,自我评价"这是弱者为爱结婚"。贝特分析认为,约翰生始终感激这个婚姻,远超于他朋友的一些不公正评价。

没有记录表明他们是否度蜜月。

若约翰生发现有更好的机会,他会放弃自己的办学计划。7月中,离伯明翰7

英里远的索里胡（Solihull）学校有个小学校长的教职空缺，他积极去应聘，沃姆立即代表他给朋友亨利·格里斯沃德（Henry Griswold）写信。

当月30日接到回信，故事又重演——亨利回信解释，学校代理人已了解过约翰生的个人品德，认为他是个优秀学者，完全可以胜任比索里胡学校校长更好的职位，不过，考虑到他傲慢、脾气暴躁，还有受损的面容，会影响学生，学校终认为他不是恰当的人选。

艾迪尔拉丁文学校

求职路走不通，他现在可以专注于办一所学校了，若成功，自己就是校长了。友好的赞助人沃姆牧师不仅鼓励他建校，还在每个细节都予以指导。学校的地点选在艾迪尔的一处庄园，距利奇菲尔德往西2.5英里。

这个艾迪尔庄园是个四方形大院，有宽敞的庭院，四周有花园墙，只是因为它是在王政复辟（1660）后建造的，到此时（1735）已破旧不堪，故租金较低，作为寄宿学校，还是挺合适的。装修工作在晚秋和初冬进行，贝特估计这要花费100英镑以上。

约翰生有自己的教学计划，不过在友人理查德·康格里夫看来与霍金斯和亨特的学校类似，学生要在周四和周六考试。

他坚持传统的教学方式，可从他对表弟塞缪尔·福德的告诫中看出端倪。表弟向他咨询，为1735年春到牛津大学做准备，他给出传统的方式，说学习要养成"习惯"和"模仿"："伟大和有用的技巧依然靠这些捷径。不能表达，知识是无用的。习惯或模仿对学拉丁文有必要，对学英文更有必要。技巧要通过日常模仿最好和最准确的作家来获得。"模仿造句如同背诵记忆，这些传统方式功课至今还是在校生学习知识的有效途径。

德马利认为，约翰生这时的教育理念仍关注学习知识，不同于后来他在《校董》（*The Preceptor*）和《英语词典》里理解得宽泛。他求职教师不成的经历，让他在"教师"词条引用了德莱顿的诗句："除诅咒干巴的椅子/教师几乎挣扎在绝望和贫困中。"甚至后来写《弥尔顿传》，他提到诗人弥尔顿被"降格到小学男校长"，而失败的男校长更为悲惨，甚于"降格"。这分明是写他人而说自己。

学校筹备就绪，牧师沃姆帮他落实了三个学生：18岁的大卫·加里克和他12岁的弟弟乔治·加里克以及16岁的劳伦斯·奥弗利。劳伦斯是沃姆妻子马德琳·艾斯顿的侄子，他第二年秋便去了剑桥读大学。鲍斯威尔认为约翰生这所学校只有三个学生；霍金斯认为，因条件有限，当时学校学生数量最多不会超过八个，而且这些人不全是寄宿生；德马利采取折中说法，说这时有三个寄宿生和几个日课生。①

意识到要招收更多学生，1736年6月至7月间，约翰生在《绅士杂志》刊登过广告，但几乎没有任何反应。这个结果可以预料，不仅当地已有名声很好的利奇菲尔德语法学校，而且约翰生在社区根本无名，何况他年仅26岁，无大学文凭，知道他的外貌的家长自然不愿送孩子来。

事实上，他也不适合做教师，鲍斯威尔评论说，他的暴躁并无克制，冲动也难以约束。但不管怎样，眼下他还是要尽力办校，希望未来有些改变。

艾迪尔学校仅办了一年。短暂的经历，即使对一个学生来说，也是难忘的。大卫已近19岁，父亲任海军舰长正在加拿大服役，大哥彼特尚在海外，他和母亲及四兄妹在家，因去里斯本亲戚家耽误了时间，返回利奇菲尔德学校后功课有些落后，为了上大学，他需要补拉丁文。大卫在亨特校长的语法学校里学业并不出色，他想要参军而非上大学，而且他的主要兴趣在戏剧而非学术。

大卫在艾迪尔学校补习拉丁文，进步不大，约翰生到晚年都抱怨他缺少学术能力，说他拉丁文学得不好，仅是"通过词意了解拉丁文，而非通过拉丁文理解词意"。

大卫实在太活跃难以安静下来。有个传说，说母亲曾问她的儿子大卫表现如何，约翰生回答："大卫将来要不被吊死，就会是一个伟人。"

鲍斯威尔的约翰生传记写了孩子们在学校的闹剧。大卫他们这一帮孩子最喜欢嘲笑老师，见到这位老态笨重、执着于传统教学风格的老师，时常搞些小动作。孩子们有时到房门，偷看约翰生笨拙地与特蒂谈情说爱。大卫成为伟大的演员后

---

① 德马利：《约翰生创作生平》，第35页。

总是爱模仿约翰生的动作，特别是特蒂在床上等他脱衣时的对话，学着太太认为丈夫动作太慢时约翰生气喘吁吁的样子说："我来了，特蒂，我来了，特蒂。"他常常讲这个段子来搞笑，从未被老师遇见过。编辑马隆看过这段描写说"很有趣，纯属创造"。

约翰生在艾迪尔的生活几乎没有留下什么记录。作家、藏书家约瑟夫·克拉多克（Joseph Cradock，1742—1826）听说，他伏案写悲剧，有时拿出些诗文或剧本段落娱乐太太。当他全神贯注于构思悲剧时，他会心不在焉或对床上妻子的责备无动于衷，但到最后，他都不得不起身放下笔。因眼盲，他还常不自知地把床单当衬衣塞进马裤里，让妻子啼笑皆非。

继女露西虽与他们生活在一起，但未听她说过什么趣事。学校雇用的仆人查尔斯·伯德当时16岁，只记得约翰生看起来不像个老师。学生大卫很特别，爱玩跳梯子。学校内的家具仅有一把椅子和一张桌子，这两件文物至今还保留着。同时，有一幅约翰生的小画像（1736），据说是根据特蒂的愿望或约翰生为了取悦夫人而请人画的。

构思悲剧

办校期间，有剧团到利奇菲尔德，演出考利·西珀（Colly Cibber）改编的滑稽剧《惊醒的乡村》（*Hob: or the Country Wake*，1715），40年后，约翰生开玩笑地对鲍斯威尔说，他爱上了剧中的女演员埃米特夫人。贝特的传记考证说从未发现有过这个姓名的"夫人"，可能是个临时演员。尽人皆知的约翰生在剧场"扔椅子"故事，可能发生在此时。

约翰生此时开始构思写作悲剧，不全是因看演出受鼓舞，更自然的选择是他想到要挣钱和树立文学名望，而对他而言最直接的路径莫过于写剧本，如当时艾迪生的罗马悲剧《卡托》（*Cato*，1713）和安布罗斯·菲利普（Ambrose Philips）的《忧伤母亲》（*The Distressed Mother*，1712）都让作者名利双收。这也是他想要送给婚后的特蒂的第一个大礼。

由于没有更多新生入读，约翰生学校的教学业务难以开展，他便利用时间写悲剧诗《艾琳》（Irene）。诗歌讲的是土耳其苏丹与希腊基督徒女奴艾琳的爱情故事，发生在1453年君士坦丁堡沦陷和1456年艾琳去世期间，地点在欧洲。

为写悲剧，他从大卫·加里克的哥哥彼特那里借到一本理查德·诺尔（Richard Knoller）的《土耳其历史》（*A General Histories of the Turkes*，1603）。他对鲍斯威尔说："先生，有两个好奇的客体，一是基督世界，一是穆罕默德的世界。所有其他可被视为野蛮。"他从穆罕默德的帝国，看到苏丹马霍梅特①是个戏剧性人物，他俘获美丽的艾琳，便不再关心政务，"从此君王不早朝"，艾琳成为他的情妇，并改基督信仰为伊斯兰教。

德马利认为，在诺尔写进史书前，已有意大利文艺复兴时期小说家班戴洛（Bandello，1554）写的故事，至少有四个英语的改编故事流传。约翰生是如何借鉴这些作品的尚不清楚，可他强调"叛教与忠诚"的主题。

马霍梅特苏丹先是爱恋阿斯珀斯亚（Aspasia），后才转向艾琳。与此同时，阿斯珀斯亚与同样忠诚的希腊贵族德米特里厄斯（Demetrius）坚守基督美德，逃出宫廷，来到佛罗伦萨，而艾琳被误卷入一起谋杀案，终被判有罪。马霍梅特苏丹的手下要求处死艾琳，而她的希腊朋友却积极帮助，要挽回她失去的基督徒道德信念。为证明自己是个武士，马霍梅特对待爱人，既有男性的爱慕，又有残酷的虐待，缠绵悱恻于艾琳这个具有魅力的希腊女奴后，他最终还是下令杀害了她，为的是向手下证明他没有因为爱上一个基督徒女人而心慈手软。

这出道德悲剧，韦恩强调其揭示"绝对权力必然绝对腐败"的主题，表明他既不爱专制主义也反对暴民行动，主张理想政治应是建立一个能够"接受相互监督和达到互为平衡"的制度。德马利认为，这是约翰生作为人道主义学者写的一出剧。②

从这个"国王与女奴"的传奇故事，约翰生能揭示出比情欲更多的意义。他要用戏剧的框架，展示道德的斗争，强调美德，同时批判那些来自绝对权力导致

---

① 马霍梅特，即土耳其苏丹穆罕默德二世（Sultan Mahomet）。
② 德马利：《约翰生创作生平》，第37页。

的腐败。他查找背景材料，在书上做标记，非常努力地构思写作。

但开了个头后，写作进展却很慢。他希望这部诗剧可以让他成名、有钱，但现实是残酷的，13年后，他才看到这部剧上演（1749）。

与弟弟的关系

约翰生与弟弟的关系很一般，在回忆录里极少提到他。就最好的方面说，纳撒尼尔也是个阴暗人物，他到语法学校学习过一段时间，很快就成为父亲的助手。论装订技巧，他要比大哥好。

1736年，为负责一个书店的分店，纳撒尼尔搬到特伦特河畔的伯顿（Burton-on-Trent），在这个夏季，发生一些不诚实的行为，让母亲和大哥十分震惊，甚至引起家庭争吵。有关这件事的具体情况很不详细，仅可通过保留下来的一封信猜测：1736年9月30日，纳撒尼尔从伦敦写信给母亲，说要把特伦特河畔伯顿书店的物品送回，列出一串欠书款人的名单，强调自己已无钱，十分窘迫："由于你们不主张我去斯托布里奇，我计划两周后去美国佐治亚。"

这封信必会触动母亲和大哥。纳撒尼尔早先计划在斯托布里奇开家书店，母亲以为他能受到家里人约束。约翰生去探访他，立即得出弟弟已陷入一个犯罪圈子的结论，基于几个方面，如他对书店没有多大心思而太容易被人引导，又如他自由放荡不羁，喜欢喝酒，即使母亲给他便宜书籍去卖钱，还是被人欠账或欺骗顾客。约翰生反对他再来斯托布里奇，除顾虑自己社交圈的名誉之外，也不希望信誉差的弟弟介入后搅乱家庭安宁，他甚至怀疑弟弟的行骗会花光富有亲戚的钱财，影响不好。从长远观点看，如果他弟弟真的开店，结果对约翰生没有什么影响，因为伦敦才是他成功的跳板。所以韦恩的约翰生传记说，约翰生在1730年时还难以预测自己会有什么样的未来，他要得到一切机会，而他弟弟要在这个他已建立人际关系的地方开店，对他自然是一种威胁。妒忌存在于兄弟间。

尽管纳撒尼尔宣布了自己的计划，但他并未加入奥格尔索普将军（General Oglethorpe）带人到新北美的移民行动。将军已在佐治亚（1732）建殖民地，旨在帮助欠债人和穷人，让他们到那里开始新生活。纳撒尼尔最远去到布里斯托尔，为移民前做些准备，在附近的弗罗姆区找了份工作，先应付日常生活。

约翰生在1780年回想往事，突然想到弟弟，写过两封信给弗罗姆（Frome）区附近的玛丽·普劳斯（Mary Prowse）小姐，想从她了解他这个命运多舛的弟弟去世前的情况。

学校倒闭

在这些日子，他读到罗伯特·伯顿（Robert Burton）《忧郁的剖析》（*Anatomy of Melancholy*），以此安慰自己，化解抑郁的情绪。他后来承认，这是他愿意早起两小时来读的唯一一本书。

他仍在专心致志地写悲剧，把完成的部分拿给牧师沃姆看。据说，沃姆给予了很高评价，但很担心第一部分如此悲情，到结尾难以再有高潮。约翰生回答说有预案，在结尾他要把女英雄放在利奇菲尔德教会法庭，让其悲剧充满人间最难以衡量的灾难。

当时，利奇菲尔德法庭出现了一些腐败行为，当地人写请愿书要求国会调查处理。管理教会基金的沃姆提倡改革，得罪了人，反被人控告，自然卷入这场风波。约翰生提到此事，不一定是针对自己的人生导师，而沃姆并未在乎约翰生的评论是个直接冒犯。从这件事可见他们两人"和而不同"地能保持密切联系的原因。

沃姆现在是个结了婚的人。他56岁前一直单身，后来承认生活孤单厌倦，找了伴侣。他的妻子比他年轻30岁，同约翰生及其表哥一样，他们更关注内心而非外在的诉求。沃姆与年轻妻子的婚姻生活是幸福的，了解他的人说从前那个情绪激烈、意见独断的人，在妻子手里转变成了一只温顺的羔羊。

沃姆婚后继续关心他的两个天才弟子，为他们的友情打下了永久的基础。

1736年秋末，艾迪尔学校已然走到尽头，几个学生陆续离校。1736年11月，奥弗利离校，第二年春入读剑桥大学；加里克两兄弟寻找其他地方学习。1737年

2月5日，牧师沃姆写信给牛津校友约翰·科尔森（John Colson），请他这位免费学校的校长接收大卫为私人学生，为其进入法律系做复习功课的准备，同时，沃姆安排13岁的乔治到附近的阿普尔比语法学校继续学习。

大卫·加里克已计划去伦敦学习。安排好大卫的行程，沃姆知道约翰生有到伦敦试一下文学命运的想法，便向约翰生建议与大卫一起去。

沃姆积极帮助的这两个弟子，一个有写好的悲剧三幕在身，一个有继续学业的愿望。加里克的父母为有一位严肃的老师陪同感到放心，而约翰生也算有个合适的人一起上路。此时，为节省费用，特蒂和女儿露西仍留在镇上。

第三章　伦敦

去伦敦

1737年3月2日，两人上路了。他们一个28岁，一个20岁。这一步迈出去，未来虽不确定，却从此改变了他们的一生。对他们，特别是对约翰生而言，伦敦是清晰的选择，如同置身汪洋大海，不游起来，便会沉下去。

当天沃姆写信给他伦敦的朋友约翰·科尔森牧师，感谢他接收大卫作为学生，又详细地介绍了与大卫同行的约翰生："他们这天早上前往伦敦，下周能与你在一起。约翰生先生要试一下他的悲剧写作的命运，看能否在翻译拉丁文或法文方面找到一份职业。他是一个很好的学者和诗人，我寄予极大希望，他会成为一位有成就的悲剧作家。"

到伦敦约120英里路，为了省钱，两人分享一匹马。一个人骑马，走一段距离后下马，拴在树上，继续往前走，后面人赶上来后骑马后追上另一个人并继续前行一段时间后，又系马于路旁。就这样，二人一路骑马与步行并举。这自然是当时一个既快又省钱的方式。后来回忆起这段旅途时，他们已是伦敦名人，可以一笑了之——这并不是他们特意想要的浪漫经历。

约翰生没带多少钱。大卫因父亲从西班牙返回后生了病，家里也不会有多余的现金给他。从基拉欧伊主教那里，鲍斯威尔得知，当年他们两人与一群人一起吃饭时，约翰生风趣地对主教说起过这次旅途："这一年，我到伦敦，身上仅有两个便士和半个几尼。"

他们星期三早上起程，路过了九个地区，周末就到了伦敦[这一路程，在约翰生300周年诞辰时（2009），剑桥大学的马丁教授和伦敦的尼古拉斯医生（Dr.Nicholas）重走了一趟，用时计11天，经十余个城镇，主要任务是进行慈善募捐活动]。

就在他们在伦敦安置好之前,家乡传来消息,一是约翰生的弟弟突然去世,终年24岁,于3月5日,星期六,埋葬在圣·迈克尔教堂其父亲墓地旁,几天后,又传来加里克的父亲去世的消息。

纳撒尼尔的去世给约翰生留下了心理阴影。《约翰生纪事》的作者阿利·莱尔·里德发现了纳撒尼尔"自杀"的证据,贝特和马丁的约翰生传记都接受了他"自杀可能性很大"的说法。而韦恩和德马利认为,若纳撒尼尔是自杀,就不太可能被安葬在教堂墓地,因为教堂原则上排斥自杀者。约翰生没能参加弟弟的葬礼,由母亲和女佣基蒂办理。

伦敦客

到伦敦后,他们生活拮据,一切要从零开始。

他们的第一次租房地点是斯特劳区北部的埃克塞特街(Exeter),房东是来自家乡的理查德·诺里(R.Norris)先生,他与大卫是远房亲戚。

据霍金斯说,大卫·加里克和约翰生的经费都很紧张。大卫·加里克建议从生意人那里借款,他知道书商托马斯·威尔科特斯(Thomas Wilcox),便上门拜访并告知事由,书商被他们的经历和愿望感动,立即答应借给他们5英镑,并要求按时归还。

据说当他们要出门时,威尔科特斯问约翰生打算如何在伦敦谋生,约翰生回答说:"写作。"看着个头高大的约翰生,威尔科特斯说:"年轻人,你最好买一个搬运工垫肩,扛活儿去。"这话在约翰生听起来是调侃而非歧视的冒犯,他后来一直把威尔科特斯看作自己的好朋友。有趣的是,美国政治家本杰明·弗兰克也曾住宿在威尔科特斯邻居家(1725),向他借阅过许多图书。

这个扛活儿的故事"尽人皆知"。人们只看到他体魄强壮,不大会想到他的智力更超人。斯莱尔夫人曾说:"约翰生没有穿鞋时身高为5.91英尺[①]。他脖子短,骨骼大、肩膀宽。"据德马利考察,当时英国人中只有千分之三的人能达到这个身高,所以书商看他与身高5英尺[②]的大卫·加里克在一起时,自然有"高大"的印象,应去"扛活儿"而非靠写作挣钱。[③]

3月初,约翰生在伦敦仅算个观光者,他感到不适应。他需要时间把写作当成他的生意,而伦敦是他的才智和作品能够发挥和成交的地方。

约翰生对伦敦的爱有个认识转变和适应的过程。他对鲍斯威尔大谈伦敦的优越性时已是他在伦敦居住了20多年之后。在生活与事业都安定之后,他比任何人都了解伦敦:"查理十字街(Charing Cross)有人类生活的全部潮流。"他也比任何人更由衷地热爱伦敦:"如果一个人厌倦了伦敦,他也就厌倦了生活。"

1737年的"旧伦敦",可谓是人间地狱与天堂的结合体,这个当时有着50万人口(一说65万~70万)的都市到处都是喧闹与脏乱,只有少数街道铺了石路,人行道是泥地,夜晚出行很不安全。那时的报纸每天都在报道被马车碾轧致死的人,还有溺水、火灾、谋杀、抢劫和拐骗儿童的消息。

这一年春季,每个人都议论拦路强盗的横行霸道,强盗迪克图鲁番成了伦敦最有声望的人。

自从征收酒税成为政府强制政策后,民间抵制情绪高涨,政府只能靠揭发检举和奖励手段揪出那些违抗者,但"告密者"并得不到好报,反而会更惨,严重的会被报复致死。除了令人不齿的龌龊和肮脏外,伦敦的另一面却光鲜亮丽,既有林立的宏伟建筑、热闹的大小商铺,又有穿梭往来的衣着华丽的绅士和淑女。

既来之则安之。约翰生在慢慢地适应,基本忽视了脏乱的街道,他看中的是这个城市布满书店,是一个学习交流的中心。他很快认识到,这里可以产生思想,"社会被交流和信息联系在一起","知识的普遍传播是时代的标志"。他不无感慨地说,这是个"作者的时代",各类学者、作家群居,他们在杂志、书报上发表作品,探索和创新,突破思想边界,但同时,他们都挣扎在以文字为生的困境中。

[①] 约1.80米。
[②] 约1.52米。
[③] 德马利:《约翰生创作生平》,第44页。

约翰生与大卫·加里克很快就不在一起住了。3月9日，大卫进入林肯律师学院（Lincoln's Inn）。他一直想要学法律，然而，父亲的去世几乎改变了他的所有计划。他虽继承了1000英镑遗产，这些钱却由叔叔管理，到21岁成年才能得到。靠手头有限的钱，大卫难以在科尔森神父指导下继续学习，他回了家乡，几周后，决定与大哥彼特去伦敦做酒类生意。

穷则思变，变就能适应。约翰生只有办学余下的钱可支配了，但他也不再轻易使用，因为那是妻子的钱。因而，他想尽办法，以最节省的方式在伦敦生活。他很快发现在新街（New Street）有一家"松果"小酒馆，那里的消费很实惠。

他自述初到伦敦生活的谋生技巧："我用八便士吃好，有很好的同伴。有几个旅行者，每天都能见到，但彼此不知姓名。他们光喝酒就会用掉一先令，而我能买好些东西，买肉六便士，面包一便士。我给服务生一便士，能比其他人得到更好的接待。因为他们不给服务生小费。"这时期他戒了酒，怕开销过多。他这些"省钱"的做法，显然是受到了爱尔兰画家迈克尔·福德的启发，并把他的劝告付诸行动。他总是很尊敬地提到伯明翰认识的这位节俭的朋友，说他世界知识丰富，这些知识都来自生活而非书本。

这一时期，约翰生更多的时间是闲荡在伦敦的大小街头，要不是妻子催促，他还会漫步下去。克里福德不认为继女露西所说的这种"催促"是真实的。诺克斯认为，此时有可能是在家的母亲提醒说他的妻子有"高消费习惯"。显然，两位遗孀不能生活在同一屋檐下，更何况如此特别的婆媳关系。约翰生此时应想到尽快带妻子离乡到社交活跃的伦敦来生活。

为方便找工作，牧师沃姆帮他写了封介绍信给书商林托特（Lintot），约翰生找到他后，临时被雇用为他写作。在沃姆的亲戚家，约翰生和大卫见到了亨利·赫维，他妻子是沃姆的夫人马德琳·阿斯顿的妹妹凯瑟琳。

这位赫维本应在勋爵罗伯特·蒙塔古（Robert Montagu）的部队任舰长服役，实际却住在圣詹姆斯广场的大豪宅，过着挥霍无度、入不敷出生活，因不听父亲劝告，他父亲认为只有监狱适合他待。

赫维欢迎两位青年到他家，而他们能给妻子带来她姐姐和姐夫沃姆在家乡的信息。他们还见到了赫维的一个看上去很斯文的兄弟汤姆，他正在勾引托马斯·汉默伯爵（Sir Thomas Hanmer）的妻子。

投亲靠友，在豪宅有好吃招待、有娱乐聊天。他们讨论赫维的诗文，争议每天的文学新闻。这些帮助和友情，约翰生一直难忘。约翰生由此从街道到家庭，了解了时髦社会的真实状况，为他《伦敦》诗歌的写作积累了素材。

返乡（1738）

闲荡三个多月后，1738年7月，约翰生搬到格林尼治，在靠近教堂街处找了个便宜的地方住了下来，计划专心完成悲剧诗的创作。但是进展很慢，他感到缺乏创作戏剧的技巧，试图把高贵典雅的女人阿斯帕西娅转化为理想中的"特蒂"并非易事。

7月12日，他再次给《绅士杂志》主编凯夫写信，这次用了自己的真名，提出翻译 *History of the Council of Trent*[①]（1619）。这是意大利宗教改革家保罗·萨皮（Paul Sarpi）牧师有关天主教改革的重要著作，早有英译本，一年前由法国翻译家利·克勒（Le Courayer）翻译成法文并加详细注解出版（1736）。这位法国神父定居伦敦，翻译这部有些"反教皇"的著作，搅动了英国人的民族主义情绪。

约翰生认为，法文本注释详尽，如果结合它来翻译会对17世纪那个意大利文原著理解有极大用处。约翰生在信的结尾请求，无论是否赞同，求见一面。两人大概在7月间见了面。约翰生有信心回伦敦抓紧时间完成这个任务，不过，凯夫有其他考虑，暂未接受他的建议。

也许汤姆斯·威尔科特斯见他个头大建议他当搬运工不无道理。约翰生也了解情况，清楚一个住在冰冷楼阁的业余写手一年能挣5英镑或10英镑已经很幸运。18世纪30年代以来是贵族赞助作家的传统正在消失的过渡期，之后，代之以中间阶层兴起的社会公众读者，他们以阅读欣赏支持作者，导致19世纪的文学具有了社会学意义。约翰生恰恰处于这更迭之间，坚持写作，艰难又可贵。

夏季末，他回了家乡。返乡原因也许是钱已用完，也许是因为离开妻子已有

---

① 书名大意为：特伦托议会的历史。

半年，也许是要与母亲见面谈家事，也许是想参与沃姆的社交圈。

回家乡后，有件母亲问约翰生对伦敦感觉的逸事：母亲从前带他去找女王看病，对伦敦有些印象，她曾观察伦敦有两类人：为躲避中心水区泥泞路，一类人抢行迫使他人踩泥浆，一类人让路；前者导致争吵，后者一派平和。她好奇地问儿子是让路者还是抢路者。母亲知道儿子的脾气，担心他一个人生活在大城市的安全。

后来去苏格兰高地，约翰生对鲍斯威尔提到这件事，感慨人类关系的进步："现在每个人都拥有自己的权利。若一个人走到墙根，另一个人让位，就不会发生争吵。"怎么坚持社会应有秩序，又如何捍卫个人权利，成为他一生的努力实践。

这次回乡，约翰生并未匆忙再走，他有三个月的时间来考虑未来。其间，他写完悲剧的最后两幕，同时对停办的拉丁文学校做了最后处理，计划带余钱到伦敦生活。

继女露西同意与约翰生的母亲住在一起，帮助打理书店生意，弥补纳撒尼尔带给家庭的损失。一切安排就绪，约翰生带着太太特蒂前往伦敦。

再到伦敦

1737年年底到伦敦后，他们最初住在靠近汉诺威广场伍德斯托街（Woodstock），1738年4月，搬到靠近卡文斯广场的城堡街六号。为修改悲剧，他找到大卫·加里克的哥哥彼特，因为自一开始借书给约翰生做参考，彼特就对他的整个写作计划表现出了极大的兴趣。

他们常在斯特劳街的"喷泉小酒馆"边读边讨论五幕悲剧《艾琳》。在利奇菲尔德（1776年），鲍斯威尔曾听到特蒂的小儿子约瑟夫的评论。约瑟夫大部分时间在印度做生意，偶尔到伦敦看母亲和继父，他强调这个"喷泉小酒馆"是个臭名昭著的妓院，认为在这个环境里构思写作《艾琳》很不搭调。彼特反驳说如果人正直在哪里都一样。因为附近的因内坦普街（Inner Temple）有各种俱乐部和社交圈，约瑟夫显然是乡下人进城，看什么都非黑即白。事实上，这类社交场合，在

18世纪并无后世那样的黑白分明。

彼特尽力帮忙。因与查尔斯·弗利特伍德（Charles Fleetwood）私人关系好，他请这位自1734年就拥有德鲁里巷剧场（Drury Lane Theatre）专利权的经理排演这出古典悲剧剧目，可是，弗利特伍德更有兴趣的是滑稽喜剧，他拒绝了，甚至懒得看一下剧本。

没有有影响力人物的支持，约翰生感到剧本上演已不现实，不得不再考虑其他谋生之道。他打消要做悲剧作家的念头，转向为《绅士杂志》做编辑工作，成为在克利尔肯维（Clerknwell）区的圣·约翰门（St. John's Gate）办公的一位受雇用的文人。

圣·约翰门建于16世纪，显著标志是两个塔楼之间有个拱门，环绕周围的是诗人、作家的群居地，以格拉布街（Grub Street）最有名。

这时期，凯夫成为约翰生走进文学界里的引路人。凯夫本人经历不凡，做过收税员、木材商人助理、印刷工、邮递员，参与过各类写作，都没有太成功。1731年，他租办公室创建伦敦第一个真正的月刊，以"西尔韦纳斯·厄本"（Sylvanus Urban）的署名编写文章，同时发表其他作家的原创作品。几年下来，到1737年，杂志已十分流行，声誉日隆。当约翰生走进圣·约翰门时，"以崇仰心情注视着大楼"。后来约翰生编写词典，在给出"杂志"一词定义之后，便把爱德华·凯夫编辑的《绅士杂志》作为例子，自是一种感激。

凯夫与《绅士杂志》

凯夫也同约翰生一样是个大高个儿，时年46岁，平时沉默寡言，性情冷淡，反应常慢半拍。约翰生认为，他看书不多但看得极为认真，他一直苦苦追求完美，很少会做错。

凯夫是个工作狂，一旦埋头审读文稿，几乎不往窗外望一眼，直到工作结束。他关注销售，注意改进刊物，不想失去一个订户。他对作者十分忠诚，愿支付高额稿酬聚拢文人。约翰生在他去世后撰写小传，写出了他最具体而微小的方方面面，表达对他感激不尽的心情。

《绅士杂志》人员不多。凯夫的助手，有顾问汤姆斯·伯奇（Thomas Birch）牧师，此人之后成为英国皇家学会秘书长。约翰生佩服他对文坛逸事了如指掌，脑子里的趣事如溪水源源不断，而流动起来却如泰晤士河一般滚滚而来；同时，他还评价伯奇缺少高雅趣味，韵文沉闷，是会说不会写的人。

编辑部的具体执行人是凯夫的妹夫大卫·亨利（David Henry），一位勤奋的学者，格拉布街的写手。杂志社还有位苏格兰人威廉·格思里（William Guthrie），约翰生认为他学识有限，是"半个男人"。格思里喜欢写政治文章，作为雅各拜派，他不能接受汉诺威王室的官职，所以来到伦敦以笔为生。

凯夫还有两位侄子摩西·布朗（Moses Browne）和约翰·杜因克（John Duick）帮忙。两人虽接受文化教育很少，却热心于写作，积极办刊，想尽办法满足刊物的内容需求。布朗曾赢得凯夫设的刊物文学奖，约翰生很感激他，因为刚进编辑部时得到过他的具体指教和支持。杜因克生活在一个贫苦大家庭，是个贫困的新闻记者，家里没有书，只有《圣经》和艾萨克·瓦特斯（Isaac Watts）的《圣诗》（*Hymns*）。

在杂志撰稿人中，有为人所知的未来蓝袜子（Bluestocking）俱乐部成员伊丽莎白·卡特（Elizabeth Carter），医师、哲学家、诗人马克·艾肯赛德（Mark Akenside），以及自称贵族私生子的理查德·萨维奇（Richard Savage），他是位在当时小有影响的诗人和戏剧家。撰稿人常来这个杂志社聊天、抽水烟、看稿子，这里俨然成为那一时期有抱负的作者的聚集地。

1738年春，约翰生一门心思仍在悲剧上。他给凯夫复信说："我谢谢你的友好来信，将准时带上《艾琳》来见你。艾琳会把你看作她最好的朋友。"在等待接受上演的期间，约翰生要做其他事来维持日常生活开销。

凯夫希望提高刊物质量，设诗歌专页并发表拉丁文诗。这在当时的杂志领域实属罕见，约翰生的加入正好开了个头。约翰生给杂志写的第一篇稿出现在1738年3月，这是一首拉丁文诗歌《广告都市》（*AD Urbanum*），内容支持凯夫而反对其竞争者的攻击。因为凯夫的笔名"厄本"有"都市"之意，诗歌中体现出约翰生维护凯夫并反击对手杂志的意图。他署名"S.J."，把自己当作伦敦印刷品上出现的一位新作者。

第三章 伦敦

打铁要趁热。他想到关于"伦敦"的题目，模仿古典诗歌的方式表达自己的一些想法。自18世纪起，英国的文学趣味根植于古典风气，文人热衷于学习希腊文和更为普及的罗马拉丁文，模仿成为一种时髦的写作模式，因而，英语好诗歌总带有一些为人熟悉的拉丁文诗歌的韵味。

这种模仿的传统，经诗人蒲柏模仿贺拉斯的讽刺诗达到一个高峰，一时盛行，被人们广为诵读。约翰生在《蒲柏传》中介绍模仿的作用，说它是介于"翻译"与"原创"之间的。

跟随这个传统，约翰生尝试旧瓶装新酒，提供新的范式和现代的内容。现代社会政治家尤其主政者不欢迎异见，而模仿作为一种仿古形式便于宣传公平正义，打击社会政治的腐败，很受欢迎。贝特认为，约翰生喜欢罗马讽刺诗人朱文诺（Juvenal），显然，看到这个机会，他想自己能模仿朱文诺，得到如同蒲柏模仿贺拉斯一样的声望。

朱文诺以讽刺诗见长，无情地讽刺腐败和荒唐的罗马帝国时代。其诗歌常作为现代诗歌的范式，约翰生以朱文诺的第三讽刺诗作为观察当代社会的视角，诗歌虽敌视伦敦，但饱含爱恨交加的情感。如韦恩所言，诗歌也许不那么尖刻，但偏激是肯定的。

大卫·加里克提到他写作的灵感："约翰生到赫维家聊天时，他看到城市生活中发生的大量事情，于是写了《伦敦》。"赫维曾不顾家族背景去征订出版个人诗集，被他父亲视为"乞讨"而遭到训斥，甚至断绝了对他的经济支持。他固执行事，牢骚满腹，同情反对党（即所谓爱国者），这些都直接影响了约翰生对伦敦社会和人情世故的观察，或为他提供了细节。

赫维所要出版的诗集应与约翰生有关，1737年12月到1738年6月，他们两人在这段时间有过密切联系。赫维尝试把拉丁文诗翻译成英文的英雄双韵体诗，其中包括为已故的卡洛琳皇后（Queen Caroline）写的拉丁文墓志铭。约翰生给予他诗文修改方面的帮助，促成他去征订并出版，后来出版的诗集具有"沉稳精确"的特点，显然有约翰生的行文风格在里面。

诗歌《伦敦》

约翰生的诗歌《伦敦》完成在这一年的3月，他直接送给凯夫，向他表示若有不满意他可以修订"任何讽刺词语"。凯夫考虑到夹在刊物中出版影响有限，建议他在一家知名出版社出版，并联系了书商罗伯特·多斯利（Robert Dodsley，1703—1764）。多斯利以赞助诗人而有名望，还是蒲柏诗歌的出版人。

多斯利创办出版社（1735）后需要各方支持，经协商，约翰生同意接受10个几尼版权费，在他的出版社出版《伦敦》。约翰生后来承认，本来版税给的少些也可以接受，可想到诗人保罗·惠特布雷德（Paul Whitehead）的诗歌也得到10个几尼，自己不甘示弱，不愿比他拿得少。他要补偿悲剧创作的失败，同时要为信任他、等候他成名的太太挣钱，到现在，这两个目标得已初步实现。

凯夫抓紧安排出版业务，以便赶在5月国会开会前面世，因为开会时城里往来人少，影响销售。考虑到这首诗歌有攻击罗伯特·沃波尔（Sir Robert Walpole）政府的内容，所以没有署名。也许出版人多斯利另有想法，觉得匿名自能增添神秘好奇感，更有利于诗作影响。在一众人的努力下，这本诗作于5月13日正式出版。

无巧不成书。按鲍斯威尔的说法，同日，蒲柏发表对话诗《跋讽刺诗》（*Epilogue to the Satires*）。若他模仿贺拉斯，约翰生则模仿朱文诺。两人都用流行的模仿风格，用古典语言和文风反映时代的声音，表达某种期望少腐败、多自尊的政治清明政府的意图。对那些憎恨或妒忌蒲柏的人，他们更愿意宣传新人。从《伦敦》在一周内二印、同年三印，足可见其影响力。要知道，在那个时代，几乎不会有报纸会给一个无作者署名的诗歌做什么广告宣传。

《伦敦》旗开得胜，实与凯夫的推波助澜有关。他从全诗263行中选出66行刊登在《绅士杂志》5月号上。据说，蒲柏不知道这首诗的作者是谁，曾要助手打听，并说这颗"新星"很快就会被发现。因为蒲柏的高度赞扬，《伦敦》广为流传，靠的并不全是它本身艺术的卓越，在当时的历史环境下，反政府的单行本更容易受到政治对手的欢迎。18世纪30年代，英国社会正处在反罗伯特·沃波尔政府的高潮中，政府受到反对党的攻击，反对党集结在野人士，这些不同的利益集团，既有托利党老人、忠于旧王室的雅各拜，还有辉格党内的分裂派及威尔士圈子的王子们。心怀不满的商人们因生意受困，急切呼吁政府反对西班牙战争。

这一时期，约翰生站在反对派阵营。他基本过着书斋生活，与现实保持着距离，全无政治经验，就像一位激进青年，很容易受到"伟大理想"的鼓舞，看到政府制度的缺陷，倾向于对立而非已建立的权力，怀有改造社会的决心。他相信社会舆论，尤其文人的激扬文字，可以揭露沃波尔政府摧毁民主和英国人的道德标准的阴谋。

他这反对沃波尔政府的敌视和反叛精神，与晚年有别。内阁首领或财政大臣罗伯特·沃波尔是第一个现代意义上的英国"首相"（1905年起，这个词成为正式官衔），执政20多年，他设法避免英国参与战争和卷入国际争端，同时维系了国内生活的繁荣稳定。根据韦恩的分析，当托利党被排除后，沃波尔之所以有许多政敌，是因为他的独断专行导致政府内部的派系和分裂团体出现，他们以爱国者的名义，与托利党一起经常干扰和抨击沃波尔政府。

人生谁无少年狂？作为青年，约翰生是一个自然的反叛者，如同青年人难免有叛逆期，需要认可和关注的心态，导致行动上随时准备加入一场热闹而兴奋的战斗，激励自己，以使青春无悔。约翰生易怒的个性、生活求职不幸的处境，正与他充满自信抱负和参与斗争行为相吻合。一切未确定和缺乏安全的焦虑，使他攻击根深蒂固的权威，也使他所描写的邪恶社会仅是自己受世界烦恼影响的部分投影。

作为一个"局外人"的成长，约翰生与辉格党主流社会人士如沃姆牧师长期争论，本着完全的托利党人情绪，自觉形成了一种自以为是的"公正"和"常识"，即：国王应在政党政治之上，有独立裁决权；政府的决策不应受财政利益的左右，应有自主决策权。

作为文人，有两个人对约翰生最有影响，那就是蒲柏和斯威夫特，他创作

《伦敦》，借泰勒斯[①]告别腐败大都市到乡间过安全生活为引子，描写城市生活的危险和衰败，展现了一个"无思想的年代"、一个"受欺骗的民族"、一个"沉沦的大地"，用反讽的言辞，发出呼唤改革的声音，提醒大众觉悟、觉醒。

德马利指出，泰勒斯是"暴君的伟大敌人"，不仅古罗马政治家西塞罗、传记作家普鲁塔克、古希腊哲学家第欧根尼·拉尔修、马其顿作家斯托布尔、英国政治家托马斯·斯坦利等人敬仰他，约翰生同时代的学者也都十分熟悉这位希腊天文学家和智慧学者。约翰生在《伦敦》里所描写的泰勒斯和在《艾琳》里描写的德米特里，都是充满古代智慧和自然科学知识的虔诚哲学家和基督教信仰者，自是约翰生心目中的英雄化身。

这首讽刺伦敦之诗也是热爱伦敦之诗，所谓恨之切亦是爱之深。以老托利党人的看法而言，传统民族的生气和质朴早已消失。所以德马利强调约翰生以"田园牧歌"的纯净，比照城市的污浊，作为讽刺目的，服务于诗歌表达的政治意义。在克里福德看来，《伦敦》是一个年轻人的诗歌，有热情，有愤怒，有黑与白的是非观，有期盼改变领导权带来社会变化的革命青年梦想。[②]

这首"青春之歌"，实与同为年轻人的大卫·加里克所认定的想法相联系，即诗的成功在于"生动和流畅"。然而，分析同时代人所以评价不高，贝特指出近代诗人艾略特（T. S. Eliot）和美国批评家约瑟夫·克鲁奇（J. W. Krutch）却能给予客观评论。[③]

自信，是年轻人最容易得到的本钱。十年后，约翰生模仿同一个诗人探讨"自信"和"希望"，那些早期年轻人的浮躁、冲动和轻信已被摒弃，非黑即白的绝对是非观变得复杂起来，对人性判断已趋于成熟。后来，他对那些"田园风光""农村美好"观念本身，几乎是嘲讽甚至是鄙视的。

下一个十年，继续在贫困和挣扎中生活，约翰生逐渐成熟。他也克服了厌恶伦敦的情绪，接受现实，生活在伦敦，热爱着伦敦。

---

① 泰勒斯（Thales），古希腊抒情诗人，生于公元前650。一般看法是，约翰生在此诗中借他暗指他的诗人朋友萨维奇。
② 克里福德：《青年约翰生》，第194页。
③ 贝特：《约翰生传》，第173页。

第三章　伦敦

国会报告

凯夫的杂志迎来新挑战后，约翰生先是协助编辑政务内容版块，包括国会报告（1738—1740），然后亲自执笔写国会辩论（Parlimentary Debates，1741—1744）。

1738年4月13日，英国国会一致通过一项决议，在会议期间，禁止公布国会议员的辩论发言，以维护议员的基本权利。多年来，报道国会辩论情况一直是《绅士杂志》和其对手《伦敦杂志》（London Magazine）吸引读者的法宝。为应对国会禁令，5月，《伦敦杂志》以虚构方式出版题为"政治俱乐部的要闻"的文章，反映贵族和绅士参加活动的情况，文中假设俱乐部每周三次聚会吃饭，讨论公共关心的话题，与会成员的名字用古希腊和罗马的名人替代，例如沃波尔代之以西塞罗，普尔特尼代之以卡托。国会内情以这个换名的伪饰得以公开。

《绅士杂志》自然要跟进。凯夫想到，可以用更为接近真实的方式来与对手竞争。他偶尔从对手刊物得到材料，加入更多新内容后发表。这种手法，立即遭到对手在广告栏上以"盗用"之名控诉。威廉·格思里虽有能力且一直负责撰写"国会报告"，但凯夫需要有人把关，编辑出既干练又富有想象力的文字，于是，想到约翰生是合适人选并委以他主编的重任。

6月，《绅士杂志》刊出《利利皮特大人在元老院的辩论》（Debates in the Senate of Magna Lilliputia，或之后称"利利皮特的国家事务"）一文。这是以舰长利缪尔·格列弗（Lemuel Gulliver）的孙子的名字为假设，发表他到"利利皮特国"考察的系列报告。因为那里的国会与英国的模式相同，若把议员名字改变或掉换组合，无人能确定其为何人。

这篇介绍"利利皮特大人在元老院的辩论"文章，以伪装手法，创造了一个自由空间，如此虚构报道国会，不必担心受到追责迫害。这显然出自熟悉《格列佛游记》的约翰生之手，巧妙设计，给杂志带来全新面貌，尤其在沃波尔政府的最后阶段，要客观报道容易直接触犯法律。文章以斯威夫特的滑稽手法，增添了阅读的吸引力，足以得到读者认可。

于是，读者看到演讲者的名字被明显改成可猜测的字谜。如沃波尔写成"沃勒皮"，普纳布叫"普尔特尼"，"皮替"是皮特，有的名字难以辨别，如"盖斯特菲特"指切斯特菲尔德[①]，"伯爵"代称赫格斯，"骑士"特称赫格斯特，托利党叫"特拉梅斯安"，而辉格党为"斯拉梅斯安"。

这改名游戏的文章，与新法通过前的争论情况没有太大区别，其内容实际由格思里从《伦敦杂志》摘抄，而经由约翰生进行改编而来。这样的换名手法，也给后来的约翰生研究者带来诸多困惑。

此时，约翰生尚未得到杂志编辑部的固定工作。为参加编辑会议，他要从住所的城堡街走很远的路，但他并不在乎浪费时间在这些临时差事上。凯夫尽力给这位新助手结识人的机会，某天晚上他请约翰生到克拉克维啤酒屋见与杂志相关的一些名人。约翰生如约而至，身穿"宽松的马夫外套"，头戴"蓬松未梳理的假发"，出现在摩西·布朗（Moses Browne）等人面前。布朗当时可谓天才诗人、刀笔老手。他们坐在长桌的一端，"烟雾弥漫"。霍金斯认为，约翰生"非常感激"凯夫的引荐。

因业务需要，约翰生很快成为凯夫的助手，直接负责新书和新诗栏目，选重要的新书介绍，决定诗文稿件的采纳，回答作者和读者的问题。不过，约翰生的厌倦或抑郁症，使他工作情绪不稳定，没有两个月，他对修改格思里的国会辩论稿件就开始不耐烦，凯夫看出来并向他问责，他在8月回信表示歉意并执着地认为那些文字无须修改。凯夫希望他做刊物主办的诗歌奖评委。两年前，杂志社宣布获奖可得奖金40英镑，但并没有多少诗人响应。约翰生虽同意提高奖金，可坚持不做这类"人为练习的评委"。他强调要做也不会让各方满意。凯夫无奈之下，第二年把评奖的决议撤销了。

[①] 切斯特菲尔德（Lord Chesterfield），英国政治家，约翰生英文词典赞助人，因写给儿子的书信而闻名于世。

翻译《特伦特议会的历史》

诗歌《伦敦》在5月出版后，约翰生很高兴地看到它在图书排行榜名列第一。本应继续多写讽刺诗，无奈他还需要要应对生活的拮据。凯夫了解约翰生懒散随意的个性，认为"他所想"要比"要求他做什么"更有主动性和效益，虽改稿、评奖等事宜被搁浅，凯夫还是看好他的潜能，寄望他能带来业绩。

7月，凯夫批准并催促约翰生行动，早日推出神父保罗·萨皮的《特伦特议会的历史》（1619）。萨皮的著作不仅涉及语言、历史和神学，还有科学。这个经历自是对约翰生改变现状产生刺激，他得到了沃姆、伯奇、威廉·卡斯隆（William Caslon）等人的支持。

8月2日，凯夫开始分期支付他稿酬，第一笔2个几尼，之后每次数目不等，最多的一次4个几尼。鲍斯威尔曾看到约翰生题为"小账目"的一个小本子上记有"9月9日，凯夫先生支付2先令5便士"。如此，凯夫持续给他支付了八个月（1738年8月到1739年4月），累计49英镑7先令。

可是，虽得到了精神鼓励和物质刺激，终因抑郁情绪问题，无论在编辑业务还是在翻译工作中，约翰生仍然经常任性拖延，难以在计划时间内完成他承诺的任务，这让大家感到不安。

9月，他回复编辑部的催促说愿意尽力加快进度。在另一封回信中，他对刊物编辑上的失误，向投稿人说明若有不满处他会尽力更正。他知道懒散是自己最糟糕的敌人，在这种内疚又痛苦的精神下，在伦敦过第一个生日时，他写下忏悔祷词，表达要克服懒惰恶习，得到上帝的宽宥。

然而，这本书的翻译出版遇到了知识产权冲突。事情是这样的：

10月11日，《每日广告》（*Daily Advertiser*）刊登了一则征订广告，译者署名用大写字体赫然印了"塞·约翰生"，宣称将印发6000份。一切似乎很顺利，然而，10月20日，同一报纸刊登了一位"约翰·约翰生"的愤怒来信，这位圣马丁大主教丁尼生图书馆的管理员,声称早就着手翻译这本书,并得到法国译者利克勒的授权和帮助,还有显赫名望牧师的赞助,他自认其书要比塞·约翰生的计划更周全,暗示竞争会影响他的支持者。

凯夫第二天就回复了这封信,为约翰生的计划书辩护,强调这项翻译工作早在一年前就已开始,这位先生没有理由认为自己会受到伤害,而塞·约翰生也不会屈从他的指责。他在《绅士杂志》11月号发表《萨皮生平介绍》,以期引起读者对这个译本出版的兴趣和期待。到1739年4月,约翰生完成了约400页(一说400~800页)的翻译。

然而,胳膊拧不过大腿,大主教方面势力太强,而凯夫方征订人数在减少,结果出书计划不得不终止。鲍斯威尔认为,两个竞争对手彼此毁掉了自己的计划和读者,最后谁都没有完成这个使命。那位"约翰生"于八年后去世前仍未完稿,而凯夫事先支付的稿酬并未得到约翰生的成品,算是白投资了。更令人惋惜的是,约翰生的手稿交给了编辑部,后来不幸佚失。

翻译中断

约翰生与编辑部撰稿人、博学多才的伊丽莎白·卡特有一个时期在一起共同执行凯夫交代的出版计划。出于厌恶蒲柏诗歌呈现的自然神论色彩,瑞士神学家琼斯·克鲁萨(Jean Pierre de Crousaz)的新书《检验》(*Examination*)和《评论》(*Commentary*,1735—1736)从道德和宗教方面攻击蒲柏的畅销诗歌《论人》(*Essay on Man*,1733)。凯夫认为这种争论能满足大众的兴趣爱好,有赢利市场,急于找人翻译出版,就委托21岁的伊丽莎白小姐翻译《检验》、约翰生翻译《评论》。

伊丽莎白小姐如期译完《检验》(1738年11月),约翰生的《评论》却落在之后。没料到,此时,一篇竞争译文突然发表:11月21日,臭名昭著的出版人、蒲柏的长期对抗者埃德蒙·科利(Edmund Curll)宣布,他已出版查尔斯·福尔曼(Charles Forman)英译《评论》(共四部分)的第一部分。凯夫知道后很惊讶,问他的助手该如何处理。

约翰生同意暂时搁置《评论》的翻译，但坚持伊丽莎白·卡特小姐翻译的《检验》应立即出版。在出版《检验》后，凯夫没打算放弃出版《评论》，那位科利虽叫嚷要继续出版其他部分，但后来便无声息了。

凯夫和约翰生所以要冒风险继续翻译，理由是福尔曼的译文不圆满。克鲁萨的著作本身是以阿布·杜里森（Adde du Resnel）有缺陷的《论人》法译本为母本，这个法译本中对蒲柏的真实含义有误解，福尔曼仅加入蒲柏的文本在其中，结果把这位瑞士神学家的许多不明智的评论也混同为蒲柏的看法。约翰生敏锐地捕捉到了这些误译之处，拟把阿布·杜里森的双行体法文直接与英译的韵律散文结合，把全部四个部分都译出来。为此，他在一种快节奏下进行。他告诉鲍斯威尔："有时一天翻译六张四开页，48页。"第一部分他有福尔曼的译文做比较或参考其他相似的文字，其他部分他都要独立完成。

出版《评论》，不仅在各种报纸登了广告，还在11月号的《绅士杂志》以及《检验》一书的封底也作了通告，可是却未见立即出版。一本幸存的1739年版《评论》样书上没有注明具体出版日期，有可能是约翰生搁置下来的。

自此以后，这本书无甚影响，但放在现在它可是稀有之物。对凯夫来说，《评论》未能及时出版又是个较大的经济损失，凯夫显然知道他这位助手未能帮他赢利，至少因为他在翻译时的拖延错失了良机。他虽有些失望，却未过多怪罪这位"天生我材必有用"的文人。

虽未能成功编译克鲁萨的著作，但这对约翰生依然是一次有价值的实践。他急切地指出，克鲁萨的错误在于他"既无一个道德家的坦诚，也无一个评论家的睿智"。借其用语，他讽刺克鲁萨："让胡言乱语不经思辨而放肆出来，什么事可以同时又消耗又营养呢？"他不盲目崇拜蒲柏，敢于说出诗人提出的一些主要问题。他评判蒲柏的"裁决的激情"，总是对这个"激情"概念持怀疑的态度。

此后，约翰生特别让自己随时接受或处在这类凡事怀疑的立场，40年后写出更成熟公正的《蒲柏传》。克里福德检查他的《评论》译文稿，认为他用"可能""不能理解"等术语，表明他在坚持常识和学问方面的诚实。30岁之前，他的个性已成熟，能够直言不讳地评价生活和文学。这种持续坚守的品德，无疑让他成为那个时代最重要的批评家。

在凯夫的指导下，约翰生开始扩展自己在《绅士杂志》的工作，为1738年杂志合集写前言，为刚去世的荷兰著名医生赫尔曼·博尔哈维（H.Boerhaave）写列传，分四期刊登（1939年1月起），还写了一些诗歌和短文。

据来自"伊伯勒斯"的一封信，关于中国问题，他说到英国殖民者在中国的傲慢，写过杜赫德（J.B. du Halde）的长篇法文著作《中华帝国全志》（*Description of China*，巴黎1735年出版）的介绍和《孔子简历》。《中华帝国全志》是凯夫投资翻译的大项目，英文两卷本分别于1735年和1740年出版。诺克斯认为，他仅限制自己进行一些世俗的评论，因为他承认自己对中国完全无知。

从一开始，凯夫就想保持杂志的中立性，引用对手《伦敦杂志》的文章时尽力注意避免争议，热情的爱国者总是认为他的杂志站在政府立场，甚至以政府党派征订杂志的事作为攻击的口实。

约翰生自然站在朋友的立场，在3月和5月号杂志发表《致读者》，捍卫凯夫的出版政策和主张。他也会就报刊文字风格与对手杂志进行辩论，写辩文可是他的强项。这个得力的助手，使凯夫很好地把杂志武装了起来。

不过，当约翰生写政治主题的文章时，凯夫有些顾虑会给杂志带来麻烦，甚至考虑要终止他的工作。

萨维奇

约翰生之所以写政治文章，似乎应与认识一个诗人有关，这个人就是萨维奇。萨维奇是个奇怪的角色，约翰生曾在1738年4月号《绅士杂志》上以拉丁文警句的形式向萨维奇致谢。这不一定表明两人之间已有私交，也许是约翰生从同事伯奇和凯夫那儿听到他的事，进而崇敬他。作为投稿人，萨维奇怪癖的个性言行常常是编辑部的话题。

约翰生坚称他写《伦敦》之前未见过萨维奇。《伦敦》的开头有个"告别伦敦"的场景，其中的泰勒斯与萨维奇有何联系一直让后人有诸多猜测。就算不能肯定约翰生所说萨维奇不是泰勒斯的原型，那他们间也应有许多关联。若坚持这个特定的见面时间（1738年5月前），诗中的巧合只能以"偶同"来解释。其实，约翰生不必亲见萨维奇，他早已熟悉他的生活故事。伯奇的日记手稿也提到他分别与他们单独吃饭，从未见萨维奇、约翰生和凯夫同时聚会过。

从1738年春到1739年秋这一年半多的时间，约翰生与萨维奇无疑有过密切接触，当时约翰生与妻子特蒂处于分居状态，特蒂要住空气好又安静的乡间，就自己住在城郊汉普斯特德（Hampstead），而约翰生在城里忙于编辑、写作，不便早出晚归，偶尔周末回来看看。特蒂有约翰生教父斯温芬医生的女儿、结婚后的德斯蒙琳斯夫人在身边陪伴，而约翰生此时最好不过的伴友便是萨维奇了。

谈话是他们走到一起的契机。萨维奇这位42岁的著名诗人与29岁编辑部小青年的交谈，令人自然联想到过去，这无疑是早年约翰生与表哥科尼、牧师沃姆的谈话的延续。

萨维奇在当时不仅是位名人，还有很多老关系，他认识著名诗人如理查德·斯蒂尔、艾伦·希尔、詹姆斯·汤姆森、蒲柏、戴维·马利特、泰里科内尔勋爵，还能如数家珍和盘托出他们的人格和逸闻趣事。

这二人彼此理解，形成互补关系。在政治上，同样贫困的生活令他们有共同的政治热情和同情心，欣赏叛逆的思想，支持社会改革。《约翰生的生平和天才》（*Essay on Johnson's Life and Genius*，1792）作者阿瑟·墨菲[①]记录了这样一件事：一次，约翰生与萨维奇绕着格罗夫纳广场漫步直到凌晨4点。他们议论正在变革的世界、被废弃的王子们以及如何建立全新的政府，主张对欧洲十几个国家施加大英法律。言谈兴奋时，二人都热血澎湃，内心充满爱国激情。

两人都是"受虐狂"。有学者认为，约翰生晚年忧郁地折磨自己，其根源是因为他是一位受虐狂，这在他早年就已存在。这个特征在萨维奇身上也表现得很明显，他比任何人都更加自作自受，企图依赖"痛苦"和"失望"来解脱自己。萨维奇曾因在酒吧误伤人致命被判死罪，随后得到国王赦免，从伦敦到乡间生活后，又因欠债被关进监狱，病死在狱中。

鲍斯威尔难以理解约翰生这位"伟人"是如何能与这样一个道德败坏、犯有杀人罪的人同流合污，强调约翰生与萨维奇在一起是他"放纵"自己的时期。霍

[①] 阿瑟·墨菲（Arthur Murphy）与约翰生有密切联系，为鲍斯威尔的写作提供了许多约翰生生平第一手材料。

金斯认同约翰生多少受其影响。后来的传记作者考察没有证据表明约翰生这些年有酗酒或纵欲行为，基本上能保持道德的纯洁。

萨维奇表面上像个绅士一般彬彬有礼，只有了解他的朋友才知道他急躁、傲慢、自私和粗暴。

与萨维奇常在一起的这段时间，霍金斯认为，约翰生养成了其他坏习惯，导致了与特蒂的临时分居。但究其根本原因，经济拮据才是重要因素。在拉丁文学校破产后，他们带到伦敦的钱很快就会用尽。约翰生后来在《年书》提到特蒂在困难时变卖东西，母亲在他童年时买给他的"小银杯"，是他们留下来的唯一身边物。

鲍斯威尔强调约翰生对妻子内疚忏悔，是因与萨维奇交往学坏有关，但又肯定他绝无风流韵事。韦恩把话挑明，把分居的原因直接归咎于彼此年龄差距大，无法满足基本的性生活。从妻子处得不到的爱，代之以陪伴萨维奇来打发日子。

同时，韦恩写的的传记认为，妻子去世后约翰生之所以总是在她忌日内疚忏悔，可能与他后悔不该与特蒂结婚有直接关系。[①]起初他因"面丑"而感激任何亲近他的女人，何况一个愿意与他结婚的女人，但后来他发现误判或低估了自己，认为自己的谈话思想、诚实善良同样能吸引其他异性。在萨维奇离开伦敦不久后，他突然有些厌倦工作，就回到中部家乡并迟迟不返。这让人不免揣测其捉摸不定的心思。作为一个敏感的男性，约翰生很强烈的自我发现和自我否定，足以让他在妻子去世后产生不安情绪，从而以更严格的基督教精神检讨自己。他清楚自己应该爱她，可同时又清楚他不爱，这个处境也是他对母亲陷入感情旋涡难以离弃或忘怀的基本态度。

---

① 韦恩：《约翰生传记》，第106页。

两个政论小册子

与萨维奇夜游大街，争论国家糟糕的现状，批评沃波尔政府无能的那阵子，1739年春，约翰生接连发表《马魔》(*Marmor Norfolciense*，1739)和《为"舞台演出法"辩》(*A Complete Vindication of the Licensers of the Stage*)两个政论小册子（如果萨维奇未参与直接写作，也应该是为他提供了许多思路）。有些人视这些作品是约翰生一生中最大的污点，而他本人并不后悔。他后来对乔治·利特尔顿提及这两个充满了自由的含混思想和强烈激情的小册子。初入世的智慧青年，总会有这样的激情岁月，过后再渐渐冷却下来。约翰生的反叛期虽不长，却留下了他的青春之歌。

《马魔》颇有斯威夫特的风格。斯威夫特是当时散文作家中最雄辩者，很快就成为年轻作者模仿的对象。在写《利利皮特的报告》时，约翰生读过他的《格列佛游记》，脑子里充满斯威夫特式的讽刺，它以寓言故事开篇：有人在大臣沃波尔部长的家乡发现一块怪石，上面刻有古拉丁文预言，那些擅长拍政府马屁的考古学家，越探究解释文字，就越怕伤害政府。这"石头书"中，有一句颇具反叛精神的句子："若国王改变他们的法律，国家就应改变他们的国王。"人们心知肚明，都明白这显然是对汉诺威王室的攻击，作者的立场，难免不与斯图亚特王室的反叛者和雅各拜联系。后来辉格党批评家直接用此短语狠批说这是"该死的雅各拜小书"。韦恩认为，在现在看来，《马魔》已不值一读。澳大利亚新英格兰大学（UNE）文学教授哈迪（J.P.Hardy）在编辑《约翰生政治著作选》(*The Political Writings of Dr. Johnson a selection*，1968)中亦没有收录它。

凯夫不愿刊登具有暴力党派思想倾向的讽刺文，但他为它们找到了更愿冒风险的出版人——约翰·布雷特，他经营报纸《老常识》(*Old Common Sense*)，并在店里卖反对沃波尔政府的小册子，乐意接受《马魔》，并很快安排在5月出版。

面世后，《马魔》立即得到国会反对党派人士的称赞。《老常识》《伦敦杂志》

和《英国政治状态》(*Political State*)都相继发表文章或节选，制造舆情，以提高其销量。据说诗坛宿将蒲柏读过后，说它"非常幽默"。

霍金斯的约翰生传记中说，政府不能容忍这类煽情文字，其立场无疑是公开认可搞王朝复辟活动的雅各拜。马丁的约翰生传记提到，这个50页的小册子，成为攻击沃波尔政府的利器。[1]据说，经调查后，政府发出逮捕令，要捉拿这位匿名作者。为躲避抓捕，约翰生携妻子到兰贝斯沼泽区（Lambeth Marsh）躲藏了起来，直到风声过后才露面。鲍斯威尔后来认为霍金斯的说法没有根据，他查遍档案也没有发现这个"拘捕令"，于是在第二版约翰生传中便把它删除了。

三周后，约翰生又出版小册子《为"舞台演出法"辩》，出版人是舰队街著名书商查尔斯·科贝特（Charles Corbett）。国会通过的"演出法"（1737）一直受到爱国者的抨击，1739年3月，钱伯伦伯爵（Lord Chamberlain）依此法禁演亨利·布鲁克（Henry Brooke）的悲剧《古斯塔夫斯的血迹》（*Gustavus*），引发抗议声潮。这是明显的专制主义，因为禁演，布鲁克只好寄希望于出版剧本，经过征订，获得了1000份读者订单。

约翰生的这个小册子写法独特，作者站在政府立场，通过检查对手的错误，来表明他们真实意图，进而揭示禁演的荒唐。这样的"反戏正唱"法，很有斯威夫特式的反讽意味。

这两篇政论讽刺文可假设是约翰生的反叛高潮的标识，当汤普森伯爵（Lord Thompson）在1740年12月2日在国会上公开批评"演出法"后，[2]这场潮流很快就退却了，政治家发声，作家的"文以载道"的影响便没有那么重要了。

约翰生继续参与国会辩论稿的写作，逐渐意识到政治的复杂性，也意识到一切并非是只有正确与错误那样的非黑即白。1739年6月，《绅士杂志》连载了约瑟夫·特拉普（Joseph Trapp）布道词的删节版，特拉普的出版人控告其侵害了自己的知识产权。但这一时期，法律方面对著作的删节问题并无特别的约束，约翰生帮助凯夫解决了一件棘手的知识产权问题，他在广泛查阅法律条文后，列出31条

---

[1] 马丁：《约翰生：一部传记》，第161页。
[2] 德马利：《约翰生创作生平》，第58页。

理由，肯定《绅士杂志》没有侵犯到什么知识产权，得到法庭方面的支持。经此一事，他进一步研究法律，通过古今对比，越了解法律起源，越尊重英国宪法的权威，也就让他自然逐步减少了反汉诺威政府的偏见，对主权和权威的概念有了深刻的思考。

到了1739年夏初，他不满自己作为作家的状态而变得躁动不安：悲剧未能上演，翻译不是赶不上时间就是版权冲突，一事无成；做记者几乎是无偿写稿。他身陷贫困中。

他给凯夫的一封信中说常常忙到忘记吃饭，而事实上，有时他根本没有吃饭的钱。这也是为何他要与朋友萨维奇一起夜游大街的原因。他对剧作家理查德·坎伯伦（Richard Cumberland，1732—1811）说，他有时一天仅有四个半便士的生活费；有时缺少油灯，夜间无法做事，被迫懒散。自1737年他勇敢地进城以来，虽怀抱希望，却未能成名。

诗人萨维奇准备离开伦敦，靠朋友寄来的资助在威尔士生活，这位长期生活在城里的诗人对农郊生活一无所知，想象从每个树枝上都能听到夜莺歌唱，约翰生嘲笑他"愚昧的想象"，劝他留在城里，用他的写作支持自己。1739年7月，萨维奇饱含热泪与约翰生告别，两人从此再也未能见面。

回乡找工（1739）

仅一个月后，约翰生步萨维奇后尘离开了伦敦。也许是因为凯夫劝他躲避政治风头，也许他已厌恶杂志的琐屑工作，也许是特蒂对伦敦生活的不满意给了他太大压力，总之，他辞去了杂志社的工作。他因未能成为著名剧作家、未能经济独立、未能顺心如意开始自生烦恼，对有固定收入的教师工作又开始心动起来。正巧，在莱斯特郡（Leicestershire）"阿普利（Appleby）语法学校"有个空位，有人建议他去应聘。那里离家乡利奇菲尔德仅12英里，这个岗位对他是个诱惑。

1739年8月，约翰生先独自到中部地区，寻找也许更适合自己生存的职业。他似乎已忘记过去的经历，仍抱一线希望，来到莱斯特郡，做再一次努力，争取小学校长职位。有人积极为他联系。亚当博士咨询牛津能否根据他的诗歌《伦敦》授予他文凭，而牛津没有同意。

缺少正式文凭再次成为他求职的障碍。如果他要当选校长，还必须要有硕士文凭，而他没有足够的荣誉获得这个文凭。有人提示他，通过作家斯威夫特院长的介入，也许他能在都柏林三一学院那里得到文凭。据说诗人蒲柏写信请有名望的中部地区高尔伯爵（Lord Gower）帮助，高尔给他的朋友斯威夫特写推荐信，说他这里有位诗歌《伦敦》的作者受人尊敬，现在慈善学校有空位，想接受他做校长，年薪60英镑，可是他没有学校要求的硕士文凭，建议三一学院授予他文凭，因为约翰生本人不怕严格的考试，他长期做记者，愿冒险尝试，如果院长认为有必要，他甘愿死在报考路上而不是饿死在为书商做翻译的工作中，这项工作是过去唯一支持他生活的能力，然而，他并不成功。这样一份有些生硬、无特色的推荐语，约翰生并不否认它代表了自己的心愿。既然他现在还未能以笔为生，他愿接受挫败，准备好到任何地方应聘。

可是结局一如从前。斯威夫特当时与都柏林三一学院的关系紧张，他甚至可能从未收到推荐信，所以，没有看到他有任何表示。到了年底，主教介入，宣布托马斯·莫尔德（Thomas Mould）为那所学校校长，这位25岁的应聘者不仅有牛津的硕士文凭，还有校董的亲戚关系。这一任职持续了40年，而三一学院在26年后才授予约翰生荣誉博士（1765）的名誉。

约翰生听到消息后十分失望。他还有什么希望？年已三十，尝试过在斯托布里奇（1731）、马基特博斯沃思（1732）和自己办的学校艾迪尔（1735）三地当教师，努力过在纽波特语法学校（1731）、阿什伯恩（1732）、索利哈尔（1735）、布鲁乌德（1736）和阿普利（1739）五地申请小学校长或助教职位，不是因面容就是因缺少大学文凭而被拒之门外。这前后共计8个地方的经历之后，他的教师梦彻底破灭了。这些闯关经历足以让他对教师职业不再抱有任何幻想。然而，在德马利看来，提倡教育包括编词典一直是他终生使命。[1]受应聘失落之伤心太深，他在晚年都不愿多谈这些辛酸经历，甚至当有人无意中提到他是个"校长"时他非常愤怒，令不知他这些心酸经历的人困惑于他一肚子气打从何来。

---

[1] 德马利：《约翰生创作生平》，第35页。

第三章　伦敦

乡间居留

他没有匆忙赶回伦敦，而是让特蒂在伦敦，他自己在乡间懒散了七八个月（1739年8月至1740年4月）。这做法似乎能暗示他们的婚姻紧张到了一个上限。秋季与早冬，他在老同学泰勒家里度过。泰勒结婚后继承了父亲遗产，住在阿什伯恩区的大别墅里，靠近教堂，有路直达镇里，过着一种桃花源式的田园生活，在当地做牧师。约翰生在他的大别墅里住了下来，有吃、有喝、有朋友谈话，感受不到城市生存的窘迫。懒散对有钱人来说是闲适，对约翰生来说则是无所事事。他参与泰勒的朋友圈活动，直接接触德比郡最好的上层社会，仿佛回到从前吸引过他也困惑过他的辉格党社交圈，回到他与表哥科尼在佩德莫和哈格利的快活日子里。

在此期间，他结识了泰勒家的一些邻居，并被他们的特殊生活方式所吸引。这些人都和蔼可亲并有一定的才华，他们比诗人萨维奇少了些狂热，比凯夫少了些生意经，比妻子特蒂更能容忍他的嗜好和幻想。他结识的人有：布雷德利区（Bradley）梅内尔（Meynel）一家人，他们从3英里之外的阿什伯恩前来看朋友，17岁的女儿玛丽给约翰生留下了好印象，她后来与蒂斯顿区（Tissington）威廉·菲茨赫伯特（William Fitzherbert）结婚，约翰生说威廉是个幽默伙伴，为人慷慨大方；阿什伯尼霍尔区布思比（Boothby）一家人；医学世家昌西（Chauncey）一家人，其女儿与汤姆斯·劳伦斯（Dr. Thomas Lawrence）医生结婚，劳伦斯医生后来成为约翰生的朋友和家庭医生。在这一时期他还见过博学却怪异的约翰·肯尼迪博士（Dr. John Kennedy）夫妇，肯尼迪后来出版的 *A complete System of Astronomical Chronology*[①]（1762）由约翰生写致辞。约翰生在晚年时不厌其烦地谈到他所认识的这些朋友，他对同学赫克托说，幸福是人们回首往事而心情舒畅。

[①] 著作名大意为：天文学日历。

希尔小姐和茉莉

约翰生倾心关注的是比自己大一岁的阿什伯尼的希尔·布思比（Hill Boothby）小姐，她是约翰生的父亲在1680年左右认识的一位顾客的孙女，布鲁克斯·布思比爵士的女儿，以虔诚助人而著称，诗人安娜·西沃德很嫉妒她，惊叹她能读希伯来语《圣经》。

牧师兼小说家理查德·格雷夫（R.Grave）在约翰生走后两年住在该地区采风，写小说 *The Spiritual Quixote*[①]，以希尔为原型塑造了塞斯尔（*Sainthill*）小姐的形象，表现其虔诚和敢于挑战世俗的人格风采。

希尔本人以虔诚而非自身的独立而突出。她是玛丽·梅内尔亲密的单身女友，比她大14岁。当玛丽因难产于1753年离世，她主动接手了其六个孩子的抚养。本着对这位散发着智慧魅力的女性一直的好感，约翰生用"最亲爱的夫人""我的最甜蜜的天使"称呼她，直到50岁后妻子特蒂去世（1752），他们都保持着通信联系。有人建议约翰生应考虑与这位比他大一岁的老处女结婚，说者也许是看她与哈格利区利特尔顿爵士（Lord Lyttelton）相好因嫉妒而不太满意。在希尔1756年1月去世前，约翰生于1755年12月30日曾致信问候。有人猜测，若不是她早逝也许约翰生会考虑与她结婚。斯莱尔夫人引约翰生谈话说："她让自己过分虔诚，过分投入热情。她纯洁的思想、优雅的方式，让我和利特尔顿为她争风吃醋。"夫人还进一步说，约翰生在40年后所著带偏见的《利特尔顿传》，流露出妒忌利特尔顿爱恋希尔小姐的情绪，声称"亲爱的希尔"一直在他心中。

在这近八个月的时间里，约翰生回过利奇菲尔德看望母亲和继女露西。母亲依靠忠实的仆人基蒂和继女露西维持着书店的生意，根据诗人安娜·西沃德回忆，

---

① 著作名大意为：堂吉诃德的精神世界。

第三章 伦敦

露西不赞同在市场日去摆摊,以免老人受凉。但是,尽管几个女人在努力,生意还是走了下坡路。根据沃姆牧师存留的账本可以看出,他付给约翰生太太的书钱不多,而付给其他几个书商的却是有规律的大笔支出,这几位女人远不是竞争书商的对手。

在此期间,约翰生会找老朋友,尤其到牧师沃姆家里与他长谈,争议政治和文学的各种问题。沃姆妻子的妹妹茉莉(玛丽)·阿斯顿曾一度让他着迷,如同阿什伯尼的希尔小姐或早年斯托布里奇所见表哥家的侄女奥利维亚·莱昂德(Olivia Lloyd)。茉莉后来与一位船长结了婚,而约翰生一直未忘情。

当时茉莉33岁,约翰生30岁。约翰生对斯莱尔夫人提到,那阵子,他经历了一场"无法度衡的快乐",那是他与茉莉的第一次夜谈,此后有一整年他常常会想到她的甜蜜。他对斯莱尔夫人说,他曾收到过茉莉的几封信;这些信似乎在他最后一批烧毁的材料里。

茉莉是汤姆斯·阿斯顿伯爵的八个女儿之一,她们与利奇菲尔德早有联系。其祖母是奥福利区人,祖母表弟的一个侄子曾在利奇菲尔德学校读书,后就读于约翰生的艾迪尔拉丁文学校,并与大卫·加里克成为知心朋友。

约翰生见过她们几个姐妹,尤其把茉莉看作偶像。她高个儿,有双闪亮动人的眼睛,读书广泛,能言善辩,男人有些怕她,而约翰生却没有任何畏惧。

约翰生看茉莉的美丽,更多的是用心而非用眼,因为他的眼睛几乎失明。诗人安娜·西沃德认为,她美丽却傲慢。约翰生对斯莱尔夫人提到,女人从不喜欢她,因为她善言且机智。在韦恩看来,她有着雅典女神帕拉斯一样挺直的身躯和高昂的头[①]。

从约翰生的观点看,茉莉同沃姆一样,是个完全的辉格党人。茉莉兴趣广泛,有一次,她要求解释经济问题,让约翰生和卡门斯伯爵(Lord Kames)颇感困惑。她批评蒲柏,视格雷为下品诗人,约翰生从未忘记,在晚年写《诗人传》时直接引用她了的看法。[②]

茉莉也写诗文,她还有手稿保存在牛津的饱蠹图书馆。

---

① 韦恩:《约翰生传记》,第96页。
② 克里福德:《青年约翰生》,第229页。

约翰生待在中部迟迟不回伦敦,在各地的朋友家来回走动,似乎心情舒畅,在沃姆家见到倾心的茉莉小姐,更能把一切忘乎所以。若韦恩的"悔婚"说[①]成立,这应是他不想回伦敦的原因。

寒冬

1740年1月,伦敦遭遇寒冷天气,泰晤士河冻结,大街上有人冻死,到处都有募捐活动。中部地区同样遭遇着不寻常的寒冷。雪从新年第一天开始一直下到三月份。这期间,伦敦传来的两个消息惊动了约翰生有些麻木的神经:一个是他妻子摔断了腿,另一个是大卫·加里克的剧本获得上演的消息。1月31日,他给妻子写信寄到伦敦卡文迪什广场城堡街克劳太太(Mrs. Crow)收转,请她去找最好的医生治疗,不要考虑钱,并答应下周多寄些。

克里福德判断,这是自前一年夏天离开伦敦后他第一次给妻子写信,信写得模棱两可,加上长期分开,多少表明了霍金斯所说的"两人关系紧张"。

约翰生似乎未意识到或不介意妻子的不满。当斯莱尔夫人问他特蒂是否妒忌他对茉莉小姐公开的爱,他回答说:"她确有妒忌。有时,我也任由她戏弄我。有一天,我们两三个人在乡间,碰到一个吉卜赛女人,她让那女人看了看我的手掌,但很快后悔,因为吉卜赛女人说:'先生,你的心已在特蒂和茉莉之间分离,特蒂最爱你,但你对茉莉的陪伴最满意。'当我转身大笑时,看到我的妻子在哭泣。"韦恩说这"乡间"在哪不清楚,也许是伦敦郊外。尽管约翰生本人感到吉卜赛女人的话不可信,可这个偶然的说法,却能直接打破特蒂的外表宁静,让她意识到20岁的年龄差距足可让她感到内心不安。

关于约翰生与茉莉之间关系的一些说法,诺克斯对主要来源于斯莱尔夫人或约翰生本人记忆的准确性有些质疑。这是感情的事,难以说准确。不过,诺克斯有理由对特蒂这期间没有留下任何通信持极怀疑态度,后人对约翰生与特蒂重要

---

① 韦恩:《约翰生传记》,第106页。

而不透明的关系，只能从约翰生几乎没有留存他与她的通信这个行为来猜测。

约翰生懒散地待在乡间的一个较合理说法是来筹集生活费用。他要得到当校长的稳定收入已经无望，他需要现金为伦敦的妻子和自己支付日常生活开销。母亲书店并无多余的收入，只有父亲留下的房子可用来抵押。

1月31日，在家族故交西奥菲勒特·利维特（Theophilius Levett）干预下，镇里公务员通知他和母亲房子可抵押，以4.5%的年利息付给他们80英镑的抵押金。考虑到约翰生已31岁，一年半了没有收入，贝特认为抵押是因为约翰生的急切需求。这不仅降低了他的自尊，还给母亲留下了债务，这可能留下了母子关系不和谐的芥蒂。

约翰生立即给特蒂写信，先寄了一几尼并要求找最好医生看病，几天后，又把分得的20英镑寄去。

他期待另一个的资金来源。

此前因不善于与人打交道，尤其是遇上滑头的剧场中介经理弗利特伍德，约翰生虽协商过悲剧《艾琳》的演出，终无结果。凯夫写给伯奇的信中直言自己和约翰生都不适宜与剧场人打交道，这是说悲剧不能顺利演出约翰生也有责任。但这回，大卫的剧将要上演，他觉得自己的学生成功地进军演艺界，那么《艾琳》将会有人爱了。

又到伦敦

约翰生意识到没有文凭就无法拥有正规职业，即使要做一个剧作家或诗人，没有赞助人或其他支持也难以生存。1740年春他返回伦敦，继续在凯夫的杂志社做临时工，一头扎在写作和编辑工作中，直到22年后才重返故乡（1762）。

因没有固定收入，与太太相处不和谐，他只好常去圣·约翰门参与讨论杂志的编辑计划，为最后交稿日赶写稿件。没事时，他就到小酒馆和咖啡店参与谈话聊天。这是个消耗时间的好地方，每天可取暖，找吃的、用的或看看报纸新闻，只需花费几便士，经济又实惠。约翰生后来甚至大半夜都在外面度过，小酒馆不是家胜似家。

在伦敦格拉布街一直有个流行说法：如果丁班巷（Tin Pan Alley）为音乐区，那么格拉布街就是文学区。根据韦恩的说法，在约翰生时代，邻近的莫菲尔区（Moorfields）才是文人居住之地。[①]不过，《格拉布街杂志》的出版表明此地文人区的代表性为大家普遍接受。确实，那里有许多印刷厂和书商，他们为业务方便聚集在一起，自然招致文人、写手们到此交谈买卖书稿。蒲柏的《群愚史诗》以此为背景，叙述格拉布街文人的状态：他们如何丧失理智和良知，又如何理想幻灭；他们的庸俗文学观与伦敦的金钱观、宫廷王室的堕落腐败融为一体，产生愚昧无知的可怕后果。

比较而言，约翰生与蒲柏的生活处境不同，视角也不同。

约翰生虽从未居住在格拉布街，却通过接触谈话、酒馆聊天，分享这些文人的生活和经历，与蒲柏从街边上看文人而发出讽刺的语调不同，他更多地在其中，设身处地同情这些文人，不愿从道德方面评价他们。

晚年生活有保障后，约翰生很少谈及自己的私生活，却总是爱讲他所认识的这些文人的命运多舛，更强调没有任何聪明人胆敢说"要是处在萨维奇的境遇，我一定会比萨维奇生活或写作得更好"。

自英国1688年光荣革命之后，文人得到一定的尊重和重用。诗人艾迪生、尼古拉斯·罗伊、斯威夫特、格雷、马修·普莱尔这代人都得到了较好名望和待遇。当议会代表制朝民主方向迈进后，文人不再成为政府权力的一部分，各类职业政治家替代他们发声而发挥作用，传统"文以载道"的政治力量，现在更多的是借国会代表人来直接诉求，靠立法实现，政府还会支付文人写宣传文件及广告的费用。

这些"为党派征订"的书稿，按约翰生的看法，已不再是真正意义上的创作。不过，因为党派之争，文人难免要选边站，倾向一方，靠党派的赞助生存。那些思想自由独立仅考虑文艺性的小说家、传记作家、批评家、翻译家和杂文家，不可避免地被边缘化，处在不确定的生活状态中，那些慷慨的赞助人只会支持那些已有名望的或倾向性鲜明的作者。

---

① 韦恩：《约翰生传记》，第102页。

第三章 伦敦

幸运的是，工业革命和印刷技术让出版的成本降低而发行速度加快，打破僵局，形成了"作者、出版者和读者"的三角联系纽带，特别是到了19世纪已构成一个相对稳定的文学中产阶级。约翰生并未生活在这三角密切联系的时代，他的大部分写作，应是受委托或拿佣金，被雇用或为某个书商服务，接受他们的建议和协议价格。

韦恩认为，这时的约翰生虽已离开赞助人一两步了，但他却未完全同后来那些独立作家一样。此时他们的书真如同小舟一般，被抛向大众的海洋中，波澜起伏，无法预知是会沉没还是满载而归。这是我们应理解的约翰生的写作时代和处境。

约翰生的才华和能力通过为各种书商写作渐渐显露出来，使他比许多挣扎于贫困中的文人处境要好些，而且后来他还得到了王室发放的养老金。

约翰生说凯夫买作者的诗歌稿以"百行"来计算，并希望长过百行，越长越好（比按一行付费能省钱）。不过凯夫还算慷慨。韦恩提到，一个名叫夏纳（Gardner）的书商十分苛刻，他雇用两位作者[罗特和克里斯托弗·斯马特（Rolt and Christopher Smart）]为月刊写杂文，支付六便士，并约定若月刊盈利他们可分得利润的三分之一，两人在合同期间不能发表其他文字，只能为他的月刊服务。①

史学家麦考利（Macaulay）的文章提到这些可怜的格拉布街的文人的状况："夏天睡大厅地板而冬天靠玻璃房旁炭灰取暖。"若早生在1730年以前，他们能与贵族一起建俱乐部，如基卡特俱乐部（Kitcat，1705）、斯克赖伯鲁斯俱乐部（Scriblerus，1713），参与政治联盟并有机会当个作家兼议员；若生在1850年前后，他们从伦敦阿尔比马尔街（Albemarle）的出版商和佩特诺斯特（Paternoster）的图书贸易中心，几乎根本看不到一丝慷慨的希望。两头宽松，中间苛刻，而这中间正是约翰生时代文人挣扎的实际生活。

时代对作家越来越苛刻，他们早就是"适者生存"时代的先驱群体。奥利弗·戈尔德史密斯的痛苦经历，让他感慨："人们用作家的智慧责备他们的生活，却让他们没有别的方式活着。"

另一个值得注意现象是，受启蒙运动和教育普及影响，当时的社会正处在一

---

① 韦恩：《约翰生传记》，第101页。

个从贵族写作到大众写作的转型期。约翰生称之为"作者的时代"。写手的大量涌现,实与出版执照法的改革有关。在1695年出版执照法过期前,伦敦仅有20家主要出版社,不足200人从事出版印刷业。之后,新修订出版执照法,虽仍有审查和税收管控,但出版业不再受严控,提倡竞争,出现百花齐放的繁荣昌盛景象。

废除旧的执照法后,虽仍有赞助人支持出版(1755年后),但印刷工业的技术革新和出版人的销售经营方式,以及大众读者尤其家庭女性参与阅读、写作这些因素,使英国成为世界充满自由和活力的出版商业和贸易中心。

18世纪50年代,突出的出版企业家有:印刷学徒工起家的塞缪尔·理查得森(Samuel Richardson,1689—1761,他不仅写出影响力巨大的书信体小说《克拉丽莎》(*Clarissa*,1747—1749),还创办了九个出版社,雇用40位编辑记者,成为伦敦出版业巨商;威廉·斯特汉(William Strahan)是国王出版社总经理(1770),拥有超过400种书的版权,经营着伦敦最大的印刷厂,他本人还当选国会议员。约翰生的作品出版正是得益于这些出版人。

在鲍斯威尔介入过一个法庭案件后,据新的执照法(1709),废除书商拥有永久版权(1774),虽明确规定书商拥有旧书21年和新书14年的有效版权,但是在实际操作中,出版人或书商一旦买下作者的书稿,便同时拥有了其永久版权,作者、印刷工以及运输工人的收入,均取决于书商老板的一口报价。

约翰生本可以借出生于书商之家的优势,借快速发展的出版业致富,可是,他没有这方面的经商头脑,他知道自己能做什么,既无兴趣于跑工厂四处奔波卖书这些体力活,还对胡乱写传记博取眼球的作者十分反感。这些观念决定他要走自己的路,虽知其艰辛却义无反顾,安稳坐下来写作。

当写作成为谋生手段时,就难区分帮闲文人与独立作家了。同是为钱写作,有人目光短浅、见利忘义,只要给钱,他的笔可卖给任何题目。这种眼中只有钱的格局,也限制了能力的发展,很多人沦为写手,而有人发挥自己的才能,寻找机会,力图写出真实的文学,跳出写手水准。

起初,约翰生愿意为了微薄稿酬做编辑、搞摘要和写书评、专论、祷告词、前言、题词、简介等各种工作,但他的内心一直坚持高标准,始终保持文学尊严,并不迎合或一味去满足流行的趣味。

从1740年起到1746年开始编辑词典前的这几年,约翰生几乎什么都写,写了多少文章后人已无法分辨，只能从一些重要的任务去了解。贝特统计说从1736年到1755年词典出版前，约翰生写了225篇文章，其中30篇政论、80篇文学批评、13篇传记、37首诗歌。书商约翰·尼克尔斯（John Nichols，1745—1826）说，约翰生常常同时为《绅士杂志》写三个专栏，花费只要一小时，若按每个专栏600个单词算，他一分钟要写30个单词。[1]

格拉布街的文人

18世纪40年代初期，约翰生很熟悉格拉布街文人圈里的古怪杰才，他们中有波希米亚诗人、不切实际的空想家、改造好的冒名顶替作家、热心的发明家、醉汉，还有严肃的职员、作家。他们共同的兴趣是写作，以不同的方式参与凯夫的文学杂志社及周边其他出版社的工作。

其中最有性格色彩的人物要数塞缪尔·博伊思（Samuel Boyse）和乔治·柏萨曼纳茨尔（George Psalmanazar）。

博伊思是位即兴诗人，虽有艺术天分，能翻译法文和荷兰文，却行为怪癖，总是欠债，甚至用不光彩的方式筹款。他对自己也对他人的事满不在乎。为了活着，他依赖当铺，常把翻译好的稿件当掉让老板无奈地自己去赎回，还常常连衣服都当掉使自己处于无衣蔽体的地步。约翰生尽己之力给他些帮助，有一次凑了六个便士帮他赎回衣服。这笔钱对约翰生本人来说已不是个小数。但没料到过两三天后，他又把衣物拿去典当，约翰生再来时，见他坐在床前，身裹毯子，双手从毛毯剪开的两个洞里伸出正在写作。约翰生并不比他富有，他哀叹这个诗歌、音乐、绘画天才本不该是如此命运，所以同情他。

老诗人乔治·柏萨曼纳茨尔年轻时曾假扮中国台湾人出版了一本他自己瞎编的所谓"台湾见闻"的书行骗被识破，晚年行为规矩，成为一个虔诚的信徒。约

---

[1] 贝特：《约翰生传》，第205～206页。

翰生认识他时他已是年迈老人，钦佩他的博学多才和虔诚，甚至在斯莱尔夫人问起谁是他认识的最好的人时，约翰生脱口就说是萨曼纳茨尔，他的美德超出那些活着的圣徒。

在老街的文人里，约翰生还认识其他一些朋友。好斗的贵格派、商人汤姆·卡明（Tom Cumming）是另一个他早年认识的朋友，他们一直保持着友谊。

约翰·霍金斯是个勤奋好学的上进青年，他早有人生计划，从事法律事务。他爱好音乐，为报刊写这一方面的文章。他很早就成为约翰生组织的常春藤巷（Ivy Lane）俱乐部（1749）成员。他节省吝啬，不交俱乐部的餐费，约翰生评价他是个"不善于社交的人"。与富家女结婚（1753）后，霍金斯把钱用于大量收集音乐书籍上，写《音乐史》（五卷，1776），不过很不走运，被音乐家伯尼那部经典的《音乐史》（四卷，1776—1789）盖住，而他最早编《约翰生文集》并撰写的《约翰生传》（1787），汇集了约翰生早年和中年时期极富珍贵价值的材料，也终被淹没在鲍斯威尔写的约翰生传记中。他是约翰生遗嘱执行人。

来自牛津大学的诗人威廉·科林斯（William Collins）认识约翰生时23岁，是一个满脑子想文学创新的文艺青年，口袋却无分文，喜欢空谈，计划一个接一个，却从未实现。他上大学时就给杂志投稿。之后受刺激，导致患精神病。他要写学术史、写几个悲剧的计划，到最后仅是写了几篇稍有价值的颂诗。约翰生为这位朋友写了既惋惜又富有同情心的诗人传。

约翰生自己也是格拉布街的文人之一，他"怒其不争，哀其不幸"，担心自己精神崩溃的情绪从他1763年描写科林斯的抑郁症的笔端流露出来："受大脑抑郁煎熬痛苦许多年，束缚其能力却未摧毁它们，留下理性有用的知识却没有完成任务的精力。"真乃有心无力，苦不堪言。

与这些三教九流的文人学士在一起，约翰生感到"一张小酒馆的座椅，就是人生欢乐的王座"，只要一踏进酒馆的门，便忘了所有的关注和忧虑，坐下来一杯下酒肚，他们无所不谈。"当与那些我最喜欢的人交流思想时，我的独断被人顶撞。在这些观点和情绪的冲突中，我得到快乐。"

当年约翰生喜欢在文人杰克·埃利斯（Jack Ellis）的饭桌上谈话。鲍斯威尔找到埃利斯了解情况时，埃利斯已93岁（1790）。

约翰生还曾帮助朋友设法摆脱诈骗案。发明家刘易斯·保罗（Lewis Paul）与约翰·瓦特（John Wyatt）发明了世界上第一台滚筒纺织机，推动了英国纺织品工业的发展。瓦特动手能力强，保罗理论基础好且能言善辩，成为出色的推销员，他推出投资发财的狂热计划欺骗了很多人，包括一些有名望的人士，如约翰生朋友托马斯·沃伦教授和罗伯特·詹姆斯医师，连一向谨慎的凯夫也给他们投资了250英镑，以帮助公司获得纺织厂主轴车间的生产执照。

约翰生此时能接触到的上层达官贵人不多，也谈不上对富有和权威的贵族敬而远之。通过伯奇和凯夫，约翰生认识了有些疯狂的政治家奥里伯爵，他是斯威夫特的朋友，后来出版过斯威夫特的传记。有天他邀请约翰生到他家，约翰生很高兴地接受了。当有人问起这件事时，约翰生说："我从未找他，是他请我上门的。"①鲍斯威尔把若干年后约翰生成为名人的心态、回忆的自负口气，用以阐释约翰生当时就蔑视权贵鄙视权威，多少有些提前就位了。

在各种生存方式的人群中，约翰生敬仰那些值得他尊重和赶超的人，而十分蔑视甚至厌恶的是这样一类人——他们一旦获得成功便抛弃老朋友，仅想到生活最终该补偿给他的名誉，并且不顾一切。约翰生总是提醒人们要感恩一切，成功仅是一种幸运而已。

大卫·加里克的成功

1740年4月15日，大卫·加里克初露头角，他写的喜剧《忘川》（*Letbe: or Aesop in the Shades*）首演，在许多老演员的主演下，获得广泛好评。

约翰生自然不会放过观看的机会，从家乡赶回来，为首演写了开场白，称赞《忘川》以幽默形式表现出真实的生活，提升观众的欢乐情绪。

大卫·加里克终于实现了自己进军演艺界的梦想。他到伦敦后，并未完成学业，便与哥哥彼特经营卖酒生意，表面上投入经营，心里装的还是戏剧艺术，常到剧场与演员交往，到咖啡店与导演谈剧本。他有时也会到《绅士杂志》社看老

---

① 沃默斯利：《约翰生传》注释本，1778年，第693页。

师约翰生，顺便给编辑们来个即兴表演以活跃气氛。凯夫很乐意接受他并随即发表他写的文章和戏剧开场白。

因喜剧剧本得到演出并获好评，大卫与剧团联系更密切。这年夏季（1740），他获得机会在阿芙拉·贝恩（Aphra Behn，1640—1689）的喜剧 *Oroonoko*①（1688）中争取到一个小配角。第二年秋，大卫与名演员亨利·吉法德（Henry Giffard）的友好关系得以发展并得到其支持，终于成为一个职业演员。起初他仅是在吉法德的剧团巡演中跑龙套。那时候，受政府演出法（1737）限制，剧团要获得演出执照十分困难，吉法德便钻空子，在一个叫古曼区音乐会上刊登广告，为观众提供免费演出。

1741年10月19日，大卫第一次饰演理查德三世，立即获得好评，一夜成名，被称之为英国戏剧舞台的"年轻的雄狮""戏剧界的牛顿"。这为他未来演出的成功奠定了基础。

泰勒告诉鲍斯威尔说，有一次他到伦敦与约翰生一起看演出，演出后，他和吉法德、大卫·加里克、约翰生一起到小酒馆庆贺，约翰生批评两位演员连台词都没有念好，两人不服气，结果他们读了一句台词，约翰生马上纠正了他们错误，很得意地庆贺自己的胜利。

在下一个演出季，大卫·加里克加盟德鲁莱恩剧场，年收入达到500英镑。约翰生因与他的关系常去剧场，并与那里许多男女演员相处和谐，尤其对演员吉特·克莱夫（Kitty Clive）有很高评价。这一切多少唤起了约翰生已破灭的梦想，刺激他要成为剧作家。1742年8月，他表示要写一部瑞典国王查理十二的剧本，但是终未能写出。

约翰生与大卫·加里克的师生关系，外人看来是紧张的，尤其他常常不分场合的率直批评，非常伤大卫·加里克的心。根据韦恩的分析，约翰生妒忌学生，因为他觉得大卫·加里克没有自己那样努力，也没有对人类贡献多大的智慧和财富，仅靠演戏便大红大紫。至于大卫·加里克个人的欢乐生活，也是生活单调的约翰生所不理解的。作为老师，他会对这个弟子冷嘲热讽，甚至视其为私有物。但俱乐部的人也都知道，他有特权可以严厉对待这个弟子，却从不允许弟子被其

---

① 著作名直译为：奥罗诺克。

他人苛责，护犊心切。大卫·加里克也理解老师，一旦接管了剧场，必会想到老师那本被压抑太久的悲剧，无论如何都会安排它顺利演出——虽然那是多年后他成为剧场经理的事。

虽免不了有磕碰，一路走来，两人保持了良好的师生关系。

为《绅士杂志》写人物传记

1740年5月，约翰生除参与修改格思里所写的国会辩论稿之外，开始把大部分时间投入到《绅士杂志》的编辑与写稿。

杂志总要适合大众对政治时事关心的需要，提供信息评论。在未全面接手写国会辩论前，约翰生参与写与时评有关的文章，如评法国译者克鲁萨对蒲柏《人论》的翻译，翻译法国作者论述女性军阀的文章"Dissertation on the Amazons"[①]，抨击对手对凯夫杂志的攻击。他还为出版商威尔科特斯摘要翻译无名氏的《波斯湾历史》。威尔科特斯在约翰生和大卫·加里克当年初到伦敦时曾借给约翰生5英镑，所以虽他们仅有这一次合作，但约翰生称威尔科特斯是他"最好的朋友"。

约翰生这时期的主要任务是写专栏介绍名人的故事。德马利在约翰生的传记中设"早年传记"一章，与他晚年的《诗人传》互为对照。1738年至1744年，他写过九个人物传记。牧师、医生、律师在18世纪被称为三大"职业袍"，他们多写作著书影响社会，约翰生所选人物偏重于此三大类。

最早，他从法文和拉丁文原著摘要编写过神父萨皮的小传（1738）和介绍荷兰植物学家和著名医生博尔哈维的小传（1739）。约翰生拥有几本博尔哈维的书，不仅因自己有病接受其医学建议，而且认可其思想上提倡"实验方法"，反对哲学家的幻想架构体系，对博尔哈维的坚韧品质予以肯定。因此，德马利认同"博尔哈维影响了约翰生的词典和其他重要作品"的看法。

1740年春，英国对西班牙战争进入高潮，全民爱国热情高涨。这次英国与西

---

① 文章名大意为：评亚马逊。

班牙宣战（1739—1748），据说是因几年前英国商船船长罗伯特·詹金斯（Robert Jenkins）的左耳朵被割（1731）引发的。起初沃波尔政府反应迟钝，未敢行动，反对党却乘机提倡宣传民族英雄主义，鼓舞民众的爱国热情。凯夫和约翰生都看到了宣传价值，决定以英雄的故事，来激励民族意志。

约翰生编写了英国将军罗伯特·布莱克（Blacke，1740）的传记，这应是从1704年出版的一本无名氏的书，或在一本人名辞典里，在同事托马斯·伯奇写的枯燥的文字介绍的基础上，增加其他的材料加工整理出来的，这则小传记在杂志上以七个版面发行，后印成15页的单行本小册子。约翰生的介绍虽点明主旨，提升国家的荣耀，但强调他不是要把过去与现在的将军做平行的比较。

接下来，他介绍伊丽莎白一世时代（1558—1603）的航海英雄弗兰西·德雷克（Francis Drake，1740），刊登在《绅士杂志》当年8、9、10、12及次年的1月号刊上。他参考其他书籍的材料，却从没去做第一手材料的研究。这几乎是他这一系列传记的一个特点。

在介绍了两位将军之后，他又集中介绍著名学者和医生，其中有法国植物学家刘易斯·莫林博士（Dr. Lewis Morin，1741）、莱顿大学历史教授和诗人彼特·伯曼》（Peter Burman，1742）、英国观察医学奠基人托马斯·西德纳姆博士（Thomas Sydenham，1742）

虽未亲自翻阅档案，但并不意味约翰生会忽视细节的准确性。他为杂志写文章，虽无须如研究员那样认真，可发现错误后，他愿意更正。当约翰·菲利普·巴拉蒂尔（John Philip Baretier or Baratier）去世（1740年11月）后，他以凯夫提供的其父亲的几封信，反驳他人对其污名化，写出对其道德评价的评传，很快，这篇评价德国19岁天才少年的《巴拉蒂尔》就刊登在杂志上（从1740年末到1741年初）。之后他继续提供"补充叙述"。当看到詹姆斯·罗伯特出版的《巴拉蒂尔》单行本（1744，售价六便士），他又把新发现的史料加入其介绍中，生怕读者漏掉。[①]这表明一个学者十足的求全意识。如果说他没有发现什么传记的技巧或创造一种写作的范式，但是他评估事实的斟酌态度、质疑精神和他思考过程的坦诚直率却是十分鲜明的。恰恰又正是因为这种主观臆断和个人经历验证，使得他写的

---

① 克里福德：《青年约翰生》，第252页。

这些小传，让事实的客观性更明晰地呈现了出来。如写巴拉蒂尔的童年生活，他删减了许多确认其9岁掌握了五种语言的详细叙述，不愿要求其他人相信连自己都怀疑的一些所谓"事实"。他毫不讳言地说："我的不轻信，也许来自偏见而不是理性。"对名人传里的虚假谣言被接受为"历史事实"，他十分反感，诺克斯认为，他对那些流行人物传记有自己确定的规则，首要的规则就是："我相信吗？"[①]

约翰生主张，基于英雄也都是人这个基本事实，他希望对他们的称赞和责备应持公正的态度，如伟大、智慧和勇敢的大将军布莱克也曾因他的不抵抗遭到绝望的商人的唾骂。

约翰生写传重视人之个性。蒲柏曾说，最恰当的人类研究对象就是人。在一个怀疑主义流行的时代，每天的日常生活比不确定的来世欢乐更为重要。是人的常识而非其他替代物或超级水平，更能让人信服自己活在当下。这也是为何人们对传记文学有要求且兴趣不衰而日益增长的根本原因。

出版人埃德蒙·科尔（Edmund Curll，1675—1747）以出版人物传记发家，很快成为大富豪。1705—1708年，他出版了50多本人物传，专注名人的不雅故事和无诚信的个人生活逸事，受到蒲柏的严厉批评。约翰生了解这段历史，也就格外注意要写全面的人，对流传的逸事保持疑问。他强调："质疑是研究历史者的必备素质。"

1744年，约翰生的《萨维奇传》出版，传记写作似告一段落。

除传记写作，约翰生还在《绅士杂志》发表了一部分拉丁文诗歌和散文（1740年）。这些散文，德马利概述有"摘要"（关于君主制、关于爱尔兰卖羊毛给法国及消费税、关于亚马逊河）、评女公爵夫人马尔巴勒的回忆录、论墓志铭写作（1740年9月）和部分书翻译片段，后来还有外国书评（1741—1742）。

---

① 诺克斯：《约翰生一生》，第95页。

国会辩论（1741）

在公共事务和敏感的政治问题方面，约翰生不仅兴趣浓厚，而且出手不凡，搅动了政界，留下了口碑。

此前的国会报告稿主要由杂志社同事格思里撰写，作为编辑的约翰生只在格思里和其他助手所写文章上做些改动和调整，或加强句法、语气。1740年11月，格思里停止写作。

1741年2月，国会传出对沃波尔政府罢免的争议引起民众好奇。为报告国会情况，凯夫需要一个有更强能力的作者去写报道。约翰生既有渊博的古典文化知识，又懂拉丁文、希腊文、法文和意大利文，不仅能胜任，而且他需要这份稍微固定的工作来养家。

从1741年夏，他开始直接负责撰写报道两院"国会辩论"的文章。他写国会辩论报告稿总字数超过了50万，共计27篇，从1741年7月起开始在《绅士杂志》连载54期，持续到1744年春。上议院2月13日的讨论报告通常要等近半年后才登载在杂志的7月刊上，到8月后，他要报道下议院通过法律草案的讨论，这之后，要到第二年的年初开会。在整三年的时间里，约翰生如此错开报道上下两院的辩论情况。尽管报道出现在国会议员实际辩论后的几个月，约翰生的稿件还是能匆忙赶上最后的截稿日期，这是他与拖延习惯斗争的一种应急方式。

根据书商约翰·尼科尔斯观察，约翰生这一时期负责为杂志的三个专栏写稿，都在短时间内完成。他曾一天为两个专栏写过超过10版的文章，通常午后开始工作，傍晚就能结束。霍金斯描述，约翰生把自己关在编辑室，不受任何人干扰，尽可能快写，完成后马上出门。

他从未实际参加两院的辩论，也未与政治家见面访问，那么，这些看起来有声有色的报告是如何写成的，也就令人揣测不已并叹服。墨菲在自己写的约翰生传记中引约翰生的话说，这是"创作"而非"报道"。他的朋友尼科尔斯肯定地说，他常依据很少量的信息，更经常是凭阅读想象来"虚构"。

约翰生曾告诉鲍斯威尔，他有关国会辩论的所有的材料，就是几个发言人的名字，辩论内容是他想象出来的。现代学者对比档案留下的议员发言，不难看出约翰生的"国会辩论"是文学的创作。问题是他写得像那么一回事，极为传神。因为他能把握住演讲人的个性，如：卡特利特（Carteret）脾气暴躁，演讲有说服力，爱引用拉丁文；切斯特菲尔德伯爵机智且嘲讽；利特尔顿呆板和讲究形式；皮特鲁莽却雄辩。除政治家外，德马利认为，约翰生有关作家威廉·库利（William Cooley）的生动描写，为捍卫出版自由，他拒绝向政府审查部门交出出版者名单。①

克里福德另有看法，认为约翰生让这些个性人物的表演并不十分成功。约翰生主要是借这个机会，强调自己的主要兴趣，讨论他所关心的话题，如人民的权力、代表制政府、个人自由的基本问题和公民道德。马丁也否认约翰生聚焦人物个性，因为他并不在乎地方口音，主要感兴趣于争论的问题和理性的思考，原话是谁说的对他来说并不重要。

法国政治家和作家伏尔泰看过这些辩论文，赞叹"这是古希腊和罗马的辩论在英国议会的复兴"。他指的是什么，是议会里个人发言的魅力还是问题的深刻或是两者兼顾，不得而知，不过他对"国会辩论"一词的判断，值得综合或平衡地来思考。如果说约翰生写的不是人物个性的，那也是借这个园地，讨论时代的政治和道德等诸多问题，设想国会其他人如何赞成或反对。

回看约翰生的辩论报告会发现，这些文章几乎都是针对问题而非党争的见解，虽可见其圆滑的写作技巧，但又能达到一种平衡。

做记者的经历加强了约翰生对任何现成容易解决问题的方案的怀疑，这教给他正确不总是在一个方面而是要看全面或双方立场，检验所有的思想看法，否则，即使一个正确的声音不惜以一切代价去压制不同的思考本身也是危险的。德马利概括这些为约翰生在构建"政治科学"——一种人类本性的科学，如约翰生评皮特："这是一个确立的信条：先生，时间可以确证人们的思想观念，虚假的日渐微弱，而真实的人心所向。"

---

① 德马利：《约翰生创作生平》，第59页。

《绅士杂志》因刊出这些颇有看头的雄辩文字，销售量激增了50%。据霍金斯说，凯夫买了一辆马车和两匹老马，个人财富明显增加了。贝特认为，这些约翰生在31～34岁写出的"国会辩论"，是整个新闻史上最非凡的壮举。这些模仿皮特、沃波尔、切斯菲尔德的演讲词在约翰生去世后继续出现并被收入《世界最佳演说家文集》（1899）。

这些尽人皆知的"国会辩论"，因约翰生留下一句"辉格党的狗不会有这些最好发言"而失去平衡，后来有人据此认为他持"顽固、反革命偏见"。考虑他写《伦敦》、写政治文章，会站在"爱国者"的立场去批判沃波尔，韦恩强调，正相反，约翰生对沃波尔强烈为自己辩护的发言（1741年2月13日）评价颇高，如此出色的雄辩，直到到近代的丘吉尔（Sir Winston Churchill）首相才再次被看到。[①]

到了1744年3月，约翰生却突然停笔了，其中原因引发同时代人的各种猜测。鲍斯威尔和霍金斯都暗示，因内心有某种愧疚感，约翰生不愿再写下去了，他最终发现这些"虚构"竟被当成真事，不想再进行这类无必要的虚假渲染。这仅是他的个人主观意识，实际情况是，到1744年，人们对国会辩论的热情已开始大为减弱。一旦沃波尔内阁倒台的争议消失，社会并没有什么根本性的改变，读者自会厌倦同样的问题一再重复。

约翰生最后的国会辩论文刊登在《绅士杂志》1744年3月号上，隔了几期后，年轻编辑约翰·霍克斯沃思（John Hawkesworth，1715—1773）接替约翰生写了下去，但没多久这个论题就全面停写了。

另一个收笔的理由是，约翰生此前已开始接受为其他书商工作，不希望将自己捆绑在固定的月刊上。他要为实现做一个独立的作家的愿望再努力。

人们困惑，既然《伦敦》一鸣惊人，为何他不再写长诗呢？马丁认为，有三个都属于其个人的原因值得考虑：一是他难集中精力，转变需要极大的动力；二是他没时间，忙于写杂稿，三是他懒散，抑郁症导致他情绪不稳且多变。

在凯夫的杂志社忙碌期间，他每期写作20多页，年平均收入约100英镑。更重要的是，通过在杂志社的工作，他与很多文人和书商建立了广泛的社交联系。

---

① 韦恩：《约翰生传记》，第91页。

第三章　伦敦

参与编《医学词典》

约翰生此时与《绅士杂志》没有直接关系的第一份工作，应是参与编写《医学词典》条目（1741—1742）。这是罗伯特·詹姆斯医生的大计划。二人都曾是牧师沃姆客厅的朋友，虽不算意气相投，在伦敦还是彼此见面，甚至加入协商刘易斯·保罗的纺织机器投资问题。1777年，在斯莱尔夫人家，约翰生对鲍斯威尔这位未来的传记作者说，除亚当博士和赫克托医生外，詹姆斯医生最了解他早年的经历。

罗伯特·詹姆斯在牛津和剑桥相继获得学士（1726）、硕士（1728）学位后，先是到中部地区行医几年后才回到伦敦。18世纪，医药治病如同买彩票，没有医学杂志，没有同行的学术交流，没有治疗效果的检测，许多药粉仅是赚钱的秘方，利益让竞争者做有利于自己的评估，缺乏科学知识的普及。流行千年的放血仍是主要外科的手术方式，据说正是这种放血疗法直接导致了美国华盛顿总统的去世。现在回顾历史，西医在300年前有多么落后，而虽兴起于西方而集世界科学知识大成的现代医学又有多么进步。詹姆斯医生主观上虽为挣钱，搞实验、造药粉、写论文、编词典，但这些做法在客观上推进了传统西医向现代医学（非东方人习惯称的"西医"）的进步，它同约翰生所从事的文化事业一样，都是那个时代思想启蒙运动的一部分。

约翰生应邀为这部医学词典写广告词，还给当年一位著名医生米德（Dr. Mead）写题献词。根据惯例，他得到五个几尼的报酬。这期间，他给《绅士杂志》写人物传，同时随手写词典里的与医生的相关条目，克里福德提到，后人能够辨认出其中有亚历山大等名医。[①]

詹姆斯随医学词典出版并获得发烧药粉的专利（1746），可谓名利双收。光药

---

① 克里福德：《青年约翰生》，第267页。

· 135 ·

粉卖出200万瓶。不过,他们两人的关系也因此开始疏远,究其原因,不是詹姆斯忙于推销药,便是约翰生有意回避他。在晚年写给医生理查德·布罗克利斯比(R.Brocklesby)的信中,约翰生表明他不信任詹姆斯的药粉,因为它有时无效,有时会引发副作用。

但这次参与编词典的实践让约翰生受益匪浅。他对鲍斯威尔说,他的医学知识是从詹姆斯医生那里学来的,他不仅扩充了医学方面的知识,还喜爱一些实验,进而爱看医书,为自己的病情寻找疗法。这次实践的更直接影响是他后来编写《英语词典》。

家庭生活

约翰生从给《绅士杂志》的写作中,虽说收入增加了不少,却也没能使他的家庭摆脱贫困状态,他经常搬家,寻找便宜的住处,过得是一种仅够糊口的生活,生活水平常要取决于凯夫给他的那些微博稿酬。由于多数文友都贫困,约翰生与他们成为"同志",常交流应对生活的技巧。

1741年春,他又搬到斯特劳(Strand),住在靠近大卫·加里克经营的酒店旁的黑博伊(Black Boy)。约翰生说,每次搬家他都会告诉泰勒。可是,50年后,泰勒能回忆起的地方,除上述提到外,仅有几处。[①]

1742年秋,特蒂因病躺在床上几个月。到年底,约翰生在给泰勒写信时说:太太自卧床12周后,星期四她第一次能自己走出房间。"她患有软骨病,行走困难,现有好转,请放心。"

由于约翰生家庭生活的某些特殊情况,同时代人几乎很少见到或接触过特蒂,也就难免不了有些关于她的猜测或讥讽或嘲笑的流言。同代人霍金斯承认,他从未见过特蒂,尽管听到过关于她的不少传闻。这直接原因便是很少有人去过约翰生家,或是约翰生有意保持把家庭与社交这两个世界分开。

---

① 分别有鲍斯威尔庭院和凯里街(Boswell Court or Carey Street)、斯特劳(第二次)、包尔街、霍尔本(Holborn)、费特巷(Fetter)和霍尔本(第二次)。之后还有多处,详见本书后文叙述。

约翰生见朋友通常都在凯夫的编辑室或小酒馆和咖啡室,有时是他到熟人和朋友家。他不认为请朋友到家里是合适的,尤其晚年特蒂有疑病症,也不愿意招待这些在她看来都是些陌生且不正经的古怪朋友。

后人从约翰生的口述和尤其是从斯莱尔夫人的提问中,能得到一些真实的画面,至少是他内心深处的想法。他与妻子关系不和,自然多是些小事的争执,因为他们被迫租赁便宜房子,特蒂不满于在简陋的房子里马马虎虎过日子。

特蒂非常爱干净。约翰生说她:"总是为我弄脏房子烦恼不安。"清洁的地板已够干净舒适,她也会唠叨不停。最后,"我告诉她,我们谈地板已足够多,现在该触摸天花板了。"

约翰生邋遢,不修边幅,自然与妻子的讲究难以相合。作为好吃的男人,他自然不满妻子对其嗜好饮食的嘀咕。有一天,他饭前要做谢恩祷告,她制止他,叫他不要胡闹,既说谢谢上帝给的晚餐,又抗议东西不好吃。

特蒂说话有些刻薄,总是不忌讳地议论或挑剔他人生活的陋习和职业。她责备一个老仆人独身的痛苦,评论一个水手说他比厨房奴隶更不幸福。前者被管理者绑在糯子上,后者被生存需求所迫。这些说"水手"和"独身痛苦"的话,约翰生似乎不仅听了进去,还在散文里写了出来。霍金斯依据他人的记录,描述他们夫妻俩都有一些狂妄的念想或行为。

约翰生从不承认他们夫妻之间有很大的原则性分歧,说起来仅是些生活小节的不同,他对斯莱尔夫人提到的一些对女人的看法,应直接来自他对妻子的观察:"女人常因男人的违规精神被冒犯。丈夫要女人坐在树荫下,她们却认为这是丈夫想在烈日下行走。若男人要给妻子读书,她却坚持去做其他事。当诚实的妻子自己沉迷于20多个这类不同的小细节,却怪丈夫的感情游荡不专一。"

约翰生并不喜欢女人的绝对顺从甚至过于柔情或昏昏欲睡,他敬佩特蒂的智慧和机智,尽可能学习,调整自己以应和她的一些怪念头。

编哈利藏书书目（1742）

到1742年秋，他接受了一个大项目。托马斯·奥斯本（Thomas Osborne）是詹姆斯《医学词典》的出版人，他花重金购买了去世不久的牛津伯爵爱德华·哈利（Edward Harley）的大量藏书。自哈利父亲罗伯特开始的家族两代人收集了16世纪和17世纪的英国史料共计5万册和35万册单行本小册子、7000册手稿（英国会1753年买下手稿），还有雕刻、希腊罗马文物和500幅油画。于9月经协商后，奥斯本以1.3万英镑（相当今天200万英镑）的价格买下这些图书，此外，还为裱装支付了另外1.8万英镑，这一举动引起书商界的震撼。

10月9日，《绅士杂志》编辑伯奇受委托在牛津伯爵图书室举办聚餐会，参与者有皇家协会主席马丁·福克斯（Martin Folkes）、著名数学家威廉·琼斯（William Jones）和塞·约翰生。约翰生是新雇员，将负责编写藏书目录的工作。约翰生写出《哈利藏书介绍》（1742年12月），强调其特殊价值和牛津饱蠹楼图书馆馆藏的缺失。除约翰生外，奥斯本还请来牛津伯爵图书馆秘书威廉·奥德斯（Williiam Oldys）参与编写。奥德斯比约翰生大13岁，负责英文图书，而约翰生负责拉丁文部分。因为奥德斯做目录速度太慢，奥斯本要求约翰生加入，以便做得快些。律师霍金斯描写约翰生专注于工作，"如被套住脖子的狮子"。

约翰生做目录会先看内容，认真读书后再写介绍。这项工作持续了半年时间，从1742年晚秋到1743年3月。目录的印制十分精美，第一部分1、2册于4月开始销售，涉及介绍15242本书。书商抱怨书目贵，并不愿意付五先令只买一册目录，而且人们也不习惯只买个书目，因而公开销售并不成功。不过，即使受到了攻击和妒忌，奥斯本老板仍旧坚持继续编写藏书目录的第二部分，于是，1743年夏秋，约翰生继续为此工作。霍金斯认为约翰生完全负责了目录的3、4册，1744年1月出版，收录共计20724本书。从一些广告看，涉及近4万本书的目录，有分类注解、书史与作者、特别版本介绍，对潜在买家有很大吸引力。在3、4册出版后，第5册在一年多后才出版，约翰生和奥德斯没有参与。奥斯本持续卖这些书20年。与此同时，有个副册《哈利藏书杂集》（*The Harleian Miscellany*，1744—1746），由奥德斯负责，约翰生协助编辑、挑选内容、写计划书和介绍文字，从1744年3月开始分批发表，到1746年结束，汇集为八个四开本合计64页。他所写"计划书"和"介绍"第一卷，表明了图书很强的历史趣味，同时，对英国的"出版自由"充满自豪，如他所言，"无论小片或遗忘碎片"都被印刷和收藏，"我们的体制给教会和国家一个多元化的展示"，这在任何其他国家和地区都看不到。

在牛津，伯爵的12间房藏书室里，约翰生翻过甚至读过这些书中大半部分，他眼到手到，详细检查并认真写出书籍的基本情况。这是他学术发展的一次不可衡量或难以评估的经历，有助于他后来进行《英语词典》和《莎士比亚戏剧集》的编纂，①奠定了表兄科尼所强调的"掌握普遍知识"的基础。德马利强调，约翰生之后的《英语词典》和《莎士比亚戏剧集》都是"哈利项目的孩子"。

"打人"故事

在整个编书过程中，奥斯本脾气暴躁，关注的重点在于如何多快好省地完成。"打人"这个故事，是约翰生迷们"尽人皆知"的另一个逸事，发生在编辑"副册"时。奥斯本发现约翰生在读一本书而不是为印刷工提供书稿时，粗口谩骂，一副老板架势。平时，约翰生为写"目录"，尽量阅读，不太在乎进度，更不愿附和老板敷衍了事。可是积怨多了总会爆发，这一次，他怒火中烧，面对羞辱，顺手抓起一本大开本厚书，朝奥斯本头上就扔了过去。

这个"扔书打人"的故事，也许是约翰生一生中最为人知的美谈。斯莱尔夫人问他是否真有这回事，他承认这是真事："我打了那家伙。就是这些。"夫人的著作中曾提到约翰生的另一种辛辣评论："我打了那家伙几下，其他的事则由智者来控制他们的舌头了。"

---

① 德马利：《约翰生创作生平》，第109页。

名人的出格事，在人们口中凭想象就能飞天，尤其约翰生不愿再多说什么。于是，当约翰生的脚踩住倒地人的画面出现时，奥斯本的形象狼狈不堪："躺下，别动，你这蠢猪！""别起来，否则我把你踢下楼梯口。"至于是如何踩的，也有滑稽的描述：约翰生一只脚踩其脖子，一只踏其胸前。那本扔出去的书，有人查到是超大本的16世纪希腊文《圣经》（1594）。剑桥书店于1812展示过这部书。先前的榜样是，意大利人道主义学者波焦·布拉乔利尼（Poggio Bracciolini，1380—1459）用密码书击倒了对手托尔泰利（Tortelli）。[①]

鲍斯威尔试图得到确切的原因，听到约翰生说："先生，他对我蛮横无理。我打他，不是在他店里，而是在我的住所。"约翰生所以要受雇于一位才学低能的书商，实在是因为贫困不幸和缺钱。约翰生几乎是忍无可忍，伴随抑郁症情绪，才爆发出如此强烈的反抗行为，早超出他自我克制能力。

诺克斯认为约翰生愿意让这个打人事件尽可能地暴力。这个爱好书籍却极需要钱的矛盾，可以说纠结于他一生。德马利却指出，约翰生的解释中应包含有这个意义——后君主制时期的自由作者（约翰生）反对强势、武断的售书商人（奥斯本）。

参与编辑书目的奥德斯虽有一定的才智学问，终免不了一般文人在困难时期的命运，后来他因欠债被关进福利特街监狱（Fleet Prison），出狱后，在街上彷徨度过自由夜晚，如同狄更斯所写小说的人物约翰·杜丽（John Dorrit）。[②]

18世纪40年代初文坛有许多重要作品和争议出现，如蒲柏完成《群愚史诗》并与科利·西本（Colley Cibber）展开激烈争论，爱德华·杨格（Young）发表《夜思》（*Night Thoughts*），詹姆斯·汤姆逊写出《四季》（*Seasons*），诗人新秀马克·艾肯塞德博士（Dr.Akenside）发表《想象的愉悦》（*Pleasures of Imagination*），他们都得到了文坛认可和赞誉；尤其是理查德森（Richardson）和菲尔丁（Fielding）的创作竞争大大地助推了散文小说形式的发展。尽管这是个文坛异常活跃的时期，约翰生却袖手旁观全无介入，仅是作为默默无闻的编辑记者，受限于为圣·约翰大门的凯夫杂志社工作、禁闭于奥斯本的编书目工作室，始终受贫穷所迫，无法在新文学方向有所发展。面对颐指气使的老板，叫他怎能不动怒？

[①] 德马利：《约翰生创作生平》，第105页。
[②] 出自狄更斯小说《小杜丽》（*Little Dorrit*）。

《萨维奇传》(1743)

比较那些活跃文坛的大家新星,这些年属于他创作的仅有一部传记——那位命运多舛的朋友萨维奇的小传。

约翰生"含泪告别"萨维奇后便再也没有见到他,仅有偶尔的通信或来自共同朋友的信息。萨维奇曾给杂志社送来一篇诗歌,以暴力言语讽刺布里斯托尔地区社会的状况并发泄不满,凯夫力劝他不要发表。杂志社的同事们偶然知道了他在威尔士的生活,了解他无能力却安于接受朋友汇款济助的任性生活。

1743年8月1日,萨维奇的死讯传来,震动了朋友们。失去了朋友,凯夫惋惜之余不想错过介绍他基本生平的出版商机。尽管他人早已不在伦敦,可他过去斗殴失手杀人的事一经提起,还是会引发人们思考和关注。怕有对手抢先,在不到两周里,凯夫就在《流行晚报》(*General Evening Post*)刊出广告要出版萨维奇的传记,提醒那些了解他情况的人经本报与作者联系。9月初,《绅士杂志》又刊出告示,这部传记将由罗伯特斯先生(Mr James Roberts)出版,共八卷。

传记作者人选自然非约翰生莫属。一旦接受任务,约翰生期待凯夫提供材料,凯夫积极配合,还从监狱守门人那花费7个几尼买下了死者的两部戏剧手稿。

时间仓促,约翰生应承每天送半页稿,有些部分写得更快。在苏格兰高地途中,约翰生对鲍斯威尔说,他一气呵成,写出八开本的48页,然后又继续写作一个晚上,在36小时内完成了绝大部分,而其余部分则拖延了下来。

拖延有各种原因,这个秋季他尚有其他任务在身,要为奥斯本写书目介绍,要编辑《绅士杂志》。同时,他身体不好,又太穷,没钱买油灯在晚上写作。他给凯夫的信里表明,他在黑暗中写作,几乎看不清他给的材料,请求预付另一个几尼,以确保晚上继续工作,如果没有,他也随遇而安。

1743年12月14日,*An Account of Life of Mr Richard Savage, Son of the Earl*

Rivers[①]一书最后完稿,他得到凯夫支付的15几尼。这部180页的书,于1744年2月11日由出版人罗伯特斯印刷,没有凯夫的署名,也没有作者署名。作为萨维奇最后赞助人的蒲柏因病重未能看到此书,在书出版的三个月后去世了(5月30日)。

尽管主观上很注意准确性,约翰生写作时仍旧没有做完全的系统调查工作,既没有查证资料来源,也没有翻找档案,他进行的是"爱的劳动",而不是冷静的历史调查,韦恩所谓"所有重要感情的宣泄",流淌着对朋友遭遇同情的血脉。所以,尽管书里的事实不完全可靠,却足以成为一部描写个性人物遭遇困境的杰作。萨维奇虽个人生活已结束,坏影响到此为止,而他的作品承载的美德会继续影响其他人,此即所谓艺术永恒。约翰生区别"人与文",不因人废书,对健全社会言论思想自由大有裨益。

马丁肯定这是西方文学里最早的一部人物心理传记,传主拒绝别人好心送来的衣服,就是约翰生大学时扔掉鞋子的真实写照。"他从不屈服于被人看低,如果没有得到平等对待,他会变得异常愤怒。"约翰生之于萨维奇,如同韦恩所说的诗人丁尼生(Tennyson)之于哈勒姆(Hallam)、诗人叶芝之于辛格,都是文坛"老人"回忆早逝的朋友。[②]

当年读者和评论家的反响,不过是看轰动一时的故事,或接受另一个人的罪恶人生的传记,如同笛福的虚构人物小说,或臭名昭著的出版人科尔所写的那些庸俗的人物传,虽被称为难得一见的写人之优劣浑然一体的书,甚至有《提倡者》的编辑撰文认为这是他看过的一部写得思考公正和文笔流畅的书,但此书终因缺少广泛评论和争议而销声匿迹。

不过,并非所有人都在看闹剧,画家雷诺兹由此书喜欢上了这位不知名的作者。鲍斯威尔记下了雷诺兹的读书故事:他倚靠烟囱柱一气读完后,才发现自己已全身麻木。是什么吸引了雷诺兹?我们只能看之后他是如何成为约翰生的挚友,一路忠诚陪伴约翰生的。

---

① 书名大意为:里弗斯伯爵之子理查德·萨维奇先生生平记叙。
② 韦恩:《约翰生传记》,第113页。

第三章　伦敦

依旧贫困

也许把本应热闹的人事写得过于沉重了，这部被后人视为约翰生最早的重要著作既没有引起轰动效应，也没有带给他什么经济效益。约翰生的姓名没有印在书上，他只能继续贫穷，虽已35岁，依然是个默默无闻的写手，自有贝特所说的"中年危机"[①]。鲍斯威尔发掘并加工出这个尽人皆知的他落魄潦倒的故事：作家沃特·哈特（Walter Harte）此时给切斯特菲尔德伯爵的儿子做家教老师，他与凯夫约好在圣·约翰门旁边的饭馆请《萨维奇传》的作者吃饭庆贺书的出版，凯夫说："很快你就会见到他，你让他今天非常高兴。"哈特环顾四周疑问地说："人呢，除了我们，他在哪里？"凯夫提示哈特有一份饭已送到屏风后，因衣着破烂不堪，约翰生要求不出来见面。

贫困和无名的状态究竟要持续下去多久是个未知数，这直接影响到约翰生与特蒂生活的稳定。他抵押利奇菲尔德的房屋有三年未付利息，到1743年12月累计为12英镑，借贷人西奥菲特勒·利维特虽有耐心却也不能一再纵容。约翰生难以还上这笔钱，只好写信给他，请宽限两个月，并叮嘱不要告诉他母亲。结果是朋友哈里·哈维（Harry Hervey）为他提供了这笔钱，至于是赠礼、借贷还是文学资助，已不清楚。

1744年夏、秋约翰生是如何度过的同样不是很清楚，大概是帮助整理哈利书目。4月，出版人罗伯特斯出版修订本《萨维奇传》，这也未能给约翰生多少经费上的帮助。9月，他拟订计划为双周刊写散文，周刊可称为《出版者》（*Publisher*）。因为要做事，他心里有太多设想。第二年，他仍写类似计划书之类的文稿，尽管不再固定给《绅士杂志》做编辑，但若遇请求，他也愿帮助，以换取一餐饭或微薄小费。

[①] 贝特：《约翰生传》，第235页。

青年记者史蒂芬·巴利特（Stephen Barrett）刚从牛津毕业，有一天他与凯夫和约翰生吃饭，准备出版2月号杂志。巴利特回忆，凯夫要求把现在已被人遗忘的约翰·拜罗姆（John Byrom）翻译的拉丁文作品整理出同等长度的英文，他要赶车回教区，仅给半小时时间。时间紧迫，约翰生与巴利特分工合作，一个起草，一个修改，很快整理出80行诗，凯夫审定后，在2月号《绅士杂志》上随同原诗作一起刊出。

《麦克白》评注（1745）

仅靠编辑或写短文难以维持生活，约翰生想搞大项目，编一部《莎士比亚戏剧集》。早在青年期，他就受到这个大作家的影响，那时早有罗武（Rowe）、蒲柏和西奥博尔德（Theobald）的版本，他不但不满意，还要提出新的见解，判断有分歧的句子。况且，他了解书商从不会放弃出版莎士比亚来牟利。如何着手，他先评介《麦克白》（Macbeth），给了书商一个样板，期待他们能够看到新意，并乐意接受新编《莎士比亚戏剧集》的计划。

1745年是英国国内政治敏感时期。克里福德确认，约翰生在这一年做过两件小事。

一是给老朋友哈利·赫维写了一篇以募捐为主题的祷告词。这位朋友已洗心革面，改变从前的奢侈生活，进入教会任职。这个被称"野蛮中最野的人"，甚至更新自己的名字为牧师亨利·赫维·阿斯顿（Revd Henry Hervery Aston）。祷告词在1745年5月2日宣讲，效果显著，收到募捐款177英镑17先令。祷告词发表时，署名为英文字母H。约翰生对鲍斯威尔提到，他一生写过40多篇祷告词。

一是应爱尔兰主教塞缪尔·马登（Samuel Madden）之请，修改他赞颂爱尔兰首席主教的长诗。约翰生后来提到，他删了许多行，让诗歌简练。马登感谢他，非常慷慨，给了他十几尼，这在当时对他而言是笔大款。诗歌由出版人塞缪尔·理查德森斯在1745年10月出版，主教在后记中说删节了近百行以避免冗繁，却未提及修改者的名字。

此时，至少还有更花费时间精力的事，鲍斯威尔的传记年表里提到《绅士杂志》公布他的计划是点评、注释《麦克白》包括编辑《莎士比亚戏剧集》。

爱尔兰政治家奥古斯丁·比勒尔（Augustine Birrell）曾说过："对一个英国文人的大考，是测试他写一篇莎士比亚论文的能力。"[1]评论一个作家说他有一定文史的知识即可，而评论莎士比亚就如英谚语所说"站在他人脚尖上"，确实是个艰巨的挑战。因为莎士比亚不是一个封闭的书生式作家，他融人生经验和流行文化为一体，但又超出不读书人的局限。这个挑战，一代人接一代，最优秀学者都会倾注全力尝试自己的学识。尽管在约翰生之前，18世纪已有五个莎士比亚集的版本，但它始终是一个文学巅峰，对批评家而言，没有比出版莎士比亚集的壮举更能让自己成名于世了。

约翰生瞄上了这个容易得到出版人青睐的策划，有迥异于他人的看法和建树。有的学者对莎士比亚作品仅仅校刊错句、文字，有的古典学者解释过时无用的词义，有的评论家只注意情节的合理发展，约翰生不仅要兼顾三者，还深入其中，以表明什么是真正的编辑和批评家应做的工作。他的方法是，结合智慧常识和怀疑主义，热心于美学方面的鉴赏。

早期印刷难免存在各种问题，约翰生意识到了文本的错误。他发现，后人对莎士比亚作品理解不通，不少问题都可从他那个时代的伟大痴迷中得到并不困难的解释，只要整体感觉好，无人在乎言辞细节。批评家的任务，就是把所有证据搜罗到一起，予以评价和解释。

他最明显的手法是比较和对照。如他把莎士比亚作品与德莱顿的《印度皇帝》（*Indian Emperor*）比较，写下自己的看法："读德莱顿，发现自己平静下来，独处和深思；读莎士比亚，会警觉不安地环顾四周，感到自己的孤独和肃静。一个是情人的良宵之夜，而另一个是谋杀者的恐怖之夜。"

戏剧集的推进和出版需要足够的资金，没有书商乐于贸然赌博，预先征订是必须的。为说服书商或读者接受征订，他选《麦克白》为例子，给出评论的注释范式，充分发挥自己评注及编辑全集的能力。克里福德推测他在1745年冬季开始

---

[1] 韦恩：《约翰生传记》，第125页。

落实这项计划，马丁确认，1745年2月，凯夫在《绅士杂志》宣布约翰生要"出版《麦克白》评注"。

在"评注"印刷时，托马斯·汉默伯爵（Sir Thomas Hanmer）精美却非学术的莎翁版本由牛津克拉伦登出版社发行了。这位退休外交官凭业余爱好写出感想心得。他们的不同是，他不需要钱而约翰生要，他不能从专业角度甄别而约翰生能。约翰生还知道，每位记者都清楚，争议要比其他更能吸引眼球。约翰生考虑这本书的新意，把自己的题目改得醒目——"杂谈对麦克白悲剧的观察：附录托马斯·汉默编辑的莎剧"，在结尾增加段落并提到这本64页的书，与编辑《莎士比亚戏剧集》的计划书分开而谈。根据计划书，《莎士比亚戏剧集》共10册，每册卖最低价1英镑5先令。征订广告由凯夫负责。

把自己的书与汉默伯爵的书捆绑在一起，自有争议作用。他用"无害的勤劳"一词，似乎不经意地指责汉默修改了一些仅因悦耳而中听的文句，同时，对其处理单音节词和随性评注方式也有责备。约翰生这位格拉布街不出名的文人，如同半路杀出的程咬金一般，如此轻视地评论一本名人的精美图书，自会惹怒托马斯伯爵和牛津出版人。不过，打压还来自其他方面。

4月6—8日，约翰生公布《杂谈》和计划书，结果因有人指控使得计划流产。4月11日，大商家和成功出版人雅各布·汤森（Jacob Tonson，1714—1767）写信给凯夫，说他早获得《莎士比亚戏剧集》的版权，此时正由博学多才、脾气暴躁的沃伯顿（Warburton，时年50岁）编新的版本。雅各布的叔叔是著名出版商杰可布·汤森（1655—1735），曾买下《失乐园》版权并出版蒲柏编辑的《莎士比亚戏剧集》（1725）。

雅各布声称，如果有人侵犯版权，他会告到法庭。若凯夫反击也许能赢，不过需要时间和经费。为息事宁人，也可能接受了一些补偿，凯夫撤回了计划。十年后，约翰生重启计划（1756），雅各布改变了看法并支持安排征订出版。这位令人尊敬的出版人在约翰生的《莎士比亚戏剧集》（1765）出版后不久去世（1767）。

约翰生对《麦克白》的注释和评价侧重于段落句子而非全文，赢得了后来出版《莎士比亚戏剧集》（1747）的沃伯顿的好评，称这篇未署名的文章是"天才的杰作"。约翰生终生感激他的认可，因为这个评价对他来说就像是一场及时雨。约翰生这段时间浏览原著并非浪费时间，后来他的《英语词典》中的大量莎士比亚引语并非偶然，功夫不负有心人，批评家认为，子弹已上膛，等待词典目标出现就可射出。

计划撤销，约翰生的生活回到原状，几乎没有其他写作，直到第二年春接受编纂词典的任务。

卡洛登战役期间

鉴于有一年半（从1745年整年和1746年头几个月）的时间里约翰生几乎没有明显的文字轨迹可寻，这难免引起诸多猜测，尤其那时正是雅各拜反叛（Jacobite rebellion）的政治敏感时期。1745年7月，被流放海外的父亲任命为"摄政王子"的查尔斯·斯图亚特（Charles Stuart）在法国舰艇的帮助下带人成功登陆苏格兰，随后招募响应起义的叛军，一路打向伦敦，从1500人发展到8000人，打到德比郡后，聚集了1.6万人。英军在苏格兰高地与叛军展开决战，以"卡洛登战役"（1746年4月6日）的胜利宣告平叛结束。[①]

鲍斯威尔没发现这一时期任何约翰生的书信，自有疑问，尽管他肯定没有特别的事情发生。基于约翰生平时对斯图亚特王朝的温和态度，自然引发各种猜测，有人说他卷入了1745年秋雅各拜叛军即将打入伦敦的胜利庆贺活动中，甚至英国间谍小说家约翰·巴坎（John Buchan）构思小说《仲冬》（*Midwinter*，1923），描写约翰生赶去北部参与反叛军的活动，其他人见此也试图构思他这个"空白年"的浪漫传奇。

而事实上，约翰生此时仍在伦敦，他会读中部地区的报道，关注王子反叛军的消息。怀疑主义早已成为他审慎行事的基础，他说，他既不信斯图亚特王室宣称的合法性，又忧虑在大英国王位上另一场革命的后果。所有猜测他参与反叛军活动的看法都毫无根据。现代传记作家如贝特、马丁既不提也不追究约翰生的人生中有这么个朦胧不清的"空白年"，除1746年年初的几个月外，其他细究起来都有迹可循。

[①] 克里福德：《青年约翰生》，第289～90页。

第四章　编纂《英语词典》

编词典计划（1746）

工作才能治病。即便再懒散，人也不能什么事都不做。约翰生与朋友常谈到很多设想。牛津彭布罗克学院的亚当博士常到伦敦，两人时会见面，他认为，约翰生想写一本英格兰阿尔弗雷德大帝（King Alfred，849—899）的传记。他也记得，约翰生当时还想为文学杂志写一篇德莱顿的列传。约翰生想写的，累计下来差不多有50个题目。他不缺计划，但缺赞助商和征订人。

情绪不好时，约翰生想离开这个不确定的职业，寻找稳定的收入。他询问亚当博士，向法院的理查德·斯马布洛克博士咨询，若无公民法博士学位，能否成为法律事务咨询员。他自信能达到职业要求，可是，如同申请教职一样，缺少文凭几乎是个不可逾越的障碍。25年后他对鲍斯威尔说，如果那时有钱，很容易就能获得法学文凭。

特蒂正是这个困难时期卖掉了他婴孩时得到的银杯，仅保留了银勺。

当1745—1746年这个灰暗朦胧甚至落魄潦倒的低潮过后，约翰生终于找到一个他要进行的伟大事业。功夫不负有心人，他努力写作的成果和广博的学识，一直被出版界同人看在眼里，他们适时地伸出双手，援助他走出生活困境。

1746年春，一个编纂英文词典的口头协议在出版人罗伯特·多斯利（Robert Dodsley）与约翰生之间达成。为此约翰生写下计划书。接下来是安排财政资助，由一个七人组成的出版群体共同承担费用，他们分别是罗伯特·多斯利、安德鲁·米勒（Andrew Millar）、查尔斯·西特（Charles Hitch）、约翰和保罗·纳普顿（John and Paul Knapton）兄弟、托马斯·朗曼（Thomas Longman）和他的侄子。

编纂英语词典的合同约定三年完成，分期付款，给约翰生的费用是1500几尼

（约合1575英镑）。这是约翰生的人生转折点，他不再像以前的写手生活那样生活无保障，他可以租大房、找助手，满足妻子的基本生活要求。

这笔报酬是一笔巨大的费用，何况是付给一个公众还不熟悉其名字的人。书商罗伯特·多斯利了解约翰生，他常常关注他在《绅士杂志》的文化贡献，自信不会看走眼。鲍斯威尔提到，几年前，多斯利就对约翰生建议编纂一本英文词典，定会受大众欢迎，约翰生似乎深有触动，过了一会儿却说"我想我不会去做"。后来，约翰生承认，最早的建议确实来自多斯利，而他自己很早就想过。

1746年秋，牧师沃姆从巴思写信给大卫·加里克，祝贺他在伦敦剧场旗开得胜，也请他见到约翰生先生转达他的祝贺，认定他就是个"伟大的天才"。当然，他也不是没有担心，如果他事业失败，会对他和世界都是个损失。

这位前辈也许还不太清楚约翰生正在努力做的这个事业能确保他在世界文学伟人中拥有独特地位。不过，他本能地感觉到，他要做就不会做不到。他从不害怕工作，同我们普通人一样，他害怕的是诗人柯勒律治所言："工作若无希望，花蜜漏下筛子；希望若无目的，生命自会停止。"

现在他工作有希望又有目的，能否结束文人街的苦日子，人们拭目以待。

编纂词典

约翰生要编纂的这部英语词典很容易让人混淆为最早的英语词典。马丁的传记介绍了大英图书馆的一本图书目录，名列约翰生词典之前的就有663种不同类别的词典，但英国词典的编纂一直落后于欧洲国家。约翰生不仅清楚英国词典缺少定义，没有依据历史原则，收词规模比欧洲大陆小，还了解法国和意大利有权威语言大辞典。意大利学者以20人20年的工作完成其词典（1612）、法国科学院（1635）聚集人才40人花了近60年编成他们的词典（1639—1694）；又花8年时间进行修订（1700—1718）。英国虽有"伦敦皇家协会"1662年建立，旨在科学而非语言。有个委员会1664年开始为收集英文词进行过工作，仅开了四次会便中止了。

接下来半个多世纪，不少作家提出或动手编纂词典，如诗人约翰·伊夫林

（John Evelyn）、德莱顿、笛福、艾迪生、蒲柏和斯威夫特都有这个想法并企图尝试。英国人想要法国、意大利那样权威的词典，却不赞同采用集体编写的模式。约翰生本人就坚决反对这种模式，他后来直言，即使科学院去编写词典，"英国的自由会受妨碍或破坏它"。语言，同人性一样，英国人骨子里都认定它是自由的，语词，有用的就有价值，不能硬性规定。

他意识到自己是"英国神圣海岸的入侵者"，即使不能征服，也能发现那里的生活。从这个意义上，马丁认为，约翰生走上词典的战场，以一生的阅读武装自己，进行一个爱国的、勇气十足的、杰出的英国出版业的冒险行动。

约翰生完全熟悉词典编纂的历史，所以他要编的词典既不是最新式或最时尚的，也不是最全面或最准确的，但却是最个性化、最有活力的词典，如其很长的副标题所言，是"一部追溯词源和采撷最优秀作家文章例句，阐述不同词义用法的词典"，翻译为"英文词典"或"英文范例词海"而非普通的"英语词典"才算贴切。

面对语言的海洋，他自然要借鉴前人成果。据说出版人雅各布·汤森出资3000英镑请诗人艾迪生编词典，并为他署名，艾迪生搞出过一些作者名单和引用语录；蒲柏也有过编撰计划，列出了一批作者名录；安布罗斯·菲利普甚至登广告宣布计划出版两大卷对开本词典。约翰生熟悉这些计划和名单，它们自然成为他现成的借鉴资料。

他直接借鉴的是斯蒂芬妮学校校长内森·贝利的《英语词典通用术语》（1721）和再修订出版的《大不列颠辞典》（1736）。《英语词典通用术语》比约翰生的词典收集了更多的词（6万），然而，它明显缺乏明确的定义，如贝利给"老鼠"的定义是"一个为人所知的动物"、"网"是"一个用来捕鱼捉鸟的工具"。

除一般参考贝利外，约翰生同时还应参考了一些技术专业词典，如由两位法国人翻译成英文的《贸易和商业词典》、爱德蒙·斯通版《数学词典》、约翰·哈利版《技术词典》、比德版《词典》、法利尔版《词典》和《军事词典》，以及友人詹姆斯编写的《医学词典》。

词典编纂者的重要任务是确立词源。在当年，没有人能全部了解如大海般的语词出处，更没有现今普及的人工电脑大数据来梳理语源出处。约翰生注意到许多英语词是从拉丁语、希腊语、法语、意大利语、西班牙语衍生而来的，很快抓住主干并正确地把握英语形成的深根，确认它们来自德国境内撒克逊人及各种方言。他告诉亚当博士，词源主要依据于法兰西斯·朱尼厄斯（F. Junius，1589—1677）和斯蒂文·斯金纳（S. Skinner，1623—1667）的研究成果。随后人们看到，他发挥了两个强项，即撰写"简明扼要的定义"和选用"解释词义微妙的例句（语）"，确保这部词典的价值无人可超越。

在呼唤出版词典的舆情和议论中，出版人必须寻找这样一个人：他要符合所有必要的资格，既有广博的知识、过目不忘的记忆力，又有十分清晰的逻辑思维、下简明定义的能力。而这个人，唯一要求的便是充足的资金，以确保他活着而用必要长的时间去完成它。

签约

1746年6月18日，合同签署。

基金获得了保证，但约翰生却低估了困难，甚至有些过分自信和乐观。鲍斯威尔认为约翰生当时不全了解任务有多大、有多困难，对此，已步入老年殿堂的约翰生回应道："先生，我很了解我的工作，知道要做什么，也完成得非常好。"

亚当博士也曾与他争论他怎么可能在三年的时间里完成它，约翰生回答说："先生，我从不怀疑三年能完成。"亚当不相信，还举例说，法国科学院40人用40年才完成他们的词典。"先生，就是这个比例。让我算一算，40乘40，1600年。3年比1600年，这就是一个英国人对法国人的比例。"约翰生如此自豪，似乎早已把他早年的辛劳忘了个干净。

第一要务，他要找个宽敞些的出租房，为了生活和工作的便利并离印刷厂近些，又能闹中取静，他租下了高夫广场（Gough Square）17号。这是一栋四层半楼房（半层楼阁，若按英说法，是三层半加一个地面房间，这里现为"伦敦约翰生故居"）。

这也许是约翰生住过的最好的房子。一楼是厨房，二楼是饭厅和客厅，三楼是主人卧室和洗漱间，四楼有两间大卧室，阁楼为词典工作室兼抄写员住所。他雇用过五六个抄写员。[①]有些仆人睡一楼或过道间。

这类宽敞舒适的楼房多是伦敦那些经济收入稳定的商人的家庭住所，楼房售价约700英镑，出租的话租金一年大约50英镑。约翰生为出身富贵的妻子提供最好的住所、雇用仆人，而他自己能省则省，穿得像乞丐。他心存内疚，因为妻子愿意嫁给他并为他付出一切，还拿出了她几乎所有的积蓄给他去办学。

自1746年到1759年，约翰生在这里住了13年。雷诺兹爵士带法国雕塑家路易斯·卢比里埃克去过这里，见过室内家具：一张"古老陈旧的桌子"，一个"结实的坐凳"，一把椅子是"三条腿半边扶手"，约翰生坐在这张"三腿椅"上，小心地使自己保持平衡，并不在意访问者感受的不舒适。画家雷诺兹的妹妹雷妮（弗兰斯）提到，约翰生在写《懒散者》（1758—1760）期间，仍在使用那把三腿椅。当然，有些传说不尽可靠。房东哈利·高夫伯爵（Sir Harry Gough）曾对赫克托说，他有责任把约翰生赶走，因为邻居抱怨他整个晚上在楼梯来回走动，还不停地"自言自语"。克里福德认为，若确有其事，也是发生在在特蒂死后和词典完成之后。在第二次世界大战的轰炸中，除阁楼角有炸弹损坏外，这栋楼房幸存了下来。

题献词致伯爵

1747年3月，在约翰生启动工作大半年后，报纸开始刊广告，塞缪尔·约翰生即将编辑出版一部英语词典，包括词源、类比、句法、解释和评论，全书两卷，为对开本。

为此，约翰生着手写计划书，终因懒散，迟迟未能交稿。书商多斯利催促，建议他以"题献词"的方式给当今最有名望的文学赞助人切斯特菲尔德伯爵，希

[①] 鲍斯威尔如侦探般了解得很清楚，约翰生先后雇用了六位抄写员（五位苏格兰人，一位英格兰人）。他们都是社会弃儿，生活较为贫困，他们进城后勤劳自立，愿接受廉价工钱做任何工作。约翰生雇用他们并非全因同情，他们在文史哲方面都有足够能力胜任其责，如其中的亚历山大为他提供高地人语文化。参看马丁：《约翰生：一部传记》，第204～205页。约翰生对几个抄写员的关照，是传记家们都乐于提及的，并加入他一生助人故事的名单。本书因篇幅关系，对这几位助手的故事从略。

望伯爵的担保有助于计划顺利进行。约翰生同意向伯爵"题献词",依据韦恩的说法,他行文独特,字里行间透出他脱帽向伯爵请求允许开始编纂词典。而事实是他先开始了词典的工作而伯爵之后才想到这个任务的重要性,通过这件事,埋下了他对伯爵既不关心此事又想要摘桃子的不满情绪的伏笔。

此时54岁的伯爵已是英国有名的政治家,身边常围绕一些作者请求写序或给予赞助。从爱尔兰任职回来(1746年4月)后,伯爵生病几个月,后担任政府大臣秘书(1749)。他仅认识出版人多斯利,自然会对陌生的约翰生有所忽视。

延误交给出版商的计划书草稿,似乎早已流传到伯爵手里,这是朋友泰勒到伦敦后的事儿。约翰生请泰勒看稿并把稿件留在他的桌上,来访者威廉·怀特黑德(Williiam Whitehead)见到稿子读了一部分觉得很满意,要求带回家看。怀特黑德没有还回稿了,泰勒有一周的时间到处找稿。当约翰生再到见泰勒时,泰勒不得不说出实情,而此时的约翰生本人可能比泰勒知道更多细节。怀特黑德把手稿带给托马斯·维利尔斯(Thomas Villiers)即克拉登伯爵(Earl of Clarendon),这位伯爵又将手稿交给了切斯特菲尔德伯爵。

泰勒强调稿子已写得很好,约翰生却坚持还可改写得更好再给大家看。尽管暂时匿名,但约翰生愿意让伯爵审读和提出意见。不过,他实在对这种未经许可便任人处置的方式不太高兴,就像他恨父亲自作主张印他的翻译作品一样。

在计划书最后定稿时,抄写员交给伯爵一份,伯爵写了八个方面的评论,主要是对特别词和短语的意见,不包含一般批评和看法。此前伯爵应与出版人多斯利有过交流,而且约翰生也知道这些意见。在手稿上,有另一个未能确认的读稿人,商讨过一些特别看法并表示批准这部分计划。约翰生并未采纳所有建议,仅修订了部分断句,以便与批评意见相区别,没有完全顺从伯爵的想法。他虽引用了伯爵的话,却强调自己的看法,例如怎样判断语言的纯洁性和适当性。

合同签约一年后,1747年8月,一份34页的词典编写计划书出版。计划书出版后,伯爵送了10英镑给约翰生作为赠礼。8月初,在多斯利书店可买到这份计划书。双周刊《博物馆》(*The Museum*)8月1日(星期六)发表评论,提到约翰生是位有真才实学的作者,并引用和概括介绍了这项计划,确信他有能力完成这个艰巨的任务。

同日,伯奇博士写信给菲利普·约克(F.Yorke),提到约翰生有个单本小册子出版，其出版的英文词典计划书已交给切斯特菲尔德伯爵，相信他会很快读完。一周后，伯奇博士又对约克说，约翰生送给他一份词典计划书，多斯利的《博物馆》杂志刊出其摘要，篇幅少得可怜，说这是一个切实可行的计划，只是"风格太浮夸"。丹尼·雷伊（Mr.D.Wray）先生有些反对意见并发表评论。其他人都表现出期待词典出版的兴趣。22日，蒲柏的朋友约翰·博伊尔即后来的奥里伯爵（Lord Orrery）从爱尔兰写信给他，表示他对计划书很满意，希望能看到它早日完成。之后的一封信中，奥里伯爵问："你认识英语词典的作者？我希望他能做好。这个很有必要。"

秋季过后，计划书得以广为流传，其中有一份传到欧洲大陆，被一本在阿姆斯特丹出版的杂志刊登并给予高度称赞，作者认为，英国人不会因等待它太长时间而有任何抱怨。当更多读者看到计划书后，约翰生也收到更多的建议和评论。一份有分量的帮助来自扎卡里·皮尔斯（Zachary Pearce，即Bangor）主教，他寄给约翰生20条词源。在计划书里，约翰生特意提出"伟大"这个词的几个不同发音，不确定哪个正确，许多年后，约翰生对鲍斯威尔说，切斯特菲尔德伯爵认为读"state"，而威廉·扬格爵士认为念"seat"，没有人如爱尔兰人会发出这个音——"grait"。这类冲突的看法，让他决定放弃武断的裁判，不企图就什么是标准或适当的发音作出严格一统的定义。

活动中心

在编纂词典期间，约翰生的活动中心就是高夫广场的那栋楼里，如他写信告诉朋友："我几乎整天在家。"分散精力的方式，就是到附近小酒吧和咖啡店与人聊天，结交新朋友。这时期他认识了两位医生：一位是古怪脾气的罗伯特·利弗特（Robert Levet），他在朋友中一言不发，看似粗鲁而心地善良；另一位是来自北美洲牙买加的热情温和的理查德·巴赫斯特医生（Dr. Richard Bathurst）。

约翰生可能是在圣马丁巷一家咖啡店遇到利弗特的，那里是法国移民常去的地方。约翰生偶尔到这个法语角学法语。利弗特年轻时在巴黎的咖啡店做服务生，与常到店里的法国医生交朋友，在他们的帮助下学习医学知识，返回伦敦后，帮助穷苦人，即使病人无钱付费，只提供一杯饮料，他也乐意为其看病。约翰生很尊敬他，他们成为终生朋友，两人在一起时总是给人陌生奇异组合的印象：一个大块头、近视、步态摇摆，而另一个瘦小、黝黑，面庞如焦炭。人们不明白他们为何能在一起。利弗特与约翰生夫人特蒂的相处却不佳，特蒂虽没有直接评价他，但她讨厌丈夫与那些古怪、与社会格格不入者交往，利弗特自然属于此类人。在回答斯莱尔夫人的提问时，利弗特说特蒂"总是喝酒，在床上读浪漫小说。她因吃鸦片而死"。

理查德·巴赫斯特的行医之路很不顺利。约翰生对这位牙买加出生、学医毕业后却难以靠行医谋生、喜欢文学写作的年轻人深表同情，从各方面给予他帮助。约翰生晚年一想到英年早逝（1762）的他便难以抑制自己的泪水，说自己"喜欢他胜于所有现在还活着的人"。两人趣味相投，他向斯莱尔夫人解释巴赫斯特的美德："他是个好伙伴！他恨愚昧，恨无赖，恨辉格党！他是个很好的仇恨者！"与他在一起，约翰生谈话中能痛快淋漓，恨其所恨。

这些交往的事情因鲍斯威尔的传记而被后人知晓，在其中，约翰生俨然是个健谈者和格言创造者，他出口成章，言谈简明，既有智慧又有力度，交谈中总有新颖的比喻或比较或生动的解释，给人留下深刻印象。

约翰生早年的谈话流传下来的不多，因为陪伴他的朋友很少有人如鲍斯威尔和范妮那样热衷于写日记和记录谈话。在几位长辈面前，年轻的他自然不会得到有人为他的谈话做笔记的特别关注。幸运的是他遇到了晚辈鲍斯威尔这个最早也最忠诚的爱好者（Johnsonian）。鲍斯威尔极尽全力，不仅随时记录他的言谈，还收集了约翰生身边朋友的信息，使他写出的约翰生传成为一本谈话书。类似的生动谈话，画家弗兰西斯·海曼（Francis Hayman）记得，一次在书商汤森家的饭桌上，他们谈起托马斯·爱德华（Thomas Edwards），因为他发表了对学者沃伯顿编辑的《莎士比亚戏剧集》的嘲讽文。多数客人倾向爱德华并高度称赞此文，约翰生在旁不发一言，似乎默许其观点。可是，当他们进一步要把爱德华的成就放在沃伯顿之上，约翰生立即反驳："他确实提出了一些智慧的暗示，可他们两人之间不可同日而语。先生，一只苍蝇能叮在马上，让其讨厌，可它不过是一只虫，而另一个一直是匹马。"

这个时期，约翰生虽很少有时间写其他文章，却还是愿意满足朋友的请求。有一次，圣·约翰门的编辑部有紧急任务，而负责《绅士杂志》诗歌部分的约翰·霍克斯沃思外出，下一期缺少稿件，接手他工作的约翰·赖兰十分着急，忙请约翰生帮助，约翰生便拿出自己早年的诗歌让他挑选——《冬天的步行》《悲伤的恒星》还有他为朋友哈里·赫维写的吸引女孩子的情诗都一一拿了出来。他也曾给凯夫特别帮助，提供给他诗人传、给外国历史新书写作的摘要或改编的简写。

为大卫·加里克的演出写开场白

大卫·加里克在不到十年的时间里，通过《哈姆莱特》《李尔王》《麦克白》等剧目的出色演出，使自己成为伦敦的一流演员且薪酬上涨。尽管与狡黠的经理、顽强的对手、多情的女主角相处不顺，他不满足于仅做演员，还想要改变剧场规则，成为经理。1747年春，他花1.2万英镑买下德鲁里巷剧场的一半股权，成为有实权的经理，管理50位签约演员。9月15日，他以《威尼斯商人》作为其首个演出季的剧目。此后30年，他改变英国舞台规则，成为大红大紫的传奇人物。他30岁那年，约翰生38岁。诺克斯提到，无法确定当时的约翰生是为学生自豪还是妒忌他，他与大卫的关系有些复杂，不过，外人都清楚，大卫是他的"个人财产"，只有他才可以评论其好赖。晚年提起这位先他而去的弟子，他总是饱含泪水。约翰生虽不常见他这位学生，甚至看到他在舞台崛起而一举成名时多少有些妒忌，可还是给予这位大明星全力支持，为他的演出写开场白。

大卫·加里克本应在9月15日主持首场演出季并亲自诵读开场白。约翰生没能得到什么名誉，他的文字在10月8日刊登却没有署名。诗人拜伦说："我们英文仅有两篇杰出的开场白，蒲柏为艾迪生写的《卡托》（1713）和约翰生为德鲁里巷剧场演出写的开场白（1747）。"

在这篇德鲁里巷剧场首演开场白里，约翰生简述了英国戏剧自莎士比亚的繁盛后，经历了从本·琼生到王政复辟的艺术发展过程，又进入到近代新奥古斯都时期（指1700—1750，所谓英国文学新古典主义）。回顾历史，他揭示当代英国舞台道德堕落倾向的同时，寄希望于大卫·加里克能够开辟一个新纪元改变这一切，"有用的欢乐、有益的痛苦和真实美德的道德光辉，能驱赶舞台那些华丽不实的表演"。

这篇开场白实为舞台改革提供了宣言和方向。克里福德解读这篇开场白强调了约翰生的一个基本观点：有什么观众就会有什么剧目。

作为年轻的剧场经理，大卫·加里克自然要回报老师。9月26日，他决定这个冬季要上演的剧目中包含约翰生的悲剧《艾琳》。

给约翰生的剧本排戏，不仅是师生友谊，也表明大卫·加里克对悲剧的敬重。这对约翰生方面来说是梦想成真，而且按惯例，剧作家要从三场演出后的获利得到分红，他需要这笔钱。

春季，大卫·加里克和约翰生在私下场合朗读《艾琳》里的短句，把这些与更有名气的诗人汤姆森和杨格博士的作品并举。不过约翰生很快就发现，虽有自己学生的热情安排，要把这部悲剧搬上舞台并非易事，还要经历剧本打磨的缓慢过程。剧本做了很多修改，在修改的过程中约翰生并未太关注技术问题，霍金斯认为修改后的作品中仍有些用语太生硬和学术化，这些对话来自作者的"头脑"而不是听众的"耳朵"。韦恩提到约翰生后来评莎士比亚作品的缺点时，没有从"听众""观众"而从"读者"这个角度来分析剧情。

大卫·加里克的修改意见他自然听不得还很反感："他想要我让马奥特跑疯，他好有机会甩开他的手，踢他的脚。"他们争议不休，只能请朋友泰勒来调解。上演日期一再推迟，大卫·加里克还有其他事情需要关注，结果是《艾琳》没能在演出季节结束前上演，直到第二年，1748年9月，工作才有了些进展。此时，约翰生已等了它十年。六个月后，约翰生终于在伦敦有了一位剧作家的地位。

《艾琳》首演

演出广告于圣诞节前刊登（1748年11月29日），提示观众圣诞节后新演出季开始。为了《艾琳》这出剧的演出，大卫·加里克可谓下了老本，除自己外，找来一众明星助阵，其中有男演员巴利、女演员苏珊娜·西伯夫人（Susannah Cibber）、韩娜·普里查德夫人（Hannah Pritchard）[①]。

1749年2月6日，《艾琳》正式上演。这个晚上，约翰生盛装打扮，与平时完全两样——身穿红马褂，戴金边饰帽——他认为，这才像个得体的剧作家。这身行头和坐前排之举，被传记作家解释为他要一扫从前的晦气，不再是只能躲在屏风后吃人家饭的写手。这时，他的妻子可能在生病，也可能是因为羞怯，没有陪同他出席，也可能是早厌倦了这个与他结婚后就开始写的剧本，没有情绪陪同他，更不愿与身着惹眼服饰如孔雀开屏的夫君比艳丽。

约翰生很担心首演夜晚的嘘声。开场白后，出现了出奇的安静，到第五幕后，观众才开始情绪激动。尽管舞台设计精美，服装奢华，有最好的演员上台，演出的效果却并不理想。有些是因为大卫·加里克修改的问题，如他坚持把第五幕改为主角艾琳在台上被绞死，这本就与约翰生的原创相悖，结果艾琳临死说了两段话，令观众无法忍受，纷纷高喊："谋杀犯！谋杀犯！"演员韩娜·普理查德夫人几次想说台词终无法开口，只好"活着"离开舞台。第二晚，艾琳虽"死"在了台上，可台前尖叫声仍一直不断。

总体来看，演出虽说不上精彩，却也不那么糟糕，单从18世纪一个剧目能连续演出九个晚上就可看出这应是一出不错的演出。大卫·加里克坚持演出的目的很明显，他想要给老师多增加点收入。最终，约翰生从演出利润中获得约200英镑的分红。书商多斯利紧跟着于2月16日出版该剧本，又付给他100英镑。这一周多

[①] 18世纪的英国，为表示对女演员的尊敬，不管其是否结婚都以"夫人"相称。

的时间，他的收入比之前的每年全年收入都要多。

但这部悲剧未能成为反复上演的经典。约翰生本人对特级演员普理查德有抱怨，说她仅演角色，不能顾全大局。他对苏珊娜·西伯扮演阿斯珀斯亚的角色也有意见，他说宁愿坐下来下巴碰水一小时也不愿听苏珊娜发出的怨气。戏剧评论家约翰·布莱尔（John Blair）认为，这出悲剧不能成为保留剧目。[①]鲍斯威尔认可其虽有崇高抱负，但表达不充分。

约翰生从不抱怨他的读者。本着《圣经》格言所说"在笨猪面前从不拿出珍珠"的态度，他赞同与"普通读者"一起共鸣和欣喜，写作或艺术本身就是一种交流，交流失败不能谴责读者或观众。后有人对他说，观众对这出悲剧演出反应平淡，其带给人们更多嬉笑而非泪水，他说他的感觉就像一座大山那样坚定。

写作是需要鼓励的，诺克斯强调，戏剧缺少观众认可就没有生命，这让约翰生没有再写剧本。

约翰生的词典编纂工作仍在进行，到1748年夏末，他有了长足进步，确信自己能在三年内完成。8月6日，伯奇博士在给赞助商的一封信里提到，约翰生雇用了四个抄写员，任务很快就会完成。约翰生给他的朋友留下了一切顺利的印象，但这终是假象，因为他还要经七年失望和沮丧的历练才能成为真正的"词典人"。

教育寓言（1748）

当多斯利要与对手书商约翰·纽伯里（John Newberry）在"自我教育书籍"方向竞争时，他找到了约翰生。约翰生为其出版的 *Preceptor*: *Containing a General Course of Educationn*[②]（全二册）写了前言（1748年4月），还出版了一部全三册寓言书的第二册 *The Vision of Theodore, the Hermit of Teneriffe*[③]。

这篇前言与寓言故事，表明了约翰生的教育观。根据在校教育的经历，约翰

---

① 诺克斯：《约翰生一生》，第117页。
② 作品名大意为：校董：普通教育课程。
③ 著作名大意为：西奥多，特内里弗山隐士的愿景。

生观察不平衡的教育体制，总结有益经验，教人如何获得智慧道德，进而构建学习体系，包括一般习惯、情绪和热情的坚持。

根据友人托马斯·泰尔斯回忆，他写得很急，文章是熬夜到凌晨的结果。在霍尔本区，头天晚上他完成第一部分的前言，之后，这第二部分描写人类幸福的长篇寓言仅用一个夜晚时间就写成。

这些想法他似乎早已了然于胸，灵感对时便能立即写出。这已成为他的写作习惯。约翰生晚年对珀西牧师说这个寓言故事是他写过的最好作品，如韦恩所点评，这是一个"沉思而美丽的传奇"。

在这部寓言作品里，约翰生写了一位有旅行经历的长者西奥多（Theodore）隐士，梦见校董，并引导他登山，把他57年的人生隐居经验教给人类，告诉后来人如何走进幸福的高峰。这类"发现或探险"旅行，一直是十六七世纪英国文学的流行题材，以约翰·班扬的《天路历程》(*A Pilgrim's Progrest*，1678）为最杰出样板。

在前往登峰走进殿宇的路上，寓言的两位主人公的前行磕磕碰碰，碰到不同的引导者，"老师"名目繁多，如教育、天真、欲望、顺从、习惯、理性、宗教、热情、渴望、绝望、自豪、野心、贪婪、专横、节制、谨慎、懒散、忧郁，他们的本事各有千秋，尽其所能，却彼此制约。借两位旅行者的对话，约翰生把理性视为人类最需要的老师，认定顺从理性走向宗教信仰之路才能走出迷宫，进入"幸福的殿宇"。约翰生视"习惯老师"为最大势力，认为这是自己的严重缺陷，也就有更深刻的反思和认知。他认为，习惯在等候一切受诱惑的人，袭击他们，阻挠他们前往实在而非虚幻的高山殿宇。途中的懒散者比起醉酒者、悲伤者、不满者无任何优势，当懒散者失去自控力，无望者便发展成忧郁者，习惯者永远被链条锁住，而忧郁者折磨自己，终让自己进入绝望者的状态。

通篇拟人化的叙述，尤其以"习惯者"最平庸，混混沌沌，既不求进取，也不知清醒。主人公西奥多最后的箴言是："记住，聪明起来，不要让习惯优势干扰你。"约翰生提醒自己也警示他人，绝不能让"习惯"势力抬头，在人生旅途占上风。

从这篇"前言"和这部寓言作品，可见约翰生理解教育之内容更宽泛，而非仅是学习知识这一面。约翰生的这部寓言作品，揭示了一个寻找人类幸福而无结果的主题，11年后在《拉塞拉斯》（1759）中又详尽地做了阐述。

《人类欲望的虚幻》(1749)

约翰生内心生活的沮丧与忧虑，不全来自贫困压抑和卧床在家的特蒂的抱怨，同时来自时代的风暴。自1740年以来，英国社会一直处在不安和动乱之中。沃波尔政府（1721—1742）下台仅带来政治的停滞不前，时而挫败的海外战争，可悲的内部腐败，导致民众普遍不满。1748年，一家报纸揭露的"英国人的悲惨状况"，无人能否认，家家可感受。

诗人们最早反映这些沮丧情绪。这个时期被称为"墓地学派"的诗人杨格、布莱尔（Robert Blair）、格雷和其他人都抒写情怀，怀疑流行的"奥古斯都标准"是否能被积极浪漫的信念所替代。报纸大登广告，宣传发明新药不但治疗男人的忧郁病和女人的子宫疾病，还有提振人精神的作用。约翰生不认为这些药可解除自己的抑郁，而且觉得这些"墓地诗人"所提供的"骷髅、棺材、墓志铭、病毒"的意象，怎么看都不合自己的趣味，不能产生共情，无法为新文学倾向所激动。

根据鲍斯威尔的观察，约翰生曾说朱文诺的讽刺诗早在他脑海里翻腾，1748年秋，萦绕在心的是他的《第十讽刺诗》，他觉得所见的一切生活都适合放入这个主题中。早16个世纪，朱文诺就开始衡量人类的渴望，发现其匮乏虚妄，君王的胸中空有一个又一个雄心大梦，却被自身承重和狂妄自大所破灭。他要与朱文诺、斯多葛来个美学竞争，增加现代条件的讽刺内容。

《人类欲望的虚幻》这首诗不是一般模仿朱文诺的讽刺诗，它比他早年的《伦敦》更自由地表达他的思想，语调和重点根据需要经常改变和突出。有人评论说这位朱文诺的"现代模仿者"，把他的诗歌变为"抽象的阴暗"。在许多方面，诗歌表现他自己，一切为他眼见所闻、所思所想。

《人类欲望的虚幻》涉及的是那个影响他的时代而非朱文诺世界的人物形象。贝特强调，这首诗全景式地俯瞰人类，把人的一生希望浓缩在简短的诗句里，人们希望得到财富和权力、名望和荣誉并为之竞争，短命的人所做的一切努力不过是削弱、制服其他人。这种巨大贪婪的斗争从未停止,持续下去的结果不外乎是有人跌倒衰败、有人生病、有人妒忌他人,到了老年开始厌倦、失望,最后死去,一切终如肥皂泡破裂、被蒸发,如同约翰生有时自言自语"然后,他死了,可怜的人"——这足以概括过往人生的一切。

他判断,这个世界依旧是黑暗和危险的。他思考人类生存和目的等永恒的问题。他发现历史没有任何改变,也没有人能摆脱命运的摆布。财富、权力、光荣、学问、英雄主义、老龄、美丽,这些希望似乎都不能带给人完美的幸福。愉快与痛苦相连,金子带来的麻烦胜过享乐。美丽的人不可避免地成为欲望者的竞争对象,老人、病人总是遗憾"年复一年、衰退、追逐、衰退,欢快早从枯萎的生命中离去"。马丁认为,最感人的是写老龄母亲的那些诗行,如斯莱尔夫人认为其中有他母亲的影子。

约翰生认可开头70行写于在汉普斯特德的住所。他周末从市内返回郊区看望妻子特蒂,一天晨起后,他灵感触动,诗兴大发,先构思后下笔。他告诉鲍斯威尔,开始有些诗行在脑里,可能一次就能想到50行,他在屋里来回走动,然后把它们写下。记得有一天他写了100行。这个先腹稿后动笔的写作习惯,应与他记忆好和他的写作习惯有关。珀西主教解释说,约翰生视力不好,要贴近纸才能写,很不方便,所以采取这个更为适合他的腹稿写作方式。况且,他也有随性而为的习惯,不喜欢整天干那些伏案的工作。

这首诗完成于1748年11月25日,出售给书商多斯利,约翰生得到15几尼的报酬,但到第二年1月9日才正式出版。比较《伦敦》有五个英语版和一个爱尔兰版,这首诗在约翰生生前仅有一个版本,显得比较沉寂。多斯利自1740年后替代凯夫,成为了约翰生作品的出版经纪人。

这首诗出版后不温不火,不如《伦敦》那样得到好评,许多人认为这与诗歌过于抽象黯淡有关。大卫·加里克说出一般看法,嬉笑它"生硬如希腊文",不要再仿写另一首,否则难免"难读如希伯来语"。大卫·加里克做出了有些矛盾的判断,说约翰生在写这首诗时住在高夫院,要比写《伦敦》更安逸些,意味着其言语风格较为轻松。同时他认为,若约翰生要模仿其他诗人,会写得如希伯来文那样艰深。浪漫诗人却不尽赞同这个看法,后来诗人拜伦勋爵认为,这首诗是一部伟大而真实的光辉诗篇。

德马利把《人类欲望的虚幻》与他的教育寓言故事以及英语词典看作一组"教育目的和道德标准"的写作，主要对象为学生："在《人类欲望的虚幻》中，约翰生展示其词典的道德蓝图。"[1]美国大学的18世纪文学研究专家劳伦斯·利普金[2]（Lawrence Lipking, 1934—）认为，教育寓言故事和《人类欲望的虚幻》是学生正确理解约翰生的必读书目。

苏格兰诗人、小说家瓦尔特·司各特伯爵（Sir Walter Scott）说，他读《伦敦》比读其他任何诗歌感受到更多愉悦。[3]到了20世纪，诗人艾略特强调，约翰生作为重要诗人，主要靠《人类欲望的虚幻》，这首诗是朱文诺、德莱顿、蒲柏和贺拉斯所创造的诗歌园圃里的优美诗文，从不温不火并被同代人看低的诗歌作品，终经岁月洗礼而晋升到诗歌界的重要诗篇，就像老酒一样，愈久愈醇，愈陈愈香。

诗歌的结尾，表明约翰生对传统基督教信仰的坚守，依赖这种权威而绝不允许自己的信仰动摇。在马丁读来，结尾几行相比于那些丰富和动人的描写，那些大篇幅在呈现人类幸福生存的复杂性和悲剧性的历史叙述方面，显得太简单、太突兀。

传记作家强调，这是有约翰生的全名出现在扉页上的第一本书，贝特以此来表明这首诗的重要性，这很容易把他早年的翻译文学（1735）一笔抹掉。当然，这首诗不仅是个里程碑式的杰作，他默默无名的写手生活也随之结束。

从40岁起，约翰生的个性形成，信念也确立，他知道自己应如何面对生活，变得更为实际。十年后，他以散文形式写出《拉塞拉斯》，大量重复诗歌《人类欲望的虚幻》里寻找幸福的"回家思想"的主题，并对诗歌结尾不动摇的信念代之以"没有结论的结论"，接受现实，努力生活在当下。

---

[1] 德马利：《约翰生创作生平》，第131页。
[2] 利普金著有《约翰生：一位作者的生活》（*Samuel Johnson: the Life of an Author*, 1998）。参看德马利：《约翰生创作生平》，第131页。
[3] 马丁：《约翰生：一部传记》，第220页。

第四章 编纂《英语词典》

夫妻生活

到1748年夏，约翰生经一年多的努力完成了词典里字母顺序的头三个，可是，他很快就发现自己陷入了困境，低估了这项计划的困难。虽然词典开了头，他写的悲剧也得到演出，住房条件有所改善，收入有所增加，他却依然受抑郁症和精神懒散的困扰。

这一阵子，特蒂健康不佳，脾气暴躁，随时会提一些鸡毛蒜皮的要求增加约翰生的烦恼。当一天的疲惫工作后，他从楼阁走下来，紧张的神经和抑郁的情绪无人可倾诉。他说，婚姻有许多痛苦，可没有婚姻的生活更不幸。这应是他的真实感受。

他和特蒂的关系趋于紧张。特蒂拒绝与他同床，直到她生命的最后。这对一个有强烈"情爱习性"甚至把"性生活和喝酒"当作人生两大乐趣的约翰生，自然是十分苦恼的。友人泰勒曾直言特蒂是约翰生生活的瘟疫。

虽收入有限并增加了花销，约翰生还是让太太搬到伦敦北郊外的汉普斯特德住宿区（Priory Lodge）。那里空气好，附近有温泉，被视为健康宜居地。他们租的小房附近有个小教堂，教父斯温芬医生的女儿伊丽莎白（婚后的德斯蒙琳斯夫人）曾来陪伴特蒂。约翰生有空便从伦敦来这里与夫人见个面。他们住那里时间最早可能是1746年，1748年秋肯定在那里，因为他说他在这里写出了诗歌《希望》的开头70行。

鲍斯威尔写的传记中很谨慎地处理了约翰生的这个生理空缺期，强调他的纯洁，自有些欲语未言之空白。他在他的书付印出版前，删去了与约翰生的一段对话："我妻子对我说，只要我爱她，我可以瞒着她，尽我可能喜欢别的女人。"鲍斯威尔听到后十分诧异，说："她不真诚吧？"约翰生回答："她是真心的。"当鲍斯威尔继续追问："先生，假定女人性冷淡，她是否有权抱怨其丈夫的不忠诚？"

约翰生回道："先生，如果她拒绝丈夫的需求，她就无权抱怨。"鲍斯威尔又说："先生，根据你的信念，一个男人在这些天可以用笔记本记下做过的他所愿做的事。"对于这一句话约翰生是如何回答的并没有记录下来。尽管特蒂不会强烈反对，他也不会贸然去做。约翰生从理论上认为女人有权感到受伤害，根据他的道德立场，他也同样替受伤的男人发声。鲍斯威尔为颂扬他的伟人形象，自然要隐瞒这些极易激起争论的两性关系之事。

人们不应怀疑恋爱到婚姻是个过程。他们因爱走到一起。年轻时，约翰生表现出更多激情，不在乎年龄差距，到最后，他发现被老妇人捆绑，而这位夫人的主要渴望，就只是想一个人好好地安静生活。这种没有性生活的感受，应是对约翰生最苦恼的心理折磨。至少有五个人，鲍斯威尔、加里克、利弗特、泰勒和德斯蒙琳斯夫人近距离接触过特蒂，或因是约翰生的朋友而了解她，都描述过特蒂令人失望的最后岁月。这些不是模糊不清的传闻。霍金斯更是断言，约翰生那些过分显摆爱情的情绪，是"他学习爱情课本的背书"。他的这个"背书"说法被广为引用，几乎否定了鲍斯威尔在这方面为尊者讳的所有辩护词。

鲍斯威尔借用约翰生的祈祷词，尽力刻画情绪化的特蒂，而不提其他，让读者想象约翰生多样化的美德。他不赞同约翰生那些早期朋友如霍金斯的偏见，选择性地接受他心目中的这位伟人的材料，约翰生一直以"亲爱的特蒂"和虔诚珍爱的话语来回顾他的这段婚姻，无疑也成了他"伟人传奇"的基本部分。

约翰生一直痴情地谈死去的挚爱，这才是让人揣摩而费解之处。其实，约翰生的自责悔过并非其他，而是他自觉有时自私地要求不情愿的妻子，并过多地强调男子在婚姻生活中的权利，还有他认为特蒂喝酒及其他疾病与自己有关，愿意承担责任。在妻子死后一年，他祈求宽恕和原谅他的"所有原罪"："让我记住你的审判，我妻子离开我，足以令我惊醒悔悟。"约翰生根植于宗教的原罪意识，让他严格律己，绝不放过哪怕意识到的一点点原罪，想到他有过激态度对待特蒂，就足以引起他总是不忘去忏悔。这种忏悔与事实应分开理解和判断。

常春藤巷俱乐部

撇开词典的工作压力和妻子冷淡的影响，约翰生自身的孤独也驱使他要找些分散精力的事去做。1749年冬，在常去的一个咖啡店，他与朋友组建了常春藤巷俱乐部，这是他组建的最早的一个非正式的谈话群体，创建这个关系群有利于他出版作品的计划或介绍熟人朋友的作品出版。

这个俱乐部的会员非常年轻，都是二三十岁有正当职业的朋友，包括约翰生共十人，其他九人分别是：约翰·霍克斯沃思博士（34岁，1715—1773），作家和翻译家，以撰写库克船长首次航行南半球的官方报告而名声大噪，1740年起参与《绅士杂志》的编辑工作，后创办《冒险者》；约翰·赖兰，霍克斯沃思的妹夫；理查德·巴赫斯特医生（27岁，1722—1762），行医并不成功，善于模仿约翰生文风，在约翰生停笔后，继写国会辩论，以观点尖锐赢得约翰生的好感；威廉·麦格伊（William McGhie），一位年轻的苏格兰医生，没能继续其医学业务，死于心脏病；埃德蒙·巴克（Edmond Barker）医生，28岁，博览文学，书商；律师和音乐史家约翰·霍金斯（30岁，1719—1789）；塞缪尔·戴尔（Samuel Dyer），24岁，一位受称赞的异见作家和语言学家，其父亲是位著名的犹太人，约翰生后来认为霍金斯是最恶意、最吝啬和最邪恶的人，当手里有很多钱后，他成为清醒的感觉主义者，约翰生曾劝他写荷兰教育学和历史学家伊拉斯谟的传记未成功；年纪较大的是神职人员塞缪尔·索尔特（Samuel Salter），喜欢向约翰生挑战一些问题；约翰·佩尼（John Payne），一位年轻的出版人。

其中有几位成员成为约翰生的终生朋友。佩尼出版过约翰生的三部散文集，他与约翰生性格相反，关注细枝末节。巴赫斯特医生1762年去世，约翰生一提到他就非常伤感，特蒂去世后他第一时间把黑人孩子送给约翰生，填补了他的精神空虚，约翰生在祈祷词里把他直接写进家庭成员里。赖兰、戴尔和霍金斯都是约翰生的忠诚朋友。

俱乐部成员每星期二晚上在新门和圣保罗大教堂之间的常春藤巷"国王之首"（King'Head）小酒馆聚会。约翰生独自从住处走到那里，在那里，大家有几小时的时间沉浸于幽默的谈笑和活跃的辩论中，忘记痛苦和烦恼。约翰生在小酒馆里占据一把被其视为"人类欢乐王座"的小椅子。如霍金斯说，他能以表达恰当和幽默风趣的方式，进行理性讨论并有力地控制全局，难得见到有人能与他较量。

霍金斯称这个俱乐部是专题讨论的聚会，约翰生是"主席"（Symposiarch）。小说家托比思·斯莫利特（Tobias Smollett）称呼约翰生是"文学大可汗"（great Cham，1759年），这成为后人最喜欢用来称赞约翰生的名词，明喻他如同中世纪蒙古最高统治者那样，能完全把控"谈话战场"的局面。俱乐部既有益于他身心健康，也有助他从与俱乐部会员的交谈中了解人生百态。

组建俱乐部不久后，他应朋友要求开始接受写作散文的任务。

《漫步者》

1750年3月20日，他开始写作双周刊散文《漫步者》（*The Rambler*），持续写了两年，直到1752年3月14日，共写了208期。

他接受写作散文的任务是从经济方面考虑的。编纂词典的大部分酬金将近用完，其余部分要留给抄写员并不由他支配。词典编写工作进展缓慢遥遥无期。为满足太太不时提出的冲动性消费要求，他常要借钱应付，不时从书商约翰·纽伯利先生那里借一两个几尼。为杂志写专栏，凯夫每周付给他四几尼的稿酬，正满足了他的急需。他不但应承下来且信心十足："作者一旦坚持写下去，他在任何时候都能写。"但韦恩另有看法，认为约翰生已有编纂词典的经费，非为钱写作，其目的只有两个，一是与人交流经验，二是表达他执着的信仰。[①]

为找一个合适的标题，他颇伤脑筋，曾对自己发誓想不出题目就不睡觉，结果想到"漫步者"这个题目，就采用了。墨菲曾建议他用萨维奇的诗歌名"闲逛

---

① 韦恩：《约翰生传记》，第153页。

者"。贝特分析，这个词能看出生活在社会边缘的萨维奇与约翰生的部分生活状况相吻合。

在他百读不厌的三本书里，有三个闲逛者：《鲁滨逊漂流记》，遇难者；《天路历程》，朝圣者；《堂吉诃德》，好斗者。他是那个目标不那么明确的、态度介于中间的"漫步者"。①

鲍斯威尔认为这个名字不太适合严肃的道德讨论，并当面提示过约翰生。之后，意大利翻译出版其文集题目为"流浪者"（1773），似乎坐实了这个词的不合适。约翰生的"词典"给出这个词（rambler）的定义是"贪婪地游走闲荡"。诺克斯认为，这并不是他写《漫步者》的主旨。

作为《绅士杂志》的副刊，《漫步者》以活页发行，不与主刊装订在一起，导致读者会随意从中取走，至今要得到一份原始的全刊已十分困难。

培根是英国散文流行第一人，约翰生写作时就意识到自己在与前辈竞争，他不渴望泡沫式名声的虚荣，却期待他的散文能像培根那样拥有大量读者及长久的生命力。德马利强调，约翰生在1740年末已有意识地去践行洛克的实验经验主义的思想，而他十年后写《漫步者》却更多地表现出培根的人道主义和知识启蒙的作用。②

英国的期刊自有其传统，大约40年前，诗人艾迪生和斯特利（Richard Steele）创办的《旁观者》（Spectator，1711—1712）就非常流行，发行量高达3000份。若按每份20人次的传阅率，读者高达6万人。而《漫步者》发行500份，约翰生很快就感到压力，反馈意见各种各样。不到三个月，读者便责备他缺少"旁观者的娱乐和幽默"，忽视保护女士，而他那些冒充女士的文笔又实在过于男性化。他喜欢用哲学术语这样的硬词，诺克斯引述一种流行说法说他写的《漫步者》让人们需要一部词典，这部词典可以解释他的《漫步者》。

鲍斯威尔说约翰生的句子是"拉丁文的倒转"，作家马奇尼斯·格雷（Marchioness Grey）说这些硬词"几乎要咬断牙才能说出它们"，女作家杰迈玛·格雷（Jemima Grey）告诉友人凯瑟琳·塔尔博特（Catherine Talbot）："文章

---

① 贝特：《约翰生传》，第290页。
② 德马利：《约翰生创作生平》，第144、159页。

几无新意和也不清晰。"作者威廉·邓库姆（William Duncombe）认为，文章要打开"幽默气泡"才能流行，编辑托马斯·伯奇向查尔斯·利特尔顿表示，约翰生没有足够的"世界知识"来娱乐大众，作家凯瑟琳·塔尔博特深受其"论死亡"（No.78）感动，建议有劝说能力、与约翰生共事的伊丽莎白·卡特让约翰生接近"时代的生活方式"，从以"恐惧和颤抖"为堡垒的叙说世界的幽默和方式中走出来。①

自然，也有为《漫步者》叫好的呼声。在刊出几期之后，妻子特蒂说："我从前认为你已经很好，但没想到你还有写出这些文章的能力。"这个知音，不仅让烦恼于分居生活的约翰生听起来愉快和欣慰，而且让他从销售不佳、被批评的烦恼中得到鼓励和安慰，以至于34年后，他还记忆犹新地告诉朋友他妻子的夸奖，并引以为自豪。

面对那些莫衷一是的议论批评，他要像一艘在诗意风暴中航行的船，决意顺从自己理性的方向，赢得公众的喜欢。这需要时间，更需要定力。《漫步者》的其他方面与当时流行副刊的风格和形式十分相近，有文学批评和杂谈，涉及伦敦人生活各方面的话题，这些人生经验或经历，林林总总，表达之深远，如贝特所说是"智慧文学"，也是讽刺肖像画。它们无固定体例或模式，沃特·雷利斯伯爵（Sir Walter Raleigh）总结了其四个方面，即极大的诚实、无与伦比的勇气、同情恻隐的心灵和耳目一新的幽默。②

诺克斯强调，这些文章关注人类的虚荣心，探讨婚姻时重视感情而非热情，而爱情几乎没有被提及。在最后一期，约翰生总结道："决不顺从一时兴起的好奇，也未能给读者提供每日讨论的话题。"因此，这些文章也被批评为过于"严肃"。

正因为意识到所写话题古已有之，不是新问题，也不吸引渴求新奇的读者，他强调："人们经常要求受到提醒而非教导。"韦恩强调，他的文章阐释了他的两种品质，一是热情，二是他经常讲反复讲的等涉及法律道德教育。事实上，他不乏新思想，如关于"死刑、奴隶制和债务人入监"等制度的看法都走在了时代思想的前面。

---

① 诺克斯：《约翰生一生》，第126～127页。
② 贝特：《约翰生传》，第297页。

马丁认为，他负有双重责任，既要吸引缺少娱乐生活的普通读者，又要以实践道德家的身份持续写出有深度的文章。贝特更进一步解释说，约翰生的简洁句子早已成为格言被广为引用和流传，就好比词典的语录例句、鲍斯威尔的约翰生传记中的风趣谈话那样令人欣赏和爱不释手。

这些被人广泛议论的散文，带给约翰生"道德家""漫步者"的名号。诺克斯认为，他这个系列停写的原因除无法扩大发行量外，主要来自个人的困境。一结束写作，他便把图书版权出售，获得100英镑，以解燃眉之急。

夏洛特·伦诺克斯

在约翰生写散文期间，一位新女性进入他的生活并成为他众多女门生中的一位，她就是小说家兼剧作家夏洛特·伦诺克斯（Charlotte Lennox，1729—1804），作家霍拉斯·沃波尔（Horace Walpole），描述她为"女诗人和糟透的女演员"。她写作异常勤奋，尝试各类体裁包括诗歌小说还有翻译，1747年，出版诗歌集引起人们关注。约翰生认识她缘于他此时正在编纂英语词典，与印刷厂老板斯特汉和工人常有业务联系。

夏洛特的第一部小说《哈利奥特·斯图亚特传》（*The Life of Harriot Stuart*，1750）由约翰·佩恩出版。约翰生赏识她的智慧和趣味，提议在常春藤巷俱乐部搞个联欢会庆贺。诺克斯据此认为她是当时俱乐部唯一被接受的女性。当晚8点，夏洛特和她的丈夫还有其他18人参加了聚会。霍金斯详细记录了全过程，说整个晚上喝酒，"无害欢乐"，直到第二天早上8点一群人才离开小酒馆。

与年轻活波的夏洛特在一起，对约翰生也是一剂良药。鲍斯威尔记录他在临终前几个月回忆起在加里克夫人家与熟悉的几位女作家卡特夫人、莫尔小姐、范妮小姐一起吃饭，约翰生认为这三位女人在世间不再多有，更优秀的夏洛特是第四位。不过，约翰生的这一评价并不为这些女性友人认可。

夏洛特是个急性子，个性强，好争辩。斯莱尔夫人曾说："她的书虽可读，却没有人喜欢她。"夏洛特质疑社会倾向于贵族阶层而不是英才制度，其思想具有时代的革命精神。著《成就约翰生博士》(*The Making of Dr Johnson*, 2009)的约翰·威尔特希尔(John Wiltshire)教授认为,她的言语睿智犀利、震惊世人,而难以摆脱生活的贫困,他们两人同病相怜。约翰生似乎比她要能自我克制些,曾劝她不要对自己成为出版商的"奴隶"一事有过分的反应:"这只会给你的敌人欢笑,让你的朋友愤怒。"

约翰生敬佩她的大胆讽刺、独立人格,对她的小说夸大女性英雄浪漫主义却有所批评。不过,为帮助她作品的出版,解决她的生活困境,他不仅托朋友,还亲自写过六篇题献词。这一现象很不寻常。据贝特考证,约翰生一生写有50多篇题献词,从不为自己著作写,唯一例外的是词典计划书的题献词是写给切斯菲尔德伯爵的。

夏洛特被人记住的作品是《女堂吉诃德》[①](1752),据说倒数第二章全部或部分,还有题献词,都是约翰生写的,同时他还说服理查德森出版了这本书,并在《绅士杂志》撰文给予好评(1752年3月)。菲尔丁也称其在有些方面超过了对塞万提斯的骑士小说这些名家的赞扬,对她的创作是极大的鼓舞。

约翰生为她的批评论著《莎士比亚评注》(*Shakespear Illustrated*,三卷,1753—1754)写题献词给奥里伯爵。夏洛特因大胆批评莎士比亚"缺少原创",激怒莎士比亚爱好者,大卫·加里克曾对约翰生开玩笑说这部书合适的题目是"爆破莎士比亚"。诺克斯认为,夏洛特有野心,不讳言,用女神的优势,以不屈服的态度控制世界。女作家范妮说她颇有心计,初次请约翰生陪同去见出版商理查德森,到了门口又不让约翰生进,说有他陪同让她紧张,得不到重视后,又找约翰生给出版商施加压力。当时她才22岁,约翰生乐意为她出面张罗,称其作品是"可爱的孩子",而理查德森自有想法,不情愿急于出版她的作品,认为她年轻且有的是时间。

她知道约翰生愿为她出力,所以图书出版后,也知道尽力奉承他,称约翰生是"目前时代最伟大的天才"。有一次,约翰生留下一封回信,说不能随她出门,"因为特蒂·约翰生病重"。诺克斯的约翰生的传记以"特蒂·约翰生"的称呼太

---

① 《女堂吉诃德》(*The Female Quixote*),或《阿拉贝拉历险记》(*The Adventures of Arabella*)。

过正式,同时称"夏洛特"又过于亲昵,提出情感关系的质疑,[1]读者只能猜测。

之后,二人的关系突然中断。可能是约翰生以模仿弥尔顿语气写过讽刺诗给她,或者是因为一些想象中的冒犯和羞辱,她突然离开,再也不见约翰生。这使约翰生极为恼怒,不过,他还是写信请她来见面或说明离开的缘由。后来,约翰生烧毁了她的来信,而她则保留了一些约翰生的信件。

作为外来者,夏洛特这朵"带刺的玫瑰"独来独往,她既不加入约翰生的圈子,也不参与伊丽莎白·蒙塔古夫人（Elizabeth Montagu,1718—1800）的蓝袜子俱乐部。

夏洛特部分或比较熟悉约翰生的职业生活,可惜她从未直接写过约翰生,不然,她应能为后人了解约翰生增加有价值的资料。

劳德—弥尔顿事件

这期间,约翰生还卷入了"威廉·劳德（William Lauder,？—1771）事件"。作为苏格兰优秀拉丁文学者,劳德认为弥尔顿的《失乐园》有抄袭拉丁文诗歌的嫌疑,他选不知名的威廉·霍格（William Hogg）翻译的《失乐园》文本（1690）参照,假定弥尔顿的文句是剽窃胡果·格劳修斯、雅各布·马森和安德鲁·拉姆齐等人的作品。

他把文章给凯夫看是否能发表。约翰生在1747年见过劳德,对这位长者颇有好感。劳德因年少时观看高尔夫球比赛时被球击伤腿部,截肢后安装了一条木头假腿。接到稿件后,约翰生看到文章"太混乱,难以证实真假"。同时,他也把文章看作溯源比较分析。[2]约翰生向来很少同情清教徒诗人,包括弥尔顿,因此,对批评他们的观点比较感兴趣。他建议劳德选几个片段,陆续刊登在《绅士杂志》上（1747）。文章中提及的一些比照,虽未直接谴责弥尔顿"剽窃",含意却十分明显。1749年,劳德计划出书,约翰生为他写短篇文章作为一部《胡果·格劳修

---

[1] 诺克斯:《约翰生一生》,第132页。
[2] 韦恩:《约翰生传记》,第150页。

斯》文集的前言。

随后，劳德以 "*Essay on Miilton's Use and Imitationn of the Modernns in Paradiise Lost*"[①] 为题的单行本出版（1750），用约翰生写的"前言"来支持自己的观点，而约翰生还为这个单行本写了后记，请求读者征订它。

然而，劳德本人的动机并非像约翰生想的那样单纯，他在学术和求职方面不顺利，敌视蒲柏并讨厌弥尔顿，心术不正，借题发泄不满。有人敏感地看出他的恶劣意图。如牧师约翰·道格拉斯（John Douglas）严肃对待，发表专文（1750年11月）为弥尔顿辩护，称《失乐园》中根本没有盗用现代拉丁文诗歌，指责劳德倒是有几处剽窃，张冠李戴，一时引起争议，成为文坛关注热点；诗人塔罗特给朋友卡特写信，说他很高兴看到"邪恶伪造者劳德，劣迹斑斑，臭名昭著"；安森（Anson）女士认为，要严肃惩处他的诽谤。

《伦敦杂志》公布信息，为购买这部"诈骗巨著"的读者提供半价优惠，书商显然想趁争议火爆来炒作卖书。

眼看事态严重，约翰生觉得必须马上做点什么事。新一年伊始，一封署名劳德实际为约翰生所写的《致牧师道格拉斯先生的信》发表，列出劳德单行本中的25条捏造而非牧师所发现的7条，在信的结尾，表示内疚，承认有罪："由于违背了事实，我不会找借口，因为我很清楚，这没什么可原谅的。我不会以不坦率的拖延再增添罪恶。我后悔。我确信，这是首次也是最后一次冒犯。"

但是，后来劳德出版文集（1753），选取此书中的文章，使用了约翰生未签字的前言和后记，同时夹进了原谅自己的表述。

在诺克斯看来，这件事本早该结束，可是劳德在文集中又加了一个后记，声称"证伪是个好策略，可以发现弥尔顿的崇拜者有多么聪明"。约翰生读到这个后记后心情应是非常沉重的。显然，当时劳德被动认罪，但却未完全心服。人心之背叛如此，奈之若何？约翰生在很长一个时期内必须忍受其贸然发表文章而招致的唾骂。

约翰生爱好者一般倾向于认为约翰生是无辜受牵连、受欺骗并努力为之辩解，也有学者认为约翰生作为编辑难辞其咎。双方分歧很大。贝特认为，约翰生承认

[①] 标题大意为：论弥尔顿在《失乐园》中使用和模仿现代拉丁文诗人作品。

自己疏忽，后来他写弥尔顿传，似乎有意识要弥补这一不良影响。贝特觉得这仅是个小事故，只是后来有人要让约翰生尴尬出丑。而马丁写的约翰生传记干脆不提劳德及其事件。

写此事故的传记作者似乎都会强调这样一些事实：劳德出书时，约翰生劝大卫·加里克为弥尔顿的贫困孙女做慈善，组织义捐演出弥尔顿的作品，并写开场白，而大卫·加里克为此次义演主演了《忘川》；同样，约翰生为劳德的文集写后记，请求读者征订，为弥尔顿后代募捐，并指出读者、观众应该回报弥尔顿这位伟大的诗人。若看这些行为，实与他为劳德著书谴责弥尔顿"剽窃"而写的支持文章矛盾。他曾对友人说过不读书稿也能为朋友写序，莫非他就这么马虎，不读劳德所写，只为了拉动销售以做慈善，结果让"剽窃""捏造"之说大行其道？韦恩指出，剑桥学者理查德·理查德森（Richard Richardson）曾发表过评论，指出劳德刊登在《绅士杂志》的文章（1747）作假。约翰生显然没有读过劳德文集的内容，否则，他应该不会支持劳德的知错不改的新书（1750）出版。

德马利进一步解释说，在劳德事件中，约翰生被批评者认为是"反弥尔顿"的，因为与此同时他在《漫步者》里确实批评过弥尔顿的诗歌韵律。这是约翰生早年形成的"自然反叛精神"在中年时期的表现。后来人们发现，约翰生在道格拉斯的书的扉页上亲笔写道："在劳德事件中，我受到欺骗，部分原因是想到此人如此热情应该不会造假。"在这一事件导致舆论发展到不加思考、盲目崇拜弥尔顿的地步时，又让约翰生无法承受，他要公正的评判，才有此评价弥尔顿的褒贬不一的物论难齐之象。当代评价弥尔顿者，应可从中得到这样发人深省的启示：约翰生了解弥尔顿的伟大与失误，却从不屈从于来自各方的煽动情绪。

根据出版人约翰·尼科尔斯（John Nichols）回忆，在1747年和之后很长的一段岁月里，约翰生一边编纂词典，经历了不少前功尽弃的挫败，一边写稿挣生活费，恢复了给《绅士杂志》的部分工作，贡献各类稿件，一直做到1754年。贝特认为这一时期他至少写了80篇文章，多数是短文。

妻子特蒂去世（1752）

在写《漫步者》的大部分时间里（107~208期），约翰生几乎没继续编纂词典。签约五年后，约翰生仅编写A、B和一小部分C词头，这些已在印制中，其他词条在等他完成。

出版商急于出版，提出要见他，斯特汉先生甚至警告说他再不继续工作将终止对他的财务支持，而懒散的约翰生对这些抱怨和压力十分不满甚至气愤，1751年11月他给书商斯特汉回信说他不想写就决不会做，他不会见这些绅士，除非印出第一卷，决意已定："我能抵抗，我的城堡绝不可能被风暴摧毁。"绅士们清楚强按牛头不喝水的道理，不逼迫他，但这仍对他形成压力。

约翰生难以集中精力工作还因为妻子的病情日益加重。在1752年3月12日写给夏洛克·伦诺克斯夫人的信中，他说："她很虚弱，我非常沮丧。"3月13日，妻子在《漫步者》四卷本文集上签名，这是他送给她的礼物。3月14日，《漫步者》终刊。三天后，3月17日，在他接到消息，特蒂在汉普斯特德的住所去世。据罗伯特·利弗特医生所说，特蒂是吃鸦片"杀了"自己。

对于妻子的去世约翰生虽有预感，还是免不了悲恸欲绝。他给住在威斯敏斯特的友人泰勒牧师写信，泰勒接信后凌晨3点赶到他在高夫广场的住所，发现他无法控制情绪，伤心哭泣。第二天，约翰生再次写信请求他来陪伴。律师霍金斯了解他的伤心和痴情，但批评他不能理性地"安慰、镇静自己"。画家雷诺兹的亲戚回忆，妻子去世后的一个月里约翰生开始酗酒，要知道他从前戒酒是要给喝酒无度的妻子做个榜样。特蒂去世后不久，约翰生发现自己沉醉于性幻想中，这种情况即使在之前多年两地分居妻子不能满足他的需求时也从未有过。他期待借助祈祷免除这些幻想和由此带来的罪恶感。

特蒂被安葬在伦敦南部肯特区布的朗利教堂墓地。约翰生没有出席葬礼，他把写好的祈祷词交给泰勒，而泰勒以为措辞不妥并没有宣读。约翰生把她的戒指保存在一个小木盒里，标明结婚和她去世的日期。

1752年复活节期间，约翰生写了四篇祈祷词，表达他对妻子的思念和深情，并对自己说"明天返回正常生活"。然而，每逢特蒂去世日或复活节，他的"日记"总会记录他为妻子逝去而悲伤和祈祷，贝特的约翰生传记列举了他七年的祷词（1752，1753，1756，1760，1764，1770，1782）。根据德马利的分析，现代研究者认同这些痛苦的言辞与其说是在悼念死者不如说他在"恐惧和颤抖"，借以表达他懊悔、请求宽恕、承诺和悔悟的真诚信仰。贝特认为，他是担心悲伤感会凉下来，所以每年忌日总是痛苦地责备自己。

约翰生的朋友认为他表现出来的对特蒂的思念，与他们婚姻的实际情况完全不对等。霍金斯用"抑郁症抓住了他的心"来解释他的这种表现，并肯定他们的婚姻是失败的，因为约翰生甚至没有勇气去教堂墓地送别妻子，生前未能爱特蒂，在她往生后自己靠写忏悔书来安慰自己。韦恩不赞同霍金斯的说法，他认为，这对夫妻虽说晚年分居，但约翰生已从青涩青年成长为成熟男子，想到妻子早年乐于接受贫困如洗的他，承担妻子的责任，并作为《漫步者》最早的读者给予他肯定，都会激发他的感激，何况他觉得自己本应能帮助妻子克服她的晚年抑郁症却没能做到，从而悲恸欲绝，思念自责。有时，当我们爱的人去世时，我们可能会因怀疑自己没有那么深爱他而更加悲痛，而越是自我谴责越增加痛苦，韦恩认为，约翰生正是处在这种长期自责的情绪中。

从另一方面来说，特蒂的去世如同打开了泄水闸门，约翰生压抑在心里的内疚和精神的病态如洪流冲泄而出。一年多后，他到布朗利教堂参加祈祷并期待开始新生活。他在1753年4月22日写道："我决定试一下，在星期一去找新的爱人。这不应视为对亲爱妻子忆念的打折扣。早上，我在上帝面前肃穆地纪念她的灵魂，并打算在圣礼上向特蒂告别。"

这时的约翰生已44岁，生理需求尚未衰退。他说"星期一要行动"，这么多年与女性朋友打交道应有意中情人，然而，不是他不感兴趣就是她们对他没有这种情意。韦恩列举了这些女子名单：参与《漫步者》写作的赫丝特·穆索（夫姓查普）、作家凯瑟琳·塔尔博特、伊丽莎白·卡特、活跃的夏洛特·伦诺克斯；约翰生深爱着中部地区的茉莉·阿斯顿，在知道她与船长结婚后便不再追求；伊丽莎白·德斯蒙琳斯夫人年龄小于他，她丈夫死后他本可选择，但可能他认为因其眼界狭隘，不能激发他的情绪，纯为生理需求结婚并非是他理想；诗人安娜·威廉斯（Anna Williams），比约翰生年长3岁，有足够的智慧和个性，脾气暴躁，晚年眼盲；他最有可能与年长他一岁的希尔·布思比走到一起，然而，虔诚的希尔在好友玛丽·梅内尔去世后自愿照顾其家庭的六个孩子，这大概是约翰生放弃追求她的一个原因。总而言之，约翰生曾有过热切地想要第二次婚姻的冲动，但在严肃考虑或长期反思下，未与任何女人再结婚。妻子去世两周后，高夫院来了一位小男孩，可谓天赐之物。这是上将巴赫斯特1750年从牙买加花5英镑买下并带回英国的8岁小黑奴，重新取名为弗兰克·巴伯（Frank Barber，1742—1801）。上将巴赫斯特去世前托付儿子巴赫斯特医生负责管教弗兰克，但巴赫斯特医生在伦敦的工作收入不高，不能负担孩子的上学，并计划到海军任军医，听闻特蒂去世，便把弗兰克送给约翰生做家务，同时给他做伴，以减轻他的孤独和痛苦。弗兰克后来告诉鲍斯威尔，他的主人那时正处在妻子去世的极大痛苦之中。

约翰生不但乐意接受弗兰克，而且很快与他发展出父子感情，特别给他找了一所环境友好的学校上学。但弗兰克不爱学习，好动不安，逃学跑到药房做学徒工。

早在世纪初，种族歧视深深根植于英国的文化和政治中，约翰生却不然，这大概与他博览群书和辩证的思考相关。他说："没有人是另一个人的自然财产。"晚年到牛津访问期间，他曾在饭桌上为西印度的黑人起义干杯。

《冒险者》（1753）

妻子去世后，约翰生有很长时间完全放弃了工作，词典出版商容忍了他一段时期。

那段时间他整天待在阁楼上，人们问他为何这样与自己过不去，他说："因为在阁楼上，我从不会见到特蒂夫人。"宽敞的房间自会有从前特蒂生活的影子，只有狭小的楼阁才是他的世界。痴情痴心如此，他还有未来吗？

妻子去世半年多后，他于11月参与新工作。俱乐部成员、出版人约翰·佩尼请约翰·霍克斯沃思创办了一份双周刊《冒险者》(The Adventurer)，医生理查德·巴赫斯特参与其中。诗人安娜·威廉斯女士告诉鲍斯威尔，约翰生代巴赫特斯写了20几篇文章，主要是为了帮他解决贫困问题，每篇文章可得到两个几尼。

据约翰生说，他没有给医生代过笔，事实可能是由他口述而医生做笔录。鲍斯威尔亲自问过约翰生是否有这回事，他的表现是"微笑，什么也没有说"。贝特认为，这可理解为事情确实存在，这些文章可视为《漫步者》的延续。

自从有规律地写稿后，约翰生在《冒险者》发表文章，通常五天一次，比较轻松。他请理查德森先生和卡特夫人为刊物写稿，他们因工作忙未能参与。《冒险者》刊登的文章一律没有署真实姓名，约翰生仅用字母"T"署名，其他人则用其他代号。但约翰生的独特风格逃不过明眼人。作家理查德森从《冒险者》与《漫步者》的文章比较中识别出这是同一作者。女作家凯瑟琳·塔尔博特给友人伊丽莎白·卡特夫人的信说，从那些的文章里，她发现了约翰生。

当希尔·布思比通过一些文章猜到并要他回答时，约翰生最初沉默不语，经一再逼问后才给予认可。希尔回信说："我不奇怪你会犹豫与一个女人分享秘密，我更感到你在犹豫后交流这个秘密的恩惠。你这些特意的记号会被严格地保密。我会寻找T的文章，以加倍愉快的情绪来读它们。"这也可看作他们俩在发展感情的内心交流。

也许因写手多，文章风格轻松、多样，《冒险者》比《漫步者》销路广。约翰生意识到，他这次被邀请，应尽可能做到文字容易阅读，少用硬词，然而，在内容上，他并不少于暴露人类的缺陷和邪恶，语言更犀利，且有几篇写得甚至相当黑暗。

马丁总结说，相对而言，《冒险者》涉及的主题不如从前多，在一般道德的话题下，论及虚荣及其危险、奉承与说谎、自我自满、渴望的无止境、幸福、特别的傲慢和仅想自己可以免除特别规则的侥幸心理。

从自传角度看，约翰生呼吁生活就是战争，人们要为好的战斗而战。尽管不能确定思想或灵魂的胜利，也"要与困难做斗争，征服它们。这是人类最高的幸福。其次，力争成为一个征服者"。他拓展《论睡觉》(《漫步者》No.39）的思考："睡觉是幸福的保证。"他抱怨自己睡不安稳，总是胡思乱想，其结果就是晚睡。他在1753年的日记中提到，自离开牛津后，不记得是否有过因主动选择而早起的事,"仅有一两次在艾迪尔庄园拉丁文学校时以及两三次为写作《漫步者》而早起"。

他拷问作家的存在是否真正有用并能带来幸福。他感慨文人时间耗尽,一事无成,留不下任何可追踪的特别行迹,会如泡沫般破灭、蒸发,只存"文章可在我的把握中,并有能力改进它们"而已。若写作有点用,不过是有些读者能从"个别情绪"中受感染而得教益,而作者的命运不外乎是"学习加烦恼",把自己禁闭在书房和阁楼里,形同置身四面是墙的僻静地狱。

加紧编纂词典

1754年,词典编纂进入关键时刻。年初,凯夫去世(1月10日,终年63岁),留下8708英镑遗产。约翰生十分难过。凯夫不仅发明了"杂志"这个英国流行刊物,还直接在《绅士杂志》帮助约翰生走进作家荣耀的殿堂。他为凯夫写出感人至深的小传,称赞他敢于投资于那些看不到成功的文学计划,自然包括约翰生自己折腾过的那些夭折的翻译、写作计划。

也许意识到自己荒废了时光,感受到书商们的不耐烦,约翰生在妻子去世半年后重新振作精神,于1752年11月初写祈祷词祈求神助,不仅接着为《冒险者》写作,同时开始抓紧编纂词典。

1753年4月3日,他开始编纂词典第二卷。出版商给他额外付费,按每页纸一个几尼支付,主要用于支付抄写员的工资。之后,他交稿神速,印刷厂都有些应接不暇。在仅有两个助手协助的情况下,他在18个月内完成了词典剩余80%的编纂工作。

1754年4月,他完成词典手稿两卷,并以每周54~70页的速度校读。这次进展快与他改用新方法有关。他写下列入的词条、词源学、定义、解释,记在旧本上,留下空间插入增补内容,同时在原稿中删去许多引语,以确保词典简明、清晰。早先的原稿,特别是A部分,因没有太多时间修订而保留例句较多。韦恩强调,A词例句多于其他25个字母,表明原来的设想宏大,若依旧不进行剪裁,那将是一部20卷而非2卷本词典。

6月,他准备编辑《漫步者》文集。7月他去往牛津图书馆查资料。这是他自1729年离校后25年来第一次返回母校。

7月16日,他告诉托马斯·沃顿教授,若不去牛津图书馆几周,他无法完成任务。在五周的访问期间,他被安排住在三一学院附近的凯特厅(Kettel Hall)。这次访问与其说是为了研究不如说是一次社交活动(包括申请授予他文凭),是他逃避编纂词典的辛苦工作的一个借口。

托马斯告诉鲍斯威尔,约翰生从牛津图书馆里并没有为词典收集到什么资料。但诺克斯认为,有位图书馆馆员弗朗西斯·怀斯(Revd Francis Wise)牧师为他提供了大量资料,他都一一阅读,尤其写"历史"和"语法"时直接借鉴了这些资料。但确切地说,这发生在别处的图书馆。有一天,他们走了三英里,来到埃尔斯菲德村庄访问怀斯牧师,从其负责的图书馆里得到一些用于词典编纂的资料。同时,约翰生遇见本地女诗人玛丽·约翰斯(Mary Jones),她给他留下"明智、和蔼和友善女人"的印象。

约翰生由托马斯教授陪伴并到其他学院访问,尤其是回到母校感觉很失望。因为校长约翰·拉特克利夫(Dr. John Radcliffe)对他很冷淡,既不谈词典,也不请客或回访他。鲍斯威尔的传记记录,约翰生对托马斯抱怨说,这里有个靠文学生活的人(指校长),不愿动根手指支持。若到牛津,他愿到三一学院,母校的一些老校工还记得他,令他感动。他见过早年竞争对手、留校的约翰·米克先生,他兴奋地对朋友说:"先生,看我们的文学个性有多么不同。"

他这次回到母校,确实为建立友谊关系打开了大门,后来这里便成为他常来常往的地方。这里距离家乡相比伦敦仅有一半路远,但这次访问后他没有回家。18个月后,他给继女露西写信,否认当时报纸说他去世了的消息,这是他被报纸首次关注为新闻人物。他虽内心里欣喜,但有一点小恼火。

11月,他仅剩下最后一组词条还没完成。

12月21日,牛津学院决定授予他文凭。只是又拖延了一些时日他才真正得到文凭,如此一来,在词典的扉页上就可以标示约翰生获有硕士文凭,有利于词典的出版宣传。

1755年2月25日,一份由圣玛丽学院院长威廉·金博士(Dr. William King)签署的文凭书送到约翰生在伦敦的住处。大学校长阿伦伯爵（Earl of Arran）在推荐信中评价他的系列道德文章，高度称赞他正在为出版英语词典付出巨大努力并获得好评。他开始被人称为"词典人"。怀斯牧师认为，与其说他们称这是约翰生的荣誉，不如说他们这是在宣称这是牛津的荣誉，因为这部词典出自一位牛津学人之手。

致伯爵的书信（1755）

约翰生焦虑地等待词典正式出版，并在前言表明态度，表示自己已做好随时应对社会的任何反应和批评的准备，这种战斗精神很快就体现在一封他给切斯特菲尔德伯爵的书信中。

伯爵此时因关节炎行动不便，还因病毒影响导致严重耳聋。从出版人多斯利那里，他得知词典很快就要出版，似乎想起往事，想起他曾经给予过10英镑的赞助，后来却完全忽视约翰生的工作。为此，他立马在一份他偶尔发表文章的《世界》（*The World*，第100和101期）刊物上，连发两封信，高度称赞约翰生编纂的词典。

但是，伯爵在信中炫耀自己浅薄和略知的语言知识。诺克斯列举了伯爵的一段赞词："人不能期待完美，可从约翰生已经出版的作品判断，我们有理由相信，他将带给我们的这部大书，几乎是一个人能够达到的完美境地。"这本应是个非常讲究智慧的赞美说词，正是这个貌似智慧之说，却刺激了约翰生。约翰生认为，伯爵忽视了他九年，而他做了九年几乎"非人的劳作"，如作家乔治·奥威尔曾言："写一部书是恐怖惊心、筋疲力尽的挣扎，如同患了一次长久痛苦的病。"而现在伯爵要与他一起在热闹的舞台中心亮相。德马利解读伯爵的信实有"轻视约翰生著作"的意味，如韦恩也提到，他行文故作姿态，实为愚蠢。伯爵字里行间暗示，尽管约翰生或出版商没有如惯例送过哪怕一副白手套或一瓶酒恭维自己，但他写赞扬信实出于真心实意，从未被贿赂和收买。

约翰生对这类事后的吹捧自然不满，义愤填膺，很快写了一封《致最尊贵的切斯菲尔德伯爵》的书信（1755年2月7日）。鲍斯威尔1781年请约翰生复述了这封信的全文，并在其传记公布它。

伯爵的动机并不复杂，作为贵族和地位比较高的政治家，伯爵对贫困和没有朋友关系的这位作家的举止还算正常，比较起来，约翰生对伯爵对他的"忽视"的反应却显得有些过度。

约翰生一直不赞同亚当博士说伯爵平易近人，他强调伯爵自大、自负。

客观上，约翰生这封"尽人皆知"的回信成为公认英国文学的著名作品，广为流传，到后世还被看作是"敲响赞助人丧钟"的标识。有人甚至夸张地说这是"现代作家的大宪章"，可比《自由大宪章》（Magna Carta, 1215）。[①]确实，就其语言表达艺术而言，其已成为大学英语的范文教材。德马利肯定美国文学批评家、莎士比亚专家阿尔文·克南（Alvin Kernan, 1923—2018）的分析，说这是一篇"作家独立的宣言"，同时，是"对古已有之的赞助人的公开拒绝"。[②]

赞助人

"结束赞助人的时代"虽已经开始，可直到最后，约翰生的写作还依然要靠出版人的委托。约翰生若不为自己也是在为文人群体呼吁作家的自由独立。韦恩分析，工业化进步的影响比任何政治理论家所梦想的力量都大，它有力地促进了欧洲现代化的发展。运输简便、印刷便宜，图书可以直接送到读者手里并接受付款，这些便利条件开始让封建制时期文人摆脱靠宫廷贵族赞助生存的依赖。回顾过去，在部落宗法社会，作家不过是游吟诗人和编年史记录人；进入封建社会，作家或服务于统治者的信念或铭记民族发展的成就的两个作用仍延续了下来；到了中世纪，作家通常出现在教堂；文艺复兴时期，个体赞助人出现，旨在帮助作家、艺术家复兴古罗马文化和远古习俗。18世纪，运河发展，使社会文化具有移动特点，买卖图书成为大众化的交流方式，交通运输和工厂的发展让作家直接与读者产生

[①] 马丁：《约翰生：一部传记》，第262页。
[②] 德马利：《约翰生创作生平》，第180页。

联系，不必非得靠赞助人而得到现金来源。约翰生自己从未跨过这个桥梁，主要靠出版人约稿生存，直到52岁开始拿养老金，才免于生活拮据。

处在这个中间过渡期位置，除宗教和道德问题不含糊其词外，约翰生的其他看法都很难以黑白分明并执着不变来判断。他的态度是来自经验的，更是靠实践得来的。他驳斥伯爵的行为仅给人一种一个表现中产阶级追求自由精神的轮廓。他提倡"顺从"，告诉鲍斯威尔他有"旧封建的观念"并愿意恪守旧秩序，表明他不是个纯粹的自由人。

在文学批评方面，他也秉持对古典文化批判与欣赏并存的态度。因此，韦恩强调，我们面对的约翰生是个"思想通达深邃和思考变化的多面人"。正是由于复杂而多变的特性，约翰生200多年来一直被低估。从某种意义上说，伯爵是最早扩大人们理解约翰生的先驱，因为他不仅没有把约翰生的信一扔并且鄙视之，反而赞叹其文字优美，说"这是一个有伟大能力的人"。

不幸的是，伯爵似乎完全不知作者的个性及生活状况，盲目自信地以为自己这样幽默风趣的赞美任何人都应感恩涕零，却没有料到事与愿违。传说托马斯·罗宾森伯爵（Sir Thomas Robinson）曾夸海口称，若条件允许，他会给约翰生每年500英镑养老金，约翰生立即反问："你是谁？说话怎么那样狂妄任性？先生，若政界的贵族早对我提出这个奖赏，我会向他指明哪里是走下楼的楼梯口，请他出去。"

为独立，约翰生敢于拒绝任何随意的施舍，大有中国古人"不食周粟"的风骨和气概。伯爵最终放弃与其和解，而约翰生也得到了某些自豪的内心满足。

19世纪有画家描写过这样一个场景：约翰生手持拐杖生气地坐在伯爵的外面房间。这个完全想象出来的油画，刊登在一部现代词典的广告中，并出现在书里。

约翰生曾不无幽默风趣地对大卫·加里克说，伯爵送了"两只公鸡船"拉他上岸。

只关心出版的多斯利听闻其事后真有些焦虑不安，毕竟伯爵的身份和名望就是一块确保词典销路通畅的硬牌子。

在3月1日预售时，多斯利免费印制了1500份十年前约翰生写的致伯爵的"题献词"力图向公众确认伯爵对这部词典上的支持一直未变，力图挽回任何出版发行时可能受到的影响。伯爵本人也以公开、正视的态度挽回其失去的面子，他把约翰生的信放在办公桌上,以让人看到,甚至在朋友多斯利面前夸这封信的语言表达风格,借此表明自己不计较一位文人的任性使气。这让约翰生感到极为愤怒。

约翰生讨厌这位"并非智者中的伯爵,而是伯爵中的智者",曾予以嘲讽,甚至1755年修改《人类欲望的虚幻》时,把"阁楼"改为"赞助人",视其为与"贫困、牢狱"一样,打击并伤害年轻作者。他的词典对"赞助人"是这样定义的:"一位通常粗鲁无礼的邪恶者,接受奉承者的回报。"

随后,年月变更,约翰生对伯爵的好感与日俱增。此一时彼一时。韦恩认为,约翰生从不是一个复仇者,而是一个愿意息事宁人的人。大约过了四分之一个世纪,在鲍斯威尔强求下,他凭记忆口述了信件,鲍斯威尔如获至宝,想让信件曝光是他而非约翰生的主意。

事实上,约翰生表现出一种相当的谨慎,尽力避开他通常无能力承受的积怨爆发。有个传说证明了这个看法:道格拉斯博士手头有这封书信复印件,他问约翰生是否允许送给哈德威克伯爵——一位有文字暴力倾向的贵族,思考几分钟后,约翰生微笑着回答道:"不必了,先生,我已伤害这条狗太多了。"

鲍斯威尔和现代的一些人乐意把这封书信抬高看,以张扬约翰生的个性,使其成为独立文人的宣言书,这早已超出了作者本意。

约翰生的大船终于要上岸了。4月,当他将最后的校对稿送出去,负责联系业务的安德鲁·米勒(Andrew Millar)先生接过稿件激动地说:"感谢上帝,我终于有了。"约翰生听到后回应说:"我很高兴,他感谢上帝的一切。"

《英语词典》出版

1755年4月15日,两大卷《英语词典》正式出版,2300页,重达10磅[①],售价4.10英镑,出版人斯特汉,首印2000本,扉页印有以下内容:"一部英语词典,采撷最优秀作家的文章例句,追溯词源,阐述不同词义,内有前言、语言发展史和

---

① 1磅=0.454千克。

英语语法部分。塞缪尔·约翰生著，硕士，两卷，伦敦，1755年出版。"这个字数超长的"书题"，反映出当时出版界力争给人对全书能一目了然的印象。

评价总体来看都非常好。10月10日，德拉克鲁斯卡学院的尼古拉侯爵从奥里伯爵那得到一本词典，他在《公众广告》撰文，称赞这是作者永远的丰碑，是国家的特别荣耀，能让全欧洲公共出版业普遍受益。《月刊评论》推出长文介绍。接着，英国经济学家、哲学家亚当·史密斯在《爱丁堡评论》（1755年6月）上高度推荐词典，尽管他同时指出其逻辑有些混乱。诗人克利斯托夫·斯马特（Christopher Smart）在词典出版九个月后写诗称赞这是"一个人的每个词"。大卫·加里克也以爱国语调写诗，称赞约翰生"击败40个法国人"。意大利研究院主席马奎斯·尼科里尼（Marquis Nicolini）也对词典赞叹有加，说这是一部"非常伟大的著作"，不仅是编著者的丰碑，而且带给他的国家荣耀，并使整个欧洲普遍受益。意大利研究院早前编写过欧洲的伟大词典。《绅士杂志》自然全面宣传，约翰生的同事约翰·霍克斯沃思博士撰写匿名文章称赞。11月13日，国会议员威廉·汉密尔顿在上议院做主题演讲，编辑托马斯·伯奇将其以"约翰生的成就"为题进行专门报道。

当年轻人罗伯特·布朗宁（Robert Browning，1812—1889）决定要做诗人时，从头到尾读完了约翰生的两卷本词典。此事可与我国学者钱锺书在回国的船中读简本约翰生词典并称为佳话。

韦恩说自己1943年买到一本第三版约翰生词典（1765），用手推车推到学院宿舍，慢慢享受这部18世纪生活和文学的大部头。韦恩就读于约翰生的母校，生在约翰生家乡的同一个教区，同时，还亲历过"格拉布街"那样的文人生活，卖文为生，进而成为时代有影响的诗人和小说家。他写约翰生传，自有感同身受的别样情感。

1755年6月，约翰生对托马斯·沃顿教授说，词典"卖得很好"，但考虑其实际价格和超大体积，事实可能并非如此。书商决定出第二版（6月），拆分为每周发行，每次6便士，这样一来，销售情况得到改善，与内森·贝利的流行于市场的词典形成了竞争。

到了年底，出版人斯特汉特别改编了一个词典节选本（第三版），两卷八开本，相当于原来的十分之一，出售10先令，使得销路大为改观。此后四年里，全本卖出5000册，其他版本（1760，1766，1770）各分别卖出5000册。1773年，约翰生进行大范围修改词典，第四版对开本出版，他也因此得到300英镑的修改稿费，28年内，全本卖出5000册，节选本卖出了3.5万册。

一个人的词典

这部大部头，贝特称之为"一个人的词典"，有以下两大特色。

一、广博的精彩例句。

这些例句，为语言的微妙差别和灵活应用提供了正确和恰当的范例，打破了所谓纯洁语言的常规。法国科学院编纂词典时强调有一个权威例子就可以了，不必再引其他，贝特指出，法国作家伏尔泰在去世前（1778）曾要求科学院修改其程序，依从约翰生的样板。

为获得这些例句，约翰生不仅要读广泛的作品，还要从中比较并挑出更适宜的语词例句。[1]有些作家的作品他早已烂熟于心，而有些读得不多，比如培根的作品，他到最后才全面通读。他挑选的例句超过20多万条（一说24万条），担心太多吓走学生，最后压缩到11.6万条（一说11.4万条，涉及500多位作家）[2]，为4.3万个词头（一说42773）注释，多数用于常用词。如果要为那些罕见词也都找出例句，恐怕得再有30年。

韦恩强调，这种让读者看到每个词的足迹或用法的模式，是约翰生的原创，已被接受为编纂词典的规范模式，150年之后的《牛津词典》亦注意了词义的特定语境或历史演变。

---

[1] 许多约翰生画过线的书，仍保存至今，其中有莎士比亚、培根、伊萨克·沃尔顿、罗伯特·索斯、马修·黑尔爵士、伊萨克·瓦茨、约翰·诺里、约翰·菲尔等人的作品。参看德马利：《约翰生创作生平》，第112页。

[2] 据澳大利亚约翰生学会会员巴里·谢波德（Barrie Sheppard）所写的读书笔记中所提。

二、睿智的简明定义。

词典中的不少定义已在英语世界流行，具有容易出口和呈现智慧的特色。尤其值得注意的是，贝特认为，在总量4万多词头里面有15条非常个性化的兼具幽默、特性、个人指控和偏见、自我否定的词语定义，要碰见它，几乎要读完全书。仅凭这十几条便凸显出"我的词典"这一个人特色，正所谓"动人春色不须多"。

德马利也同样肯定了约翰生词典的这两个重要革新特征，大量解释的例句与细分大量词语含义的方式，让词典涵盖了英语丰富的历史内容。因而，这部词典可称为包含所有知识的"书中之书"，呈现出两大亮点：实用的参考书、文学的精华书。[①]

约翰生期待批评，比如针对那些具有很强的个人意见、片面甚至带有恶意的定义，还有些词的定义带有道德厌恶倾向。

约翰生给有些词的定义过于复杂化，有人夸大其荒谬。

就有些松散而一般的词，他试图把握它们，尽可能赋予其特定意义。有时他很愿意承认人们指出的错误。当一位老妇人问他怎么会搞错"骨节"（他定义"马的膝盖"，pastern），他耸耸肩说："无知，太太，纯属因为无知。"作家凯瑟琳·塔尔博特得意地告诉文友伊丽莎白·卡特一个发现——约翰生词典里没有名词"运动员"或形容词"运动员的"的解释。

他删去许多不雅的"四个字母的词"，但还是保留了"放屁"（fart）、"撒尿"（piss）这样的词。女士称赞他，而他却表示惊讶："什么，我亲爱的！你在找它们吗？"至于他给"乏味"（dull）的、"词典家"（lexicographer）定义"词典家是无害的苦力"，"编纂词典是乏味工作"，却呈现出了编纂词典"工作"与个人"生活"的联系和切身感受。

德马利虽觉得这些个性化、单一或有些怪异的定义会引起与全书客观审慎的"不合比例的关注"，然而，通观整部词典，约翰生从道德观出发，通过词语展示人类的知识领域，并不是个人思想的记录，全为教化学生用。这个"教化"之用，可以解释为什么他所收的词不算多，但选择精练，注重实用。

---

① 德马利：《约翰生创作生平》，第116页。

马丁引其他批评家的观点说，即使词典没有海量的例句、语录，约翰生词典也比之前的词典收录了更多的百科全书的内容。这些内容主要包括三个方面：一是复杂的人工制品（如气泵），二是自然物体及现象（如鳄鱼、钻石），三是人类学识的机构及领域（如陪审团、建筑师）。约翰生借用其他学科的术语，为读者定义科学知识，还表明他直接受益于当年参与哈利藏书的编目工作。

示范和认知作用

约翰生的词典为后世起到了示范和认知语言的作用。约翰生对"真正的天才"的定义是："大脑有巨大能力，偶然决定某些特别的方向。"与约翰生不同，美国词典家诺亚·韦伯斯特（Noah Webster）几乎一生致力于词典工作，在《韦氏词典》（1828）中，他虽有如约翰生那样的天才在胸，尽管挑剔找碴贬低前贤，还是略微改写采用了约翰生的1000多条定义，以及援引其大量的例句。他70岁写的前言说，词典的出版带回给他一切劳作的记忆，远超于任何责备或赞扬。这其中回响着约翰生73年前（1755）出版词典的心声。

另一个示范作用，可见其直接影响了詹姆斯·默里（James Murray）教授主编的牛津《新英语词典》（10卷，1884—1928。第二版改名《牛津英语词典》，13卷）。这部词典的初衷是补充约翰生的词典，后来计划改变，以收集11世纪中叶（1150）的英语为"新"而区别其"旧"。1857年计划，1879年着手，有1300名学者专家参与，前后共花近30年。与之比较，约翰生的9年何其耀眼和充满光辉。在马丁看来，词典是民族的财宝，成为所有人要认真检查和可"玩"的一种公平游戏。正是因这部词典的问世，约翰生这位词典人一举成名天下知。

这部词典对语言认知的作用，很容易被误读为约翰生所做的是要固定词义、确定其不变的用法。确实，约翰生前后有一个思想变化的飞跃。一开始，他雄心勃勃，计划要"确定""纯洁英语"，其"伟大目的"是"寻求语言规范的永久"，规范每个词语，因为"所有变化本身是邪恶的"。不到两年，他以基本失败的亲历，彻底改变了原来的设想，在原则上接受洛克的命名理论，认可语言是进化的、本质上是不稳定的。其间碰巧读到本杰明·马丁（Benjamin Martin）著的 *Lingua Britannica Reformata*[①]，如诺克斯所言，让约翰生的怀疑变得明确，困扰得以突破。正是意识到词如流水不腐的本性，约翰生在词典的前言中以生动的比喻强调任何限制或纯洁甚至规范语言的行为，都不啻为"以链条束缚音节，以马鞭抽打大风"。

其"广博引用各种例句"的举措，本身就打破了规范，不仅"举一反三"而且"举三认一"（字），教人们从样板或范例中学习、思考语义，灵活运用语言。澳大利亚词典学家尼古拉斯·哈德森（Nicholas Hudson）拈出"语法"为例指出，约翰生为语法下的定义是"正确说话的科学，教人词语互相联系的艺术"，这应该没有什么不对，可是，约翰生的例句却值得那些固守语法者去深思。诗人德莱顿说："如果让他们只按语法规则说话，那我们就让乡下人说不出话来了。"哲学家洛克道："根据语言的语法规则说话，人们难以恰当地表达事物。"[②]

有趣的是，澳大利亚学者巴里·谢泼德（Barrie Sheppard）指出，分析哲学家路德维希·维特根斯坦（1889—1951）突破自设的"语言图像论"，冲击洛克的词语可被确定的"命名理论"，主张命名不可确定，如其名言："凡不能说的，必须沉默以对。"不过，维特根斯坦实际要强调的是，一个"词义"确立后，人们不能问它代表什么，而是要问它应该如何使用，就像一项游戏有其规则而这规则本身并不是确定不可更改的。由此可见，约翰生将例句放在"词语应该怎么样使用"的上下文语境中来确认"词义"用法，不能不说早在200年前就走在维特根斯坦的语言理论之前了。由此可见，天地间的事物依然可被新"词语"来概括。这一理论（名）不能涵盖事物（实）的基本原则，约翰生在后来就新古典主义关于莎士比亚的诗性"三一律"评论中、在《诗人传》中，又继续发扬光大。

语言学家自有其学科教条，一般人难以接受这种无设定、无规范的语言观点，只能尽可能地就其有利于语言学科的方面，努力和积极地肯定约翰生编词典本身有规范化的实际作用，但这并不是理解这部伟大词典的重心所在。

[①] 大意为：大不列颠通用语言格式。
[②] 见《澳大利亚约翰生学会会刊》（*The Johnson Society of Australia*, *Inc*）2010年9月第12期，第61～77页。

强调"规范化"自是误读，但其客观所起的"规范或纯洁语词"的作用不可忽视，甚至给予其高估也不为过。

约翰生所处的18世纪，树立规范和标准已成为一种人文风气，约翰生乐意接受语言尽可能缓慢变化的看法，并以编纂词典作为一种努力，其坚持的结果便是，过了两个世纪后，英语的基本词语结构用法变化不大，甚至至今还能继续使用和理解。韦恩比较了18世纪与16世纪的英语，发现了极大的不同。约翰生指出"莎士比亚的语言风格有令人困惑、没有语法、朦胧不清的问题"，这几个问题，正是16世纪英语使用的一般状况。拼写法方面也如此，因人而异，当时几乎不存在什么正确或错误的标准拼法。约翰生虽然意识到词语不能固定，也明白应该有个实用的对词语的基本指导，若能被大众认可接受，就能避免发展太快而不稳定。

但是，与后人重视约翰生词典中的例句不同，当时的人们尤其是出版商，更多地考虑到词典实用和查用的功能。约翰生虽倔强，也能理解出版商的苦衷，应邀为简洁本写前言，希望辞书能为民族提供便利于日常生活的词语。这种浓缩本，定义缩简，例句做了删减，几成语言标准的权威。如此，前后共计有309个"微缩"版本的约翰生词典出版。

值得注意的是，约翰生词典里常出现"我不知如何去定义""我不太了解其词义"的如实表白，看似失职，有损一个词典家应负责任的形象，可是，这恰恰表明约翰生对学问的基本态度——坚信苏格拉底的"他知道自己无知"的智慧格言。晚年时的约翰生对难以完美的词典有自己的清醒判断，他对意大利朋友弗兰斯克·萨斯特利（Francesco Sastres）说："词典就像钟表，最差的也比没有好，而最好的也不能期待十分准确。"

安娜的父亲威廉斯

《英语词典》虽给约翰生带来名声，却没能让他在经济方面翻身。不过，他还是尽力帮助他人，比如他早年相识的威廉斯父女。

威尔士人撒迦利亚·威廉斯（Zachariah Williams）是位物理学家，一直利用业余时间搞发明，争取英国国会为鼓励设计高精度的经度航海仪设立的2万英镑奖金（1714）。晚年到伦敦后，威廉斯四处奔波，提交的报告无人搭理，只好流落街头，终被养老院留宿（1746）。他的女儿安娜·威廉斯未经许可住在养老院照顾父亲，结果父女俩都被赶出门。1748年，安娜的父亲卧床不起，得到约翰生的资助和照顾。临终前几年，威廉斯先生托付约翰生照顾女儿安娜，约翰生接她到自己高夫广场的家住（1752）。1755年，威廉斯82岁，病情加剧。约翰生曾在《漫步者》两次提到威廉斯先生的发明（No.19，No.67），替他给海军大臣写过几封请求书，都没得到什么反响，因此，他决定自己研究写 An Account of an Attempt to Ascertain the Logitude at Sea[①]（1755），用威廉斯的名字署名，同时请朋友朱塞佩·巴利蒂（Giuseppe Barretti）做意大利文翻译，以起到半国际化的影响作用，还出经费请出版人多斯利安排出版。1755年6月，就在威廉斯去世之前（7月12日），他赶到牛津，把这本出版的书存放在图书馆。

哮喘病

即使词典完成，压迫他的枷锁被打破，约翰生还是为难以支付大房子的费用发愁，难以成为自由身。高夫广场住所的大房，当时是为取悦妻子租下的，已住了11年，他在这里编纂词典，写作《漫步者》，希望带给妻子生存的尊严，可是，人走了，似乎也带走了寄托。

1755年12月到1756年2月之间有几周，约翰生哮喘病发作，担心肺部感染，靠放血治疗。在临终前，他对这类传统医学的放血疗法的有效性并不怀疑，甚至等不及医生前来就自己放血，应对咳嗽、发冷、肠胃气胀、眼睛红肿特别是呼吸困难和气喘吁吁等疾病。他还担心眼盲，庆幸的是，第二年2月，他的眼睛突然好转了起来。

俗话说："久病成医。"作为医学业余爱好者，约翰生还相信草药。

---

① 大意为：关于航海经度的审查论述。

约翰生生病时，依赖早年认识的托马斯·劳伦斯医生（1711—1783），劳伦斯后来成为皇家医学院的院长，被约翰生称为其"所知最好的一个人"。劳伦斯医生推荐"油和糖"，让他喝德国莱茵酒和水，以恢复声音。

1756年1月16日，希尔·布思比病逝，约翰生比从前更加孤独和空虚。3月16日，他因为欠债5英镑18先令被监禁。他先是想求助于出版人斯特汉，没找到人后，写信给出版商兼小说家朋友塞缪尔·理查德森并得到6个几尼解围，理查德森慷慨地又多给了他8先令，深得约翰生的感激和信赖。

在3月28日为妻子周年日所写的祈祷词中，他提到自己的生活"失去世界的安慰"，暗示他现在不仅面临着失去特蒂和布思比的双重悲伤，还经受着经济拮据的压力。

第五章　写作《拉塞拉斯》前后

第五章 写作《拉塞拉斯》前后

新朋友墨菲、雷诺兹和伯尼

此时,新的朋友出现在约翰生周围,无疑给他带来了精神安慰。

阿瑟·墨菲(1727—1805),出生在都柏林的富商家庭,是位天才演员,后来成为戏剧作家和批评家。1754年夏天,时年27岁的墨菲创办类似《观察者》的期刊《格雷因杂志》,同时在科文特公园主演《奥赛罗》。6月,墨菲在乡间访问,告诉朋友要赶回伦敦准备新一期杂志,陪同演员塞缪尔·福特对他说不必回去,手指着一本法国杂志,内有一篇《精致的东方传奇》,墨菲拿过来翻译后便送去印刷厂。回到城里,墨菲发现法国杂志上的这篇文章来自《漫步者》(No.190)并未注明作者,他觉得应尊重作者,要找到他做出解释并求得谅解。墨菲后来对约翰生的生活和幸福产生了巨大影响,是他最早介绍约翰生认识斯莱尔夫妇的。晚年的墨菲留下了妙笔生花的回忆录,散文集《约翰生的生活和天才》活灵活现地描写了他与约翰生第一次见面时约翰生手舞足蹈的场面。

乔舒亚·雷诺兹无疑是约翰生此时最亲近的年轻朋友。雷诺兹家在德比郡,到意大利学绘画两年半。有一年寒冬,他在梵蒂冈作画,受冻伤影响听力受到损伤。1752年雷诺兹从意大利学习回来,他在一家书店看到《萨维奇传》,拿起来靠着柱子急切地读完。正是这本小书激起他对约翰生的无限崇拜。1753年雷诺兹定居伦敦,妹妹弗兰斯与他住在一起多年,1757年1月,她第一次看到哥哥为约翰生画的肖像画,这幅画像应是在1756年开始画的。

雷诺兹与约翰生很快就建立起了互相信任的友好关系。雷诺兹说,约翰生形成了他的思想,扫除了他内里大量的垃圾,而约翰生视他为"伟人""最长久和最友好的朋友",并对他直言不讳地说:"如果失去你,我几乎失去了我能称之为朋友的人。"

鲍斯威尔写的约翰生传记写到他们初次见面的戏剧性的场面。海军上将查尔斯·科特雷尔的两个女儿与约翰生认识多年,他常参与她们的文学沙龙活动。有一次小姐们谈到一位朋友去世,十分伤感,雷诺兹认为她们不应沉溺于悲伤中,应从中解脱出来。这话听起来比较无情,让小姐们大为震惊,约翰生却喜欢这样的说法,感觉雷诺兹有独立思考的习惯,立即为他的理性精神辩护,当晚与他一起回家,还一起吃了消夜。

雷诺兹在约翰生出版词典(1755)不久后,大概是第二年,就为约翰生画肖像。这幅题为"词典人约翰生"(1756)的油画现悬挂在伦敦国家肖像馆,画中约翰生坐在没有扶手的椅子上,背靠铺了绿色台布的桌子,左手压在纸稿上,右手垂下,握着羽毛笔,面部清晰,额眉平滑,显得很年轻,几无皱纹和忧虑的迹象,只是脸部有些粗糙,大下巴、大鼻子、厚嘴唇。

鲍斯威尔遇见雷诺兹是在1769年,而他得到雷诺兹送的这幅珍贵的画应是在1789年。当他出版约翰生的传记(1791)要以此画作为封面时,雷诺兹认为35年前他这幅画的形象"过于年轻,深思方面表现不充分",建议画家詹姆斯·希斯在做版画雕刻时突出将一部词典放在台桌上,以凸显约翰生是位著名的词典学家。

1760年,雷诺兹有6000英镑的年收入,他的画作一画难求。若不是雷诺兹主动为约翰生作画,约翰生根本无钱支付他画肖像画的费用。马丁提到,约翰生一生中有12幅肖像画,其中有四五幅都是雷诺兹为他画的,这些肖像画给公众留下约翰生巨人般魁梧、坚毅、令人痴迷的形象。

约翰生的传奇故事广为传播与画家们的努力有直接关系,当时能与之比较的只有文学家蒲柏,其在18世纪被画得最多,因为他不但富有,而且还有许多艺术家朋友。

据澳大利亚学者丹尼尔·维勒明(Daniel Vuillermin)研究,1843—1886年,爱德华·沃德等新生代画家曾为约翰生作画20多幅,这些画派属于反学院派,尤其不屑于雷诺兹在《艺术讨论》(1769—1790)里表达的观念。[①]约翰生专家唐纳

---

① 《澳大利亚约翰生学会会刊》(*The Johnson Society of Australia*),2011年12月,第13册,第89~103页。

德·格林称赞漫画《托比水罐——约翰生》（*Toby—jug Johnson*），澳大利亚拉筹伯（La Trobe）大学英语文学教授约翰·威尔特希尔认为漫画可以增强人们对"约翰生偶像"（the icon of Johnson）的影响，例如画家詹姆斯·吉尔雷（James Gillray，1756—1815）和亨利·比尔博姆爵士（Sir Henry M. Beerbohm，1872—1956）所创作的系列漫画。无论画家、漫画家给人留下约翰生什么标志性印象，文字的力量同样不可磨灭，如历史学家麦考利根据鲍斯威尔的约翰生传记，写出过力透纸背、过目难忘的约翰生个性形象（见其1831年克罗克版本前言）。

约翰生知道雷诺兹专注于历史画时，希望他不要废弃可"让逝者永生"的肖像艺术。雷诺兹后来写约翰生的生平，点滴记忆都是30年来直接面对面认识的结果。鲍斯威尔从他那里获得了各种信息，当要出版约翰生的传记时，便专门题了献词给雷诺兹。

约翰生称弗兰斯为"雷妮"，叫她"亲爱的雷妮"。她家里人想，如果她愿意，本可以与约翰生结婚。她早年的日记中表达了对约翰生极好的印象，如听约翰生说夜间一二点回家路上见到穷孩子睡在路边时他会放点钱给他们买早餐；还有记录约翰生最好的服饰也是破旧不堪，有时被人误认为"帮工"，或给予不适当的身份介绍，这常让他愤怒生气。作为画家，她说见他有时会"触目"而"惊心"。她画过一幅约翰生肖像，突出其古怪的形体动作。这些从鲍斯威尔描写他出门数步子的怪异动作中、从鲍斯威尔初次见他时奇怪的"抽搐、手势和动作"中都能得以确认。女作家范妮认为雷妮"有习惯性思想困惑和行为优柔寡断"，这也许是她未能与约翰生走到一起的一些原因。她回忆约翰生的作品因自觉羞涩而未出版，贝特认为，这可能是最令人愉悦、最有趣的回忆约翰生的短篇杰作。

音乐家查尔斯·伯尼（1726—1784）看悲剧《艾琳》、读《漫步者》，十分敬仰约翰生，他在读约翰生的词典计划书（1755）发表后写信联系约翰生，直言占用了他的有用时间，又说名人的命运就该受到无足轻重的朋友以及敌人的谴责，这充满真情实意的文字给约翰生留下深刻印象，深得其心。通过征订词典、自我介绍，他们常书信来往。词典一出版，伯尼便写信问什么时候可以得到书，而约翰生希望他能从中发现问题："如果你发现错误，我将尽力修订；如果没有，我会认为你被某种偏好所蒙了眼。"

伯尼同朋友本内特·蓝顿（Bennet Langton）一样是《漫步者》的忠实追随者，

可惜他在诺福克郡教音乐,不能分身前往见他的"可汗"大英雄。不难想象一位29岁的青年多么热爱、崇拜偶像,他坚持通过书信的方式与约翰生建立师友关系,正如同鲍斯威尔通过书信和访问、交谈确信他理解约翰生。

约翰生为之感动,希望接到伯尼"又一封信,又一封信",提出让他去查词典,提出问题来交流。他们虽未见面,但约翰生对他表示:"欢迎你的夸奖。""我收到你独特的善意来信。"在词典的前言里,约翰生这位一向有些冷峻地对待批评的作者,在友情下变得温柔可亲。他们在两年半后才见到面。

主编杂志

约翰生需要钱维持生活,只好根据书商、朋友的介绍,写前言或介绍新书。他对斯莱尔夫人说:"既不愿放弃文学工作,也不要卖得太便宜。未来的人会谴责我把文学的价值压得太低。人们会恨那些习惯于卖低价的人。"约翰生特别不喜欢看手稿,他曾对鲍斯威尔说:"我不喜欢读作者的手稿。如果他们有钱,求我读手稿,我请他们大胆印书,直接署名。如果他们写书为了钱,我告诉他们,直接找书商讨价还价。"

虽不是很情愿,但他还是先后写了30多篇前言,尤其不愿拒绝一些特别友人的请求,如夏洛特·伦诺克斯、伯尼、巴利蒂、雷诺兹。有时他同意接受写前言时仅看一眼作品甚至仅借题发挥。1756年,他为理查德·罗尔特(Richard Rolt)的《商贸词典》(*Dictionary of Trade & Commerce*,1756年1月)写前言,他说他没见过作者,也没读过书稿:"我知道这部词典应达到什么目的最好,我据此写了前言。"他为《全球旅行者》写了篇标题为 "Further Thoughts of Agriculture"[①]的文章(2月),为威廉·佩尼(W. Payne)的《国际跳棋游戏》(*Game of Draughts*,1756)和夏洛特翻译的著作(1756年11月)分别写过题献词。

1756年5月,约翰生参与主编新创书评月刊《文学杂志》(*Literary Magazine*)。

---

① 大意为:对农业的进一步思考。

此前，他想模仿法国做一本英国的百科全书，他广泛阅读了哈利的藏书，做起来不困难，可这个设想并未得到什么书商响应，倒是有几个出版人找他办杂志。

作为《漫步者》文集出版人的威廉·法登（Richard Faden）突发奇想，和出版人约瑟夫·理查德森联合创办了《文学杂志》，由法登负责制订杂志计划，约瑟夫出版。5月19日，《文学杂志》发行，持续到两年后的（1758）7月。

约翰生虽积极响应，然而与这份杂志仅联系了一年多。他写了几篇政论的编辑前言和39篇书评，还有《普鲁士腓特烈大帝传》（Frederick the Great）及其他杂文。在第一期卷首语《致公众》中，作为主编的约翰生认为，图书市场有许多文字垃圾，仅有少数图书和单行本小册子"值得鉴赏称赞并得到赞誉"。鉴于对伦敦书评界状况的不满，他曾撰文嘲讽那些书评家表现出的不是无知便是忌恨，做"邪恶升华"的事，无不是自娱自乐，妨碍人们接受那些有学问、有才能、有见识的作品。①

有研究者认为，如果将约翰生看作"作者律师"，他仅仅是为书辩护，而留给"读者法官"去做出自己的思考和判断。德马利认为，他的书评并非纯属于个人兴趣，而是以"有事实和有用知识"或"愉悦"来选择和评价一本书。"写作的目的是使读者更好地欣赏生活或更好地面对生活。"这是他后来批评文章的重要特征。这个短期的"书评生涯"，无疑也与他曾经编写"哈利藏书书目"有联系。

约翰生的政治热情遇到5月爆发的"七年战争"（1756—1763），得以宣泄。第一期《文学杂志》的出版正赶上英国正式对法国宣战。这场战争被称为"全球冲突"，影响范围涉及欧洲、北美洲、中美洲、西非海岸以及印度、菲律宾群岛等地区。到1763年，英国实现了其狂野的梦想，通过《巴黎和约》，迈向最大版图的日不落帝国。

约翰生的基本态度是，反对战争贩子，抵制经济疯狂行为。初期的战事并不顺利，给约翰生更多嘲讽的借口，他不喜欢政治家威廉·皮特与纽卡素公爵组建的新联盟政府，反对其军事扩张主义。当政府宣布要为8万雇佣兵支付5.4万英镑时，他评论说"人就像羊和牛那样被买卖了"。

他在《文学杂志》发表了三篇与此政治相关的带"文字谩骂"性质的编

---

① 见《漫步者》No.3。

者按语（1756），和三篇政治文章"Remarks on the Militia Bill"[1]（1756）、"An Introduction to the Political State of Britain"[2]（1756）、"Observations on the State of Affairs in 1756—1758"[3]，同时，在一份新创周刊报纸《宇宙记事》（*the Universal Chronicle*）发表了四篇短评"观察"（1758）。马丁认为，这些独立思考者的文字，撕去了皮特政府判断战争公正的"理想化"外衣，揭露了其掠夺其他民族的实质。同时，在这样爱国主义高涨的时期，他的批评观点显得极不合时宜，恰好表明了他"一个人战斗的勇气"。

反驳杰尼斯（1757）

在1757年5月到7月，约翰生发表长文反驳作家、政治家索姆·杰尼斯（Soame Jenyns）的 *A Free Inquiry into the Nature and Origin of Evil*[4]。

约翰生有交叉检验、挑剔问题的能力，使他成为一个令人恐惧的争论者。当机会来时，尤其在谈话中，他表现出色，当仁不让。在文章中，他常用书信和书评方式质疑或回应问题。

约翰生的大量著作通常没有专门攻击其他作家的特点，他从不靠批判他人来突出自己的学问和能力，这篇"长文"算是个特例。

德国哲学家莱布尼茨及其学派的乐观主义在18世纪成为一种思潮，其学徒、德国的沃尔夫和英国的沙夫茨伯里接棒推波助澜，这种乐观主义还以流行方式广为传播，积极呈现在蒲柏的《论人》和消极出现在伏尔泰的《老实人》中。约翰生随后著《拉塞拉斯》，加入伏尔泰批判的战队。

约翰生总是提醒人们关注贫穷受害者的困境，而不是鼓励他们以精神胜利法来沾沾自喜。他要刺破这个思想学派的两个气泡：一是每个存在体有其优势能消

---

[1] 大意为：评民兵法案。
[2] 大意为：介绍英国的政治状况。
[3] 大意为：对1756—1758年英国事务的观察。
[4] 大意为：自由探究邪恶的本质和起源。

除痛苦和残障；二是个人的受难有利于他人，好比宰杀动物有益于人类。联想到自己无法自拔的抑郁症和根本没有优势的外貌残障，这些不切实际的完美乐观主义，超出了他的容忍底线，也就不再顾及莱布尼茨自成体系的理论。

韦恩指出，有许多流传的逸事，都表明约翰生对那些假想的思辨哲学体系没有兴趣。人有义务运用自己的智力，而"智力的好奇"或"想象的饥渴"并非美德，任何企图抹去存在的现实的言行是无法被接受的。智慧的萌发，就是要接受人类生存条件本身就是个悲剧的现实，把道德生活作为一种承受苦难和磨炼自己的考验。

约翰生认定，上帝已定下至上的问题，答案就在《圣经》里，若不满意，那就太过于热衷求答和肯定，触及不诚信的边界，主教们就应专注祈祷，读神学，理解上帝，不要搞那些歪门邪道的理论，质疑上帝给人们指导生活的真实性。

如此，他不仅把信仰与理论分开，还把理论与生活分开，认为对信仰心服就行，对理论要切合社会生活实际并与之适应，而非相反或对生活的苦难视而不见。

杰尼斯是国会议员，长期以来喜欢写文章表达思想，他那篇书信体文章仅根据蒲柏的诗歌《论人》里的一些观点进行阐释，进行宣传。按理说，他表明自己的信仰，不应会惹怒信仰者。

但不巧的是，此文确实触痛了约翰生的敏感神经，尤其是在约翰生最感昏暗甚至绝望的时期。谁能理解他的苦难呢？他一直勤奋写作，人到中年却无法摆脱贫困，而杰尼斯怎能说人的贫困是因为他"缺少生活的能力"呢？想象"无知是上帝给穷人的安慰"，鼓励对苦难的冷漠来顺受，却怎么能忽视一个人清醒时的痛苦呢？

这些痛苦从未远去。约翰生与特蒂仅有的短暂的幸福随着她的去世已消失；他的童年本应有关爱和保护，却在父亲抑郁和母亲唠叨的屋檐下过日子；英俊少年的虚荣感也因生理残障、毁容、手脚痉挛、眼睛视盲而与自己无缘，而这些从未在杰尼斯的身上出现过。

他无法面对杰尼斯依赖体系高高在上的轻描淡写，尤其他无知妄言、越俎代庖，以不配称的"哲学家"的身份，告诉大家他有现成的答案，能解答道德和宗教矛盾的困惑。

借此机会，约翰生不但表达了对这类空想乐观精神的极为反感，还对其兜售他人的"人类决定论"和"存在的巨链"的思想体系表示强烈的怀疑,尤其无法接受一个人根本不了解贫困却想当然地认为人生痛苦是可以承受的的空想。他虽赞同"写作的目的是使读者更好地欣赏生活或更好地面对生活",但认为欣赏什么或承受什么都应给予正确而非本末倒置的引导。韦恩强调,约翰生的反驳文章展示了他胜任斯威夫特和伏尔泰掀起世纪风的讽刺能力,融思想、情感和表达的能力为一体,值得通读全文,而且其中的一些语句应该刻在石碑上,被人们永久铭记。人们通常认为这篇文章是约翰生最重要的哲学思想陈述。

这个时期,约翰生写了各种题材的书籍评论,包括科学的、文学的,几乎无所不评。他的个性化评论自会激起敌意,他的政论文章直指英国和法国在美国的战争的实质:这是强盗之间的争执,根本不管那片土地是从印第安人那里偷来的的事实。

他为约翰·宾(Admiral John Byng,1704—1757)将军辩护,认为他不能攻破法国的围城而被判死刑是没有得到公正的审判,做了替罪羔羊。马丁认为,这些带有敌意的书评,更让人们关心他文字表达的个人情绪,而不是他关注书中的观点。如他批评一本有"护身符"的书 *Memoirs of the Court of Augustus*[①],认为作者托马斯·布莱克威尔(Thomas Blackwell)不应自吹自擂,把自己视为勤奋世界的"施惠者"。布莱克威尔的语言不仅充满墓志铭般的"花哨和夸张",而且还有"加热的想象""大胆地与阴影斗争"的喧哗,约翰生的评论充满嬉笑怒骂和嘲讽。

茶叶风波

约翰生曾有两篇论茶的文章引起"茶叶风波"。约翰生在家乡时,父亲把茶叶看作很贵的消费品。《伦敦日报》的广告中总有从15先令一磅的上等茶到10先令6便士一磅的好绿茶。[②]约翰生不仅没有遵守父母的节约规矩,还养成了喝茶嗜好。雷诺兹在理查德·坎伯兰(Richard Cumberland)家建议约翰生只能喝几杯,被他

---

① 大意为:奥古斯都宫廷回忆录。
② 诺克斯:《约翰生一生》,第87页。

反驳："先生，我都没算你喝了几杯酒，为何要限制我喝几杯茶呢？"①

《文学杂志》曾发文介绍商人、慈善家乔纳斯·汉韦（Jonas Hanway）的《八日游记》（*Eight Days' Journey*），几个月后，约翰生接到乔纳斯·汉韦的来信，再次撰文介绍他的游记及他论茶的文章（1757年4月15日）。因考虑国民消费茶叶过多，汉韦提出限制消费的主张，这引起了约翰生本能的反感，他撰文批评汉韦先生把茶看作与杜松子酒一样有害，坚持说自己一天也离不开茶，同时说他访问过由汉韦先生主管的育婴堂，发现那里的孩子没有被恰当地教导基督原则，其害处如同他自己所言的"酒和茶"一样。汉韦读后撰文驳斥，约翰生再次进行回应（1757年5月26日）。②随后，该育婴堂的主管发出诽谤传令，出版人约瑟夫·理查德森回复说难以确认作者是何人，而转载文章的《伦敦日报》撤了稿。争吵以令人失望的妥协告终。

约翰生虽没有遭到指控，却从此不再为杂志写任何评论，因为当新主编威尔基先生管控杂志后，约翰生担心会不再受到应有的保护。

《莎士比亚戏剧集》的征订

显然，约翰生观察七年战争，发出刺耳的论调，其偏离政府和主流媒体的政治观点自会影响杂志的销路。借"茶叶风波"，出版人只想劝他尽快退出，并答应为他免费作广告：用四页纸篇幅公布说一部《莎士比亚戏剧集》即将出版。这个杂志到1758年7月也销声匿迹了。就在这不久前，约翰生在新创办的《宇宙记事》杂志发表了四篇"观察"，激怒了"爱国读者群"，遭遇了同样不再被邀请写稿的命运。

光靠为人写前言和小文章在朋友们看来是天才的误用，并且，没有固定收入，缓解不了他生活的困窘。书商杰克布·汤森想到市场需要莎士比亚，尤其演员大

---

① 诺克斯：《约翰生一生》，第87页。
② 约翰生两篇为中国茶辩护的文章，见本书作者译《人的局限性》，国际文化出版公司，2009年版，第154～162页。

卫·加里克的出色表演激发了人们的读书热情。从前他们出版社以"版权所有"制止过凯夫，叫停了约翰生的编辑工作，现在他认为需要新的版本满足读者的需求，而约翰生是最理想的编辑者。确实，约翰生在这方面的能力无人可比，不仅编辑出版过洋洋大观的英语词典，还从莎剧作品中摘引了上千条例句用于词典中。

1756年6月2日，他们签署合同，拟出版八卷本《莎士比亚戏剧集》、18个月完成，1757年圣诞节出版，并约定第一版的征订费全归编著者，书商保留版权，同时编著者可免费得到250套书。当时计划每本先以活页出版，征订费2几尼，若能得到足够的征订人数，约翰生的直接收入可达到500几尼。

为此，约翰生开始向朋友宣传，告诉友人赫克托这一计划，希望他帮忙征订，若收到征订费直接寄给他母亲。过了几天后，考虑到母亲的健康状况应该急需钱，约翰生又跟赫克托说就算只收到三四个几尼也马上送给母亲。

6月8日，约翰生发表了《莎士比亚戏剧集》的计划书，表示"对错讹要改正，对模糊要解释"。他对其他版本的莎士比亚作品集中的"注释"问题十分了解，如罗伊和蒲柏的版本"忽视文学性"，沃伯顿的版本仅维持"重要研究部分"，西奥博尔德的版本满足于分析和渲染那些平庸的粉饰辞藻。他认为这些版本都缺少"批评的智慧"。至于参考版本，他要一一从图书馆和朋友伯奇、沃顿和大卫·加里克的藏书室借阅。

但是，这些版本图书的拥有者听闻他借用书而不爱惜书，就尽量回避借给他。大卫·加里克有珍贵的善本，怕被损坏，就告诉他方便的时候请他随时到家里查看，并叮嘱仆人留下图书室钥匙并生火暖房间。即使如此，也令约翰生气恼，觉得加里克本应把书送到自己面前。在前言里，他不点名地批评了藏书家的不合作态度。

约翰生的自负，让他认为文本是他的专长，不让其他人沾手此项工作，尤其不满大卫·加里克从戏剧舞台跨界收藏书据为己有的做派。鲍斯威尔曾当面质疑约翰生不应该忽视大卫·加里克的帮助，他却认为，大卫·加里克已从说（演）莎士比亚得到实惠，应感谢的是那些为他的演出付费的观众，而且大卫·加里克并没有让莎士比亚更好地被人们认识，因为他"既不解释莎士比亚，也不了解莎士比亚"。因此，他后来拒绝参加大卫·加里克在莎士比亚的家乡搞得热闹花哨的庆贺活动。

鲍斯威尔认为约翰生心存妒忌：自己的学生是同他一起同来伦敦的，不仅有名而且富有，却舍不得给他的《莎士比亚戏剧集》分文的支持。大卫·加里克在1765年5月很生气地给约翰生写信，把自己的及其他的包括德文希尔公爵的订单寄给约翰生，奇怪的是，约翰生后来还是坚持说"加里克没有征订"。

执行合约

约翰生自信地以为18个月的时间足以完成合同的约定，可是进入编辑工作后却感到低估了处理先前版本和文本选用的问题，何况还有个人情绪化的干扰。1757年圣诞节，他给伯尼博士写信，表示预计到这年3月份一定能完成。

音乐家伯尼博士为他找到六位崇拜他的诺福克郡的征订人，此前托马斯·伯奇编辑订了6套、托马斯·沃顿教授订了12套。没能及时出版让约翰生有些愧疚，他请伯尼转告他们耐心等待，并读一下墨菲写的赞扬文章，表示他们的等待不会失望。

伯尼纯属约翰生的敬仰者，虽未与他有一面之交，却对他完全信任。在多年保持书信往来之后，他终于在1758年冬季拜访了约翰生在高夫广场的家，与约翰生一起吃饭、喝茶，并认识了房客诗人安娜·威廉斯女士。约翰生带他上阁楼，参观了词典诞生之地，拿出一些印刷的剧本，向伯尼表明《莎士比亚戏剧集》的出版计划正在进行中。他给客人让出座椅，自己坐在"一把三条腿和一个扶手的椅子"上摇晃，给伯尼留下了深刻印象。

二人一见如故，一起谈文学、聊生活、品人世。谈到音乐，约翰生表示尊重伯尼的思想和热情，却承认自己关于音乐看法的矛盾心理："音乐不能刺激我的思想，反而妨碍我思考。"到了晚年，约翰生仍无法接受音乐超出理性的看法，他认为，人们听到美妙的音乐："不仅有本能情绪，还有理性思考。""大家对德国亨德尔（Georg Handel，1685—1759）音乐的赞赏，既流露出轻信又传递科学。"伯尼回忆道，在约翰生在生命只还剩下不到六个月时对他说："伯尼博士，请你至少教我一些你们语言的ABC。"

这次拜访，无疑加强了伯尼对自己偶像的崇拜，自此，他们保持了长达26年的友谊。1760年，伯尼博士带着妻子和六个孩子搬到伦敦居住，持续常陪伴约翰生。

《莎士比亚戏剧集》的编辑工作进展缓慢，鲍斯威尔认为是因为征订数不理想，约翰生时而情绪不稳，挣扎于思考如何编辑。霍金斯从另一个角度解释说，约翰生对他说过，他做这项工作仅是为了钱。这既不是一项他喜欢的劳作，也不是为了名誉。所以他没有系统地再读剧本，有时仅凭过去的记忆，在很多时间里，他什么事也没有做，懒散度日。但马丁认为，他前期还是在皇家图书馆认真地查找了资料。

约翰生关于图书的观点，于矛盾中透露深刻；他既嘲笑那些把图书当成一堆无用品的人，说他们不学无术，又认为那些埋头故纸堆里写书的人容易失去自己的思考与智慧，在现实中却一筹莫展。

《懒散者》（1758）

约翰生一直为钱烦恼，又再次面临因为欠债要被捕的问题。1758年2月10日，他告诉出版人雅各布·汤森急需40英镑。汤森在前一年（1757）已借给他100英镑还他家乡房子的抵押贷款，并在9月又给了他26英镑5先令，现在又借给他40英镑，以免他被捕，并希望他能快点找回工作状态。[①]

约翰生在1758年3月26日复活节祈祷，感叹大部分时光流逝在懒散中。9月，他在生日祈祷，请上帝帮他克服懈怠，让他努力、勤勉地工作。

为得到经济来源，约翰生开始写另一系列散文。他的朋友、银行家约翰·佩尼和合伙人约翰·纽伯利在1758年4月15日到1760年4月5日曾创办新闻周刊《宇宙纪事》，罗伯特·斯蒂芬和威廉·法登加入后接管主编，每星期六发行，首刊需要原创作品吸引读者，于是，约翰生开始匿名在周刊写《懒散者》系列发在头版。他写了92篇（期），另有12篇请人代写，共计104篇。不过读者很快就能认出那些

---

① 贝特：《约翰生传》，第343页。

具有约翰生风格的文章。这个系列每篇稿费3几尼，累计292英镑19先令，后来又出版文集得到84英镑，他满意地宣称《懒散者》提供了他所需要的资金。

"除非必需，没有什么能激发人们去写作。"当霍金斯恭贺他完成词典，能为名誉写作时，约翰生立即加以反驳。有人认为，约翰生厌倦《莎士比亚戏剧集》的编辑工作，才接受了《懒散者》的写作任务，霍金斯却坚持这是他即兴写作。稿件送出版社前，约翰生几乎不做什么修改，蓝顿亲眼见他赶写稿件匆忙送到邮局，要求替他看一下稿，他回答："你不可能比我做得更好。"由于厌倦了给期刊写稿，同时对规定交稿期限没有耐心，他并没有很上心地去写。

当时许多报纸杂志都是免费读物，全靠广告费维持，因而，报刊文章一定要吸引读者。约翰生意识到这个情况，尝试在内容与风格上与《漫步者》有所区别。

贝特观察这些不同表现在几个方面。《漫步者》如朝圣者，有确定的方向（道德文章），《懒散者》却是想干什么就干什么，就像无目的的散步者；内容方面，《漫步者》不谈本地和每天时事，要普遍的高水准，而《懒散者》却谈天说地，甚至写古怪奇异风尘消息的这类杂谈散文有30（期）篇；人物方面，《漫步者》的人物肖像很少可爱，而《懒散者》肖像讽刺温和，略带甜蜜暖心；文体方面，《漫步者》有引语开篇，而《懒散者》一概取消，措辞精练。

约翰生这次着重写生活的多样化，轻松而很少见宏大抱负，按鲍斯威尔所言，"少些肉身，多些精神"。结果那些习惯于《漫步者》深度的读者，颇有些意外与失望。由于篇幅短小、句子简明、风格轻松，又关注时事，文章尚能被广泛传阅，常被有些报纸盗版刊载。

为应付猖獗一时的盗版，约翰生表示打算降低它们成本，缩减篇幅空间，以低廉价格出售。然而，盗版依然占据市场上风。1761年出版第一版《懒散者》文集，四年内才卖出1500册，约翰生得到其三分之二的利润，合计才85英镑。

《懒散者》包括一些系列严肃文章，据马丁分析，其中有18篇文学批评，最著名的是素描批评家"迪克·迷尼"的文坛发迹录（No.60～61），还有其他主题，如历史、奴隶、自我辩护的智慧、期待快乐的挫败感、希望成功的失落、作者的虚荣、白人入侵者压迫美国原住民、旅行者和旅行写作的缺乏思考、气候是心理晴雨表和不确定的友谊等。

德马利分析他有两篇文章论广告（No.35，No.40），既指出"广告是邪恶的，因为它们煽动情绪",又揭示"许诺,最大的许诺,这是广告的灵魂",直指广告本性。他鄙视传播出版物,可根据他本人有许多投稿写作参与传播的行为,在德马利看来这太矛盾,"难以理解"。

批评家

作为批评家,约翰生对虚构作品持冷淡态度,并与之保持距离。他写的小人物不算是现实主义小说模式。因为这些新小说模式虽可追溯到他童年所喜欢读的浪漫故事,却超出了民谣的世界和圣经大样板的传奇。韦恩特别重视他的虚构能力。除此前《漫步者》散文中出现好学不倦的"盖利达"、人类尖叫猫头鹰的"萨斯皮洛斯"、成功冲昏头脑的演员"普罗斯珀"、"成名苦恼的作者"(No.16),在《懒散者》中又出现许多虚构的典型人物,这些他偶尔拿过来品尝的"蛋奶糕",其小人物的描写完全达到同时代人滑稽可笑小说的标准。看这些人物素描、现实对话、日常背景和新兴生活方式的娴熟运笔,约翰生也许很容易成为一个现实主义小说家。然而,他不是不能,而是不为,因为他对18世纪兴起的现实主义小说形式不仅不感兴趣,还心存戒心,也无从得到自信和信任。如他在《漫步者》中批评"新小说"不分黑白,无美德与邪恶区分,如同镜子般反映一切,实对人类教诲作用不大(No.4)。后来写《拉塞拉斯》,他尝试虚构作品,却选择不同于流行小说的写法,结果如韦恩所比喻,给人脑海里一种"蜻蜓"的印象——一种坚定有力的物种以轻薄透亮的羽翼在空中飞翔。

戒心于虚构或力求于真实,约翰生很不欣赏与主流小说写法迥异且广受好评的劳伦斯·斯特恩(Laurence Sterne,1713—1768)的《项狄传》(*Tristram Shandy*,1759年出版,九卷本),尤其对其自言自语式的无序性不耐烦,认定"没有什么能让奇事长久、《项狄传》不会久远,这自然是因为他没有看到后来在客观上成为意识流小说鼻祖的意义。

约翰生也低估小说家菲尔丁,一个有大视野且敏锐幽默等同于他的作家。晚年的约翰生盛赞伯尼的天才女儿范妮的小说。但真正赢得他赏析的却是同时代小说家塞缪尔·理查德森，因为理查德森比菲尔丁更真诚，其说教故事能展示美德的胜利。

约翰生的文学批评保守主义特征，不仅从对待虚构小说，还可从他对作者与出版、读者之间的清醒认知和冷静态度可见。约翰生指出，如同古埃及立法增加祭司职位而到后来因其发展过多要减少、限制一样，印刷便捷，读书方便，作者自会成倍增加，直到他们找不到什么读者后，写作的雄心壮志才会中止。

同时，他认为，如同"腐败社会自有许多法律"一样，一个无知的时代会出版大量书籍。危害之处是，人们在大量出版物中找不到什么是有价值的东西。许多撰文者声称"作家"这个称号仅是使其崇高名誉蒙受耻辱，落价贬值。当大量的出版物填塞世界时，这些文字不过是把他们埋葬在自己创造的垃圾堆里（《冒险者》，No.115）。

鉴于此，约翰生反对出版"无思想的书籍"，警告这些欠思考的书籍，随着大量增加出版数量的同时会带来更多危害。德马利认为，这不仅显示约翰生的预见性，而且凸显了他特别谨慎的保守主义态度。

"生命短暂，知识无限"。相比于虚构，约翰生重视表现真实的传记，尤其认为从人物榜样中可直接了解、认识自己，理解社会，从而谨慎做人。《懒散者》至少有16篇谈传记和自传。不过，马丁认为，他基本把人物传记和个人自传混合通用了。因为那时尚未有"自传"这个词。[①]查威廉·泰勒最早使用"自传"一词是在1797年。此为词语早有其"实"而无其"名"的例子。如圣奥古斯丁《忏悔录》应被认为是最早的"自传"。

《懒散者》是《漫步者》的进一步发挥，强调传记"最容易适应于生活的目的"，"诚实和公正传记"包括"个人故事"有益于人生。然而，约翰生虽力劝人们写自己，他自己却未能践行，以至于他自己的"个人生活"留给后来者填补。应当说，约翰生对什么是"作家的生活"的感受可谓刻骨铭心，他指出："作家的生活是永久的炼狱。"他们从一本书到另一本书，有时纠缠于一个不知道如何能完成的合同。每部作品都有一个难以确定的新时期发现机会。有些人的追求一生难以实现，幸运时只能从新增或变化的名誉中才能得到认可。这既言出作家的命

[①] 马丁：《约翰生：一部传记》，第302页。

运多舛，又道出创作难以穷尽，包括人物传记常写才能常新。

约翰生有时考虑自己的个体行为就是人类的一般典型，这种思想反映的最著名文章要推《论懒散》之中的《安静先生》（No.31）。斯莱尔夫人认为，他所虚构的人物正是他的自画像。这类自我嘲笑的文章一再被他重复，如他在《拉塞拉斯》结尾写下"没有结论的结论"，不下结论，只能留给或求助于上帝。

总体来看，根据约翰生本人的态度和耶鲁大学版本的看法，诺克斯认可《懒散者》远不如他自称"纯酒"的《漫步者》。至于单篇，我们应接受约翰生本人的说法："先生，我敢说，每个作家最光辉的亮点，都能在他文章里找到。"

母亲去世（1759）

这些年，约翰生家的三位女性即母亲、继女和仆人住在家乡，她们安静的生活就像矗立的三尖塔大教堂那般。在继女露西告知约翰生，他母亲病危消息后的十天内，他给母亲写过四封短信。1759年1月13日，他写信请母亲原谅；1月16日，谢谢母亲的纵容，请求她原谅儿子不孝。信件由露西念给母亲听。1月20日，约翰生写信给露西说，同时寄出手头仅有的12先令，说他要来看母亲，但请求暂不要对她说，以免来不了让她失望。而他果然终没有去看母亲。此时，约翰生连回家的路费都没有，如果发生不幸的事，唯有先挣出这些费用。

传记作家韦恩认为说约翰生"缺钱、道路差、工作忙"而20年不回家看母亲，理由都不够充分，例如，他到牛津大学几周，已过半路却不到家乡；他不是全不顾家，如他承担家乡80英镑房贷（1739），按4.5%每年支付利息（1757年还本金）；他信任继女露西为母亲所做一切，请求她与母亲同住并让书店的小生意继续；还有其他方面，如得知母亲去世后，他直接想到母亲的安葬费而不是他自己亲为料理后事。这些蹊跷事不能不让人奇怪。本应回乡看母亲的行动，他还以其他方式来代替。他承诺写本小书，请书商先支付30英镑，用于母亲下葬和偿还部分欠债；他曾安慰苏格兰出版人詹姆斯·埃尔芬斯通（James Elphinston），告诉他用笔写下对母亲的思念来宣泄情感，劝他节哀顺变，而这些劝告，面对自己母亲的去世他却无法践行。

不可否认，约翰生确实陷入了一种困境。若过去的岁月使他越不愿面对母亲，越到临终告别时，他一想到母亲便会感到心中难安。在出版词典后不久（1755），他写信拒绝小学同学蓝顿邀请他回乡访问时提道："我有一个80多岁的母亲，她在计算我出版书的日子，希望见我。对她来说，若我能脱身来见你，我一定会回家。"显然，出版词典并未给他带来财富及荣光。

约翰生在母亲临终前给露西写信说，如果可能，他会来看母亲，"如果我没有写下一期专栏，那我可能已在路上"。结果他依然在伦敦，在伏案写一部书稿。

种种原因，约翰生在与他母亲和妻子这两个女人的关系中，必有难于启齿的故事，在她们去世后又有很多不安和忏悔。更奇怪的是，他临终前烧毁了母亲的全部来信。

为钱写作

因母亲病危缺钱，约翰生只有靠写作挣钱。早就有一个哲学寓言或道德传奇构思，恰好可付诸实行。他了解到读者喜欢东方传奇，《漫步者》就介绍过西格王子的故事（No.204～205）。这部书题目就定作"生活的选择"或"阿比西尼亚拉塞拉斯王子漫游记"，终以简称"拉塞拉斯"为人熟知。

约翰生请出版人威廉·斯特汉出面，与书商多斯利和威廉·约翰斯顿签约，约定第一版稿酬100英镑，第二版25英镑。朋友巴利蒂认为他卖得太便宜，以他的声望应卖400英镑。

无巧不成书。1月23日，约翰生写信给斯特汉谈计划出版小说，接到继女露西来信说母亲已去世。同一天，他复信给露西，而这天却是母亲葬礼。他告诉露西，现在回去既已没有什么作用，自己也无法承受悲伤，只有送去20英镑作为丧葬费。

这些短暂日子的母子交流，都留在他写给露西的信里。在母亲葬礼日，约翰生写祷告，请上帝原谅他对母亲的不仁慈。四天后，读者看到他在《懒散者》（No.41）文中的内心表白："极度悲伤，除了空虚和恐惧外，什么也看不到。"

此时的孤独、空虚感几乎都写进了小说里:"我没有母亲为儿子骄傲的高兴,也没有妻子分享她丈夫的荣耀。"他把露西看作留在世界上能与自己联系的唯一亲人。他也想到长期帮助母亲生意的仆人基蒂,不希望赶她出门。

尽管每篇《懒散者》都能及时带来收入,约翰生的生活仍极不稳定。格兰杰还猜测,如果有一些几尼在口袋,约翰生就不会想写作。[①]

约翰生自然不是那个萨维奇口中讥讽的不可信赖之人,然而,在特别时期,他懒散而失信于人,确实有部分真实。因负担不起每年26英镑的房租,1759年3月23日他不得不搬出高夫广场的住房。但诺克斯认为他仍暂住在那里的其中一个房间,与他人合租,直到复活节后,才搬进"斯坦普因"院（Staple Inn, 4月）。

他告诉友人蓝顿,他的房客安娜女士和利弗特医生同他一样必须离开。安娜搬出后住在远处的一所寄宿学校,他能找她一起喝茶,曾协助她出版诗集。几年后,约翰生找到大房子后又接纳了安娜和其他房客,有养老金后还分给安娜部分现金。

小说《拉塞拉斯》

无论是出于要回乡看母亲还是办葬礼的费用压力,都是促使约翰生写作的动机。书商斯特汉认为是"结果"（母亲去世）而非"意图"促成了这部《拉塞拉斯》小说。他要支付部分葬礼费和偿还母亲留下的不多的债务。德马利分析认为,约翰生重视历史和现实,对虚构小说体裁并不热切期待,因而,拉塞拉斯王子的故事是"急用必需品的产儿"。[②]本是匿名出版,但很快就被大众认出他特别的语调文风而广为流传,确定其为世界文学篇幅短小的小说杰作。

约翰生告诉画家雷诺兹,他在一周内的夜间完成了这部书稿,边写边送手稿到印刷厂。友人肖说这是他早有的写作习惯,他往往在落笔之前已成竹在胸。作为抑郁者,"快"写,可让他快决断,不犹豫,快点停止接近培根所说

[①] 诺克斯:《约翰生一生》,第172页。
[②] 德马利:《约翰生创作生平》,第204页。

"绕圈的楼梯"。

《拉塞拉斯》于1759年4月20日正式出版,两册本,定价五先令,一时畅销,满城争看。他曾对出版人说:"我不会署上名字,却期待被人知道。"这是件出版大事,人们想认识他。因此书,约翰生的名望不仅在国内还在国外广为传播,很快出现法文(1760)、荷兰文(1760)、德文(1762)、俄文(1764)、意大利文(1764)等各种语言的译本,1768年在美国出版,到18世纪末有50个版本。[①]

这是他最流行的虚构作品,也是文学史上的经典之作。作品讲述年轻王子住在封闭式"幸福谷",要等国王传召接班,才能走出大山。王子感到无聊,便和他妹妹妮可娅、女仆皮夸尔和诗人因列组成"四人帮",从满是高山峻岭的幸福谷逃离后,来到开罗等地寻找人生的幸福。这是一次思想的旅行,如何生活和怎么行动才是其主题。

他们的失望,暗含了约翰生的不幸。出版词典并未给他带来幸福与舒适,编《莎士比亚戏剧集》又遇到挫折,王子的沮丧也是他沉浸于悲伤中的写照。王子起初通过道德的反思和哲学的怀疑去解脱苦恼,后来通过长途旅行,往返于阿比西尼亚,找那些最幸福的人取经,进而实际了解社会真实。

作品中"精神失常"的话题是与约翰生个人密切相关的另一个主题。这是"想象的疾病",如文中的天文学家时刻幻想自己有呼风唤雨指挥天地的权力。传记作家鲍斯威尔、斯莱尔夫人、霍金斯和墨菲都认为约翰生的"沮丧和忧郁"构成了这部传奇的黑暗色调。作品的结尾虽无终极答案,但贯穿其中的"勇气"足以突破沮丧和忧郁。

韦恩指出,尽管约翰生有兴趣于抽象观念,却从不高估理论对人的指导作用。作品中的天文学家既不能自拔于固有的"理性",也难折服于诗人的"智慧",反倒在两位年轻快乐的女性面前摆脱了孤独,振作起精神重新做人。有益的劝告,凝聚为一句话:"奔向工作或女仆皮夸尔。"这是约翰生给几近疯狂的天文学家同时是抑郁症的自己开出的良方,仿佛预言他未来会有一个贴心女性来帮助他克服忧郁和孤独。

《拉塞拉斯》与几乎同时期出版的伏尔泰的《老实人》同为"旅行者"传奇,

---

① 参看本书作者译《幸福谷》,国际文化出版公司,2006年。

两书有许多相似点：寻找幸福，一路幻想破灭。然而，它们的语调和直接关注点还是不同。

贝特强调约翰生作品的五个特色：传统童话、东方传奇、朝圣观念、另类讽刺肖像——微型胆小鬼、简单传奇的结构。如果说《人类欲望的虚幻》是他所有著作的"前言"，那《拉塞拉斯》就是"结语"。[①]

约翰生50岁时著的这部作品，虽集个人的"人类经验"，却依旧诚实地告诫人们，任何事只能靠自己实践学习，经验体会无法手把手传教下去，正如同要像王子那样，需要走出去经历一个实践生活的全过程。

不夸张地说，约翰生的每篇文章几乎都达到了他所赞扬的培根的"一个强大思想对生活的观察"水平。

后人接受这部东方传奇故事的反应因人而异。作家伏尔泰认为其哲学"温暖和可爱"而不是"讽刺"。诗人、牛津校友威廉·申斯通（William Shenstone）认为这部作品低于约翰生的一般水平。诗人和散文家赫丝特·查普夫人（Hester Chapone）对"巨人约翰生"的这部作品有些伤心失望，认为"太黯淡"[②]，质疑人类的生活是否如约翰生所言一直处在未融合的悲惨状态，所有国家和族群是否总是处于同样的忧伤境况。她不无哀叹，可怜的约翰生仅考虑人类本性的糟糕一面，而几乎不了解其友善的最美好和最幸福的一面。这个故事对年轻人无教益甚至有害，尤其人物刻画不自然，人为驱使痕迹重，通篇没有什么定论，仅有警句让人们可从故事中推论。[③]早期有人批评其主题不仅落入俗套，还有脱钩问题。当现实主义小说蓬勃发展，作家以"行动"（叙述描写）代替舞台"对话"的方式反映生活成为时尚时，《拉塞拉斯》却脱离这个趋势，离文学界坚持的"线性叙述原则"最远，"没有给读者以结局的感觉"。

即便"俗套""脱钩"，爱好者也有别解。诺克斯认为，这是一本"哲学传奇"，人物事件远不如其所引起的情绪重要。主要分歧在其写作风格方式。有人主张它是"喜剧"，有人欣赏它的"讽刺"，颇有犬儒派哲学家梅尼普斯（Menippus，

---

① 贝特：《约翰生传》，第339～340页。
② 本书作者以为这应是他接受曼德维尔思想的余续，见前述分析。
③ 马丁：《约翰生：一部传记》，第299～300页。

公元前3世纪）的讽刺手法。约翰生把遥远的希腊寓言拉近到了眼前的18世纪，让读者熟悉，又以接近此前的朝圣者文学如《堂吉诃德》《鲁滨逊漂流记》的方式，使大众认知。①显然，以"俗套"贯通古今自有其神奇魅力。因此，鲍斯威尔把大半生用于研究约翰生和其作品，告诉人们，他每年都会读一遍这部作品，有时简直不敢相信自己曾享受过与这本书作者的友谊。韦恩在通读这本书之前，有想过鲍斯威尔的话多少夸大其词，自阅读后，他不但容易理解为何鲍斯威尔而且不仅是鲍斯威尔一个人所能感受的神奇魅力。神奇也发生在作者本人身上，约翰生20多年后在旅行途中见到这本早已抛诸脑后的书，急切地抓起便全神贯注地读起来。

《莱昂德晚间邮报》（*LIoyd's Evening Post*）恭维《拉塞拉斯》作者展现"东方明珠"的特色，散发荣耀的光芒：读者"被诱骗"接受一种他们不乐意得到的知识。当然，没有什么能改变欧文·拉夫德（Owen Ruffhead）在《月刊评论》（*Monthly Review*）的看法：作者想要优雅轻松，那是浪漫的装饰；当他应穿上轻便的袜子时，却走进了庄严的悲剧。②

对这些莫衷一是的批评，约翰生看得很透彻。这些舞文弄墨者，只能在文字中享受自己的发现。他一方面安慰自己"没有天才能被批评的空气所窒息"，另一方面哀叹"批评是一种学问，有些人以很少的代价变得重要和可怕"。

他需要批评，因为他早说过，责备、憎恨和批判比忽视、沉默和悄无声息，更是文人应接受的"愉快的命运"。争议至少让文人有被关注的价值。自然，文字争论也为许多文人释放生活的真实，打发无聊的空虚。③约翰生的不同说法可谓又矛盾，又片面，又深刻。

---

① 诺克斯：《约翰生一生》，第178页。
② 同上，第184页。
③ 贝特：《约翰生传》，第298页。

搬家

约翰生从高夫广场的寓所（1746—1759）退租后，找更便宜的公寓，暂住斯坦普因（1759）、格雷因（Gray's Inn 1759年9月至1760年8月），后搬到因内坦普巷一号较大的二层楼房（Innet Temple Lane，1760年8月—1765年7月，5年）。之后搬家到约翰生院七号（Johnson's Court，1765—1776，11年），最后病死在博尔特庭院（Bolt's Court，1776—1784，8年）。除了这些地址，还应加上本书此前提到的1741年初春他8处之多的住处。本书作者曾见约翰生家乡故居内有一幅他的伦敦行迹图，住处计有18处之多，因战争或城建原因，其中14处无迹可寻，唯有"伦敦故居"即高夫广场的住处被完整保留了下来。

在高夫广场寓所的十二三年里，他完成了词典的编纂和道德文章的写作。

成名后的约翰生依然没有钱，除搬家外确实没有其他更好的选项，只能接受自我克制或向生活妥协。暂住的斯坦普因是间维持较好的古旧宿舍，有16世纪末的建筑风格，主要为法律系学生和经推荐介绍来的其他客人。

1759年6月，约翰生去了一趟牛津大学，时间不少于七周。他很快就视那里为自己的一个"家"。他住在三一学院，是诗学教授托马斯·沃顿的客人，同时，他认识了31岁的学者罗伯特·范西塔特（Robert Vansittart）。

约翰生在访问大学期间表现出孩子气，活跃轻松，穿校服长袍"炫耀自己"。虽已多年没碰水，他却游泳三次。贝内特·蓝顿当时是三一学院的在校生，陪他下水时提示他水塘有一处危险，他却不顾一切直接游过去。他每周写一篇《懒散者》的文章。一天傍晚，他知道邮箱还有半小时截止收信，当着蓝顿的面迅速写完后立即送出。

访校期间，约翰生还建议罗伯特·范西塔特与他一起"爬墙"，遭到婉拒。约翰生穿着校袍去演讲厅听了威廉·金校长演讲后，与他大力握手握到其手疼。返回伦敦后，1759年9月约翰生搬到格雷因住到1760年8月，之后搬到仅一步之隔的"因内坦普巷一号"住到1765年。

第五章 写作《拉塞拉斯》前后

为《环球世界》写前言（1760）

这一年，约翰生有些作品值得特别提到。

1760年年初，约翰生为意大利作家吉舍皮·巴利蒂的《英意词典》(*Italian Dictionary*, 1760年1月) 写题献词。书出版后很畅销，多次重印。

1760年4月5日，他写完最后一篇《懒散者》。之后三年，他主要帮朋友写前言和题献词，以赞助性质为主，不收取费用。

约翰生发表在《英国杂志》上的 The Bravery of the English Common Soldiers[①]（1760），在诺克斯看来，这个"普通"（bravery）的含义非常深刻。这些普通的农民英雄，平时种地，战时可以成为将军。他对"普通人"，无论士兵或技工，好感是深入骨髓的，诺克斯分析有三个原因：一是他们贫困，他亦在其中；二是易怒，他了解他们为何不满；三是他熟悉他们作为一般人所承受的生活痛苦。

经出版家托马斯·戴维介绍，约翰生了解了贫困的教区学校校长詹姆斯·贝内特（James Bennet）的情况。贝内特需要钱养家糊口，他在写伊丽莎白时期的著名教育家、《教师手册》的作者罗格·阿什邦（Roger Ascham，1515—1568）的传记时却缺乏信心，约翰生为他的书润色，增加了些简明的记叙并撰写简短小传附在书里。

虽继续在编辑《莎士比亚戏剧集》，他应出版人约翰·纽伯利（John Newbery）的邀请，为《环球世界》(*The World Displayed*) 写介绍前言。这是一本汇编的旅行游记，由约翰在1759年和1761年分期出版，共计20册。约翰生在前言中表达了反对帝国主义的呼声，指责欧洲国家主要是西班牙、葡萄牙、比利时还有英国对非洲、美洲和亚洲的殖民侵略和传教活动，攻击他们由此开始的一系列奴隶贸易。其航海的行为和优势"不过是引起欧洲人好奇，表现欧洲人

[①] 大意为：英国普通士兵的勇敢。

残酷"。

约翰生帮助出版人约翰挑选文章并负责编辑。贝特写的约翰生传记引用墨菲的说法,提到约翰生在1759年5月19日和1760年3月20日分别向约翰借钱42英镑19先令10便士和30英镑。[①]有研究者认为,若写稿按每篇约定稿酬来抵押,约翰生还是欠约翰的钱。

因内坦普巷一号

1760年8月,约翰生搬迁到因内坦普巷一号。房租负担虽减轻了,但抑郁的情绪没有多少改变,而且生活状况每况愈下。墨菲常去因内坦普巷见他,称他"贫困、完全懒散和文学家的自傲"。他还说起威廉·菲茨赫伯特(William Fitzherbert)访问约翰生,早上见约翰生,想在他家里写封信,结果大失所望,发现这位职业作家竟然"三无"——找不到笔、墨和纸。但约翰生虽贫穷却不忘做慈善,墨菲经常看见他给街边乞丐东西,这些东西的价值等同于买笔墨纸的费用。

画家奥扎斯·汉弗莱(Ozias Humphry)慕名而来,访问约翰生后写信告诉他哥哥,这位伟人住"有四个卧室的脏乱且破旧的房子",里面有张"大写字桌,老旧台桌,五把椅子有四张不配套"。见他大个子、脏大衣、旧假发、无纽扣短袖衣领和袖口、一双破鞋,汉弗莱忍不住想到他就是个"疯人"。[②]

约翰生很少早睡,通常要到凌晨2点之后才上床。画家雷诺兹告诉汉弗莱,在吃完晚餐后,约翰生常喝茶一小时。他谈话很专横,每件事他要说得十分正确,就像文稿要进行过第二次编辑加工那样。

约翰生以善于谈话而受人仰慕。他爱说教并处处显示自己学识广博,与他争论是不可能取胜的。有一天,剑桥学生和朋友来访,看到了同样令他们惊讶的人——这是怎样一个不斯文且粗鲁外形的大师!尽管他"形象"不雅,人们仍旧慕名而来。住街角的邻居对律师霍金斯提到,很多人到自己的店打听约翰生的住

---

① 贝特:《约翰生传》,第343页。诺克斯提到30～40英镑,见《约翰生一生》,第189页。
② 马丁:《约翰生:一部传记》,第305～306页。

所在哪，在这位邻居的印象中，附近的住户中唯有约翰生的住处来访者最多。

住在附近的牧师威廉·马克斯韦尔（William Maxwell）回忆，约翰生中午后接待客人，4点后出门，到小酒馆聊天吃饭，直到凌晨两三点才回家。"我无法发现他是怎么找时间写作的。"

8月，他为 *Proceedings of Committee for Cloathing French Prisoners*[①] 写简介（1760），就如何改善关押法国犯人的条件提出建议，关注人道问题。这应是他接受法国战俘营委员会托马斯·霍利斯（Thomas Hollis）的邀请而写的，并收到5个几尼的稿酬。政治家托马斯是哈佛大学的捐助人，与美国本杰明·弗兰克是好朋友，约翰生称他是顽强的辉格党人。[②] 德马利认为，约翰生虽与支持美国独立的霍利斯有些不同观点，他们却对一些普遍原则有共识，包括洛克提倡个人自由的信仰和对殖民主义的憎恨。[③] 约翰生这篇涉及"如何管理发放法国战俘衣服程序"的简介产生了广泛的影响，其人道和慈善的观点被国际红十字会在第二次世界大战期间予以重视并借鉴，后来被翻译成法文出版（1951）。[④]

托马斯·霍利斯还建议促进艺术和贸易协会，请约翰生写一份论"政策和自由艺术"的文件并要支付5英镑（12月间）。约翰生在1781年回忆说："托马斯说我最适合，对我很友善。不过，我却以'没有正式通知'为借口推辞了。"

12月，一项关于新建布莱克菲大桥是否采用拱桥的方案引起很大争议。约翰生根据建筑师约翰·格温（John Gwynn）参与桥梁竞争奖的意见，连写三封信给《每日公报》（*Daily Gazeteer*），表明他熟悉这方面的一般知识。

他的朋友约翰·杜格尔斯（John Douglas），后来成为索尔兹伯里（Salisbury）主教，了解约翰生的忧郁疾病和孤独寂寞，常邀请他到家里见朋友，其间见到著名的神父罗格·博斯科兹（Roger Boscovich）。罗格在罗马研究牛顿的数学，正作为皇家学会学者访问伦敦。他不会讲英语就用法语。但约翰生的法语阅读比口语好。他们的谈话改用拉丁语后，约翰生很快就能流利地讲述牛顿成就的细节。第二次在雷诺兹家见面，他们直接用拉丁语交谈，约翰生给罗格神父留下了十分令

[①] 大意为：法国监狱调查报告。
[②] 马丁：《约翰生：一部传记》，第307页。
[③] 德马利：《约翰生创作生平》，第213页。
[④] 诺克斯：《约翰生一生》，第188页。

人"惊奇的印象"。[1]

虽得到外人看来难以想象的名声，约翰生故我依然，十分关心一些在写作生活中挣扎的忧郁诗人。

1759年，诗人科林斯于38岁的年纪时去世，约翰生在把他写进了《诗人传》里。鲍斯威尔认为，他写这篇列传，将心比心，是其整个写作中最温情、最有趣的文字。

克利斯托弗·斯马特（1722—1771）是另一个约翰生给予过关心的"疯诗人"。约翰生通过墨菲认识他，并为他的杂志《学生》（*The Student*）写了《切恩[2]传》（*Life of Cheyne*，1751）。当斯马特因精神病短期被关押在圣·勒克（St Luck）医院时，为支持他，约翰生至少为他短命的期刊（共出12期）写了三篇文章。

吉舍皮·巴利蒂是个行为有些古怪的意大利裔杂文作家，约翰生以"我的梦幻的想象丰富的巴利蒂"称呼这位意大利人，为其 *Introduction to the Italian Lauguage*[3]（1755）和 *A grammar of the Italian Language*[4]（1760）两本书写了前言，并协助其出版《意大利图书馆》（*Italian Library*，1757）等著作。

这里我们要提到约翰生"家的成员"。他这个"家"后来几乎成为穷人收留所，是斯莱尔夫人所谓的"大巢窝"。居住在高夫广场的寓所时期，在完成词典后，约翰生把图书搬到阁楼上，腾出更多房间接纳困难者住宿，其中包括收养的黑人弗兰克、医生罗伯特·利弗特、女诗人安娜·威廉斯等，给予了他们极大的帮助。

搬迁到因内坦普后，约翰生结识了两位重要的新朋友，一位是托马斯·珀西主教，另一位是作家奥利弗·戈尔德史密斯。

珀西开始他的文学经历是翻译中国作品，主要兴趣是英国民谣，与托马斯·沃顿一样，是爱好中世纪诗歌的青年学者。1759年，珀西带着自己编著的

---

[1] 贝特：《约翰生传》，第348~349页。
[2] 切恩曾是牛津圣约翰学院院长。
[3] 大意为：意大利语导论。
[4] 大意为：意大利语语法。

大卷本民谣书稿来到伦敦，约翰生帮他联系出版，几年后，三大册《英诗辑古》出版（*Reliques of Ancient English Poetry*，1765）。这部巨著在改变或革新英国文学趣味方面起到了重要的作用，如同柯勒律治（Coleridge）的《古舟子咏》（*the Rime of the Ancient Mariner*）一样影响深远。在前言中，珀西特别感谢了约翰生的真诚帮助。①

约翰生是在1759年认识戈尔德史密斯的。同约翰生一样，戈尔德史密斯有在牛津上学的经历，曾在三一学院接受助学金，做收拾盘碟的活计。

从欧洲大陆游荡回来后，戈尔德史密斯在伦敦写作关于礼仪问题的作品。他住在破旧不堪的宿舍，只有一把椅子，客人来，他只能让出椅子，自己站在窗台旁。此时他30岁，作品开始有些小影响。1761年5月31日的晚餐是他第一次招待朋友。珀西来接约翰生时发现他穿了一身新装，可能是约翰生不久前买下的，一直放在柜里。

1762年的一天早上，当约翰生赶到戈尔德史密斯的住所时，恰遇到女房东因戈尔德史密斯欠租金要叫人拘捕他，而他却把刚收到的一个几尼买了一瓶酒，正手拿酒瓶。约翰生后来回忆道："我把软木塞放进瓶口，开始安慰他。他说有本小说准备发表，可以估个价。我拿到小说稿翻看了一下，告诉女房东我很快就会回来，找到出版商约翰·纽伯利，卖出60几尼，又赶紧返回把他欠的租金还上。"这部火速卖掉的小说稿，正是戈尔德史密斯的哲理小说代表作《威克菲尔德的牧师》（*The Vicar of Wakefield*，1766）。②

艺术协会

约翰生参与艺术协会事务与这时期伦敦文学艺术活动活跃有关，尤其新登基的乔治三世重视文化艺术，大力支持民族文化建设包括给作家发放养老金。

乔治二世于1760年10月25日早晨突然中风去世，孙子继承王位，成为乔治三

---

① 韦恩：《约翰生传记》，第201页。
② 马丁：《约翰生：一部传记》，第322页。

世。约翰生虽一直对前两位乔治国王看法不佳,却寄希望于新国王,他1761年6月给在意大利的朋友巴利蒂的信里说,大多数人都相信这位继任者,他称其为"农人乔治",称赞他大力支持民族文化建设包括给作家发放养老金,讨人喜欢,还协助约翰·格温写《加冕礼的思考》(Thoughts on the Coronation)前四段。

约翰生介入各种艺术活动,是因为有当时最优秀的画家雷诺兹和音乐家伯尼的支持。约翰生没有因耳聋、视力差而妨碍对艺术的理性理解。大概是1755年雷诺兹认识他后介绍他加入"艺术协会"(the Society of Arts,1756年12月,一说1760年),但因常忽视或拖延支付会费,难以成为活跃成员。

这个艺术协会成立于1745年,旨在促进艺术和科学,后来建立"皇家艺术研究院"(1768年10月),雷诺兹当选首届主席,并被授予爵士(1769)。约翰生的名字与其他著名艺术家并列,如雷诺兹、伯尼、戈尔德史密斯、加里克、历史学家吉本。这些人后来也是"文学俱乐部"重要成员。约翰生在其《懒散者》(No.45)里呼吁赞助商鼓励画家画历史画,还要支持绘画多样性。

他曾代表"艺协"写信,提出在新装修的大厅办展览,为主办公司起草展览计划,不希望艺术家在默默无闻中消失。展览会如期在宽敞明亮的大厅举办,有69位艺术家及130幅油画参展,2万人前来观看(1760),一度引起争议和骚乱。

几个月后,艺术家再请约翰生给"艺术协会"写信提议举办另一场美展,约翰生建议提高门票费为一先令,以阻止一些看热闹者,让展览有商业价值。他的建议并未被采纳。他在艺术协会的作用很快成为讽刺漫画的主题。马丁认为,当时,"好战的约翰生"被视为艺术协会的发起人和艺术家的代言人。后来,他为"艺术家协会目录"写了前言(1762年5月)。

1761年9月22日,国王乔治三世举行隆重的加冕典礼。为能在伦敦看看这热闹非凡的纪念活动,约翰生回绝珀西主教的邀请,推迟了到诺斯汉普顿访问的计划。为增添举国欢庆日子的热闹,报纸自然少不了关于他这个词典人的报道。《伦敦日报》(8月)赞扬约翰生是"当代最杰出的散文家",却不知道这位名人靠写作却难以为生;了解他的小说家斯莫利特在《公众广告》发表文章,称约翰生是个有"尊严、有力量和各种技巧"的作家,只能悲叹他暴露在"贫困的风暴中"和"痛苦的刺伤里"。不管有什么样的赞扬,终都无法改变他依然处于贫困的现实。

基于现实,"人类生活的痛苦和悲伤远超于其幸福和安宁",他不得不思考,并对突然成名有个人观点，尤其对人们一哄而上看热闹的"文学名声"不屑一顾。

认识画家雷诺兹后，约翰生对画展产生了兴趣。朋友对此感到奇怪，他说仅是试图了解人们为何愿意支付上千英镑去得到一幅画。在他看来，画家挣得很多，但看起来做得很少，仅是画几笔，就像演员喊几声。他提到雷诺兹年收入6000英镑，在诺克斯看来，这更多的是"唠叨而非妒忌"。他唠叨自己一年写作出版书不过是84英镑的收入而已。

政治家埃德蒙·伯克（Edmund Burke，1729—1797）在写《拉塞拉斯》的评论时，很为约翰生的生活状况感到震惊，如作家斯莫利特所言："他没有享受任何皇家的恩典。"

21年后首次回乡

1761年底至1762年初，约翰生回家乡看望继女露西，住了五天。这是自1740年后他头一次回乡。时间一晃就过了22年（若按1740年算间隔期是22年），他这次返乡是在母亲去世后的第三年，51岁，作为文坛被人熟悉的"词典人"和《漫步者》的作者，也算是"衣锦还乡"。不过，他却感觉有些失望，写下家乡行感想："我回到家乡，发现街道比我走时既短又窄。面对儿时玩伴已变老，我不得不怀疑自己不再年轻。我待了五天，趁方便去了一些老地方，就算不是很满意，也至少应该是是善与恶的混合。这些微小的忧虑并未过多记在心里。"这次的"少小离家老大回"，他显然有些隔阂、生疏，没能调整好心态。后来他常回乡，甚至临终前也要再回来看上最后一眼。依据韦恩的分析，约翰生有真正深厚的乡情，这与一些作家根本不回乡而是晚年仅以回顾家乡、诉说童心的所谓乡愁文字来表达热爱家乡的情怀很不同，他是用脚步感激生养他的大地。

晚年约翰生的"中部情结"有一条清晰的路线图：牛津—利奇菲尔德—阿什伯尼—伯明翰—伦敦。他去看家乡的朋友如伯明翰的赫克托医生（至少六次），更经常到阿什伯尼的泰勒农庄。韦恩强调，约翰生不仅是大家普遍认为的城市人，还是热爱乡村风光的乡下人，仿佛他有双根，叶落于乡间与城市大地之上。

第六章　养老金生活

养老金

约翰生的名字常出现在大众媒体上。《环球博物馆》(Universal Museum，3月)视约翰生为反对愚昧的领导力量;《大不列颠作者简介》肯定约翰生批评的睿智,并充分证明其思想的穿透力;《爱丁堡杂志》(Edinburgh Magazinne，5月)呼吁,世界有义务回报约翰生的许多可敬的教益;他绝不为名声,总是随时帮助贫困者;他的能力被为钱写作的需要所限制。[①]

舆论呼吁应给约翰生发放养老金,诺克斯认为,他的生活状态一直被社会媒体所关注。小说家托比斯·斯莫利特、政治家伯克和《爱丁堡杂志》的匿名文章,都起到了推进作用。

大概是在1761年底,政府大臣巴特伯爵收到过一封建议给"真正伟大的作者"发放养老金的长信,并表示此举同时可以让这位词典作者停止嘲讽的声音。

1762年7月19日,约翰生突然得到一个意料之外的消息:友人墨菲特意来转告他,巴特大臣亲密的朋友亚历山大·韦德伯恩(Alexander Wedderburne),即后来成为大法官的勋爵,也是鲍斯威尔的童年朋友,提出名单后获财长巴特伯爵批准,国王将发放给约翰生每年300英镑养老金。

天降甘露。此时,约翰生确实需要钱,甚至正考虑要返回格拉布街与那些老文友们一起继续写稿挣钱。然而,不难理解其"一言既出,驷马难追"的窘境,因为,他早已公开声明:"养老金是支付给国家雇用来背叛其国家的人。接受养老金者是国家以薪金雇用其服从主人的奴隶。"起初,约翰生非常犹豫是否要接受

[①] 诺克斯:《约翰生一生》,第200页。

这个恩惠，基于他的独立精神，尤其是他已在词典里把"养老金"当檄文，对其与政府的雇佣关系进行了毫不留情的抨击。他内心十分挣扎，考虑到一定会有人借此揭他的短抨击他，比如专挑他是非的诗人查尔斯·丘吉尔后来就说："他诅咒自己接受这笔养老金。"

约翰生拿不定主意时便立即找朋友咨询。若接受他自己白纸黑字写下定义的"养老金"，是打脸的事。他接受基金后也没少受责备，尤其他写下几篇政治文章后即被视为政府的喉舌。他找到雷诺兹。不等约翰生要求他想几天再表态，雷诺兹直接给了他颗"定心丸"。同样，墨菲告诉他，这不是政府贿赂他，他编的词典是民族的骄傲，应该受到奖励。

之后，墨菲带约翰生直接找韦德伯恩议员，又见了巴特伯爵，伯爵明确告诉他，这仅是对他过去成就的奖励，并非奖励他未来做什么。几经思考后，他决定接受。

一年300英镑在当时的一般年收入水准之上，他7月20日写信给巴特伯爵表示感谢。他之所以心里坦荡荡，是因为这个奖是给予他个人的，他没有与之联盟也没有利益相关，既没有用虚伪求情去得到，也不用靠服务来维持，他要用这笔钱生活，更要保持他的独立人格。但这笔钱迟迟未到，为此他在11月3日写信给巴特伯爵督促尽快安排发放养老金。

接受养老金后，约翰生的朋友劝他搬出因内坦普巷，找个好房子居住，也配得上他这个名人地位。但他并没有马上改变，依旧衣衫褴褛，继续在那里住了三年。在马丁看来，钱不是万能，他需要立即解决他的抑郁症，避免孤独。这也许是他留下的原因。

约翰生对鲍斯威尔说："虽得到养老金，我依旧是从前那个我。我的原则一如既往，保持同一。"事实上，约翰生也权衡了利弊，有所收敛。他自嘲地说，诅咒汉诺威王室与为詹姆斯国王健康干杯的欢快，会被每年300英镑的养老金减弱。诺克斯认为，自他接受养老金后，他所说、所写有所收敛。

无论如何，他一路跌跌撞撞的文学经历，他干苦力忧心一日三餐着落的文人生活，总算进入一个安稳的新时期，就像移居澳大利亚的自由思想家本杰明·内勒所言：养老金给予了他懒散通行证。

与雷诺兹访德文郡

8月,雷诺兹邀请约翰生陪他回家乡德文郡看看,此行约六周时间(8月16日至9月26日),正合他的心意。他有养老金,韦恩形容他这个"写作机器"停止运转后可寻找新的经验,又如同手里有钱的孩子能到玩具店随心选择自己喜欢的东西。雷诺兹了解约翰生的抑郁症,给了他这个机会,相信这一次外出对抑郁症患者是剂好药方——他后来与约翰生一起倡议成立文学俱乐部(1764),也是为了缓解朋友的孤独苦闷。

雷诺兹完全了解约翰生的思想和内心,鲍斯威尔把他的约翰生传题献词给雷诺兹,因为"你学习他、了解他,尊敬他和敬仰他"。澳大利亚约翰生学会的巴里·谢泼德(Barrie Shappard)指出,让人猜测雷诺兹出版的十四篇演讲稿经约翰生染指或有意模仿约翰生。若雷诺兹是位"画手",他也是一位模仿约翰生的文笔像模像样的"写手",可以惟妙惟肖地呈现约翰生文笔风格的作者。[①]

雷诺兹已经有十年没有回家乡,他保留了回乡记录。诺克斯认为,也许敏感的"养老金"会引起的敌意风波,约翰生想暂时远离伦敦,图个清静。

他们8月16日出发,有两个晚上住在温切斯特学院,时任副校长约瑟夫·沃顿教授接待了他们。之后到索尔兹伯里(18日)访问彭布罗克伯爵的威尔顿别墅参观其绘画收藏室。之后到多切斯特附近的兰福德城堡住了一晚,看福克斯通领主的绘画收藏。

在金斯顿—莱西,他们访问了约翰·班克斯(John Bankes)的别墅,看他家族收藏的肖像画。

经多瑟去埃克塞特和普利茅斯途中,他们第一站停在托林顿,看望雷诺兹两个姐妹伊丽莎白和玛丽,雷诺兹的妹妹弗兰斯(雷妮)也在场。约翰生在其家里

---

① 沃默斯利:《约翰生传注释本》(2008),第981~982页。

一次吃下不少于13个薄煎饼,让大家对他的胃口惊讶不已。

在普利茅斯,雷诺兹孩童时的朋友约翰·马奇医生接待他们,他们在他家住了三周,马奇的儿子威廉在几个月后请约翰生做他孩子的教父。

在普利茅斯港,约翰生应是第一次见到大海,与伦敦泰晤士河的所见不同,他惊奇地看到海军基地和造船工业的兴旺发达。他和雷诺兹还到周围地区看著名景点,其中有埃奇库姆山内的美丽花园。在这里,安排到岛屿的活动因暴风雨未能成行。

9月18日这天是约翰生的生日,他表现得有些兴奋,乐意展示他年轻时一些冒险活动,如爬树或翻墙,又如自夸体育的强项如赛跑、滚坡、跨墙和跳水。

9月22日,他们到了普林普顿——雷诺兹的出生和上学地。

9月26日,约翰生返回伦敦,六周的外出确实给他带来了新鲜空气,他打起精神,也开始从容应对生活。

12月,约翰生第二次到牛津休假。罗伯特·钱伯斯教授(Robert Chambers,1737—1803)接待了他。这次访问的具体活动不详,有人猜测说他是为了回避人们对他迟迟出不了《莎士比亚戏剧集》的议论。

年轻学友:钱伯斯、蓝顿和博克拉克

1763年春,约翰生从报纸得知继子杰维斯·波特舰长去世,立即写信给继女露西,表示安慰,并告诉她有些遗产可继承,他已有养老金,可以给她帮助,并计划回乡看她。按约翰生的建议,若有遗产金,露西可以花20英镑租沃姆牧师曾用过的主教宫居室,而余钱存起可得到年息40英镑。继女露西却另有计划,把哥哥给的一万英镑,花掉三分之一,买地盖了栋新式大房,还建有美丽花园。从此,他们的关系完全改变,露西不再依赖他,也不必再与仆人基蒂住在约翰生老家的房里。

年轻人崇拜偶像,学子自然敬仰学问渊博的大师。崇拜约翰生的年轻学者,前面提到有墨菲和雷诺兹,这时期他身边又出现新朋友钱伯斯、蓝顿和博克拉克。

第六章　养老金生活

　　1754年，罗伯特·钱伯斯与约翰生在高夫广场相识。一本有钱伯斯签名的《希腊格言文集》（1696）现存英国图书馆，页旁注释部分约在1752—1754年，这表明钱伯斯对写《漫步者》的作者引用此书十分了解。钱伯斯17岁到牛津林肯学院学习法律毕业（1758），继续在牛津大学学院获硕士文凭（1761）和公民法研究文凭（1765），接任瓦伊纳（Vinerian）教授的职位（1766）。约翰生几乎看着他成长，而他在求学期间也请教约翰生辅导普通法学。两人经常探讨法学、研究问题，秘密合作了三年，先后完成多篇公共演讲，著名文集有《英国法释义》（*Commentaries on the Laws of England*，1765—1769）。为感激约翰生的无私奉献，钱伯斯在1766年写了一首致约翰生先生的诗，表达感谢之情。①

　　本内特·蓝顿（1737—1801）和托珀姆·博克拉克（1739—1780）是好友。他们很快成为约翰生密切联系的年轻朋友。

　　蓝顿出身于老世家，十四五岁读《漫步者》后就十分敬仰约翰生。学习期间，他到伦敦访问，主要想见这位自己崇拜的人。女房东得知来意，不但告知利弗特医生与约翰生住在一起并常来这里的信息，还把他介绍给了利弗特。当利弗特带他见到约翰生，他后来告诉鲍斯威尔，完全颠覆了自己心目中想象的那个约翰生"文雅、衣冠整洁、个小和相当稳重的哲学家"的形象。这几乎是每个人初次见约翰生并要与人分享的惊讶印象。

　　蓝顿是个瘦高个，被同伴比喻为"站在岸边的鹳鸟"，与身宽体胖的约翰生形成鲜明对照。见过约翰生后，他立即喜欢上了他的谈话，一切惊愕不安都让位于敬仰与感动，而约翰生对这位高个年轻人的热情、谦逊、虔诚和高尚人格自有好感，还对他古老家族的悠久历史颇感兴趣。有趣的是，蓝顿有一个家族分支移民到澳大利亚，律师约翰·伯恩（John Byrne）先生就是这个家族的一员，他在西澳从事律师工作，同时爱好约翰生的作品并成为东南亚最大的约翰生作品藏书家，退休返回老家墨尔本郊区，担任过澳大利亚约翰生学会会长，活跃在宣传、学习约翰生的最前沿。

　　蓝顿是位自有天分的优秀学者，尤其精通希腊文和克纳德的希腊文语法，后来接替约翰生成为皇家协会古典文学教授（1788）。蓝顿给约翰生留下过很深印

---

①　马丁：《约翰生：一部评传》，第314页。

象。大约在1756年，蓝顿曾劝说身为掌管教区牧师的父亲给约翰生提供一份教会的稳定工作，约翰生拒绝了这份好意，因为他习惯了生活在伦敦，还意识到自己不一定称职，尤其有些习性难以在乡村人面前树立好榜样。在约翰生的道德文章里，他更多的是在一种特别方式或情境下讨论神学，很少引用《圣经》来讲解事理，他自知这与牧师终身职业很不协调。

托珀姆·博克拉克是查理二世和情妇尼尔·格温的曾孙，有显赫一时的王室家族史。蓝顿进入三一学院后，两人成为同学。博克拉克爱说话，机智时髦，行为却不如蓝顿那样天真无邪。他们对立的个性，仿佛在互补彼此的不足。当约翰生1759年6至7月间访问牛津时，蓝顿介绍他和约翰生认识。约翰生起初还奇怪两个小年轻人个性迥异如何结盟，很快自己也中了博克拉克的魅力魔法，与他建立起深厚友谊。大卫·加里克听说他们关系不错表示惊叹："好一个联盟，我应把我老朋友从'牢狱'中保释出来。"仿佛他老师已失身，万劫不复。约翰生却不以为然。

约翰生愿意与年轻人在一起，分享他们的快乐。他的交友观是："先生，我喜欢结交年轻人。因为，第一，我不喜欢想到自己老；第二，年轻朋友持续长久，如果他们乐意，就能交往下去；第三，先生，年轻人比老人更有美德，他们在每个方面都更富有活力和朝气。我爱这些年轻狗。"

与鲍斯威尔的交情

另一位来自苏格兰的年轻朋友开始走近约翰生，这位朋友就是鲍斯威尔，而约翰生的形象，也将因此而清晰确立并进入世人心中。

书商兼演员汤姆·戴维斯先生（Mr. Thomas or Tom Davies）帮助鲍斯威尔圆了见伟人之梦。

1763年5月16日，22岁的鲍斯威尔随性到卡文花园附近朋友汤姆·戴维斯的小书店聊天，与常来书店的约翰生不期而遇，约翰生很快就喜欢上了这位诚挚热情的小青年。

第六章　养老金生活

　　此时鲍斯威尔的来访恰是时候，因为约翰生有养老金后不再以写作谋生，他有闲适时间游玩和写信。到1762年，以写感谢巴特给予养老金这封信为界，前54年，他有180封信遗存下来，而这之后的21年有1300封，其中他与妻子的仅有一封，而他与斯莱尔夫人有366封通信。[①]

　　鲍斯威尔正在伦敦游荡。这是自他1760年后第二次到伦敦。他一直不满律师父亲武断地给自己安排的未来——接任祖传奥金莱克（Auchinleck）领主头衔。父亲是苏格兰高等法庭15位法官之一，他认定，只要子承父业，儿子就绝不会有任何不幸的烦恼。

　　也许天生就是叛逆儿，这个事先安排导致鲍斯威尔与父亲关系紧张。鲍斯威尔在17岁那年也患上了抑郁症，精神几乎崩溃。他这次访问伦敦是父子间临时达成的一个协议。他通过法学入学考试（1762年7月）后，父亲欣喜之余答应他到伦敦游玩几个月，之后便到荷兰乌德勒支（Utrecht）大学学法律。这是学习罗马法的著名教育中心，拿到文凭后，他就可以回家继承祖产了。

　　见约翰生时，鲍斯威尔已在伦敦晃荡了几个月。他广交朋友，剧场、妓院、赌场等各类社交活动之地无所不去，并随时在日记中详细记录。他自视为欧洲最伟大的天才，至于心目中敬仰的为人榜样，严肃要像父亲，学识要像切斯菲尔德伯爵，果敢便要像约翰生。

　　他自定的伟大雄心就是要见伟人，尤其在伦敦要见约翰生。听人们议论约翰生，根据熟读的《漫步者》，他承认内心一直有某种"神秘的尊重"。听说约翰生经常到书店，鲍斯威尔就不断上门等候，锲而不舍。

　　第一次，面见约翰生成为鲍斯威尔的约翰生传记里描写最生动的一章。起初约翰生谈到大卫·加里克，鲍斯威尔插嘴后遭到一顿斥责，心里不快，他抑制内心的不满，出门时求戴维斯说情，而得到朋友戴维斯的安慰："我看他很喜欢你。"约翰生也表示愿意在家里见他。

　　正是这次最重要的相遇，随同他们的友谊发展，凭借最坚韧执着坚忍着的努力，产生了一部传记作品（《约翰生传》，1791）。连同《鲍斯威尔的马拉海德城

[①] 诺克斯：《约翰生一生》，第211页。

堡私人文档》（1928—1934，18卷）和《与约翰生到赫布里斯旅行日记》（1785），人们从这些不可或缺的史料中，进而了解鲍斯威尔如何编写传记，对约翰生个人生活行迹和思想发展演变过程有清晰的了解。

根据韦恩分析，他们相差30岁，在约翰生的世界，鲍斯威尔是新人，属于卢梭的时代；而约翰生属于亚里士多德和中世纪神学之王、把理性引进神学的托马斯·阿奎纳（Thomas Aquinas，1225—1274）的世界，一个巨大的制度创建的规矩世界。鲍斯威尔栖息在这个被毁灭的世界的废墟上。[1]

当约翰生本能地搭建框架并以此结构为标准做出实例判断时，鲍斯威尔像一只犬，嗅着个人气味，无论走到哪里都跟随他。鲍斯威尔写进约翰生传记里的对话，其思想、心灵和声音，不仅是两个不同的人，而且是两个不同的世界。在书里，我们看到的是欧洲人与文艺复兴时的欧洲人的对话。韦恩提出这个有趣的问题，若进一步解释，那就是崇拜、敬仰。鲍斯威尔虽关注自我，还是多少让出了属于他自己世界的部分，因此，我们才看到那么精彩纷呈的约翰生的世界。反过来说，憎恨约翰生的人，看到的是鲍斯威尔在谦恭地讨好传主。天平倾斜于谁呢？

鲍斯威尔的《约翰生传》既打扰主人提问各种问题，也提振主人情绪，焕发其精神。他扮演讨厌鬼的角色，每次冒昧提出一个问题，约翰生都能给他一连串回答，他又是那样认真如实地记录下来。5月24日，鲍斯威尔直接上门见约翰生，为自己那天出言不逊道歉，想要修好与约翰生的关系。来到凌乱的房间后，他见到有其他人在场，表示要走，约翰生劝他别急，说自己"有义务接待任何来访问他的人"。这句话现已成为约翰生家乡的故居不收门票的理由。

约翰生留下年轻人单独交谈，鼓励他读书。三周后，鲍斯威尔又来见他，让他很高兴，告别时直握手摇动，希望他常来。

接下来的几天，他们谈到爱尔兰作家奥利弗·戈尔德史密斯。约翰生习惯性地常与这位作家开个玩笑，所以鲍斯威尔的传记里有大量他与戈尔德史密斯的言谈记录。取得信任后，鲍斯威尔不仅走进了约翰生神秘的因内坦普巷两层楼房内，还被利弗特医生领上楼，看到了他凌乱的学习、工作室。有一天，在苏豪区杰勒

---

[1] 韦恩：《约翰生传记》，第229页。

德街"土耳其头号酒馆"（Turk's Head Tavern，No.9 Gerrard St，Soho），他们谈到旅行。约翰生向这位苏格兰人表示愿意与他一起去看看苏格兰高地和西部岛屿。几天后，他们又在酒馆见面（7月28日），鲍斯威尔问起如何更好地学习，他说改天再谈，要给他列出书单。那天，他们手挽手从斯特劳街返回因内坦普巷。第三天（7月30日），他们租船游泰晤士河并经过格林尼治公园，鲍斯威尔从口袋里取出《伦敦》，大声朗读其中写小村的一段，让约翰生颇感意外。

在返回途中，鲍斯威尔谈到老家，约翰生兴奋地表示，他要到那里住古城堡，如果没有房间，就建一座房。他的这些"好奇"，鲍斯威尔记在心里，想要尽力满足这位伟人期待已久的旅行。

鲍斯威尔要留学的日期近了，约翰生决定亲送这位朋友到哈威克港出海口。告别时，船上的鲍斯威尔看着他孤独身影直到消失。这是非常感人的场景。

文学俱乐部（1764）

离开充满朝气的年轻人，约翰生很快又陷入孤独。他曾劝校友泰勒进行短途旅行，驱散忧虑的心思，却不能说服自己。画家雷诺兹安排他去年轻朋友蓝顿的住地住几周，一来散散心，二来完成《莎士比亚戏剧集》的编辑工作。这是自领养老金后，他第一次出门。

1764年1月，他与蓝顿及其父母去了林肯郡。2月，约翰生的抑郁症复发，他完全讨厌见人。这是症状严重的表现，雷诺兹从未见过他这种吓人的状况，如同换了个人。

为缓解他的沮丧和寂寞，还想到此前六周家乡行期间聆听他的风趣谈话，雷诺兹想，何不让他有个说话的地方呢？1764年2月，雷诺兹向约翰生提议成立一个新俱乐部，聚集一些文学和古典爱好者一起聚会聊天，为避免争执不休，禁谈政治和宗教话题。约翰生起初不愿意，不过很快就答应了。在约翰生声名鹊起的20年期间，俱乐部确实起到了重要且必要的作用。

俱乐部聚会的地点选在索尔区土耳其头号小酒馆，每周一晚上聚会，从7点开始到深夜，后改为每周五晚相聚，国会开会期间则改为两周聚一次。起初习惯性地以地点为名，后来因在大卫·加里克葬礼（1779）挂了"文学俱乐部"的横幅，才有了正式名称。

这是约翰生"常春藤巷俱乐部"的延续，他需要找些老友聊聊天，缓解压力。自他有名望、有养老金后，他养成了放弃写作而倾心谈话的习惯，以放松自己。

这第二次建立的俱乐部，创建会成员包括他共九人。老成员有约翰生、雷诺兹和霍金斯三人，新人有政治家埃德蒙·伯克、伯克的岳父克里斯托弗·纽金特医生（1698—1775）、小说家奥利弗·戈尔德史密斯以及股票经纪人、国会议员政治家安东尼·夏米尔（1725—1780）、牧师贝内特·蓝顿和贵族世家弟子、藏书家托珀姆·博克拉克。

这些人中，除纽金特医生外，都比约翰生年龄小，大体上可说是偶像崇拜的热情驱使他们愿意走到大师面前，围绕在他身边，听他谈话，交流看法。而事实上，约翰生并不愿意做盟主，他要求成员不是喜欢听他讲话而是愿意与他交流。后来，俱乐部接受成员更多地考虑才华、能力和特长，以致约翰生在高地旅行中与鲍斯威尔议论说俱乐部可办大学，每位成员都可讲授一门学科。

这个团体的交谈不仅是娱乐，还包括广泛的题目、知识和经验。九人名单里没有演员大卫·加里克，因为约翰生觉得他这个弟子有些傲慢。当听到画家雷诺兹说成立俱乐部时，大卫·加里克表示自己必定是其成员，但约翰生回应："他怎么知道我们一定接受他？英国第一公爵也没有权力说这样的话。"斯莱尔夫人听约翰生说过，如果大卫·加里克加入，他会反对他。鲍斯威尔认为夫人曲解了约翰生原意，事实是，大卫·加里克九年后才正式加入俱乐部（1773），同年加入的还有鲍斯威尔。

新会员加入，要老会员引荐并进行投票表决，俱乐部从9人始，逐年增加。1780年，他们订下人数规模，不能超过40人。所以，到1782年，会员有37人。因酒馆关闭，他们便不断地更变聚会地址，如到"王子酒馆"和"巴克斯特酒馆"。对俱乐部成员增加过快，约翰生有些忧虑，他觉得9人已是大群体。1776年后，约翰生感到人太多，或是他的耳聋加重，便很少再参加。到他去世前，这个俱乐部的40位成员中没有一位女性，因为俱乐部通常被看作是一个绅士们吃饭、喝酒的团体。

小酒馆

除了参与俱乐部的活动，约翰生晚年多数时间不是在博尔特的家里便是在斯莱尔夫人住处，更多时候应邀参加朋友聚会，在饭桌上谈笑风生。酒吧夜生活成为他的最爱，他多次宣称："小酒馆的椅子是人类欢快的宝座。"

律师霍金斯听过约翰生谈小酒馆："当进门后，我感受到久违的关切和照顾；当坐下来时，我发现主人客气，仆人前来听我吩咐，急于了解和随时提供方便的服务。酒使人焕发精神，使我接近那些最爱的人。我虽独断也受挫，在这些观点和情绪的冲突中感到愉快。"

韦恩对这段话出现的"酒""最爱""独断"几个关键词进行了分析。"酒"说在鲍斯威尔笔下得到既矛盾又有趣的多方面呈现。"爱"这个词体现约翰生的个人品性。在酒吧里，一切自然，平等待人。他善待并留意朋友的点滴习惯和偶尔动作。纽特金医生信罗马天主教，俱乐部星期五吃饭，他要煎蛋卷以便履行戒肉食习惯。多年以后，约翰生看到煎蛋卷就会想到这位已逝去的朋友："我亲爱的朋友，我再也不能与你一起吃蛋卷了。"

最有争议的是他的"独断"。当争辩进入白热化时，他会怒吼喊停，强加他的主张。韦恩认为给约翰生这个"声誉"并不公正，其"不可征服的角斗士"形象，是鲍斯威尔为读者所想要看而写的，是特意夸大偶像的形象。不可否认，其中自然有依据，如约翰生坦承谈话是一种竞争，要"谈话取胜"，还有他把谈话当作"游戏"，游戏本身就有输赢，不管对手是谁，目的不是冒犯人，而是争胜负。约翰生说过："生活这个杯子已足够苦味，不应再挤榨什么厌恨进入不满的杯子里。"他爱争辩，却恨争吵，任何与他有交情的朋友因争辩离开他，他都会感到深深的伤害。

当托马斯·沃顿教授写诗反映中世纪民谣里的苦难史，约翰生滑稽地模仿了几句，沃顿深感被冒犯并有意回避他好几年，这让约翰生倍感伤心。

约翰生通常不是谈话问题的发起人而是接话人。作家托马斯·泰尔斯（Thomas Tyers）说，据他的观察，约翰生"像个鬼魂"，除非他要说出来，否则就沉默不语。文学俱乐部和其他身边朋友，对约翰生这个谈话家的举止有同样感受。他的谈话有时率直，有时含蓄。在反驳"有人"（鲍斯威尔在传里多用此词，特意隐瞒自己的身份）过分称赞蒲柏的《群愚史诗》时，约翰生说："那时要成为一个愚者，值得。可是，你并无此生活。当没有智者时，此时要成为一个愚者，不值得。"这听起来不仅粗暴，还表示他要制止这个人称赞下去。

他有时会照顾听者情绪，避免引起麻烦。若说"独断"，更多表现在他写作方面的深思熟虑而非随意谈话。所以，鲍斯威尔说，很少能从他对一个人的谈话中得出他的真实观点。

谈话大家

因俱乐部的存在，借酒吧之地，靠着酒馆的椅子，约翰生仿佛生活在一个谈话世界里，这带给他第二大名誉——"谈话大家"；如果他的第一名誉是"作家、学者"。这是早年表哥科尼给他指出的一个努力方向，并从牧师沃姆那里直接得到过榜样的力量。拥有一般的知识，抓住主干，摇动枝叶，他要像科尼那样平缓地拔出酒瓶木塞，倒出提炼醇厚芳香的美味果汁。贝特比较后认为，科尼以自然轻松胜他一筹，但智慧和幽默却远逊于约翰生。

约翰生能谈几乎所有题目，如孩子问题，表哥科尼恐怕就完全没有信心。政治家伯克是个天才谈话家，尤其公认为英国国会演讲辩论第一人。蓝顿提到，有一天晚上，伯克本可以讲一个他熟悉而无人可争辩的题目，约翰生却以更纯熟的方式进行了谈论。在回家路上，伯克说约翰生伟大，蓝顿表示赞同，伯克说："我为他摇铃，使大家情绪安宁，就足够了。"

鲍斯威尔在与约翰生去高地旅行前，就已感觉他的这位导师无所不能谈——文学和语言、哲学、神学、心理学、医学、历史。这是个"全才"在消失的时代，因为新知识如泰山压顶而来，约翰生有自知之明，懂得克制，写旅行游记时在结尾说明自己的想法仅是个人的一己之见。

在韦恩看来，约翰生的谈话有几个特色：范围广泛、即时编辑信息、重视证据、揭露虚伪言辞、从不主动发起一个主题而是回应问答。不过，他也有两个消极面：其一，尽管能讲好一个故事，但他不是一个能说会道的逸事讲述者；其二，他不是一个警句诗（特指诙谐短诗）作者，他多数评点虽简练和令人难忘，却不是警句。这里韦恩强调的所谓"警句"概念，即以新方式站在自己角度而自然流露的思想，如戏剧家王尔德的"如果你说出真相，肯定迟早被人发现"，又如英国作家、"悖论王子"切斯特顿所描写的红衣主教纽曼是个"赤裸的男人，携带赤裸的利剑"，把"锋锐与脆弱"以短语突显出来。①

约翰生的点评或语录不是在空气中飘动的羽毛，而像地面的石头，稍不注意就容易被绊倒，总是出现在一个争议内容或周密的推理上，如"人类敬重那些克服恐惧的人""战士想到自己仅是大机器组成的一部分"。这是一种归纳概括，从一个命题到另一个命题。还有大家爱引用"旅行的伟大目的是看地中海的海岸"，这在他说诞生四个文明古国的文本里，有"色彩浓厚而不失其准格言"的力量。

约翰生的写作也有同样的倾向，如："自由对每个民族那些底层人来说，只不过是选择工作或挨饿。我假定，每个国家应允许这个选择。"其本身是个公正和难忘的判断，已有不容置疑的确定的力量。

他的谈话或写作都同样，建立在强有力的判断和生动具体的细节上，虽抽象或只是一般陈述，却总是与日常生活形象或比喻想象并列，增加紧密联系度，规范具体形象，如同时代的英国作家布鲁克斯·布思比所评价，给他一个题目，约翰生能写出几篇《漫步者》。

作为大谈话家的形象，鲍斯威尔的约翰生传记已给出各种答案，揭示了"庐山真面目"。约翰生的天才不仅是把握大量知识，还能有效地运用或传达出他所知道的一切，而且简洁明了、恰如其分。若"控制"是他的本能，那么展示出力量则应是他生存的本领。知识虽可在书中学习，他更愿从生活中学习。他不是这样一类文学人，他们的谈话从未离开文学大树的阴影。他的谈话基本是谈生活问题，

---

① 韦恩：《约翰生传记》，第246～249页。

仅是用文学和历史知识来加强判断。

他的道德准则是实际的,源于他熟悉人的本性,如他这个直指人心虚伪而逞强的点评:"帮助无知者通常需要更多耐心,因为他们总是试图故作聪明。"确实,没有什么能让自以为是的人聪明起来,除了耐心外,就是等待觉悟的到来。

约翰生发出这类新颖有力、警示恒言的声音,自然不乏倾听者,即便"独断""粗暴无礼",很多人还是急于聆听,热心记录。蓝顿曾告诉鲍斯威尔,在维齐小姐家,有不少名流在场,约翰生进来,刚坐下,大家都聚集过来急切倾听他的谈话。鲍斯威尔最有心,自然做得最好,数十年如一日,坚持进行详简交错的记录,生怕漏掉一条。

马克斯韦尔博士回忆约翰生时说,约翰生是"最容易接近和交流的人",甚至他认为自己是权威的公众传道者,每个人都可以访问和咨询他。可是,他也有不可容忍的底线,如果知道邀请仅是要他表演或吸引人来助兴时,他会拒绝,比如有一次鲍斯威尔期待他与辉格党倾向的麦考利夫人见面,他十分生气:"你不应用看我们的争吵,来成全你玩的游戏。"(1777年9月22日)。

幽默

约翰生曾说过:"人类理解的范围,可以从他的欢笑做出公正的判断。"人们对于约翰生谈话或写作的幽默与智慧,见仁见智,就像对他的警句一样,可从不同角度去解读。

根据贝特分析,约翰生的幽默风趣表现在三方面:一是范围广,从开玩笑到好斗,从纯真到复杂的脑筋急转弯,从出其不意的插科打诨和模仿到几乎每个智慧的方面。二是保持"距离",克服与其心理障碍问题联系太密切的急切"暴躁",抓住"实际",以便在真诚状态下,用最健康的方式,抵制生活的忧虑和心理的痛苦。三是天才而形象地表达,尤其晚年他谈话呈现出特异的风格,脱口而出,不乏深刻和力度。即便在一个最有趣的题目上,约翰生也能以不同范式说出创造性的话语,给人以惊奇、联想和回味,符合英籍匈裔批评家阿瑟·库斯勒(Arthur

Koestler)《创造的艺术》(*The Art of Creation*, 1964)所总结的特征：所有创作活动都体现出以幽默为样品的基本心理范式。创造活动是"自由的行为，用原创打破习惯"。[1]

约翰生谈话的幽默之深刻，给人难以否认又发人深省的沉思。如他说死亡："每天都想到死亡，你就真实存在了。""人终其一生，无非是想回避死亡。"可是，他又说到另一面："一个人如何死不重要，重要的是如何生。""如果人经常想到死亡，生命就会变得静止。"英国批评家吉尔伯特·基思·切斯特顿（Gilbert Keith Chesterton, 1874—1936）直言，说如果他写约翰生的传记，会删除约翰生在病床上说"怕死"的话（1784），因为约翰生从未怕死过。

与安娜一行人外出

约翰生继续《莎士比亚戏剧集》的编辑工作，虽有抑郁症缠身，但总归要安静下来写作。若有机会，他愿意外出。1764年6月，他与房客安娜和弗兰克一行，去往伦敦北部北汉普顿郡伊斯顿-麦迪村庄，访问珀西主教和他妻子安妮（6月25日—8月18日），完成了五年前的一个心愿。珀西回忆说，这段时间，乡间风景分散了他的忧虑，从未见他心情如此舒畅愉快。他帮安妮喂鸭，到村外散步，还校对印刷厂寄给他的样稿《奥赛罗》。8月中，他返回伦敦。10月，他又去牛津大学学院宿舍住了几天，途中他接到弗兰斯·雷妮的邀请信，在船长乔治·科利尔允许下，请他一起陪同她和其他人乘船到地中海游行。约翰生回复："我现在不能去，必须完成我的书。"又补充说他不认为一条粗硬的木船适合女人。

此时，他的文学出版人多斯利突然去世。他为朋友悲伤，如同失去妻子一样痛苦。关于此事，他曾向沃顿教授表示，那时他孤魂一样在野外飘荡，没有任何方向或固定的视角，阴郁地凝视着一个与自己几乎无联系的世界。

---

[1] 贝特：《约翰生传》，第480~481页。

斯莱尔夫妇（1765）

进入新一年，约翰生夜不能寐，有几天，每晚读罗马讽刺诗人朱文诺的诗歌200行。1月9日，他开始写日记，却把1月1日作为开始日期，记录下了较细的日常生活。这直接与他所见到一位女士有关。这部日记里与早年日记（1729）一样，有些"M"字母，据出版编辑者说是记录每天肠胃和排便情况，诺克斯质疑，这个权威性解释没有说明为什么，如理解为M（手淫），这个困惑倒是容易理解。[①]

约翰生抱怨"记忆力混淆，不知一天怎么过去"。出外，他戒酒，以便抑制"原罪"和改变生活习惯，晚上在家有时会喝点酒。在1月13日的日记中，约翰生提到，他夜晚与安娜女士喝茶得以安慰。有时他离开她后，要凌晨4点才回到家。自有了养老金后，他乐意帮人，从日记可见。他记下给一位叫露西的女子5先令3便士，还提到还给艾伦先生6几尼，这是几年前因母亲生病借用的。这些包括其他不详的捐助慈善款，既让他心灵得到安慰，又表明自己不再是穷人。

自结交鲍斯威尔之后，另一位新人进入他的生活。她就是24岁的斯莱尔夫人。赫丝特·萨来斯伯里（Hester Salusbury）与亨利·斯莱尔先生（Henry Thrale）结婚仅一年多。约翰生1月9日的日记提到，他在伦敦索斯沃克（Southwark）亨利的酒厂见到斯莱尔夫人。爱尔兰戏剧家墨菲与斯莱尔先生认识，向斯莱尔夫人介绍过约翰生。

斯莱尔夫人在《斯莱尔氏纪事》（*The Diary of Mrs Hester Lynch Thrale*, 1951）[②]里提到了她是如何与约翰生见面的（1765年1月）。

约翰生与她先生是多年的好朋友。有一天，在他们索斯沃克的家，与墨菲商议，找机会见面，认识这位大家都在议论的道德文学家。赫丝特在小时候，就听他父亲的朋友、画家威廉·霍格思称赞过《漫步者》。

---

① 诺克斯：《约翰生一生》，第224～225页。
② 书名大意为"斯莱尔氏纪事"，牛津克拉林登出版社1951年出版。

见面方式他们还颇费了一番心机。考虑约翰生对贫困者的悲悯同情，他们邀请了一位鞋匠诗人詹姆斯·伍德豪斯（Woodhouse）一起，与他吃饭谈文学。

诗人知道请他是怎么回事，也了解约翰生把自己看作"乡间野兽"。约翰生认为，做鞋人应专注生意，而不是让人征订他的诗歌，他可以是个好鞋匠，却不可能成为好诗人。

见面前，怕吓着夫人，墨菲提前把约翰生的着装、举止等，绘声绘色地描述了一番。他们见面后感觉很好。第二周又约见，这次鞋匠诗人没有参加。之后，他们每星期四见面，直到冬天。有时夫人事先准备一些翻译的稿子，约翰生来家后给予指导。他们本想合作翻译出版古罗马政治家波爱修斯的诗歌，结果放弃了，因为约翰生知道有位贫困者已在翻译，不想给他设置障碍。斯莱尔夫人写道，从那时起，约翰生一直是"我们的熟人、来访者、陪伴者和朋友"。

赫丝特结婚后，生活郁闷无聊，圈子狭小。在见约翰生这一年，她对亨利几乎失去了热情，这位只顾忙碌生意的丈夫在她看来，几乎没有一点文化品位。她曾向约翰生诉说结婚头六年从未去过剧场和其他娱乐场所。不过，赫丝特还是尽本分，与她一直认为自己是与"最慷慨的人"生活在一起，扶持家庭，帮助先生的酒厂生意，协助他当选索斯沃克区国会议员（1765—1780）。有人说，亨利能在政界15年之久，也有约翰生的大力支持。

赫丝特对文学很感兴趣，作为女主人，认识并接纳约翰生为家里客人后，成功地把他们两处住处变成了社交活动中心，尤其是郊区的斯特里汉姆（Streatham），无疑就是"第二个文学俱乐部"。

斯特里汉姆

亨利忙于酒厂生意，为赫丝特和孩子们特意买了郊区的斯特里汉姆别墅。这座颇具魅力的乡间庄园有一栋三层楼砖房的宽敞大豪宅，占地100英亩，离伦敦中心约6英里，后来还加盖了图书室、夏季房和其他设施，风景优雅。在他们家，若斯莱尔先生管菜谱，夫人则主持谈话。

赫丝特个子矮小，不算美丽，却活泼、聪慧、善交流，会说流利的法语，还会拉丁文、希腊语、意大利语和西班牙语。她阅读广泛，会写诗歌，翻译过《堂吉诃德》片段，深得约翰生欢喜。自打认识后，斯莱尔夫妇的家就成为约翰生生活的中心舞台。约翰生的亲密朋友常抱怨到伦敦后找不到他，因为他常在索斯沃克酒庄和斯特里汉姆别墅。

约翰生50岁之后，与夫人见面显然比与鲍斯威尔见面多，接触亲密。在约翰生藏书家玛丽·韩德博士（Dr. Mary Hyde）看来，意识到夫人是竞争对手，鲍斯威尔尽可能地在他写的约翰生传记里少提其名，以减少读者对斯莱尔夫人的印象。

约翰生不仅是斯特里汉姆庄园饭桌上的常客，而且也带来与之联系的各路朋友。斯莱尔夫人热情接待诗人和艺术家，在文化圈子的地位也随之升高。约翰生在庄园有独自专用客房，常一周几个晚上地睡在那里。

约翰生把这个地方认作"第二个家"，这里不仅有图书馆，还有花园。他热情于种植绕墙生的果树或搞化学小试验。在某种程度上，斯莱尔在酒厂时间多而在庄园活动少，在这个孩子多的家里，约翰生处于一个不是家长又像家长的角色，看着孩子们长大，与他们的大女儿昆妮建立了良好的关系。

约翰生热爱孩子，跟他们玩游戏。他允许孩子们以自己喜欢的方式开心地玩，对夫人说，哪里会有比这更好的乐趣呢。有一天，他与几个孩子闹恶作剧，每人要说出谁最像什么动物，结果他被孩子们认作"大象"。

到访的朋友看到约翰生在这里十分开心，得到了很好疗养。夏、秋季节，他还会随斯莱尔夫妇一起到布莱顿小渔村度假休闲。

布莱顿小渔村很快成为了一个受欢迎的海浴地点，旅游业发展后，游客日益多起来。斯莱尔夫妇先前常来这里度假，认识约翰生后他们在离海边50米远的西街买了房子。约翰生并不太喜欢这个地方，但还是应邀前去陪伴，并度过了几个假日，除能感受到斯莱尔夫人的照顾外，还能从在海边胜地游泳或骑马中寻找到快乐。

约翰生不太喜欢布莱顿，应与他第一次到那里不开心的记忆有关。夏季，约翰生写信给泰勒，说自己计划到他的阿斯伯尼住几天，接到斯莱尔夫人的邀请信后，他改变了主意。这时他正为《莎士比亚戏剧集》写前言，想到春季与斯莱尔夫人一起翻译拉丁文诗歌的美好时光，他想，应该去参与夫人的家庭活动，才不显失礼。可是当他急忙赶到布莱顿的别墅敲房门时（1765年8月），人已离去，这令他十分失望。原来是斯莱尔夫人孕产期到了，必须提前走，斯莱尔先生也刚离开，因为得知其选区的一位议员去世，他要参与选举（9月23日）。面对空无一人的房间，约翰生有些受骗的感觉，虽不知实情却立即写信给斯莱尔夫人表达自己被忽视的受伤和愤怒。曾作为联系人的墨菲接到斯莱尔夫人的回信，以他们不得不离去的实情劝说约翰生，终让他平息了不悦，与斯莱尔夫妇的友谊得以巩固并迅速朝好的方向发展。

从布莱顿返回伦敦，赶上斯莱尔先生参与竞选区议员的活动，约翰生觉得有义务，便放下有些繁重的《莎士比亚戏剧集》的编辑工作，直接参与了宣传助选的活动，至少为他的选区写过一份广告。

约翰生博士

此时约翰生有退休金，每季度领取75英镑，有新认识并可信任的斯莱尔夫妇，有舒适的斯特里汉姆庄园，还有他编辑的《莎士比亚戏剧集》即将出版，他开始得到更多外界的关注。名誉给他带来热闹，减弱了他的孤独感。

1765年2月，他与博克拉克一起到剑桥访问，主要咨询伊曼纽尔学院的莎士比亚专家理查德·法默（Richard Farmer）的意见。为期一周的访问期间，他受到明星式的款待。法默教授第二年出版他著名的《莎士比亚戏剧集》的评论，许诺约翰生随时可来学院居住。但有些人不高兴，认为约翰生博士不属于剑桥学院，并且他不值得尊重。约翰生去世后《绅士杂志》（1785年3月）曾刊登纪念文章，详细报告这次剑桥访问情况，并刊登了约翰·沙罗博士的一封公开信（1785）。

7月，爱尔兰都柏林三一学院颁发给约翰生博士文凭。从此，他后半生和去世后都被学子称为"约翰生博士"。（十年后，1775年4月，牛津大学授予约翰生博士学位）他自己从不使用"博士"头衔，更愿意人们称他为约翰生先生。[①]

8月，约翰生从简陋的因内坦普巷搬到舰队街约翰生院七号，那里有更宽敞舒适的房间，他在那里住了11年，直到迁居博尔特庭院。这期间，他的房客有弗兰克、安娜和利弗特医生。

《莎士比亚戏剧集》出版

1765年10月10日，本应九年前就完成的《莎士比亚戏剧集》八卷本终得出版，印刷1000套，在一个月内很快卖出。约翰生在1765年出版前告诉友人沃顿，虽不能完全满意其结果，却不必再受其累了。

这是一次巨人劳作，其职业成就仅次于那部词典。比起先前的版本，约翰生减少了卖弄学问的迂腐，强调其可读性，把莎士比亚的观众变成读者，让他们在文本上直接感受莎士比亚文字的优秀。

作为编者，约翰生意识到，批评家如同其他人一样，常会被利益、友情、恶意、尊敬和蔑视误导。他感叹一个个修订本的努力，诠释、解说、更正，无非求新名而否旧作，以胜出前人为殊荣。同时，他尽量从文本释义，不限单一权威注解，广泛征引他说，让读者自己做出判断。诺克斯分析，约翰生有意不改一些在现代人看来"粗俗无用"的词语，因为他坚持认为这些更改常不讲究技巧，难以得到其真义，更有害的是，其包含"语言的历史"会因此武断修订而失去原意。

对于这部《莎士比亚戏剧集》，约翰生集文本编辑者、注释者和批评阐释者为一身。他在文本旁加注释，保留先前编辑者罗武、蒲柏、西奥博尔德、汉默和沃伯顿的有价值评论，提供各类重要资料，使全书成为"集注"，方便各类人士包括批评家查阅。这与他采取以"例句"方式编词典是同一个思路或范式。

他每部剧2000字左右的的评语或点评注释，提升了版本的个性化色彩。如对《争锋相对》（又译《一报还一报》）里说到"年龄"话题，他阐释发挥："当我们

[①] 贝特：《约翰生传》，第507页。

年轻时，我们忙碌于未来成功的计划，错失眼前的快乐；当我们老了，以回忆年轻的愉快或成就自娱。而我们当下的生活，像饭后的梦想，没有任何部分与目前的生活联系。"过去，当下，未来，他建议人们，三选一的话最好关注现在。

又如评《无事生非》里主角一段"我无法隐瞒自己"话语里的内涵，他认为："这是作者自然流露的思想。一颗妒忌和非社交的心灵，太阴郁难以被人接受。在简朴诚实的计划下或在傲慢独立的尊严下，人们总是尽力向世界和自己隐瞒邪恶。"

在《哈姆雷特》中，哈姆雷特的独白"要知道一个人，应了解自己"，约翰生发挥其含意为"没有人能完全了解他人，除非了解自己，这是最大的人类智慧"。

约翰生肯定莎剧"真实的稳定"和"有愉悦的教益"，把莎士比亚戏剧看作反映人类生活的镜子。这个"生活在世界"的观念、写实而非虚构的看法，与早年表兄科尼对他的影响有关。

他在集子的文字校勘方面做了大量工作，不过比起少数的前辈或多数的后辈，并不算杰出。马丁认为，他主要采纳了沃伯顿1747的版本和西奥博尔德的版本这些文本，缺陷便是未能系统地阅读早年的版本。

因此，尖酸刻薄的批评家约瑟夫·里特森（Joseph Ritson,1752—1803）就直言，约翰生"从未校勘任何文本"，留下了同罗马时期同样的舛误。史学家托马斯·麦考利在半个多世纪后继续这一批评思路，嘲笑其"马虎"，是一部"无甚价值的经典书版本"。凭其权威和威望，麦考利仿佛把约翰生踩倒在地上，殊不知，约翰生似乎故意忽视其细微处，麦考利也不会比其专长的历史更了解文学。当同事乔治·斯蒂文森问如何看埃德华·卡佩利（Edward Capell）的莎剧版本（1767）时，约翰生回答说，他不过刚好有点能力，"为用假发，从白发中挑出黑发。我与他是在麦桶里进行一场计算谷粒多少的比赛，他肯定是个赢者"。[1]这也反映出他喜欢关注事物包括文艺评论的侧重点，如用望远镜看整体大面而非用显微镜查细枝末节。

尽管约翰生的《莎士比亚戏剧集》很快就被其他版本替代，但他的前言却一直立于无可替代之地。这虽是他完成文本编辑后所写，但岁月流逝不妨碍他已熟

---

[1] 贝特：《约翰生传》，第397页。

稔全书在胸。韦恩分析,他开篇就同德莱顿的著名文章《论戏剧诗》一样称赞莎士比亚有"全面的灵魂"。约翰生不仅认可德莱顿关于莎士比亚是"生活诗人"的评论,而且强调他是"自然诗人",学习莎士比亚就是学习生活、顺应自然。

贝特认为,约翰生的《莎士比亚戏剧集》前言是英语散文典范,之后的《诗人传》也仅有部分能与之匹敌。[1]德马利分析说,他用夸张笔法,把莎剧最优秀与最缺失部分都凸显了出来。

其超前思想引起了伏尔泰的注意,他批评约翰生不恰当地为莎士比亚辩护违背古典三一律(时间、地点、行动),而约翰生反驳他是"狭隘思想的吹毛求疵"。本来约翰生秉持"普遍自然"是新古典主义的传统,他晚年的写作给世界忽视的新古典主义价值予以高度评价,以致后人不得不称约翰生为新古典主义代表。然而,他又抵制"新古典主义"者滥用三一律并视其为天经地义的标准。其矛盾不一,全然无法用"新古典主义"为其既讲原则又灵动的思想贴上标签。

在标准原则与剧目文本有矛盾时,约翰生首先选择生活的逻辑,让"知识脱离观念",让思想尊重实际,让标准服从剧作,让标签摆脱束缚,在此基础上,他肯定莎士比亚超越或鄙视那些束缚作家手脚的任何理论或架构体系。

约翰生注重此前批评家忽视莎士比亚写作的人物多面性、戏剧技巧,实为现实主义小说的兴起注入了推动力。他肯定莎士比亚还原生活本来面目,一切取决可信,合乎情理,没有什么神圣原则不可违背,就如同国王可以像普通人一样喝酒,但他依然是威严的国王,莎士比亚的历史剧是融为一体的"悲喜剧"两结合,尽管他的喜剧比悲剧精彩。

《国富论》作者亚当·斯密虽不怎么喜欢约翰生,却认为这篇前言是所有国家所出版过的最有批评力度的论著,其敢于对莎士比亚的缺点,如草率写作、松散结构、马虎和不一致的例句,品头论足。文学评论家、编辑埃德蒙·马隆(Edmond Malone)指出,以其内容丰富和风格有力而言,这是英语最精致的创作。

到19世纪,浪漫主义者认为,约翰生的版本过于结构化,没有足够的想象。诗人柯勒律治谴责约翰生不了解哈姆雷特的个性。他们特别不喜欢作为莎士比亚

---

[1] 贝特:《约翰生传》,第406页。

批评家的约翰生，因为他看似在以古典文学规则来驳斥这位大诗人的文学缺陷。反对约翰生的阵势足够强大，这是一个仿佛敬仰约翰生就有罪的年代，只有自由思想家本杰明·内勒（Benjamin Suggitt Nayler）等人敬仰约翰生，内勒称他是"最后的罗马人"。

在马丁看来，这些反古典主义、提倡浪漫主义者几乎没有读过这篇前言便无区别地把约翰生扔进过时的"新古典主义"的垃圾桶。时间常让批评者莫衷一是，异曲也同调。浪漫主义者责备他捍卫"新古典主义"，而伏尔泰和其他新古典主义者却批评他违背古典文学"规则"。显然，约翰生没有设理论体系，便足以应对体系的捍卫者或攻击者。

接近1765年年底，约翰生又遭遇类风湿性关节炎带来的疼痛。据说，12月，他与政治家威廉·汉密尔顿有交谈，成为拿薪酬的国家工资统计协助员。还有一说，此前他在研究法律（1765年9月到1766年4月）成为非官方的顾问，帮助威廉·汉密尔顿准备讲稿。汉密尔顿以擅长演讲出名，有一次一口气讲了三小时，人称"独一无二的演讲者"。作家托马斯·伯奇说约翰生为汉密尔顿写过演讲稿，不过，出版家马隆从汉密尔顿遗留的文件里并未发现约翰生的笔迹，推测多数是以见面咨询为主。

鲍斯威尔的第二次访问

1766年2月12日，鲍斯威尔经过两年半学习后返回英国，第二次访问约翰生（2月至3月）。回伦敦第二天，鲍斯威尔去约翰生的新居住地拜访。从之前的通信中，约翰生已了解鲍斯威尔经德国，到过瑞士、意大利，最后去了法国，见到了当时的名人卢梭、伏尔泰等人，并有六周时间去了法属科西嘉岛（Corsica），遇见正领导岛上民族独立斗争的保利将军（General Paoli），于1766年1月回信称赞他不惧到科西嘉这样的危险地区。他们去往老地方迈特酒馆吃饭，交流旅行信息。约翰生开始对他计划写的科西嘉历史和现状表示出极大的热情，得知他夏季末要回苏格兰，告诫他要关注自己的业务发展，把科西嘉问题放到一边。几天后，鲍斯威尔谈起与卢梭和威尔克斯的友谊——这二人不是约翰生喜欢的人——惹怒了约翰生。卢梭因关于社会和教育改革著作的思想，已经遭到几个国家驱逐，不久前从瑞典逃亡到英国避难（1766—1767）。约翰生认为，政府应该追杀这个信仰和理性哲学的敌人、"捣蛋鬼"，而鲍斯威尔却认为约翰生误解了卢梭的思想。第二天，他们还谈到异教徒哲学家休谟，约翰生对其宗教怀疑主义一直给予强烈谴责。

鲍斯威尔谈及对欧洲大陆的评价和顺从社会的话题，让约翰生十分不满，直说别谈这些，有气力还不如为他吹一曲苏格兰曲。

刚从欧洲大陆回来，鲍斯威尔习惯于文质彬彬，约翰生的粗暴态度实在让他惊讶不已。戈尔德史密斯也注意到了约翰生这些习惯性的不耐心和恼怒情绪。十天之后，戈尔德史密斯问鲍斯威尔："你认为约翰生的脑子有问题吗？"鲍斯威尔回答："我认为他比从前更矛盾和烦躁。"

春季，约翰生写了一个短篇传奇故事《喷泉》(*The Fountains*)，贝特认为这是儿童版《人类欲望的虚幻》。[①]早在1750年，他的房客、诗人安娜想出版一本诗歌散文杂集，却因篇幅太少一直没有实现，约翰生请斯莱尔夫人、弗兰斯·雷诺兹和约翰·胡尔写稿以补足篇幅，帮安娜出书，而他自己除了帮助修改并写了几首短诗外，很快写出《喷泉》：故事发生在威尔士的神奇普琳利蒙高山，他以斯莱尔夫人为原型，描写了一位聪明智慧的女子。这个故事延续了《校董》和《拉塞拉斯》关于"生活的选择"这一主题，不同的是，女主人公弗洛特根据无希望的幸福做出选择，暗喻斯莱尔夫人的婚姻生活。作家凯瑟琳·塔尔博特认为，故事传奇、美丽，动人心魄，只是过于压抑，让女主人抑郁地陷入人类愚蠢的大山重压之下。

珀西、斯莱尔夫人、雷妮都积极写稿，雷妮还画了插图，最终，这本文集由书商汤姆·戴维于1766年4月1日出版。

---

① 贝特：《约翰生传》，第411页。

斯莱尔夫人的照顾与积怨

这一年有几个月，约翰生心情忧郁，病魔缠身，很少去俱乐部。斯莱尔夫人在《纪事》中提到，她和先生注意到，约翰生情绪变化无常，不愿走出房间，常抱怨自己精神崩溃，心思分散，无法集中。

1766年6月底，斯莱尔夫妇突然来家访问。自认识一年多后，他们常有往来接触。当他们进屋后，约翰·德拉普博士在场，正要起身离开，见约翰生几乎跪在博士面前，恳求博士替他祈祷，一副十分可怜的样子。客人走后，他又不断地自我谴责，动作强烈，斯莱尔先生见状惊讶不已，震惊之余竟不自觉地伸手捂住他的嘴巴。

他们把他接到空气新鲜、环境安宁的斯特里汉姆庄园，斯莱尔先生去打理生意，就将他托付给夫人照顾。夫人精心照顾了约翰生三四个月（6月到10月），直到他身体恢复健康。就这样，他与斯莱尔夫人开始更近一步交往。论幸运，约翰生认识斯莱尔夫妇，与其得到养老金一样可遇不可求。在鲍斯威尔眼里，约翰生是位老学者、智慧大师，值得敬佩、仰视，而在斯莱尔夫人而言，约翰生仅是个无助者、婴孩，应被保护。

为了集中注意力，驱散抑郁情绪的干扰，约翰生喜欢做数字计算。斯莱尔夫人惊讶地发现，他着迷于数字计算，几乎不受房间里吵闹声的干扰；他集中关注围绕身边的鹦鹉，数其叫声，甚至观察其剪掉的指甲多长时间长出多少；他每天都在纠结一些算法折磨人，比如：每天浪费两小时，人要失去多少光阴？每天写十行，一首百行诗歌写十天，持续下去，究竟一生能写出多少首诗歌？……他有时边走路边摸大街上的柱子，如果有漏掉的，就返回去补摸。鲍斯威尔还注意到他出门"数步子"的怪癖。

到后来，他身体和情绪稳定，去参加文学俱乐部的活动，这阵子他的外出很有规律：星期一到庄园住五天，星期六返回伦敦的家住两天。

正是在夫人家别墅的三四个月，约翰生的生活乃至生命都发生了重大转折，在之后的十六七年里，他有更多的时间与他们夫妇在一起，并实际上成为他们的家庭成员。显然，这个家起先不仅帮助他恢复了健康，后来还延长了他的生命，排除或舒缓了他的烦恼。这个家为他提供了感觉舒适的图书室、好饭菜和好的陪伴，约翰生一直慷慨地感念自己的幸运。

比较起来，主家先生更多地在物质上关心约翰生，注意他的外表，随时给他提供新服装，好让他们的社交朋友感觉舒适。尤其一再给他提供新的假发，因为他近视，看书时常忘记摘下假发而被蜡烛烧坏。为此，主人还交代管家，每当约翰生进入餐厅时，给他递上新的发帽。

夫人则在精神层面关照他。她邀请或招待人到家里，以便有活跃的谈话和朋友的陪伴，而约翰生的到来总会吸引其他人，如雷诺兹、戈尔德史密斯、伯克、伯尼和其他天才学人的加入。

不过，夫人最感烦恼的是，与他们长期一起居住的老母亲并不喜欢约翰生。作为家庭成员，她母亲对外来人约翰生表示厌恶，能妥协的约翰生没有太多抱怨，因为这个新家为他已提供了太多的乐趣，这些是从前自己在家里没有过的欢愉。

这样的英国社会高层社交圈，从前他只在表哥科尼家感受过，他现在是身在福中了。不过，当斯莱尔夫妇希望他退掉城里的出租房，与他们永久住在一起时，他却谢绝了。他需要一定的独立空间，不忘要尽些人道主义义务。正因为自己条件得到了改善但并没有忘却老朋友和在生活在底层挣扎的人，约翰生才能自觉地把自己的家变成收容穷人居住的地方。律师霍金斯记得约翰生说："如果我不帮助他们，没有其他人会做，他们会因贫困而死去。"他以提供住房和其他方式帮助需要支持的人，这种超出他的写作影响的人格力量，反过来增加了他作品的分量。他以其行践其言："为穷人提供良好福利是真正检验文明的尺度。"

夫人清楚她们不能满足约翰生的自然需求，本能的独立情怀也不会让他安于在他人屋檐下度日。韦恩说，当鲍斯威尔的约翰生传记出版后，夫人急切地阅读并在书里做笔记，在读到写约翰生忠诚于老朋友和不知名人士的段落时，她写下"即使满足于甲鱼肉和红酒，他从来都不会放弃渴望茶水和面包、黄油的基本生活"这样的话。

约翰生与斯莱尔夫人奇特微妙的关系，传记作家更多的是从他们的日记里给予分析和解读的。

斯莱尔夫人虽抱怨丈夫对她不关心，可还是忠诚于丈夫，支持他的政治事业和生意。同时，从与约翰生的陪同交谈尤其是分享彼此生活中的痛苦与快乐中，她自然得到了精神慰藉。另一方面，"客在主不安"，约翰生一旦成为家里常客，斯莱尔夫人便感到有些难以容忍，这应是可以理解的。约翰生去世后，夫人写日记，把她与约翰生的长期关系看成是一种"绑架"，她甘愿这样做，仅是为让自己的先生高兴。为此，约翰生朋友圈里人称她"不领情"，是个"虚伪、无耻、有害的恶魔"。马丁分析，她对约翰生的抱怨无非就是，约翰生希望她发挥智力，不要做家庭的奴隶，可却从不挑战她先生在家庭的权威。约翰生的基本态度是维护丈夫在家庭的主人地位。韦恩强调，正是约翰生所持的18世纪的婚姻观，尤其知道斯莱尔先生不爱妻子且有养情妇的习惯，依旧保持对他容忍的沉默甚至认可，夫人难以与他更进一步交心沟通。这种心灵空虚，即使在这个智慧者面前也无法倾诉，还感受到他父辈般的压力。

约翰生虽能安慰夫人孩子的夭折，可一个没有自己孩子的人，终究难以体会夫人内心的苦楚。痛苦只能如水，入口后才冷热自知。显然，她与他之间有些"死结"，被忽视的心痛，只能独自承受，也自然希望未来能有真懂她的新人出现，得到安慰。

夫人的内心抱怨还有，约翰生的社交和生活习惯常搅乱家庭的常规。她自己因为约翰生的失眠和害怕孤独，被迫陪他坐到凌晨。这点约翰生自己也说："我的相识已睡，我躺下后忍受压抑的痛苦，很快又起床，在忧虑和痛苦中度过夜晚。"结果便是，夫人声称："当我身体不太好时还要陪他，极大地伤害了我的身体。"在伦敦的住所，约翰生感叹、呻吟或刺耳责备的压力，使夫人不得常常夜里4点起床给他倒茶水。这些"强迫"说，鲍斯威尔根本无法理解，视其为过于夸大和过分指控。她若全无好感或不喜欢谈话，何以能陪人呢？鲍斯威尔似乎不知，人与人间"频见生厌"也是人之常情，有开始之亲密，不一定就有好之终结。

就他们之间的情谊，韦恩似乎给我们理解两人关系以新角度。他举例说明约翰生与鲍斯威尔和与夫人的关系不仅不同，而且恰成鲜明对照：约翰生可以听鲍斯威尔无休止的诉苦，而在夫人面前他反成了诉苦者，若她稍有不耐烦，他就会生气，甚至当他情绪不好躺在床上时，夫人穿褐色礼服经过，他也会生气，会冲夫人吼叫并怪罪她是故意为之，不过，他很快又会感觉羞愧以开玩笑的方式把事推开。

显然，约翰生内心希求夫人在快乐的生活中起到支配他的作用。他要她是一只蝴蝶，或一只有艳丽斑点的瓢虫，在他面前走动，带给他欢快的运气。然而，她不是，她仅是个女人，既未全放弃她自己的思想，也就不能满足他那深沉的需要。他黑暗时，她要永远光明。这确是个令人烦恼的问题，这条在他与她之间联系得很深的黑根，需要探究。

一切要看后来发展。鲍斯威尔作为外人或过客，只能看到一切乐意祥和或和谐共处的表面。约翰生显然没能对夫人内心深处的痛苦做出更积极的反应，或者说他误以为他可以以其他方式填补她的空虚，如谈话聊天。

冰冻三尺非一日之寒。夫人在积累怨怒。常有各种各样的烦恼，比如：她为他做早餐，可他睡到上午12点过后才起床；他忽视厕所卫生；他反客为主却说她不会管家浪费钱，不懂教育孩子。女人毕竟厌恶有人当面挑剔自己的着装服饰，他让她忧虑不安，他们常为小事处在争吵的边缘。

她和丈夫起初都觉得约翰生值得去帮助，而她也需要他的精神慰藉，可是，她后来终感气恼。用夫人的话说，开始时第一年的友谊是"恐惧"，最后是"厌烦"。夫人这些事后理性的表述，并不能掩饰他们还是一路走过来、互为依托的"有情人"。

此时，他们的好吃、好住、好谈话、好娱乐仍在继续，并未露出什么不好的征兆，谁也没意识到要为未来准备什么。灵魂伴侣本应如此。

协助写讲稿

1766年10月1日，经夫人三四个月的照料，约翰生身体好转，从斯特里汉姆别墅返回伦敦住所。一周后，他便赶到牛津，会见新上任的瓦伊纳法学教授罗伯特·钱伯斯，住了一个月（11月8日离开），主要帮他准备法学讲演稿。为此，之后三年（1767—1769），钱伯斯请他到牛津八九次。

约翰生帮助这位从他17岁时就认识的学子，既是因其善良的本性，又是自己一次复习法学功课的实践，并借此检测自己全面研究和理解法律的能力。比起钱伯斯的名望，约翰生是无名有实。

钱伯斯到12月尚未写出第一讲稿，按规定，若不能按时演讲要罚款。了解到钱伯斯的难言之苦，尤其怕学校知道他要依赖一个没有法学实践的仅学习了13个月的肄业生的帮助，而约翰生也很清楚他不便公开行事，于是写信鼓励他（12月11日），让他到大都市伦敦来，这里人多，方便回避熟人，"我们应能写完。"他再三叮嘱不要失去这个学习机会，表示："我会尽力帮助你。"

到第二年年初（1767年1月），约翰生要求钱伯斯再来伦敦："坐近些，一切都会做好。"他口述了第一次演讲的五分之二。就这样，他们开始了一项虽间断却持续了整三年的"秘密合作"，后来的传记者都惋惜如福尔摩斯般精细的鲍斯威尔竟然没有发觉此事。

在瓦伊纳法学教授布莱克斯通（Blackstons）发表"英国法评论"系列演讲（1765）后，时年28岁的钱伯斯接替其教席，在名家之后，他要讲同样的问题而又不能失其深广度，难度系数比较大，但他清楚他必须成功才能胜任此职。他与约翰生商议的结果是，讲演强调法律和规则实例的重要，简化过长的法律概念叙述。这样一个主题，反映了约翰生特色的人道主义一贯性，即英国宪法要体现人们对规则秩序的需要，并得以适当的执行和理解。

德马利引法学教授阿诺德·麦克奈[①]的评论说，约翰生重视与欧洲封建制联系的法制社会、道德和历史方面，不局限于英国，[②]以此证实自己的看法：约翰生几乎在每个智慧见识上都怀有宽广的欧洲视野，接受欧洲学问的标准而非狭隘的英国本土化，或者直接把欧洲学问转化为具体的本地观念，如同文学一样，欧洲文人的文化思想是其知识基础。[③]

[①] 麦克奈（Arnold McNair，1885—1975），著有《约翰生博士与法学》(*Dr Johnson and the Law*，*CambridgeUniiversiity Press*，1948）。
[②] 德马利：《约翰生创作生平》，第241页。
[③] 同上，第16、37页。

无论是约翰生指导写作还是钱伯斯选用段落,或约翰生代写、口述全文,马丁确认研究者的基本看法,他们的合作是平衡的,无疑是"英国法评论"系列演讲的共同作者。后来,钱伯斯终因杰出的法学贡献,被国王授予骑士爵位(1777),而约翰生还是个被褒贬不一的文人。

与国王谈话(1767)

1767年2月,继女露西急切要求约翰生回乡,而他觉得可能只是要他看看病重的基蒂,又或许是考虑到这些日子露西对自己的冷淡,他打消了回去的念头。不过,这件事亦让他情绪不安。

幸运的是,这时,一件他生活中最重要的事情发生了——国王与他在图书馆进行了谈话。谈话地点在国王学院图书馆,约翰生此时身体感觉好转,甚至烦恼多年的失眠症似乎也一下消失了。他到图书馆看书,主要了解法学,得到图书馆馆员的特别照顾。当国王得知杰出作家常来图书馆看书时,吩咐说下次他要见见这个人。2月的一天,国王的教子、未来图书馆馆长腓特烈·巴纳德爵士(Sir Frederick Barnard)看到约翰生拿了本书在炉边坐下,赶紧通知国王,点灯领国王通过漆黑的过道,从后门进入图书馆内。当他悄声告诉约翰生国王来了,约翰生忙起身,站立不动,面对国王。国王走到跟前,他们开始了谈话。

在马丁看来,鲍斯威尔把这次"会谈"看成是国家老贵族文学赞助人与新职业家之间的一次友好的冲突。在对话中,国王扮演一个促进文化的赞助人角色,而约翰生被迫思考得到养老金后停笔是否有利于自己。他们谈论了书籍、图书馆、作家和写作。马丁概括,在这次谈话中,四次谈及是否该停止写作的问题:第一次,国王问是否在写什么,他说没有,因为已把他所知告诉世界,现在更多的是阅读;第二次,国王要求约翰生继续工作,他说已尽了他作为作家的责任;第三次,国王同意约翰生的看法,前提是如果他自认为不能写得更好,这次他沉默以对,感激国王理解他;第四次,国王推荐约翰生为国家写文学家传记,这次他愉快地答应了。约翰生晚年写《诗人传》,无论出于何种动机,似乎可看作践行对国王的承诺,尽管这个写作的动机可能更多的是满足出版商的需求，而非遵从国王的指示。①

鲍斯威尔的约翰生传记从正面写约翰生以职业作家的身份面对国王，而非一个唯唯诺诺的奉承之人。后来在雷诺兹家，约翰生以此事件取悦大家，戈尔德史密斯和其他人都把他看作从王室归来的大英雄。

回乡看基蒂

1767年5月，约翰生先去牛津看了钱伯斯教授，然后回家乡，看病危的凯瑟琳（即基蒂）。基蒂一直住在约翰生家的老房子里，约翰生见她病情严重，给伦敦的托马斯·劳伦斯医生写了封信，描述了她的详细症状，了解医生的诊断。约翰生居住的日子比预期的时间要长，其间，他写信给在牛津的钱伯斯，诉说他的老毛病抑郁症难以得到缓解。他想念在斯特里汉姆的日子，写信向斯莱尔夫人抱怨他在家乡感到的"命运枷锁"，让他没有一天愉快，却不能离开。为消磨时间，他重读《荷马史诗》，而实际并未上心。最后，他觉得在家乡已有五个月，应是时候返回伦敦了。10月17日，临走时，他在基蒂床前为她祈祷。不久之后（11月3日），基蒂离世，终年58岁。

斯莱尔夫人1816年读到约翰生记录50年前这次告别的日记，在空白页写下："当约翰生向我叙说这个温情故事时，泪流满面，哭着叫'可怜的基蒂'。"

牛津之行

1768年2月，约翰生再到牛津，住在新因堂两个多月，帮钱伯斯教授汇编14篇讲稿。其间他有几次抑郁症严重复发，15年后，写信给此时在西印度加尔各答任职的大法官钱伯斯，谈到这次经历，说"可怕的疾病"抓住了他，他甚至恐惧地

---

① 马丁：《约翰生：一部传记》，第345～346页。

想到恐怕自己从今而后不能再走路了。

3月22日，鲍斯威尔第三次进入约翰生的生活。根据游学和访问科西嘉的笔记，鲍斯威尔于1768年2月出版了《科西嘉游记》（Account of Corsica），销量很好，一时成为"科西嘉鲍斯威尔"。趁声名鹊起，除到伦敦治疗淋病，鲍斯威尔急于到伦敦找立足于文学的位置，同时，要请他心中的这位伟人原谅，因为他听说约翰生得知自己的私信（1766年1月）未经许可被他公开后觉得被冒犯很生气。离开爱丁堡之前，鲍斯威尔接到约翰生的信，既表示了不愿给他写信的原因是因为他擅自发表私信，但也表示愿意接待他，希望他的脑子清空科西嘉的事，因为这些占据他的时间太长了。约翰生读《科西嘉游记》后，表示喜欢书里的个人见解部分，但认为岛上的历史部分全靠借用，显得很沉闷。

到伦敦登门拜访后，鲍斯威尔才得知约翰生在牛津。3月26日，鲍斯威尔赶到牛津，在安吉尔旅社办理寄宿后便到新因内堂拜见约翰生，一见到约翰生就打消了一肚子的忧虑。约翰生拥抱并亲吻他两边面颊。当得知他每年挣200英镑后，约翰生惊讶地说："什么？200英镑？太了不起了。"

他们很快进入谈话，谈法律、谈文学，特别说到戈尔德史密斯的一些趣事和其新喜剧的演出成功。约翰生正式向鲍斯威尔表达愿意与他一起访问赫布里斯群岛。钱伯斯邀请鲍斯威尔留下来过夜，第二天晚上再到他的旅店吃晚餐。他们在安吉尔旅社的谈话轻松愉快，还谈到诸如"死后转世""女人私通""贞洁"等话题。约翰生以"谈话取胜"，给鲍斯威尔留下精力充沛、愉快欢笑的印象，全无什么病痛和抑郁症的迹象。

住了几天，鲍斯威尔因要继续治疗便返回伦敦（3月29日），约翰生很感动他特意来看望自己。

"舌战群儒"及送养子上学

4月30日，约翰生从牛津回伦敦，发现鲍斯威尔仍在半月街疗养。这是鲍斯威尔一生中17次受淋病感染的其中一次。约翰生上门去看望他，鲍斯威尔受宠若惊。

交谈中，鲍斯威尔问他是否在意在他去世后发表他信件，约翰生回答得很干脆："先生，我死后，你能做你所愿。"

6月7日，鲍斯威尔在斯特汉区"冠锚"（Crown and Anchor）小酒馆请约翰生吃饭，陪同人主要是他的苏格兰朋友，还有主教珀西以及蓝顿、汤姆·戴维斯先生，另两位爱丁堡学者由书商戴维牵线到场，一位是历史学家威廉·罗伯逊博士（Dr. W. Robertson），一位是神学家和批评家休斯·布莱尔博士（Dr. Hugh Blair）。布莱尔曾批评约翰生的《漫步者》"太浮夸"，并记得几年前（指1763年5月24日）见过约翰生，受其粗暴态度的打击。尤其在辩护古苏格兰奥西恩（Ossian）诗歌真伪的问题上，布莱尔博士碰过一鼻子灰。他问约翰生，现代是不是什么人都能写这样的诗，约翰生干脆利落地回答："是的，先生，许多男人，许多女人，许多孩子。"表明他对这些伪造诗歌的打假之坚定和果敢。根据鲍斯威尔记录，这次罗伯逊博士和布莱尔博士的表现有些令人失望，因为他们胆怯不敢多说，更害怕碰到这个哥利亚式的勇士（Goliath，圣经人物）的利剑，伤害自身名誉。这天大家都没太敢直接冒犯约翰生，挑起话头后，便听他直戳文坛人、事、书的利弊。

第二天早上，鲍斯威尔到约翰生住处，约翰生有点得意地对他说："我们有一场漂亮的谈话。"鲍斯威尔立即回应："是的，先生，你在舌战群儒呀。"①

约翰生谈话或雄辩，乃至他的蛮横甚至粗鲁，早已是尽人皆知。作家贺拉斯·沃波尔总是避免与约翰生个人直接接触，却根据谣传里描写的约翰生在1775年是个可恶的粗鲁野蛮的家伙，说他很想把杯里的酒泼到约翰生脸上。

还有人传出约翰生是头"熊"。意大利老师巴利蒂认为，若有更多精致的打扮，他会是一头会跳舞的熊。鲍斯威尔听作家戈尔德史密斯辩护说，约翰生虽外表粗俗，但没有人比他有更仁慈的心，除皮肤外，他没有一点像熊。

鲍斯威尔这次到伦敦，首次了解到他与斯莱尔夫妇交友并感到十分好奇。6月初，也许在鲍斯威尔回苏格兰前，他到约翰生家，看到他已上了斯莱尔夫人的马车准备前往斯特里汉姆。他跳上马车直接与约翰生打招呼，约翰生便把他介绍给

---

① 参看英国大百科出版社出版的鲍斯威尔《约翰生传》（*Life of Samuel Johnson*, London: Encyclopedia Britannica, 1952），第162页，具体日子根据佩奇年谱1768年补上。参看佩奇：《年谱》，第29页。

斯莱尔夫人认识。鲍斯威尔曾很自豪地表示他要向夫人表明他与她一样，是自豪的约翰生的粉丝"Johnsonian"。

9月，斯莱尔夫妇邀请约翰生到肯特区度假，希望帮助他恢复健康。9月18日，是约翰生59岁生日。他的日记记录这天过得"极为不安"。他计划写"我的抑郁症历史"。有学者认为，从这时期，约翰生开始与夫人分享"痛苦的秘密"，而非夫人日记提到的1779年5月。

12月，他又去牛津帮助钱伯斯教授。12月31日，他住回斯莱尔夫妇伦敦的家。

也许是在1768年或更早的时候，约翰生送弗兰克到学校读书，那是一所赫特福德郡主教主持的斯特福德语法学校。弗兰克在学校五年花费了约翰生至少300英镑，这都来自他的养老金。约翰生从不动摇地把弗兰克作为养子看护，尽力帮助这个儿子并要他接受好的教育。两年后，他写信给弗兰克说满意于他的进步："除非你喜欢读书，否则，你绝不会聪明。"他为他订购服装，答应不会忘记他或不管他。

访问牛津和家乡（1769）

1769年，这年约翰生有三次访问牛津，看朋友或给钱伯斯教授提供帮助，包括在春季和夏季的六周。6月22日，斯莱尔夫人生下第五个女婴，起名露西·伊丽莎白，约翰生荣幸地成为女孩的教父。他告诉继女露西·波特说："我有另一个露西了。"他坚持叫婴儿"伊丽莎白"，以怀念他的妻子特蒂。不幸的是，他这个教女四年后因病夭折了。

8月10日，约翰生离开牛津，与弗兰克一起回到家乡。这次回乡，他们受到继女露西的热情接待并品尝了她特意留在树上的蓝莓果。约翰生到乡间漫步，感受到贺拉斯诗里所写那些"熟悉的溪流和神圣的泉水"，寻凉爽遮阴处，还抽出时间访问了阿什伯尼的泰勒先生。

接着，约翰生按事先约好到布莱顿与斯莱尔的家人相见（8月21日至9月30

日）。斯莱尔的父亲生前在布莱顿留下了一间房，他们用于夏季度假。先生喜欢打猎，夫人喜欢海水浴，约翰生到来后，加入他们的活动。在骑马50英里后，斯莱尔先生策马越过一个高栏，约翰生随后跟上，表明他有同样不觉疲劳的精力。政治家威廉·汉密尔顿邀请他们到布莱顿当斯（Brighton Downs），感慨约翰生的骑术好，这让他感到很开心。①

莎士比亚戏剧纪念活动

此时，大卫·加里克忙于宣传，在斯特拉特福搞莎士比亚戏剧周年大庆活动（Shakespeare Jubilee，9月6日至8日），在艾文河岸搭起圆形大厅。庆祝节目丰富多彩，有游行、音乐、赛马、化装舞会等。大卫·加里克希望老师约翰生写一首颂诗，知其无兴趣后，只好自己写了一首。活动中还特别设计了"莎士比亚丝带"给来访者。丝带选用了彩虹色，并印有一行字："他写出了生活中每个色彩斑斓的变化。"大卫·加里克挑选约翰生写给他演出莎剧时的开场白（1747）中这句话，足以表明学生没有忘记老师。据《大众广告》报道，这种彩带销售火热。《公报》把加里克和约翰生看作现代莎士比亚戏剧的提倡者，称他们是"两位斯塔福德郡的情郎"。②

约翰生显然是故意回避参与莎翁故居的庆典活动，原因不言自明，他既不满大卫·加里克只凭表演便成了莎士比亚的英雄，得到比他审慎处理诗句还要多的荣誉，又对鲍斯威尔强调，不少莎士比亚戏剧被演出后很糟糕："欢乐喜剧在舞台上演出，要比纸上阅读常有强烈效果，而帝国悲剧则很少。"

在旅途中，约翰生接到鲍斯威尔的来信，说他9月初要到伦敦，一是为了治疗淋病感染，一是为了参加大卫·加里克的这场庆贺活动。鲍斯威尔穿着华丽的服装，如同科西嘉的爱国者，正前往斯特拉特福。

---

① 贝特：《约翰生传》，第427页。
② 诺克斯：《约翰生一生》，第238页。

几天后，纪念活动如期举行。第一天，黎明前德鲁里巷剧场的演员就到街上游行，载歌载舞，拉开了纪念活动序幕。第二天，天公不作美，暴雨不停，河水几乎涨到圆形大厅，参与者被大雨淋湿。第三天，白天赛马，夜晚举办化装舞会，大卫·加里克被喝醉酒的理发师不小心割破脸，流血不止。这天晚上，人们分享重达327磅的乌龟晚宴。①约翰生先前认定这是一个荒诞不经的事件至此似乎得到了证实，除大雨外，大卫·加里克未能得到当地人的配合支持，不仅缺木工和材料，从伦敦运来的油灯在途中还被摔破。

鲍斯威尔在第三天穿上了彩服，以"科西嘉鲍斯威尔"的身份出现，引起观众注意。他很为约翰生没有前来参与活动感到遗憾，觉得这位伟大的《莎士比亚戏剧集》的编者此刻在布莱顿而不是在斯特拉特福与众人在一起，实在有些蒙羞。考虑到世界各地都有名人来捧场，约翰生的缺席着实让人感到"惊讶和可惜"。

当约翰生9月底返回伦敦后，鲍斯威尔第四次进城看望他的伟人（9月30日至11月10日）。他们又来到迈特酒馆见面。谈到"原始人生活得特别幸福"的话题时，约翰生驳斥这个概念的荒谬。鲍斯威尔坚持说有时他希望隐退到沙漠去生活，约翰生反驳："先生，别忘了，你们苏格兰有足够大的沙漠。"

这次在伦敦，鲍斯威尔有些分心，不能频频看望和陪同约翰生。保利将军已到英国避难，在争取科西嘉从法国独立的民族斗争失败后，他在夏季逃离岛屿。鲍斯威尔觉得自己有责任照顾这位老朋友，也乐意把他介绍给约翰生。

约翰生在自己60岁生日时写祈祷词，责备自己一事无成，健康恢复十分缓慢。他这种恐惧死亡的忧虑，经常在写给朋友信里流露出来。鲍斯威尔曾在信里（10月26日）描述约翰生内心的苦闷挣扎，而加里克却认为约翰生处于面对自我的"怀疑骚扰"期。

在这种心境下谈话，即使知道死亡是禁忌话语，鲍斯威尔还是忍不住挑战他的底线。读者在他的约翰生传记中常看到约翰生被激怒，表示"不要再谈这个""明天别来见我"。舔着伤口，鲍斯威尔第二天鼓起勇气前来道歉，得到了约翰生的原谅，二人又和好如初。

10月6日，在斯特里汉姆，约翰生建议斯莱尔夫人邀请鲍斯威尔到家吃饭，鲍

---

① 贝特：《约翰生传》，第429页。

斯威尔第一次看到了这所"高雅别墅",感受到了约翰生在这个家里生活的愉快场景。他们的谈话从苏格兰花园到擅长讲道的牧师乔治·怀特菲尔德(George Whitefield,1714—1770)的祷词,从历史到散文。约翰生对斯莱尔夫人称赞大卫·加里克的诗句里的"为简朴微笑"给予讥讽,而改为"为聪明微笑、靠富有成长",他嘲讽科西嘉人经过20年战斗也无法从热那亚人手里夺取一个要塞镇,这让鲍斯威尔很为难,却无人敢反驳他。戈尔德史密斯曾生动地形容约翰生的"谈话取胜",他引用吉本剧中人物的一句台词,表示不能与约翰生争执:"当他的枪走火,他会用枪头敲打你倒地。"他常常顾一时痛快。

10月10日,鲍斯威尔安排约翰生与保利将军相见,此后他们成为好朋友,彼此尊重。

10月26日,鲍斯威尔与约翰生一起回到约翰生的住处,见到安娜女士,与她一起喝茶。他看到盲人倒茶的一些不雅动作,能体会约翰生的容忍态度。无论如何,鲍斯威尔见到安娜女士感到十分荣幸,说他"愿意一杯杯地喝,如同感受赫利科尼山春天的泉水"。高兴之余,鲍斯威尔说起死亡的话题,顿时激怒了约翰生,他气愤地说明天不要见面了。鲍斯威尔回宿住处后心里不安,一夜未眠,第二天一早便送字条表示他下午来拜访。风暴过后又是美好的晴天。

鲍斯威尔要返回苏格兰与佩吉·蒙塔古梅里女士结婚(11月25日),约翰生作为证人为他们的结婚合同签字。

在鲍斯威尔11月10日离开伦敦后,约翰生很快又处于"乏味和痛苦的风湿病"的折磨中。这一年,他被英国皇家艺术学院任命为古典文学荣誉教授。

政治小册子(一)

1770年1月,在伦敦斯莱尔夫妇索斯沃克家中,约翰生开始写他四篇政治小册子中第一篇《虚假的警报》(*The False Alarm*)。之后有《有关于近日福克兰群岛处理事件的思考》(*Thoughts on the Late Transaction Respectiing Falkland's Island*,1771)、《论爱国者》(*The Patriot*,1774)、《税收不是暴政》(*Taxation*

No Tyranny，1775）。

贝特认为，约翰生的这些政论没有被后代人普遍关注，其原因有三：（一）约翰生这些小册子在没有集成政治文章前，常被认为是肤浅的；（二）比较国会辩论和瓦伊纳法学教授的演讲，这些论述在19世纪一般被看作约翰生支持托利党政府的宣言，而细读则应是为辉格党政府的政策辩护；（三）他是为了维持养老金才写的。[①]当关注他在斯莱尔夫人家里的生活，并与这些文章联系时，人们难以确认它们价值，更多考虑的是他之利益（养老金）、关系（与夫人）和处境（谣传的决斗）这些捕风捉影、阴谋论的流言而忽视文章本身的意义，这好比约翰生评价作家时说"只有抛弃利益关系后，才能对莎士比亚进入纯价值的兴趣爱好欣赏"。

确实，若不是因为斯莱尔先生是国会保守议员，在选民摇摆不定的索斯沃克选区，约翰生是不太会主动写这些小册子的。巴利蒂曾是昆妮的意大利语家教老师（1773年后），他说，至少后两篇（1774、1775）是夫人用和约翰生打赌的激将法催他写的。如果不考虑背景，只从内容本身难以看出约翰生基本的政治立场。

《虚假的警报》是约翰生自1762年领取养老金后首篇政治主题的写作，夫人看到他写作时非常愉快，即后来传说一天他就写完了25页。当时，斯莱尔先生从国会开会回到家已很晚，他们为他读手稿。出版人斯特汉赶紧印刷，1月16日出版，首印500册，随后的2、3月份各追印500册。尽管他没有署名，但在很短时间内人们便知道作者是谁了。考虑到外面争议激烈，斯莱尔夫人曾担忧这个家和成员的安全。

约翰·威尔克斯几年前曾在刊物《北部不列颠》（No.45期）发表文章煽动反叛情绪，攻击国王和他的部长，同时模仿蒲柏的《论人》写了一篇淫秽文章《论女人》，并附有主教沃伯顿的笔记。国会两院决定撤销其政治代表资格（1764年1月19日），并起诉他，他旋即逃亡法国，住其女儿家长达四年。威尔克斯未接受庭审判决而被国会驱逐，这在当时就引发过骚乱。几年后，威尔克斯返回来，争取米德尔塞克斯郡的议员席位，争议声再起。他呼吁激进改革，包括给穷人特许权，激起大众的热情和狂热支持，大众以"爱国者"身份举行反政府示威集会，呼喊："要45（期）！要威尔克斯！要自由！"威尔克斯一时成为人民英雄。1768年，威

---

① 贝特：《约翰生传》，第443页。

尔克斯虽获得席位却再次被剥夺。然而，到1774年的大选，威尔克斯当选为米德尔塞克斯郡议员并被国会允许保留席位。借助政治和财经方面强人的帮助，他摆脱了财务困境，后来成为伦敦市市长。自约翰生发表文章后六年、威尔克斯当选议员两年后，鲍斯威尔安排了约翰生与威尔克斯的两次见面（1776年5月，1781年5月），让文学家与政治家交往，摩擦出了新的和谐共处的火花。鲍斯威尔特别自豪于自己操纵此事并大书特书。

约翰生的文章就国会是否有权剥夺约翰·威尔克斯的议会席位的争议问题进行论述。约翰·威尔克斯返回伦敦参加竞选的目的是公私兼顾，若获得国会议员资格，他可被赋予有限的免除处罚的规定。而他的支持者更多的是理想主义共和者，当威尔克斯宣布参选，激起民族人群的分裂，有人不满，有人支持，不同阵营有不同的情绪、不同观点，有特别的爱憎。约翰生对这些"群众运动"早有看法，在文章中斥责这帮人为"乌合之众"。他还就签名"人权法"请愿书的行为方式表示："名字很容易得到。每个人签名却动机不一。有人签是因为憎恨天主教；有人恨收费公路，有人恼火于教区牧师；有人欠地主债；有人富有，有人贫穷；有人为了表现勇敢，有人为了证明他能写。"他主观上对暴力活动给予严厉谴责的意图，无论如何也难以摆脱他在客观上支持政府的立场。

修订《莎士比亚戏剧集》

除写政治小册子外，1770年1月约翰生开始修订《莎士比亚戏剧集》，持续三年。这次修订也是有益于其身心的工作。为压抑幻想、弥补空虚，他需要有分量的工作，就像他后来对鲍斯威尔所说，人们的大脑不能空虚，若不被善良占有，就会被邪恶入侵（1771）。

这次修订工作主要由助手乔治·斯蒂芬斯负责，同时还有其他学者偶尔助力，如朋友理查德·法默、托马斯·沃顿、托马斯·珀西、霍金斯和戈尔德史密斯。

德马利确认，约翰生通读全书，修改了486条注释，[1]主要是早期的评论，如缓和了对沃伯顿的严厉批评态度，删除了一些不确定的猜测，以及更正失误。另一个方面，约翰生倾听俱乐部成员、政治家伯克论崇高的美和对莎士比亚评论的看法，吸收了他的意见。

才子斯蒂芬斯在圈子内有小人之称，不仅挑拨离间，爱看朋友争吵不休的热闹，还匿名在报纸发表批评朋友的文章。有一次，在蓝顿家吃饭时（1778），约翰生评论说，尽管有些人应受处罚，但如果俱乐部有人被吊死，那也是很遗憾的事。博克拉克回应说："你的朋友斯蒂芬斯应被吊死。他背后说那些与他在一起的最好的朋友的坏话，在报纸上攻击他们。他非常邪恶，应被踢走。"约翰生不完全同意，回答说："先生，他不是邪恶，他是淘气。他不会让人受到根本的伤害。他确实喜欢虚荣，惹人恼怒，搞恶作剧。"

作为莎士比亚学专家和文艺复兴研究学者，斯蒂芬斯非常熟悉伊丽莎白时期的英国文学。在《莎士比亚戏剧集》出版期间，他是在因内坦巷街常与约翰生一起吃饭的人其中一员，大家谈话常持续到早晨5点才分别离去。马丁认为，可以确定地说，没有斯蒂芬斯，约翰生不可能完成《莎士比亚戏剧集》的修订。所以1773年修订后，这套书从第一版八卷增加到第二版的十卷，斯蒂芬斯参与编辑并被认可，其中有84条新注释可能是斯蒂芬斯在没有告诉约翰生的情况下增加进去的。[2]当时，斯蒂芬斯负责三个附录，他编辑了许多文本，远超出约翰生对原始文稿所做的工作。后来，约翰生—斯蒂芬斯署名本出版（1785）。不过脾气古怪的"巨人杀手"约瑟夫·里特森仍抱怨新的版本从未校证过任何"第一对开本"[3]。这个看法似乎也被之后出版的新版本所肯定。爱尔兰学者、编辑艾德蒙·马隆自1765年在因内坦普巷见过约翰生，后来成为朋友，他发现他们并没有认真对待文本的词句，所以在约翰生—斯蒂文斯版本出版后，莎士比亚作品的文本依然令人不满意。马隆开始编新的版本，在约翰生去世六年后完成（1790）。

1770年4月，约翰生去牛津待了一周（4日至11日），回家后他写日记，下决心

---

[1] 德马利：《约翰生创作生平》，第258页。
[2] 马丁，《约翰生：一部传记》，第361页。
[3] the First Folio，指最早的版本。

早起床。因腰背疼，他夜间用法兰绒包裹全身，在火炉旁烤热身体，几乎烧到床上。即使这样，他有时要起床几次烘烤腹部。在日记里，他记录吃鸦片止痛，有时靠放血和洗热水澡缓解身体各部位的疼痛。5月，他写信告诉继女露西他患类风湿性关节炎好几周，苦不堪言。6月25日，他回到家乡住了几周，天气闷热，他的风湿痛加重。他得知伊丽莎白·阿斯顿女士外出，就没有去看她。7月17日，他去伯明翰见到赫克托和他妹妹。18日起，他在朋友泰勒的阿什伯恩庄园游玩了两周。

斯莱尔夫人写信给他，希望在圣诞节大家欢聚一堂。8月3日，他返回伦敦，继续修订《莎士比亚戏剧集》，并帮助戈尔德史密斯完成《荒村》（*The Deserted Village*）的创作——这是一首18世纪著名的反映移民现象的长诗。

政治小册子（二）

1770年12月突发了一件国际危机事件——西班牙突然以武力占领福克兰群岛，成功清除了英国部分卫戍部队的要塞。消息传来，诺斯勋爵政府（1770—1782）迅速做出反应，派军队重占岛屿。双方达成和平协议，认可岛屿是西班牙领地，但由英国移民人置业和管理。反对党威廉·皮特和其他人站在对立立场，予以谴责。一开始认为出兵的话英国会失败，若他们与法国联合，终会导致国家的耻辱。他们要挟诺斯大臣辞职，之后因对签订的停战和约不满，又转而鼓噪要战争到底。约翰生承认合约执行起来比较困难，却是和平共处好方案，他支持诺斯政府的开战或停战立场，对反对党别有用心的先"反战"后"开战"的利益考量给予揭发。

也许是因为书商、政治家斯特汉的请求，或是政府给予他一些信息，他在1771年初，写出他著名的第二篇政治文章《有关近日福克兰群岛处理事件的思考》，于3月16日发表。

尽管没有第一篇那样引起强烈争议，这第二篇文章的小册子也燃起了"大火"。鲍斯威尔认为，从这个小册子，人们看到他以最严厉的方式鞭挞反对党，以"蔑视"这个他认可最有效的利器全力对付他们。与他过去支持战争和反对政府不作为有所不同的是，他支持政府前期所进行的战争，同时，反对把战争煽动为全民皆兵的爱国主义者的喧嚣，并从这些"嚎叫"的战争背后，看到贪婪成性的商贸或个人的利益。换句话说，约翰生虽表面支持政府的宣战行为，却对反政府势力趁此鼓吹战争爱国进而对战争本性给予深刻揭露，更有技巧地表达了他的心声。

英国从不缺少强大的游说团体要求用军事行动保卫贸易和开放经商。约翰生想到战争便厌恶，并同情无辜的牺牲者，憎恨发国难财的战争贩子。如韦恩所说，此文有一段话在1920年期间曾被选用为"反战文学"教材，约翰生的厌战情绪，在所谓的正义战争爆发后，又总是要背上反战之名受到攻击。

书商斯特汉是位成功商人，也是国会议员，他对约翰生的两篇政治宣传小册子印象很好，立即安排出版，同时心想，若是约翰生能成为国会议员，会对当前的政治事务产生更大影响。假定约翰生不会反对，斯特汉在1771年3月给国会写信，把约翰生推荐给部长大臣诺斯（Lord North，1732—1792），称赞他具备所有的优秀品格："国王的朋友视他为羔羊，而他的敌人看他是狮子。"

约翰生早已被视为政治上过于独立，两党之争的双方都难以接受这类带刺的人。1762年当给他发放养老金时，理查德·法默写信给巴特勋爵，认为约翰生的政治原则使他没有任何可信任的地方，也让他无能力胜任任何政府职位，若给他发放养老金，绝不能附带这些条件要求。这也是政府给他发放养老金时特意向他解释这仅是对他过去成就的奖励的原因。

斯莱尔夫人提到斯特汉的这一推荐时说，她曾问过约翰生本人是否愿意，他表示不会反对。不过要在国会进行长时间的辩论，不同于他擅长简明的说教式谈话，他能否胜任仍然可疑。鲍斯威尔认为，若没有取得约翰生的同意，斯特汉是不会自作主张写推荐信的。

"脚镣和挂锁"

1771年3月24日，棕榈主日（复活节前的周日），约翰生在日记中说计划读部分希腊文圣经，在家没去教堂。复活节，他用拉丁文写下"疯子想到脚镣和挂锁"的句子。到1772年夏，他还经常给夫人写信，这似乎涉及两人微妙关系的用词，

第六章　养老金生活

引起后人的关注和讨论。

事情还要回溯到早几年。约翰生的抑郁症和恐惧状态曾一度十分严重（1764—1767），前面提到1766年6月到10月，斯莱尔夫人接纳他养病，安排他住在斯特里汉姆，正是他处于压抑的人生谷底时。这样的状态，也是后来令斯莱尔夫人处在与其妥协甚至讨厌他又难以摆脱的处境。斯莱尔夫人于1821年去世，1823年家人拍卖其在曼彻斯特的个人财产包括图书资料时，发现有一包东西上面写有夫人的字迹："约翰生的挂锁，托我照看着，1768年。"

《斯莱尔氏纪事》提到，在1767年或1768年："我们严肃的约翰生信任我，分享一个远比生活重要于他的秘密，让我有护理和看护他的大权，脚镣和挂锁（Fetters & Padlocks）能告诉后人真相。"[①]

这些蛛丝马迹，常受到批评家和传记作家重视和质疑，一直是个大家试图解开的谜题。自前面提到夫人最早照顾生病约翰生起（1766），究竟"脚镣和挂锁"能告诉后代人什么真相呢？

斯莱尔夫人记录过约翰生一段话："女人在25岁到45岁之间，有这类权力。如果她愿意，她会把男人绑在柱子上鞭打他。"夫人写道："有多少次，这个大个子、挺可怕的约翰生博士跪下，亲吻我的手和脚。"斯莱尔夫人承认，如果她不是个女人，她便没有这个权力，因为他不会如此去相信任何男人。马丁认为，对这种"神秘"事情的意义，心理学家有远比"性热情"更复杂的解释。

这个"秘密"与她提到的"脚镣和挂锁"应是同一件事。夫人确认的"约翰生的挂锁"，用于她在1768年照顾他期间。而在1767年至1768年，约翰生抑郁症爆发到一个顶点，人们很容易设想，在夫人家生病养病居住期间，他要夫人见他梦游和疯癫失控后立即锁住他。这是他自疑发疯后让人给予他保护的一种措施，所以才会在小日记本用拉丁文写下"疯子想到脚镣和挂锁"。他希望看护人，以此方式来控制他，进而让他有安全感或避免他伤害到夫人。

马丁认为，有研究者推断他用限制自己的方式得到一种反常的性快感，这是不可信的。显然，这个推断的依据来自一封信，1773年6月，当他们同住在大庄园别墅时，他用法文写给夫人的一封信，被视为"病态学文件"，呈现"性失调"和

[①] 诺克斯：《约翰生一生》，第254～264页。

"受虐狂幻想"的观点。

不难设想,约翰生独自住在大房里,对斯莱尔夫人总是段尴尬的时刻。当她照顾病危的母亲时,他独自一人深陷孤独。约翰生写信忧虑自己可能会疯狂失控,会干扰生病的孩子,会破坏财物,他想到请求她帮助,最好是把自己隔离并锁在房间里,于是,他对斯莱尔夫人说:"钥匙就在门口,一天转动两次,不会太麻烦你。你的判断和保护都能挽救我。""我的主人,我渴望你的权威总是能让我如释重负,你应把我如奴隶般抓住,你能感觉到幸福。"斯莱尔夫人在房间内给他回信,都被简单地看作请求爱而得到了爱的关怀。马丁认为,若不接受约翰生是个"为性满足的自答者"的荒谬说法,如同中世纪天主教有鞭笞赎罪派,就可以对此有更多的解释。贝特从"婴孩症或幼稚病"的角度分析,约翰生看斯莱尔夫人一直照看母亲而冷落他,导致把她母亲作为自己的竞争对手,同时,如同等待吸奶的婴孩那般怕被忽视。他需要她的时刻关爱,这种爱是"橱柜爱",柏拉图式精神之爱,仅是爱的满足而已,不应过度从"性色"角度去解读。韦恩肯定,约翰生和斯莱尔夫人之间不会发生任何性行为,从约翰生方面,他的郁闷或不悦是双重的,他有急需和不能满足的性需要,而同时他的罪恶感让他害怕受到造物主的惩罚。

这是内心欲望与道德良心的挣扎,形成一个无解的环,他难以找到哪里是头尾。他的性幻想越是强烈,负罪感就越是加重。弗洛伊德分析说,"悔恨"与"内疚"不同,前者有"行为",后者仅是非直接动作的情绪。约翰生属于"内疚",如同他一生害怕而非热爱上帝,因为他意识到自己与上帝总有间隙,那些本能的"性幻想"就是在疏远上帝,要通过自责才能得到自我安慰。[①]

---

① 韦恩:《约翰生传记》,第289~292页。

第七章　高地旅行

鲍斯威尔与其表妹佩吉·蒙塔古梅里结婚后，有一段时间忽视了约翰生。1771年4月，鲍斯威尔打破沉寂，决定邀请约翰生到苏格兰岛屿旅行。约翰生在两个月后给予复信，表示有时间会去，试试爬山和涉水的能力。

6月20日至8月5日，约翰生与弗兰克休假，去了家乡利奇菲尔德和朋友泰勒的家乡阿什伯尼。这次回乡，他没有多少愉快的感觉，反而看到了伊丽莎白·阿斯顿生病、另一个小学同伴病逝。当听到露西说雷诺兹为他画的肖像画完成（1769）后雷诺兹送给过她一幅复制件，约翰生说了些虚荣心的话："每个人都有潜藏于心的愿望，希望自己的名声在家乡为人所知。"

修订第四版《英语词典》

8月返回伦敦后，约翰生告诉蓝顿有大任务等待他，他要修订《英语词典》（8月29日书信）。书商建议重新修订并支付给他300英镑，这等同于他一年的退休金。这次词典的修订工作是在比较轻松的情境下进行的，没有最初编辑时那样的苦恼和不能确定甚至紧张慎行，所以18世纪文学专家戴维·史密斯（澳大利亚国立图书馆收藏其一万本珍贵藏书）说，第一版的约翰生词典有很高的拍卖价值，而第四版词典能告诉人们更多有用的信息。在韦恩看来，修订版特别放松了自定的"不选当代作家例句"的严格限制。如引用哲学家詹姆斯·贝蒂博士的《游吟诗人》解释"no"一词，选企业家和作家塞缪尔·马登诗文说明"sport"一词（运动，第一版未收），因为他想到马登早年请教如何改进诗文还付给他10个几尼，而当时哪怕一个几尼对他都是救命稻草，仿佛要以例句相报感激之恩；同时，他引用几代英国孩子们熟悉的艾伦·希尔的活泼风趣小诗阐释"grater"（碾碎，第一版未给出引语）。当大卫·加里克抱怨收入当代活着的作家作品会降低词典信誉时，他幽默地说："我做得比这个还糟糕，在词条'咯咯玩笑'（giggler）之中，引用了你的作品，大卫。"

约翰生对词典进行细致的修订，纠正定义和词源，对前言做了修改。应当说，他从没像修订《英语词典》那样全面修订过其他著作。他有两位老助手相助，佩顿和威廉·麦克贝恩，他们有经验，能严格把握，提高工作效率。从一开始，他就有策略地进行，按字母头分别改好一部分，就交一部分给出版商斯特汉去印刷。他在日记里提到1772—1773年的修订（1771年夏季开始）工作，说自己在这段时间对词典进行检查和改进，几乎没有停止工作，除非自己想停下来。

1772年10月初修订完成，1773年3月《英语词典》的第四版正式出版。在马丁看来，除一般修订，最主要增加了三个部分：一是《圣经》，主要选自苏格兰作家亚历山大·克鲁达恩（Alexander Cruden）最早编的《〈圣经〉语录索引》（Concordance）；二是诗歌，选自16、17、18世纪的诗歌主要是弥尔顿的作品，诗人爱德华·杨格1765年去世，约翰生也大量选用了他的作品；三是宗教散文，选自传统国教辩护者和争议者，如威廉·劳在第一版少见而新版增多。[①]虽删减了有些语录，增加了道德和宗教引语2500～3000条，仍维持原有11.6万条例句的数目不变。据18世纪文学专家阿瑟·舍伯分析，其中"M"词头有700处修改。因为他比20年前对弥尔顿有了更高的评价，所以选用弥尔顿的语录较多，甚至超过了莎士比亚的，如词典学研究专家艾伦·雷迪克发现，仅是引用《失乐园》的就有19条。不过，似乎还有另一个理由，在出版一个月后，他告诉鲍斯威尔，弥尔顿的诗歌深受《圣经》的启示，他有意识地增加宗教和冥思的内容，让这些词条起作用，为坚定信仰者的需要提供便利。增加基督在政治和原则上的影响，而非只是启示的内容，也是他捍卫国教权威的一个主动意识，尤其敌视在辉格党的自由主义指导下，他们挑战甚至否定教堂的作用。在他看来，削弱国教的礼拜仪式、教会的39条规则、普通祈祷书和教士的作用，都会危害基督教的信仰，并特别地破坏其所认定的基本原则。约翰生认为，允许任何人背离国教思想的祈祷是削弱国教权威。从这方面说，他是一元化而非多元化主义者。

---

① 马丁：《约翰生：一部传记》，第366～367页。

通观约翰生《英语词典》第四版，人们应欣赏这位编写者思想的灵活和进步。德马利认为，这进一步表明了霍金斯所说的约翰生是"通才"，以及其为人所知的哲学思辨和胜任巨大任务的能力。

《英语词典》第四版出版后并无多大反响，没有像20年前那样引起各方暴雷般的批评或热切的关注。此后他不再碰这部词典，就像他对国王所说那样："我已做了应尽的本分。"

鲍斯威尔计划写约翰生的传记

1772年新年日，约翰生在日记中写下新年决心——早起床。3月，鲍斯威尔来伦敦，到约翰生的住处第五次拜访他的伟人（3月15日至5月9日），弗兰克将他领到一楼学习室，他了解到弗兰克已读了五年书，现在负责约翰生的起居。

在学习室，鲍斯威尔等了一会儿，听到沉重的脚步声，"身穿陈旧的紫色套装、头戴硕大发白假发"的约翰生出现在他眼前，拥抱了他，连声说："我很高兴再次见到你，非常高兴见到你。"然后，鲍斯威尔又一如既往开始了几乎每年都陪伴约翰生的谈话。

3月23日，鲍斯威尔见他在忙于修订《英语词典》。3月31日，他们一起吃饭，到鲍斯威尔的住所，之后去看年初建成的"万神殿"（Pantheon）。与泰晤士河畔的拉尼拉赫花园相比，万神殿圆形大厅虽气派，却不如花园那样给人大视野的开阔印象，鲍斯威尔评价说半个几尼门票不值得，约翰生立即反驳："先生，那些不能来看的人就差这半个几尼。"当鲍斯威尔质疑许多人到这里来是否愉快时，约翰生回答："是的，先生，有许多人很高兴到这里。这些愉快的人正在看上百人进入，同时上百人也在看他们。"这座由建筑师詹姆斯·怀亚特设计的建筑，在1937年被推倒，让位于一间百货商店（伦敦牛津大街173号）。

此时鲍斯威尔第一次在日记写下他有了写约翰生传的计划，不知道应不应该告诉他，如果可行的话，"我应请求他告诉我一些他的生活细节，如他就读什么学校、何时到牛津、哪年来伦敦"。他知道约翰生并不喜欢他问这些特别的细节，只会说"所有都会逐渐地出现"。约翰生对"传记人"有自己的看法："除非曾与他一起吃喝并有社交活动往来，不然没有人能写出另外一个人的传记。"鲍斯威尔自觉已有把握写好，而约翰生并没有认真考虑过谁最有资格写他的传记，他知道有两个亲密朋友在记笔记，他并没有干扰甚至鼓励他们去做。有一天晚上，他与鲍斯威尔谈到他们的亲密朋友和写传记，顺口便说："我希望你会写他们的传记。"

计划高地旅行（1773）

1773年年初，约翰生病重在家且等待修订的《英语词典》出版（3月）。大约有十周的时间，房客弗兰克和安娜不允许任何人见他，仅有斯莱尔夫人进城有几次早餐时来见了他。此时，他的楼房已住满了人。弗兰克不久前与白人女子伊丽莎白·贝斯蒂结婚了，也住在这里。3月，约翰生的身体开始恢复健康，到了4月，可以到城里走动了。这时有个好消息：戈尔德史密斯的一部新喜剧《屈身求爱》（*She Stoops to Conquer*）在3月15日科文特公园演出并获得好评。约翰生曾利用自己的人际关系，建议乔治·科尔曼将剧本搬上舞台，他喜欢这部剧，称已经有许多年没有这样一部能受观众追捧的好戏了。

他与作家戈尔德史密斯保持了工作和交谈的关系，友人博克拉克告诉鲍斯威尔，他4月初到伦敦居住了六周，看到他们情绪暴躁。约翰生认为，戈尔德史密斯不应试图像其他人那样谈话，因为他不擅长那样，若失败了，他受到的伤害会很大。在与约翰生发生争吵后，戈尔德史密斯不情愿陪约翰生一路走回家，而约翰生从来不会慢热，直言夸他的文学天才鹤立鸡群。约翰生觉得，戈尔德史密斯也许是他的最好的传记作家。不过问题是，他不信任他，他曾说："他特别地对我有恶意，又不注重真实，这会让传记对所有人都无用。"鲍斯威尔显然了解约翰生这个意思，因此，他后来写传，就很注意排除"恶意"，注重讲求"真实"，始终把握平衡，把他谈话中的"暴躁"行为，写得可以让人理解和谅解，可谓真懂约翰生。

鲍斯威尔在复活节假期到伦敦第六次见他心中的伟人（4月2日至5月10日），

第七章　高地旅行

这次最大的收获自然是加入了文学俱乐部。约翰生之前曾请戈尔德史密斯代表他去建议鲍斯威尔加入，后来他对鲍斯威尔说："有几个会员要踢你出去。如果他们拒绝你，我会把他们都踢出去。"当听到自己被俱乐部接纳后，鲍斯威尔十分兴奋。在俱乐部，他第一次见到政治家伯克，同时，见到了这年春天入会的大卫·加里克，以及戈尔德史密斯博士。约翰生从桌旁起身，幽默地给了鲍斯威尔一个正式的拥抱，表示期待他成为俱乐部的好成员。

这次到伦敦，鲍斯威尔对约翰生与斯莱尔夫人的关系似乎有了进一步认知。其间，戈尔德史密斯给他拿出一份诽谤他们亲密关系的报纸。

在回苏格兰前，鲍斯威尔确认，他8月将开始到爱丁堡高地和赫布里底斯的旅行。然而，戈尔德史密斯却对鲍斯威尔大泼冷水，直说对他而言约翰生的身体太重，他不可能拉他走过高地和赫布里底斯，剩下的事只能靠时间来证明了。

没人能确定约翰生是否能进行这个大探险。鲍斯威尔走后不久，约翰生发高烧，眼睛红肿，腹泻了几次。他写信给斯莱尔夫人，陈述自己身体状况不佳，"维持生命成为主要的事情"。

病重住斯特里汉姆

病痛中的约翰生在5月19日写给，向斯莱尔夫人倾诉说他稍好的一只眼睛也发炎了，全然看不了书，读不清她的信，希望接他到家，他愿待在自己的房间不给她添麻烦。夫人怜悯心起，派马车接他到斯特里汉姆。这期间，斯莱尔先生不在斯特里汉姆。

这次到"家"后，约翰生很快感觉自己是个"入侵者"，没有人谈话，夫人忙孩子，忙照顾病危的母亲，忙生意的事，他的自我意识、自我谴责，让他感到内疚不安。

想到8月的行程，约翰生实不安心此时自己突然离开夫人家，斯莱尔夫人却打消他的"危险念头"，不希望他绕着他们转，而且承认，如他所说，如果他在斯特里汉姆过夏天，会给她的家里增加忧郁气氛。在斯莱尔夫人看来，这次高地旅行对他很有必要，她跟他说："闲散对你是极好的药方。""我相信，鲍斯威尔先生终会成为你最好的医生。"

斯莱尔夫人有时要像对孩子那样对约翰生说话。在贝特看来，约翰生爱上了夫人，或单相思。而夫人表现出更多的是关爱和照顾。这些年她每年生一个孩子，尽其母爱，没想到还要顾及这个"大孩子"。

纠结的事有时很快了结了。斯莱尔夫人的母亲于6月18日去世，约翰生守在夫人的房间，记下她当时的状况："有几天她已不能说话。""这天早上9点，我被叫去摸她的脉，与她告别。她说她有瞬间要死去的感觉。"

高地旅行

高地行程的时间，选在爱丁堡法庭夏季休庭期间。鲍斯威尔仅有这段时间有空陪同约翰生。罗伯特·钱伯斯教授在牛津执教多年后，被派去孟加拉高等法庭任大法官，年薪6000英镑，临行前他要到北部纽卡斯尔与家人亲戚告别，决定陪约翰生走半程路。另一位朋友威廉·斯戈特从纽卡斯尔起陪他继续往北到爱丁堡。一路有人陪伴，约翰生不觉孤独寂寞。

8月14日，鲍斯威尔写信告知蓝顿，这是一个多么令人高兴的"狂欢日"，就算"约翰生若是对我更粗暴，我也不会有什么不满"。他陪同他的伟人的出行之梦想终得以成现实。

1773年8月6日，约翰生离开伦敦。8月14日，到达爱丁堡。18日，北上圣安德鲁，开始高地旅行。11月9日，他们回到爱丁堡。有几天在市内观光时，他们参观了聋哑学校，感到受教育的高地人大有希望的未来。同月22日，约翰生返回伦敦。若把前后算一起，这次旅行外出共计101天。[①]

[①] 见本书作者译《惊世之旅：苏格兰高地旅行记》（*A Journey to the Western Islands of Scotland*），国际文化出版公司，2011年。

第七章 高地旅行

出版游记（1774）

1774年，约翰生主要完成游记的写作，并进行了威尔士旅行。

自1773年年底前返回伦敦后，约翰生发现老朋友、书商汤姆·戴维斯未经他同意以"约翰生"的署名出版了两卷本《杂文和短篇》(*Miscellaneous and Fugitive Pieces*)，报纸刊登广告说这套书是"《漫步者》的作者"所作，但读者能够推断，其中有一部分可确认为约翰生所写，有些则是戴维斯编撰的，尤其第二卷为其他人代写的。约翰生在斯特里汉姆听到这个情况，起初很生气，本想教训戴维斯，可是当得知他当时处在生活困境中，便改用其他方式帮助他，给他免费提供更多文稿出版了第三卷。[①]

德马利认为，1774年约翰生还提出自愿帮助出版商修改伊弗雷姆·钱伯斯的《百科全书：艺术和科学词典》（初版1728年）。约翰生说喜欢这类"泥泞的工作"，可惜的是，这项工作给了其他人。早年曾有过做百科书的设想，同样可惜的是当时没有出版商应承，也许是因为一部词典拖泥带水延误多时，已让书商害怕投资无回报。这些工作确实对他重要，提醒他早起，好好利用时间，不然，这些时间会被幻想干扰，被懒散荒废。他在1768年得到的一块昂贵的手表上刻下《新约》里提醒死亡的"夜来"，德马利解释说这是个象征，表明约翰生需要用工作来填补时间，挽回流逝的时光。[②]

在斯特里汉姆构思写作游记时，约翰生染上了严重流感，咳嗽不止，多少影响了他的写作。但他不想拖延。韦恩认为有三个原因：一是他去高地已引起各界人士关注，期待了解他旅途中的见闻。二是他有些想法要与读者交流。他不满有些旅行者什么也不说的态度，有一次在斯莱尔家，他见一位访问布拉格的人什么也不说就很生气，事后抱怨说："他应告诉我们看到的新奇和陌生的事，可他静坐

[①] 诺克斯：《约翰生一生》，第279页。
[②] 德马利：《约翰生创作生平》，第1页。

不语，好比'嘴里缺少东西口唇无法张开'。"三是感激鲍斯威尔。他在游记的开篇就表明，旅途一路顺风，全靠鲍斯威尔先生的陪伴。这等同于向世人告示约翰生是鲍斯威尔最亲密的朋友，自然令鲍斯威尔很满意。

写作时，他希望鲍斯威尔提供他所需要的信息，但鲍斯威尔虽有详细的笔记，并在旅行途中给约翰生看过大部分，却在后来才带来伦敦。这对约翰生来说已太迟了，他自己途中笔记仅是些提示，有些已丢失。重要的参考，自然就是一路有感而发写给斯莱尔夫妇的书信了。这些书信共计18封（其中15封给斯莱尔夫人，3封给斯莱尔先生）。通常斯莱尔夫人会认真保存这些信件。这些信，确保他能回想旅途见闻后的随时印象或感想。韦恩强调，这次写作因为有斯莱尔家的好环境，他心情舒畅，这标志了他晚年写作"轻松、散漫和向外"探寻的特点，自然是一部值得约翰生爱好者反复阅读的书。

开春后，他写得很快，到6月20日，就已把全部手稿交给了书商斯特汉。10月中，240页的书下印，预期一个月后出版，结果被他两次要求修改印刷稿而拖延：一次，他写信给斯特汉，说想起利奇菲尔德大教堂主教40年前对他的友善情谊，而他批评主教同意推倒古建筑作为教区办公室的决定是"吞铅块"，有些过分。"他现在老了，我还年轻。指责对他不好，在我这方面，不知是狂热还是恶意。"他请求删去这个段落，表示自己愿意支付排版费用，并写文填补空白处。另一次，他听到一路陪伴他旅行的年轻人科拉被淹死的消息，出事的地方也是他和鲍斯威尔几乎丧命的海域。他起初不相信，认为报纸的报道不实，从鲍斯威尔的来信中得到证实后，他补充写下："此处我们要拥抱这个活跃的年轻人。当这页写他的美德时，他却不幸地消失在尤福与英奇肯尼斯之间海浪中。"韦恩说，这不是约翰生最精致的"墓志铭"，却是很能打动人心的简洁文字。①

《惊世之旅：苏格兰高地旅行记》于1775年1月28日出版，售价5先令，首印2000册。想到书定能畅销，斯特汉决定加印2000册。约翰生收到稿酬200几尼。书在伦敦销路很好，甚至在都柏林一个月内出现三个盗版本。他在12月送了一本给国王，国王表示他接到后便会立即阅读，并读给女王听，而女王则独自从图书馆借出一本来看。

---

① 韦恩：《约翰生传记》，第338页。

当鲍斯威尔1775年春天到伦敦（第七次，时间为3月21日至5月23日），曼斯菲尔德勋爵向他祝贺说："我们都在读你们的旅行记。"鲍斯威尔担心书中有错，约翰生却说里面观点多于事实，忽视鲍斯威尔提出要改正第一版错误的建议。但问题并不简单，鲍斯威尔担心的事还是发生了——许多苏格兰人看了书后很是不满并提出了抗议。

质疑古史诗

这部游记的出版，还带来了一出文学史上著名的小插曲。

在出版前，书商斯特汉给麦克弗森看游记书稿，因为约翰生多处提及他古史诗翻译问题。

早在1760年，时年24岁的麦克弗森就出版了《苏格兰高地古诗片段》，声称是从原始盖尔语翻译而来。第二年，他又陆续出版新发现的凯尔特英雄芬格尔的史诗，称其由英雄芬格尔的诗人儿子奥西恩写于第三世纪。第一本是《芬格尔》（*Fingal*，1761，古史诗六卷及其他），第二本是《特莫拉》（*Temora*，1763，古史诗八卷及其他），后来出版合集《奥西恩集》（*Works of Ossian*，1765，又译《莪相集》），这些假定翻译的诗歌风格，有抑扬顿挫的半吟唱的英国散文特色，力图迎合原始民谣的韵味。在一些专家如戏剧家约翰·霍姆和学者休斯·布莱尔的支持下，麦克弗森获得了巨大成功。这类令人好奇的文学历史故事，本来热闹一阵就会被人遗忘，可人们对这些诗歌的内在力量和深刻寓意在高涨的民族主义情绪推动下，直接把麦克弗森带到舞台中心，使古诗历久弥新。

翻译本受到苏格兰人欢迎，提升了他们对民族古老诗歌的自豪感，也引起了欧洲人的想象，追求远古"新鲜活力"的自然社会，找回"失去的崇高精神"。德国诗人赫尔德、歌德都在这些一长串被敬仰者的名单之中。据说，拿破仑在战场上携带着其意大利翻译文本，有时会吟咏几句以鼓舞士气，此外他宫廷学习室的天花板绘有大幅奥西恩史诗场面的油画。

约翰生从一开始就对这些作品持怀疑态度。他的反应首先是要探究其产生的根基。这次高地游提供了一次考察古诗发源地的绝佳机会。作为诗人，约翰生以聪慧敏锐的文学感，认为这不可能是从原始诗人那里翻译过来的作品，而不过是"现当代人不连贯的狂想曲"，是顺应自1760年以来欧洲对浪漫主义诗歌、绘画、音乐、小说那种饥渴的期待或诉求，以及所谓之后法国大革命激发出来的"革命浪漫主义"。显然，麦克弗森配合了这种"时代精神"，导致其"奥西恩诗歌"有"徽章"效应，不但席卷当时的西方世界，还产生了可持续并不可抵挡的力量延绵影响后世几代人。

从这个角度来看，约翰生的抵制无疑是逆潮流的批评之"反动"，何况，他一直对新古典主义者主张"理想美"的评价不高，仅看重其理性和判断力的成就。那些敌视约翰生的人，认为他不相信麦克弗森，是因为他不喜欢奥西恩，这导致他不认为这是个真实的原创，即使有很强的理由他也予以否认。在韦恩看来，这是误判约翰生，因为他虽不愿分享朋友珀西和沃顿的中世纪热情，却尊重他们扎实的研究著作。他本质上是个欧洲学者，能读所有希腊和拉丁文著作。当然，他也不是对任何"陌生、古董和苏格兰"的东西嗤之以鼻的英国"约翰牛"，他要的是"证据"，绝不因为考虑"苏格兰族的荣耀"或爱国情绪而受欺骗。这是他坚持的原则和底线。尽管有学者休斯·布莱尔写序极力支持说这是真实的古诗，当有人问他当代人能否写出这样的诗歌，约翰生果断地回答说，许多男人、许多女人、许多孩子都能写。约翰生后来对雷诺兹说，如果一个人愿意放弃自己的想法，总是能写很多这类东西。在高地旅行期间，他抓住一切机会，询问、了解源头，更确信这个翻译的原作不存在。"固执的大胆是罪过的最后避难所。"约翰生要揭露罪过，不给避难所留下任何遮掩物。

给麦克弗森的信

约翰生的高地旅行游记多处提到《奥西恩集》系伪造，说作者全不在乎"古诗"早已引起欧洲作家、艺术家甚至政治家的广泛关注，这自然引起麦克弗森的恼怒，作为声望日隆的著名古诗编译者，他无法接受这个指责，写信要求出版人斯特汉删除有关章节，被拒绝后，又要求作者写道歉广告，约翰生自然不会理睬。之后，麦克弗森直接给约翰生写信甚至以"决斗"相威胁。[①]信已无迹可寻，但约翰生在书正式出版的前八天写下了著名的短篇回信（1775年1月20日），表示自己不妥协，有勇气面对任何恐吓威逼。

麦克弗森个大体重，比约翰生年轻27岁，为预防万一，约翰生准备了一条粗"橡木棍"，放在椅子和床边，以随时应对他和苏格兰爱国捣乱分子到家的干扰。霍金斯曾见过这难忘的场景：这是一根一头大的棍子，"直径一英寸到三英寸，六英尺长"。后代人读到的这封信至少有三个版本，其中之一是鲍斯威尔请约翰生口述而记下来的。鲍斯威尔认为，麦克弗森以为约翰生会妥协，但他根本不了解约翰生的犟。

关于古诗歌的争议持续有年。约翰生有时不满鲍斯威尔维护老乡的搪塞态度，直言他为《奥西恩集》"疯野"。除了麦克弗森，约翰生告诉友人赫克托，他知道自己揭露这件事的后果是什么："全苏格兰的人会愤怒。"当然，他更明白，相信这些古诗存在而没有确凿证据，不过是人类无知和失误的例子，"知道无知是痛苦的，可是，要用鸦片的虚幻，来匆忙劝说自己、平静我们的不安，则更加危险。"

一些对约翰生持偏见和支持雅各拜在苏格兰复兴的人通过挑剔游记的用词，谴责约翰生"粗暴和完全无知的愚昧"，如他说苏格兰实际上没有什么树。鲍斯威尔对此类批评感到很不公正，强调约翰生对待苏格兰人不会比他对最好朋友的看法更糟，他所提到的那些人物，都轻描淡写，并无恶意。

约翰生的这部游记几无个人化和自传性质。在那个"无人去、无人看"的地方，他关注社会问题远超过一般旅行侧重的文物古迹和风景名胜。他深度评估高地和赫布里斯的生活，包括氏族制度、口语社会的本质、高山的隔绝、盖尔语文化、在原始的野蛮中期突然出现的文明文化、天主教堂不受新教改革的影响、小农场生活的贫困和习惯、经济衰退与大量移民出走等诸多问题或现象，引导他的读者反思文明和文化的作用和益处。

约翰生不仅写出了那块大地的荒无人烟，而且写出了当地女人、男人们的幸福和欢乐。在德维根领主家的感觉，就如同在沃姆的宫室、沃顿的三一学院和斯

[①] 诺克斯：《约翰生一生》，第287页。

莱尔夫妇的酒庄别墅，有好谈话、好氛围、好美食。当年整个高地形势急剧恶化，突出表现在几个方面：一是人口减少，地区贫困；二是"地主"通过"统管"把土地租赁给"雇农"的原始耕种模式正在消失，取而代之是乘火车往来的伦敦经纪人接管了那些遥远的地产却无法尽责，任由土地荒芜；三是旅游业带来大篷车和热狗快餐点的随意建立，导致对环境的污染和破坏。这些约翰生都看在眼里。

随着时光的推移，人们通过游记自然能增加对高地人经济困境的认知，理解大批人移民到美国的根本原因，同时，激发对高地旅行的兴趣。尤其到了18世纪末期，伴随着游记、音乐、小说和诗歌创作，苏格兰高地渐成英国北部的旅游热点。

鲍斯威尔在约翰生去世后的第二个年头，出版了《与约翰生游苏格兰》（1785），这可以看作是为他未来要出版的约翰生传记放出的一个实验气球。这本"迟来"的游记，是因为他不想先声夺了导师游记的光彩。

戈尔德史密斯去世

1774年4月，约翰生的朋友们有好消息也有坏消息。钱伯斯教授到加尔各答后结了婚。约翰生曾有与他一起去旅行的想法，所以经常给钱伯斯写信，表达他对印度传统和文化的兴趣。在一封请钱伯斯亲自转交的给印度总督沃伦·黑斯廷斯的信中，约翰生表示希望得到东部历史和文化习俗的资料，并请钱伯斯继续探险未知的古代遗址和文物，以便回伦敦后能让大家了解，探讨这些鲜为人知的种族文化和观念。约翰生早年（1750年）几乎要陪朋友约瑟夫·福克去印度，福克返回后挣了许多钱，约翰生在1776年打趣说："我本应该去那儿。"

另一个绝对是不好消息。4月4日，时年44岁的戈尔德史密斯去世，于4月9日被埋葬在坦普教堂墓园地，没有朋友到现场。

约翰生对戈尔德史密斯的去世一直保持沉默。几个月后，他在给友人蓝顿写的一封信中大力赞美戈尔德史密斯，还提到戈尔德史密斯一生会挣钱也会挥霍无度，"让我们不要纪念他这些弱点。他是个很伟大的人。"画家雷诺兹说戈尔德史密斯生前欠下不少于2000英镑的债务。雷诺兹曾想为他写传记（1776），未能完成。戈尔德史密斯曾傲称除艺术和科学外无人是他的对手，雷诺兹却认为，这位医生（他是弃医从文的）大部分时间与下层人生活在一起，因为太晚进入主流社会，难以学习到新东西。约翰生给予他的诗歌《旅行者》很高的评价："自蒲柏时代以来才发现有如此好诗。"雷诺兹后来在威斯敏斯特教堂组织了一个悼念会，约翰生写了一篇拉丁文祷词，当时俱乐部成员建议他改用英文写，他回答说"戈弟"看到这面墙有英文字会不满意。

约翰生曾在1776年接过珀西主教的任务，写戈尔德史密斯的传记，结果他从未写完。约翰生再也不能"在俱乐部与戈弟争吵了"。

威尔士之行

斯莱尔夫妇酒厂的生意开始好转，计划去意大利旅行，由意大利老师吉舍皮·巴利蒂做向导。约翰生对去意大利这个经典之地早就心有所向。斯莱尔夫人惦记继承母亲的遗产，犹豫之后取消了去意大利的行程，改为去威尔士看望她家乡的亲戚，由巴利蒂留下照看在斯特里汉姆庄园的孩子们。

7月5日，斯莱尔夫妇、他们的大女儿昆妮（10岁）和约翰生乘坐马车外出。这次旅行要路过利奇菲尔德和阿什伯尼，终点在北威尔士，去走访斯莱尔夫人和她父亲的出生地。

他们先走了83英里，于6日夜晚到了约翰生的家乡。第二天一早，约翰生急切地带他们在周围走了走。他们付费参观理查德·格林的博物馆并去了教堂，他还带斯莱尔夫妇参观了达尔文祖父的花园。这是座占地八英亩的植物园，斯莱尔夫人看到上百种玫瑰花，十分惊叹，而他似乎对此并无特别好感。据说他们与达尔文的祖父一起吃了早餐，访问了酒商安德鲁·牛顿。约翰生带他们到继女露西的大房子，给他们看雷诺兹给他画的肖像，还看到一张他母亲的画像。然后，他们拜访了伊丽莎白·阿斯顿，还去看望了大卫·加里克的哥哥彼特·加里克。再之后，他们前往看望校友泰勒并在阿什伯尼与泰勒在一起住了11天。斯莱尔夫人惊叹泰勒的庄园雄伟壮观。

余下路程由斯莱尔夫人安排，先到了查斯特（7月27日）。接近威尔士北海岸后，到她父亲出生地巴赫—伊—格兰吉（7月30日），那里有她大伯去世后留下的老房子，据说历史有500年之久。亲见后他们很失望，房子很小，没有花园，但斯莱尔夫人认为有发展潜能。他们在这里停留了三周，还到周围看了看。约翰生对这里现代工业的发展规模赞叹不已。在霍利街，他们参观了有传奇故事的温菲尔德之井，这是威尔士七大奇观之一。约翰生记下，在这两英里范围内的河流畔有19座磨坊，城镇的铁铜加工"烈焰熔炉"和多样化的生产工厂仿佛能提振人的精神，使人忘却病痛。

到卡纳芬后，他们参观了城堡。因好奇心起，约翰生拖着笨重的身体登上169级10英寸宽台阶的"鹰塔"顶部，俯瞰四周，感慨"一切出乎意外"。他们还到斯莱尔夫人的出生地参观（8月23日）。到了斯诺登山的山脚（8月26日）后，他们加快了返回的时间，穿过英格兰，往南走，到了靠近斯托布里奇和佩德莫，那里有约翰生与表哥科尼和老语法学校的记忆，附近的哈格利园是利特尔顿伯爵的领地。

9月19日，他们在伯明翰住宿一晚，与赫克托和他妹妹在一起交谈。之后，他们访问了两个工厂，尤其对工业革命先驱马修·博尔顿（Mathew Boulton）的机器加工业留下深刻印象。马修曾与詹姆斯·瓦特合作制造出世界上第一台有实用价值的蒸汽机，他工厂的机器能大批量地生产碟子、纽扣、汤勺，让约翰生惊叹之余恨自己的眼睛看不清机器的模样。下一站，他们访问布伦希米宫殿，参观了图书馆和公园。

9月23日，一行人来到牛津，参观了饱蠹图书馆和几个学院，与学院主人同吃晚餐，陪同的有约翰·库尔森和约翰生好友、公民法教授罗伯特·范西塔特。其间，罗伯特缠住约翰生问他如何治疗抑郁症。

回伦敦前，他们去到本森，观看斯莱尔夫妇拥有的一个农场，然后，来到伯克的领地——白金汉郡的比科斯菲尔德—格雷戈里，在那儿住了两个晚上。伯克第二天一早出门，晚间回来，为选举事务奔波，夫人说他"一身酒味"。斯莱尔先生听到国会突然解散要进行大选的消息，立即取消原定多住两天的计划，回去参与索斯沃克区的竞选工作。

对于此次旅行，约翰生认为，旅行者不仅要睁大眼看大地的新奇景观，还要有获取信息的头脑和探究观察的眼睛。与斯莱尔夫人回到故乡兴奋不已不同，约翰生通常更多地与一向冷静的斯莱尔先生在一起。10月，对鲍斯威尔提起这次旅行，约翰生说他感觉威尔士与英格兰没有什么特别的不同。他对泰勒说："我高兴去看了。虽没看到什么，但因为去了，可证实那里没什么看的。"他认为，那里的"整个生活方式完全类同英格兰"。

返回后，约翰生并没有打算写一本旅行记，斯莱尔夫人早已预料到。昆妮几乎一路生病，而斯莱尔先生几乎不说话。斯莱尔夫人觉得，约翰生没有从这次旅途中得到什么好的感受，她在日记写出自己的感受："与约翰生旅行，我难以容忍。"她在后半路也身体不适，再次怀孕，尤其憎恨道路颠簸。

政治小册子（三）

在新一届的选举中，约翰生为斯莱尔先生助选，写过三篇政治广告散发到其选区。斯莱尔夫人在1774年10月4日写信给约翰生，说"我们过着狂热的生活"，她感觉在这次"肮脏的选举"中，先生勉强可以胜选。

目睹选举的闹剧，激发了约翰生写出他第三本政治宣传小册子《论爱国者：致大不列颠竞选人》（*The Patriot*，1774），未署名，于10月12日发表。

小册子对选举本身影响不大，因为其在选举投票日结束后才发表。斯莱尔先生的胜选结果于10月18日公布。这次选举使得威尔克斯支持者的代表和群体减少，引起选区的骚动不安。约翰生在10月20日跟泰勒说，斯莱尔先生虽有一个有暴力和令人恐惧的对手，但他已战胜他们。

《论爱国者》单行本侧重抨击"爱国主义者"的流行话语，实际是对政治家威尔克斯的民粹主义的又一次打击。乍一看，约翰生对启蒙运动、社会和宗教自由的核心思想持反对态度，其实不然。早期约翰生就以各种方式去争取个人自由，他请求保持宗教容忍，捍卫《魁北克法案》（1774），这项法案因保护宗教和法国人在加拿大的权益，遭到许多美国殖民地的反对。约翰生所要反对的是不加区分的"爱国主义"。他认为，那些胡乱喊叫的"爱国主义者"的声音是一种噪声、一种政治投机，他们煽起大众情绪，无非是要达到个人私利的目的，威尔克斯之流是暴徒，"爱国主义是流氓的最后避难所"。用德马利的话说，这宣告了"爱国主义"破产，它表明一种嘲讽和持续抵制那些反对王室法庭的所谓爱国的声音。他要年轻人区分什么不是爱国者，把叫嚣为民族参战的人从真爱国者群体中剥离出来，矛头指向反对党，指出他们不顾已签订的和谈协议，要英国与西班牙再开战，以牺牲无辜生命的代价去夺回马尔维纳斯群岛主权。

约翰生特别不能容忍反对国王，甚至欢庆英国的外国敌人的胜利，"一个人外表看似爱国者，可他内心没有这个品质，就像假硬币常发光，却缺少分量"。这些欺诈性的爱国者并不关心大众，只是希望借助恶毒的咒骂让他们富有。他看得更深，预言这些激烈的喧闹声因他们被人收买而很快就会沉寂下来。

政治小册子（四）

1775年1月，约翰生为夏洛特·伦诺克斯的作品集写计划书。随后，应诺斯大臣邀请，他思考如何回复美国方面提出的"人权法"问题。1月22日，他给鲍斯威尔回信，谈到要写美国问题，并说这是个"秘密"。诺克斯分析认为，约翰生虽有全球大局观，"观察从中国到秘鲁"，可面对当代政治问题时，思想还是比较保守陈旧的，也不够灵活。

诺斯大臣勋爵通过出版商、国会议员斯特汉，与约翰生保持接触，在13个殖民地开会讨论时，提示如果约翰生写篇关于美国情况的小册子，必会受到欢迎。约翰生完成它远非情愿，仅是对官方的回应。"我很遗憾，他们所有更改建议都是胆怯的证据。"约翰生告诉斯特汉，"我不希望它出版，因为那些我写给他们的人不想让它出版。"校读稿件几天后，他说："我为何要为这些挑起事端的部长们辩护呢？"

2月底，他完成了他的第四篇政治小册子。人们普遍认为这个反美国政治的宣传小册子是其最臭名昭著的支持乔治三世政府的宣言，约翰生本人因此成为讽刺画中"约翰牛"的部分内容，"每个人都知道"他反对美国独立，他遭到暴风雪式的打击。①

3月，文章的部分内容根据诺斯大臣的意见进行了再编辑后，《税收不是暴政》由出版人斯特汉出版（1775年3月8日）首印4000份，后来加印过几次。

巧合的是，诺斯大臣此时被任命为牛津大学校长，同时，他批准立即授予约翰生博士文凭（4月）。约翰生高兴地接受了，但仍有挫败感，多少不满他的文章被删改去迎合政治家的情绪。鲍斯威尔在其约翰生传记原稿中写到此事，似乎也代表他发出了不满："伟大的约翰生多么耻辱。"不过，传记出版时他还是谨慎地删掉了这一评语。②

政治问题从来既敏感又棘手。约翰生曾向政治家杰勒德·汉密尔顿（Gerard Hamilton）抱怨奖励他文学价值的养老金被用来施加政治压力于他，他应决心宣布退掉，汉密尔顿劝止了他。《税收不是暴政》成为他最后的政治宣传册子。③

归纳诺克斯的观点，约翰生写这篇文章，虽是来自政府大臣的建议或提示，但究其根本，还是因为他有话要说，只是他并不想按政治家的意愿来增订、修改。后世学者集中在文章的几个观点上，不再深究哪些部分是被改写的，因为没有"未修改稿"留下可以对比。

值得注意的是，文章对美国殖民地政治诉求独立方面的讨论并不肤浅，带动过法理方面的影响和争议。贝特指出，这个单行本，还可以看成是对政治家埃德蒙·伯克的辩论的直接答复。④约翰生敬佩这个"第一人""天生的伟大政治家"，欣赏"他的思想如泉涌不会止息"。约翰生读过伯克令人难忘的《美国税收演讲》（1774），伯克呼吁英国宽松对美的税收政策，如果双方关系紧张，殖民地要独立，英国也应顺其自然。

但约翰生却避开了直接点名。同样，伯克尊敬约翰生，在后来的"与殖民地和解"的演讲中（1775年3月22日），也同样未点约翰生的名，却系统地回答了约翰生的每个问题。这是英国伟大政治家与文学家之间一次激烈的智慧交锋。

---

① 马丁：《约翰生：一部传记》，第396页。
② 诺克斯：《约翰生一生》，第243页。
③ 同上，第244页。
④ 贝特：《约翰生传》，第508页。

约翰生因此一文与美国结怨，而美国却有最完整的约翰生藏书和诸多专门机构，学习研究约翰生都走在最前沿，这表明，英美文化发展虽有差别，却一脉相承，价值观志同道合。

受攻击

《税收不是暴政》出版三年之后（1778），在书商爱德华的弟弟、美国文学专家查尔斯·迪里（Charles Dilly）家的一次晚宴上，约翰生炮轰美国："我愿爱所有人，除美国人外。"鲍斯威尔曾惊讶地听到过他的评论，称"美国人是浑蛋、强盗、海盗"，他要"火烧毁灭他们"。当被反驳时，他咆哮如雷。①

反美宣传小册子在1775年印刷四次。第二年，他的四篇政论文以"政治短论"为题结集出版，署名约翰生。这令他真的成了众矢之的，遭遇到敌对方的强烈攻击，报纸评论铺天盖地而来。他十分清楚"爱国者逼我回应"，但他却沉默应对。书的销量不好，他内心有些失望。当有人说他的作品不会长期被人崇拜，鲍斯威尔忙补充说："我们会看到他的肖像被挂起来。"约翰生幽默风趣地回答："我应高兴，那是一种新的出名的方式。"激进诗人塞缪尔·柯勒律治表示他喜欢约翰生的政治文章胜于他的其他作品。②

无论如何，3月出版的小册子，让政府人士颇为满意。三周后（4月1日），他接受了牛津荣誉博士学位。约翰生给斯莱尔夫人写信报告此事（4月1日），表示这样的赞扬方式"让我感到羞愧"，并纠结是否应"把它们拿给你看"。不过，他对给他的独立思想任何附加奖励的做法虽有些反感，却没有拒绝这个迟来的文凭。

约翰生的政治文章尤其《税收不是暴政》，使他在冲突尖锐的社会环境下冲在了最激烈的政治斗争的浪尖上，他成为媒体笔下一个爱恨交加的公众人物。就在他的战斗檄文发表两年后，美国宣布脱英独立（1776），这无疑让他的思想成为纸上空谈。

德马利认为，在政府层面，约翰生文笔的"夸张和嘲讽"、自由书写态度，或

---

① 鲍斯威尔：《约翰生传》，1778年4月15日。
② 诺克斯：《约翰生一生》，第244页。

叛逆的特性，让他避免了进一步去写政治文章。当有人推荐约翰生为国会议员时，诺斯勋爵起初对此提名颇感兴趣，深思之后又担心他的帮助只能引起尴尬，觉得约翰生如同一头大象在战场横冲直撞，冲击敌人也伤及朋友。约翰生独立自由的精神个性，只关注是非而不分立场，他的政治文章已清楚地表明，他是不容易受控制的一匹烈马。

有趣却令人难以置信的是，虽协助罗伯特·钱伯斯写演讲稿、帮助国会议员威廉·汉密尔顿和竞选人亨利·斯莱尔写宣传小册子，约翰生一生却从未有过一次对大众的公开演讲。他清醒地意识到，为他们写作仅是一个时期的事，而被他们离弃后，只会留下一片空虚。政治文人谁不是这个结局呢？他后来对鲍斯威尔说"政治不再是成功的手段"，因为它缺少原则。然而，尽管不再写政论文，约翰生对政治问题还是一直很感兴趣，予以密切关注。

"笑起来像犀牛"

鲍斯威尔第七次来伦敦见约翰生，这次他感到这位伟人的观点偏激，尤其在对待美国的问题上。爱尔兰牧师托马斯·坎贝尔博士（Dr. T. Campbell）在这个春季来到伦敦，多次接触约翰生并在后来出版了回忆录。坎贝尔写第一次见约翰生："他在某些方面很白痴。无论从他的任何表现特征上，都看不出他对微弱的光线有敏感反应；一身破旧大衣，灰色质朴的假发斜侧于脑袋一边。"

受斯莱尔夫妇邀请，坎贝尔博士有几次吃饭时见到约翰生，感觉他在美食和随意谈话中比较轻松，不过在有些问题上，他显得"情绪过激"。他们谈到诗人格雷，约翰生不但不怎么欣赏他的诗歌，甚至有些蔑视："他在朋友中无趣，在私室中沉闷，每件事都乏味。他在新方式上表达迟钝。这倒让许多人认为他伟大。"听他这些话，坎贝尔博士很是不满，有些蛮勇地直言他"不够冷静"。

4月10日，鲍斯威尔与约翰生在奥格尔索普将军（General Oglethorpe）家吃饭，这天约翰生因无法忍受鲍斯威尔的一再提问，便突然起身离开。在乘蓝顿的马车回家的路上，他抱怨："鲍斯威尔的谈话几乎全是问问题，对人极大地冒犯。"

这类"情绪大""不冷静""突然暴怒"早已被鲍斯威尔忍受习惯了。虽是自1763年认识约翰生有七年了，鲍斯威尔已了解他的粗暴仅是外在而非内心。因为约翰生有话就说，常无意识地给人当头一棒，不问轻重。4月18日，他们去见诗人理查德·坎布里奇（Richard Cambridge），到他泰晤士河畔领地的庄园吃饭。在乘马车去特威克翰的路上，约翰生夸自己是个"性情好的伙伴"，鲍斯威尔在旁回敬他："不，先生，你有好本性，但不是性情好。你易怒。你面对愚昧和荒唐没有耐心。"

鲍斯威尔现在可以在很多地方见到约翰生，不仅在斯莱尔夫妇家、雷诺兹家、斯特汉家、迪里家、戴维家、博克拉克家，还可以在俱乐部、迈特酒馆。不过，他们的私下谈话还是他最珍惜的。他问约翰生对他打算永久移居伦敦有什么看法，约翰生回答说："如果你安居这里，我们每周可单独见一次。这会是最幸福的谈话，没有竞争，没有虚荣，就是心平气和地交流情感。"这恐怕也是约翰生理想中的谈话或聊天的愿望。他们还常与诗人安娜女士一起喝茶到深夜。有一天，约翰生与鲍斯威尔长谈并第一次留他过夜，他感受到在弗兰克的关照下这个家里井然有序。其他客人也有同感，并非社会流言所称的约翰生家糟糕混乱那样。

鲍斯威尔5月22日返回苏格兰。这次离别分手时，他给读者留下了约翰生"大笑"的素描："从未见有人如此开心地大笑"，这是一种"好情绪的吼声"。书商戴维风趣地说："他笑起来像犀牛。"

家乡之行

鲍斯威尔走后，约翰生先在牛津居住了十天（5月29日至6月7日），6月8日，他和弗兰克经伯明翰前去家乡利奇菲尔德。在家乡，约翰生与众友相聚，住了20多天，直到月底，其间探望了伊丽莎白·阿斯顿，在见到邻居玛丽·科比和玛丽·艾迪时，他表现出很友好和自然的态度。

之后，他便去了阿什伯尼会见朋友泰勒，在他的庄园休息。得知斯莱尔家一次性收入了1.4万英镑后，他写信给斯莱尔夫人时提到，若有其一半的钱，他也想去开罗，从红海到孟加拉，到印度漫步，这些地方能让眼睛看更多的花样、头脑有更多的思考，要比用于修建房和种植植物更有意义。6月23日后他给泰勒写信也表明他要漫游世界，如同"一条在大浪中航行的船，没有码头"。

有了这笔现金，斯莱尔夫妇可以实现他们的家庭旅行计划了。不久后，约翰生陪这对夫妇去了法国，随行的还有昆妮的意大利语老师巴利蒂。

法国观光

这次法国旅行，斯莱尔夫人带了笔记本，约翰生也有记笔记。可惜，约翰生的三本笔记仅有一本留存了下来，但这本笔记中只记录了他们见到的事和到过的地方，鲍斯威尔在他的约翰生传记里抄录下了这本按日期顺叙的全部记录。

近两个月的法国之行（9月15日至11月11日），他们先是到多佛尔与巴利蒂碰头，然后乘船到法国北部的加来港。到巴黎的线路多由斯莱尔夫人安排，她选择比较舒适和方便的行程。

约翰生从加莱写信给鲍斯威尔，提到他们尽量避免被误会为流浪者。夫人带着11岁的昆妮，不好走颠簸的线路，一行人乘两辆马车，住好的旅店。到了凡尔赛宫，他们在喷泉处远眺国王和女王吃饭（10月19日）。11月1日，他们离开巴黎，11日返回伦敦。这些天共花费了斯莱尔夫妇800多英镑。

巴黎自然与赫布里斯非常不同。约翰生写信给鲍斯威尔提到，那里对匆忙的游客来说既不是新奇的沃土，也没有提供许多可赞叹的机会。"我所见所闻，没有什么愉悦或惊讶。我不能假装对我的读者说那些大众都已非常熟悉的任何地方。"他对友人泰勒也表示这次旅行没有给他留下什么特别印象，不过，他承认法国有清新空气和丰饶的土地，有利健康。在凡尔赛宫，他在雨天与比他小10岁的巴利蒂赛跑并赢了。有位爱尔兰人在巴黎生活很拮据，听他嘲讽法国，约翰生很开心。

斯莱尔夫人的日记很少提到约翰生，凡有提到处，不是他不耐心和恼怒，便是表达他发现了错误和不满。斯莱尔夫人如此"挑剔"，实与鲍斯威尔当时带约翰生旅行的态度完全不同，也留下了他们未来难以在一起的鸿沟，并非夫人在最后一刻抛弃他。约翰生抓住一切机会到图书馆读书，自然引发陪同者的不耐烦，巴利蒂有些抱怨地写道："在我们旅行巴黎期间，他有五六次进图书馆。这是一个旅行者所做最无聊的事。大家等在一旁，被人好奇地盯着。"对斯莱尔夫人来说，到图书馆总是意味着乏味的长时间等候。斯莱尔夫人日记中写道，当一个修女带他们参观修道院时，"见图书馆上锁关闭，我不遗憾，因为约翰生先生从不可能会让自己从那里走出来。"

约翰生在旅途不操心也不上心，实与他在斯莱尔夫妇家里的习惯有关。在那个家里，一切客随主便，现在只不过换个地方，他们都安排妥当了。还有，约翰生不情愿说法语，限制了他的口头交流。本来他读写法文都很好，但他似乎没有改变英国人对法国的刻板印象，甚至更夸张。约翰生时常比较法国与英国的不同，说"法国肉食粗糙""法国没有法律保护他们的穷人""大街行走不安全""法国没有中间阶层。"

马丁认为，约翰生的法国之行日记也有兴奋点，如在国王图书馆（即现在的法国国家图书馆）看到一本最早的古腾堡《圣经》（1455），约翰生很激动。有一天，他与本笃会成员在一起，说拉丁文，看他们的图书馆，本笃会院长考利神父陪同，专门提供了一个房间给他看书。后来，考利神父于1777年到伦敦还特意去看望他。约翰生对在巴黎圣母院生活的英国奥斯丁修女印象不佳，他对一位女修道院长说："太太，你在这里，不是爱美德，而是害怕邪恶。"她回答说她会永远记得他的话。在没有看到凡尔赛宫的镜厅前，他描写最长的一段文字是法国生产镜子的工厂。

会见莫尔女士

1776年新年日，约翰生祈祷愿上帝能让他看到新一年开始。他为斯莱尔夫人的女儿弗兰斯·安妮七个月便夭折感到不安，为朋友查尔斯·伯尼博士《音乐史》第一卷的出版（1月）写题献词。据说他坐在摇摆的椅子上自我悲叹："除了我之外，所有活跃的人都爱音乐。"

朋友的来访缓解了他的孤独。1月，倾心仰视约翰生的女作家汉纳·莫尔（Hannah More，1745—1833）带来了活跃气氛。他们于两年前（1774年6月）在画家雷诺兹家见过面，虽初次见面，言谈中，约翰生提到读过她的诗歌，曾让她十分惊讶。同时，约翰生对她的恭维话却比较反感，直接批评了她。那是初次见面的几天后，应雷诺兹的妹妹雷妮邀请，莫尔与妹妹和雷妮三人一起到访约翰生家。莫尔一路兴奋不已，呼喊："约翰生啊，阿比西尼亚王子！词典人！漫步者！懒散者！艾琳！"进入家门，她见起居室有把椅子便一屁股坐下，希望得到天才之福光。约翰生见状大笑不已，告诉她自己从未坐过这把椅子。[①]当听雷妮讲述莫尔崇拜他的一些故事后，约翰生反问："为何她那么恭维我，我什么事也没帮她。让她带这个赞美到更好的市场去。"这之后，他们彼此有更多交往。

莫尔是教师家庭的女儿，因婚姻毁约，她得到200英镑赔偿，从布里斯托尔区来到伦敦，住在妹妹学习的寄宿学校（1775年1月）。约翰生热情地与这位道德改革家喝茶，讨论她的诗歌《闺房里的埃尔德雷德伯爵》。还有一次，在雷诺兹家喝茶，他们两人坐在一起交谈。在伊丽莎白·蒙塔古夫人家，有一次辩论问题，莫尔发表看法，站在约翰生的立场，坐在约翰生旁边度过热闹场面。当第二天，约翰生请莫尔和她妹妹一起喝茶，读她的诗歌，约翰生当场几乎把她诗歌的重要诗行都一一背了出来。

约翰生不只夸奖莫尔，也指出她诗歌缺少加里克的优雅。莫尔了解这个心直口快人的不近人情，说因为约翰生很少关注自己的举止，尤其在群体中讲话全无看眼色、分对象的习惯，喜欢直来直去，提醒人们对自己随时挨批要有心理准备。女作家伊丽莎白·克雷文（E. Craven，1750—1828）的《回忆录》（*Memoirs*，1826）里说："我发现约翰生最大的缺陷是他根深蒂固的谴责和蔑视，冲撞所有当代作家。"这可为人们传说他是"难以对付者"作一注脚。

迁居与同鲍斯威尔到家乡

1776年3月15日，鲍斯威尔在晚上赶到伦敦。这是他第八次长途跋涉来看望老朋友。第二天，他急于看望约翰生，却发现他已搬到狭长小巷的博尔特庭院八号，

[①] 马丁：《约翰生：一部传记》，第407页。

这个新地方靠近舰队街，有更好的房间和小后院，喜欢园林的约翰生很喜欢给后院的植物浇水。①

一次，得知约翰生在斯莱尔夫人索尔沃斯的家，鲍斯威尔赶去，看到他们在一起吃早餐，谈话正兴。他们提到4月到10月去意大利之前，约翰生先去了牛津、伯明翰和家乡，还去了德比郡阿什伯尼。约翰生邀请鲍斯威尔一同回家乡。这位未来的传记人巴不得多听些谈话，十分乐意，他也因此开始接触这位伟人身边早年的熟人和朋友。

他们从3月19日出发，先到了牛津，22日一早到达伯明翰，拜访了赫克托医生。他向鲍斯威尔介绍了他的初恋、赫克托的妹妹安妮。当晚，他们赶到他们家乡，寄宿在约翰生父亲留下的老楼房旁边的"三皇冠"旅社。23日，他们见到了约翰生的继女露西，拜访了彼特·加里克。彼特带鲍斯威尔参观城镇，而约翰生去看望伊丽莎白·阿斯顿女士。之后，他们一起与小学同学哈里·杰克逊吃饭。约翰生同情和鼓励这位落魄一事无成者，让鲍斯威尔感慨万千，正如同约翰生《蒲柏传》里所写："看来他从未因冷淡或伤害失去一个朋友。那些曾喜欢他的人，继续保持他们的友情。"他们还参观了格林的私家博物馆。24日，他们与科比夫人和她的侄女玛丽·艾迪女士一起吃早餐，访问当年与牧师沃姆谈话辩论的主教宫，那里现在居住着神父托马斯·西沃德，他的女儿、未来的诗人安娜在场（时年33岁），约翰生与她相识。

约翰生让鲍斯威尔品尝麦片，实际地了解这个他写在词典里说的英国人用来喂马、苏格兰人的食粮的东西，也是约翰生家乡人的主食。当鲍斯威尔见不到什么工厂而有疑虑时，约翰生告诉这位徒弟家乡的秘诀："我们的人用脑、伯明翰人用手为我们工作。"约翰生幸运地有鲍斯威尔做伴，鲍斯威尔热情活泼，爱提问题，刺激着约翰生的童年回忆，多少分散了他抑郁的情绪。

25日，他们在他继女露西家吃饭时，邮递员送来信件，约翰生从中得知斯莱尔先生失去了唯一男孩——9岁的哈利3月23日死于脑动脉瘤。约翰生的第一反应很吓人，让鲍斯威尔感到发生了最恐怖的事但又无法猜测，以为有什么公众大事件突发或伦敦发生了第二次大火灾。晚上，他们还是按计划到镇剧场看演出。约

---

① 贝特提到3月迁居。参看贝特：《约翰生传》，第501页。

第七章　高地旅行

翰生事后良心发现，为自己"快活无忧"地去看戏却没有为孩子的夭折忧伤深感内疚和自责。第二天，约翰生不顾一切地要走，他们赶去阿斯伯尼，由泰勒博士提供马车返回伦敦。28日，在路上，约翰生看到报纸上刊登讣告，得知同学罗伯特·詹姆斯医生去世（3月23日）。29日，在约翰生一路催促下，他们赶回伦敦索斯沃克，却发现斯莱尔夫人、昆妮和家庭教师巴利蒂刚离开前往巴斯。巴利蒂认为夫人离开的理由是恐惧参加儿子的葬礼。约翰生心想这时候要陪陪斯莱尔先生，而伤心欲绝的先生却不愿见任何人，催他快离开。约翰生回到自己的家。4月5日，斯莱尔夫人来看他，鲍斯威尔在场。鲍斯威尔提供了他们关于孩子谈话的感伤记录场面。约翰生说："我从不希望有孩子。"这实在有些刺伤了斯莱尔夫人，她在一年内失去两个男孩拉尔夫、亨利和一个女婴弗兰斯。鲍斯威尔从斯莱尔夫人的言语中，敏锐地判断他们旅行意大利的计划已不可行，而约翰生并未觉察，仍抱有希望。这些日子，约翰生几乎每天都写信给斯莱尔夫人。

取消意大利之行

意大利之行确实是个早已策划好的出行计划，他们对出行时间曾经仔细讨论过，主要的计划是在托斯卡纳住半年，度过一个冬天，而约翰生更希望在那里住上一年。当时斯莱尔夫人坚持从4月到10月旅行，之后便送儿子哈利到威斯敏斯特学校上学。出发日期设定在4月8日或9日，计划乘马车带上一个女仆和两个男侍从，路线是从里昂到巴黎，穿越阿尔卑斯山到都灵，进入热那亚和米兰，朝南到罗马。巴利蒂想好了一路见到亲戚朋友如何介绍这位英国博学家，还要记得提醒人们要有心理准备，别介意这个脾气暴躁、摇头晃脑、手抖战栗的怪人。约翰生却主张在去托斯卡纳过冬前到西西里岛，因为他担心巴利蒂的线路安排会让他们无法看到主要城市，"我们要看罗马、那不勒斯、佛罗伦萨、威尼斯，尽可能都看到"。但巴利蒂不敢回威尼斯，害怕因过去写的政治文章而受到当局拘捕。约翰生甚至有信心写一部畅销的游记，估计可得稿酬200英镑或500英镑。

现在，这一切都化为乌有。4月9日，斯莱尔夫人告诉约翰生旅行取消。当得知这个消息时，约翰生内心的失望可想而知，他却假装不介意，幽默地说："我虽有些失望，但还不算是一个大的失望。"但斯莱尔夫人事后听巴利蒂说他很生气，还听斯莱尔先生说约翰生若未见到罗马死也不安心。约翰生此前在保利将军家还议论过："一个没有去过意大利的人，总会有一种自惭形秽的意识。""在这些海岸线上，世界历史上出现过四个伟大的帝国——亚述、波斯、希腊和罗马。所有我们的宗教、所有法律、所有艺术、所有高于野蛮的文明，都是从地中海海岸带给我们的。"他的失望由此可以想见。

更生气的是巴利蒂，他花费数月时间做的旅行计划被白白浪费掉了，斯莱尔先生给了他100几尼，才算化解了他的不满。

与威尔克斯见面

4月15日，约翰生来到巴斯，与斯莱尔夫人和她女儿昆妮在一起。约翰生本想摆脱鲍斯威尔，而鲍斯威尔写信抱怨说自己被他忽视，这刺激约翰生回应，说："你为什么说我忽视你？"于是他邀请鲍斯威尔来巴斯。诺克斯认为，有许多证据表明，约翰生很想与鲍斯威尔保持适当的距离。约翰生说过，鲍斯威尔已结婚，不能照顾他，他还敏感地认为是"有人被雇用来侦探我"，发现"我的错"，把它们公布出来以资谴责。这些证据，有部分应来自斯莱尔夫人的叙述，她从未停止嘲笑鲍斯威尔。实际上，在伦敦，鲍斯威尔不像他自己所描述那样到处受欢迎。这似乎也不难理解，他毕竟是伦敦的过客，尤其他插在约翰生与斯莱尔夫人中间，需要对的时间和对的地点，否则就会不受欢迎。

4月26日，鲍斯威尔赶到巴斯。随后他们一起到布里斯托尔（4月29日），到圣·玛丽雷德利弗教堂，查看一首据说是15世纪牧师托马斯·罗利所写的真实的诗歌手稿。不久前约翰生才争辩，要求译者麦克弗森证实奥西恩诗歌的真实性，看他是否有真实的盖尔语手稿，他现在要判断另一首引起争议的伪造诗歌。托马斯·查特顿（Thomas Chatterton）是位"了不起的青年"，被誉为诗歌天才，他出版了这些声称在教堂档案里发现的诗歌手稿。事实上，这些美丽诗文是查特顿自创的。查特顿1770年发表诗歌，后来到伦敦发展，结果孤单地住在一个阁楼上，没有任何收入。据说他毒死了自己，时年18岁。画家亨利·沃利斯以肖像画纪念他，这幅画在前拉斐尔艺术活动的杰出作品中小有名气。查特顿人虽已逝，诗歌的真实性却一直在报刊讨论，约翰生认为，那些误信其真者，比那些执拗地捍卫奥西恩的人更不可理喻，虽然他和其他人一样曾惊叹这位年轻诗人的技巧："这是就我所知最了不起的年轻人。一个自负的小子写出这些，多么令人惊讶。"

返回伦敦后，他的《政治短论》（*Political Tracts*，1776）刚出版，不久后，美国华盛顿将军签署《独立宣言》（7月4日），同年，美国人成功地从波士顿和纽约赶走了英国军队。

从政治上说，约翰生感到满意的事，自然不是美国独立，而是英国国会拒绝了威尔克斯的议会改革法案。在这样的大背景下安排约翰生与威尔克斯的会面，可以说是鲍斯威尔成功地进行了一次"政变"。

在鲍斯威尔事前安排和幕后操纵下，约翰生与威尔克斯相遇了。5月15日，在朋友迪里家饭桌前，这两个从未见过面的书面政敌，很快坦然相对，还进行了彬彬有礼的对话。政治家伯克知道后直说："外交使团的历史上，还没有一件能与之相比的胜利。"这清楚地表明，约翰生本人并非如外人认定的那样固执和不近人情，他有能力在一些共同方面与任何人打交道包括妥协，所谓和而不同。第二天晚上，鲍斯威尔带着胜利的喜悦返回苏格兰。

痛风："趴在地上"

1776年5月29日夜晚，约翰生承受着严重的痛风疾病。6月3日，他告诉斯莱尔先生，他病重卧床，几天后他又对斯莱尔夫人说他"只能非常可怜地趴在地上"。

之后的日子里，约翰生的身体时好时坏。为缓解痛苦，他在9月最后一周随斯莱尔夫妇去往布赖顿，住到10月底。他本是游泳好手，这时候开始怀疑游泳是否对身体有利，所以直到要离开前才下海游泳。他告诉鲍斯威尔，这里很沉闷，他身体很不好，表示当年他们一起到赫布里斯岛屿是他最愉快的旅行。实际上，他的感觉不好,实与斯莱尔夫人此时病重有关。

　　10月30日,约翰生与斯莱尔夫人一家返回伦敦。12月,他受凉感冒,体质虚弱,饱受折磨持续到第二年春季。为能睡上一晚,有一天约翰生白天见劳伦斯医生,请外科医生给他放了12盎司血。晚上虽能躺下,还是疼痛不安,干脆给自己来了一刀,大约放血10盎司。弗兰克和利弗特及时发现,赶紧帮他止住了血流(1777年1月12日,佩奇年谱)。当听到他自残时,夫人赶来看他并警告他说"主人(斯莱尔先生)非常愤怒",这是一个最有效的警告,他比较敬畏这位"主人"。

　　除夜晚不能入睡外,这时的约翰生只能坐在床上,更糟糕的是一种无助的幽闭恐惧症缠绕了他,他担心记忆力消失、注意力不集中,怕自己疯掉。约翰生告诉斯莱尔夫人,在两三天内放血36盎司后,他感觉有些好转。17日,约翰生来到斯特里汉姆庄园,因无法到教堂参与祈祷活动,他写信寻求雷诺兹、伯尼和斯莱尔夫人甚至远在苏格兰的鲍斯威尔的道德慰藉。当接到鲍斯威尔夫人自远方特地给他送来的一瓶橘子果酱时,约翰生很高兴,视为这位对他有意见的鲍斯威尔夫人的最大善意,虽然因病自己不能吃,还是对她表示了特别感谢。

第八章 《诗人传》

第八章 《诗人传》

接受写作诗人传

1777年,有两件重要事与约翰生有关,一是承接写作诗人传,一是参与犯罪案件辩护。

3月29日,有三人上门征求意见,他们是老朋友书商汤姆·戴维、威廉·斯特汉和托马斯·卡德尔。卡德尔曾刚出版了约翰生的高地旅行记,正计划出版爱德华·吉本的名著《罗马帝国衰亡史》。在贝特的传记提到36个领先的出版人的基础上,马丁考订补充,他们代表不少于42个售书者组成的团体和6个印刷商,拟联合出版一部集大成的英国诗人作品集,请他为选集里的每位诗人写传。

在出版商拟定的47人名单中,约翰生添加了自己喜欢的苏格兰诗人詹姆斯·汤姆森等5人,共计52人。至于他提出排斥那位一直写诗讽刺他的诗人查尔斯·丘吉尔,斯莱尔夫人认为:"这是他所做的我所知唯一不公正和令人气愤的事。"5月3日,他告诉鲍斯威尔:"我要为英国诗人写小传,写前言。"他把这一切看得如小儿科般简单。约翰生50年来一直以热爱者的眼光阅读品味英国诗歌,年复一年,脑海里已积累了大量材料和无数逸事。过去他编写书目、词典和《莎士比亚戏剧集》时用心于文本,现在则靠记忆存储的资料写传。他很少做原始材料收集的研究工作,甚至不满要他多做这些工作的建议,曾拒绝"惹事善良"的鲍斯威尔多此一举,安排他去见蒲柏的朋友要资料。事实上,他还是有行动的,他曾写信给剑桥的朋友理查德·法默了解剑桥大学的诗人群体,只是法默因疏忽而未复信。最后他还是妥协了,高兴地去见蒲柏的朋友。

这部诗人选集的计划源起于苏格兰书商马丁兄弟的阿波罗出版社,他们通过伦敦代理商约翰·贝尔宣布,苏格兰要出版英国诗人的作品集100卷(实际出版了109卷）。对尚有作者版权的伦敦书商，这是个商业威胁。况且，他们出版的书字体小、错误多，难以阅读。这些出版商立即采取行动。书商爱德华·迪里声称，这是英格兰的文学财产，为抵制阿波罗出版商的行为，他们要加快出版一套精美和准确的英国诗人作品集，"从乔叟（1343—1400）到当代"。不过，他们很快又改为"从1660年到当代"，不包括在世的作家。

约翰生被他们看作这个冒险行为的领头羊，他不仅有他们出版商所需要的文学声誉，还是广开销路的保证。同时，约翰生出手，不仅能确保其是一部经典诗集，而且还将会是一部伟大的批评著作。

自然，约翰生十分自信。这是一次他记忆力、判断力和知识力的展示。在欧洲大陆，没有其他国家的文人有与之竞争的"文学资本"。

但双方都要考虑其负面因素，背负这个重担需要几年的努力工作，以约翰生的年龄和病体，要在承受病痛、自我牺牲的同时专心致志。出版商征询约翰生关于报酬的想法，他适度地为写这些传记前言要价200几尼。这一开价完全全出乎大家意料，这部37万字的书，依马隆说，即使要求1500几尼，出版商也能愉快地接受。

此时，约翰生似乎忘记他曾说过的"除傻瓜外，没有人不为钱写作"。贝特认为，比较而言，约翰生更厌恶为名望写作，只求"有用的愉悦"。他本人需要外在的刺激，无论是挣钱还是为他人的慈善写作，以便克服内在的诱惑，抵制为名誉写作。他常刺破虚伪文人"瘟疫般地合谋毁灭文学"的做法，更愿意与格拉布街文人在一起，感觉他们为生存写作的动机更诚实，甚于为名誉写作的虚伪。他事后为"低价"自我辩护，说这纯出于自己的考虑，没有理由要求出版商超出他们事前的预算。"不是他们给我少，而是我写得太长了。"事后出版社多付给他100几尼，共计300几尼，汇集为独立成篇的集子时，又付给了他100几尼。

出版商希望诗人传能够早点出版，以便能与苏格兰出版商在竞争中取胜，然而约翰生还是拖延了。最后，约翰生完成了52位诗人的列传，其中有几篇是长篇大论，为世所公认。这部著作成为约翰生的代表作。韦恩说，这是一部来自记忆、判断和热爱而非研究的伟大著作。马丁认为这是约翰生最伟大的成果。贝特强调，这是传记与文学批评相结合的杰作。

第八章 《诗人传》

多德案件

说到参与犯罪案件审理,实与约翰生的个人情感和情绪有关,表明他人道主义关怀和理性的思考。威廉·多德(William Dodd),时年48岁,是位纨绔子弟,也是位广受好评的宣道牧师,人们热爱听他讲道,教堂常常人满为患。

多德通过高消费社交和勤奋写作很快进入上流社会,成为菲利普·斯坦厄普(Philip Stanhope)的私人老师。菲利普是约翰生词典的赞助人、切斯特菲尔德第四伯爵的教子,在老师犯罪期间,22岁的菲利普已得到切斯特菲尔德第五世伯爵的世袭爵位。多德牧师喜欢穿绸衣、戴名表,挥霍无度,有一次缺钱,便想到伪造第五世伯爵的签名,开出了4200英镑价值的票据支付一笔私下的欠债,不到一周后事发。他本想在这笔钱暴露前能不为人知地偷偷还上,更以为这位受他教育的年轻伯爵会很慷慨,即便有事也会手下留情,结果事与愿违,聪明反被聪明误。多德牧师被告入狱,2月22日,在老贝利监狱受到审判,于5月16日宣判绞刑,押送新门监狱等候执行。伦敦的报纸一时热闹传播,议论纷纷。多德牧师在走投无路时,想起读过约翰生的《漫步者》(No.114),其中有些现代公正和法律制度的论述,自觉约翰生会有同情心,不同于切斯菲尔德伯爵的冷血,于是打定主意找约翰生帮忙,请熟人哈灵顿伯爵夫人(the Countess of Harrington)和朋友埃德蒙·艾伦(Edmund Allen)帮忙联系。艾伦是书商,也是约翰生的房东,就住在博尔顿约翰生的住处附近。伯爵夫人的信激发了约翰生的同情心,他表示"将尽我所能"。约翰生给友人泰勒写信,说这是个无先例的因违背道德而绞死牧师的案子,他为多德担心,期待能免除其死刑。

约翰生为此忙了四个月,实属"慈善写作"[①],仿佛甘做那不为钱而写作的傻瓜,如同他不是一个讽刺家而常成为被人戏谑的嘲讽者。[②]他为多德牧师写祷告

---
① 贝特:《约翰生传》,第523页。
② 同上,第493页。

词，替他给几个伯爵写请愿书，其中有大臣亨利·巴斯特勋爵，曼斯菲尔德伯爵，大法官、国防秘书长查尔斯·詹金森，还写信给国王和女王。

当约翰生的"请求信"得到坏消息后，6月17日，他告诉多德并帮他写忏悔书，让他在狱中宣读，祈求宽恕。同时，6月25日，他请伯爵夫人直接上疏国王，让艾伦找任何可能的关系来帮助他。约翰生总是认为，从道德或宗教层面考虑，多德的罪行没有深染腐化之病，既不破坏任何人的原则，也不威胁任何人的生命。为反对陪审团的决定，托马斯·珀西伯爵送交国王有多人签名的请愿书。但这一切努力终是白费。最后，6月26日，约翰生给多德写信，请他准备赴死。6月27日，多德被施绞刑。

多德牧师在给约翰生的最后回信中说："接受你伟大和善良的心意，在你代表我时，我真诚并热情地感谢和祈祷所有你的仁慈和善良的努力。"自然，约翰生也是。第二天，约翰生写信告诉鲍斯威尔："可怜的多德昨天已死了。公众的声音，大声疾呼，哪怕只是为了怜悯，也应该被听到。多德常求我。我担心，他一直用生命的希望来慰藉自己，我却无任何这类可怕的幻想。"诺克斯认为，约翰生提到的应把多德的死刑改为流放的建议，正是后来英国建立殖民地一个惯行做法——把罪犯先流放到美国，后来改道送澳大利亚（1788）。

论"废除死刑"这个文明社会的实践，约翰生早在《漫步者》（No.114，1751年4月20日）中就呼吁过，至今已有270年。

律师霍金斯是当时陪审团的主持人，他坚持认为，约翰生本人私下里并不认为多德牧师值得他尽心去解救。霍金斯判断，这个努力是约翰生另一个不区别对错的例子，把人道主义放错了地方。①

当约翰生有了闲暇，斯莱尔夫人却开始积极参与社交活动，这导致约翰生抱怨她对他不关心。他要为斯莱尔夫人买张票一起到德文郡看娱乐秀，不料这场节目推迟到了第二年。斯莱尔夫人和女儿常去伦敦郊外拉内拉格公园，约翰生会陪同，也能很快融入这些蓝袜女子群体的活动圈子。有一天晚上，约翰生与"蓝袜"著名女主人伊丽莎白·维奇在一起，为一出戏《慎言》写开场白，得到了所有女士的称赞。

---

① 马丁：《约翰生：一部传记》，第416页。

第八章 《诗人传》

房客战争：几个女人

　　1777年，在博尔顿的住所，约翰生接纳了另一位房客——患浮肿病的伊丽莎白。她是约翰生教父斯温芬医生的女儿，与杰克布·德斯蒙琳斯先生结婚后一直贫困地住在切尔西。生前教作文的丈夫病逝后（1772年10月），伊丽莎白于1778年带着女儿住在了约翰生家的一个房间，与波尔小姐住一起。鲍斯威尔提到，他到伦敦后，见她与女儿已住在约翰生原来留给他用的房间。几年后，因为与房客、诗人安娜争吵，还欠下一些房租，德斯蒙琳斯夫人带女儿离开（1783）了那里，安娜去世后，她又搬回来住。这次入住后，她每周从约翰生那里得到半个几尼的生活费用。前面我们已提到，当约翰生的妻子住在伦敦郊区汉普斯特德时，伊丽莎白是夫人的陪伴，两人很熟。鲍斯威尔在一次访谈中向她了解约翰生的夫妻生活以及她与约翰生个人关系的情况，从其欲言又止中感觉很"奇怪"，他给她这个特别的约翰生粉丝一个名称，即"有话不说的守密者"，好比作家范妮坚持不写约翰生传那样。

　　波尔·卡迈克尔（Poll Carmichael）小姐是苏格兰人，她被认为可能是个街边妓女。约翰生带她回家，还给她治病。早在1773年，约翰生已给她安排了住房，并写信给进入律师行业的墨菲，请求关注她的案件，协助她取回了她应得的遗产。鲍斯威尔提到1773年4月到伦敦时见到她和德斯蒙琳斯夫人，他们在家一起吃过饭，感觉房间整洁有序。约翰生在1778年对斯莱尔夫人介绍时说："波尔是个愚蠢的妓女。我们很好地挽救了她。"她在1783年自己离开，不知去向。当问他为何要帮助这些人时，约翰生直言道："如果我不去帮助她们，没有其他人会，她们会在贫困中消失。"

　　这所房子里还有斯莱尔夫人在日记称为"邪恶的怀特夫人"的老妇人，她在家做清洁工。

　　盲诗人安娜、德斯蒙琳斯夫人和波尔三个女人彼此敌视，但因无处可去，没能分开，还偶尔有些互助。三位女人各有性格，家中吵闹不可避免。安娜脾气暴躁，是家里的噪声中心，她一直就不喜欢弗兰克，而弗兰克抱怨她指手画脚，过于严厉。利弗特医生常外出，在家时几乎沉默不语。

斯莱尔夫人很少去约翰生家与她看不上这些纯属"一帮奇怪的人物"有关。因为在她眼里，这个家只有"瞎子安娜、浮肿的德斯蒙琳斯夫人、黑人弗兰克和其浑蛋的白人妻子伊丽莎白、一个醉鬼怀特夫人，还有一个东西叫波尔"。斯莱尔夫人过于爱憎分明，而约翰生承认这是慈善，能够妥协，就是打闹，人们也可怪他耳聋不听戏那般原谅他听不见。约翰生在博尔顿的住所房客人数最高时达7人，[①]有时还有两个仆人，一个是负责照顾安娜的苏格兰女仆，也许她给约翰生夫人帮过手。

有了这些人的陪伴，约翰生的家里热闹非凡，自然就少了一份宁静。遇到女人吵架时，约翰生就走为上策，泡酒吧直到深夜。晚起床，这几乎成为约翰生的生活习惯。在一封给斯莱尔夫人的信里，约翰生提到这个他自称为"奥斯曼帝国宫殿闺房"的情形："我们有可容忍的和谐家庭，但没有爱。安娜恨每个人；利弗特恨德斯蒙琳斯，不喜欢安娜；德斯蒙琳斯恨他们两个；波尔小姐对她们哪个人也不爱"。（1778年11月叙述）

约翰生的自我安慰是："我们之间有很多敌意，却没有不幸的胡闹恶作剧。"他在这样的环境下生活，完成了他晚年最重要作品《诗人传》。有人以为，只有具有特别人道之心的老人，才能允许生活如此吵闹。

1777年7月，安娜病重，约翰生送她到乡间疗养，但她的病情难见好转。利弗特已72岁，一直是约翰生的好陪伴，与他一起吃早餐，花费他的钱不多，因为他到外面行医多少可以有些收入。约翰生常外出，到斯塔福德郡旅行，这成为他妥协回避的方式，以躲开家里刺耳的吵闹声。约翰生十分注意为他工作的人的感受。他有只猫叫"霍奇"（Hodge），又老又病，已不能吃什么，只喜欢吃生蚝，他总是自己出门去买给它生蚝。

[①] 马丁：《约翰生：一部传记》，第418页。

第八章 《诗人传》

与鲍斯威尔一起访问阿什伯尼

1777年7月底,约翰生离开伦敦,先是在牛津停留了一周,与新朋友、古代历史学者威廉·斯哥特一起为写《诗人传》查资料,结果只"得到很少"资料。8月5日,他来到伯明翰见赫克托等朋友。6日,他回到家乡利奇菲尔德,在露西家住了有一个月,其间有时去看望因中风随时有生命危险的伊丽莎白·阿斯顿。面对能引起过去美好回忆的斯托水塘,他因友人生病而不再有幸福的记忆。他心情沉重,只能感慨家乡单调乏味:"这个地方越来越少娱乐的场景。"那座少年时他喜欢玩捉迷藏的斯托磨坊已荒芜颓废,他与发展商吃饭聊天,表示对旧厂房的清除感到心里不安。然而,生长于斯,小城的一切对他都是有价值的。那期间,他身体虚弱,甚至无法从斯托水塘走到格林水塘,而且夜晚难以入睡。

8月底,他去阿什伯尼庄园时,发现放在泰勒的壁炉台上小鹅卵石竟然没有动过,一切都那么熟悉又陌生,令人感叹人生如静水深流。他要写诗人传,思考如何写考利和德纳姆,在这里等待约好却迟来的鲍斯威尔。

1777年9月14日晚,鲍斯威尔来到阿什伯尼(9月14日至9月24日)。这是他第九次拜见他的伟人,地点却没有在伦敦,而是在离伦敦北部德比郡150英里的小城镇郊区泰勒的庄园。

鲍斯威尔写的传记详述了他们这11天的活动和谈话。约翰生那句格言"如果一个人厌倦了伦敦,他也就厌倦了生活",就是他们远离伦敦时的感想。

约翰生自我解除痛苦的方式是"放血"或吃鸦片,斯莱尔夫人认为他这是在封闭自己,恳求他不要再折磨自己,不要拿自己的身体开玩笑,"哪怕去装订书,如一年前在我家度夏季那样,也会有利于身体。"斯莱尔夫人确信,鲍斯威尔在身边会比三个好男孩和大竖琴都更能活跃气氛。鲍斯威尔很感谢斯莱尔夫人鼓励约翰生与自己一起高地旅行,还写信表明欢迎她到他的家乡访问。只是在鲍斯威尔出版群岛游记之后,斯莱尔夫人与鲍斯威尔关系恶化,而鲍斯威尔被坊间传说

· 313 ·

讨厌斯莱尔夫人并引《麦克白》里"巫婆说的话"来侮辱夫人所写的关于约翰生的回忆录。

这些天在乡间野外，约翰生与鲍斯威尔在一起，心情格外舒畅。他们谈到不少问题，尤其死亡和美国独立。鲍斯威尔告诉他休谟去世前对死亡看得很淡，约翰生很不以为然。约翰生认为活得越好的人越怕死，鲍斯威尔听他说从未有过一刻死亡不让他感到恐惧，然而，他不愿多谈这个痛苦的议题。

9月19日，他们一起乘泰勒的轻便马车去德比郡。返回路上，约翰生希望马车走得快些，他说："如果没有责任感，不管未来，我会与一位美丽的姑娘快活地驾驶一辆马车，度过一生。她应了解我，给谈话增添风趣。"这天他们参观了不少地方，先去了斯卡斯戴尔伯爵著名的凯迪斯通庄园，还参观了瓷器厂。瓷器大亨乔塞亚·韦奇伍德就在附近，他们未去拜访。鲍斯威尔惊讶地看一个孩子在转动轮子抛光瓷器，而约翰生更关注贸易和供求问题，认为这里的瓷器太贵，表示他"可买到同样尺寸的银具，比这里的瓷器要便宜"。晚些时候，他们还去参观了棉纺厂。约翰生有兴趣实地参观中部地区的工厂和科技发明，了解工业革命的发展进步。他观察细致，质疑中凸显出智慧。当鲍斯威尔提到自己早年祖先没有30人和30匹马绝不出门时，约翰生马上反问道："那个年代钱不流通，你祖先离开家乡后是怎么供养30人、30匹马的？"当泰勒夸赞自己喜欢一条斗牛犬，他前后打量，发现不少缺陷，让泰勒无法反驳；当提到给诗人乔治·斯蒂芬斯改诗歌时，他使用了"阉割"一词，显然灵感来自看泰勒庄园阉牛。约翰生在一次访问后说，泰勒谈阉牛如何好，说着就要去看他的牛群。鲍斯威尔到农场后，见证了他们两人为斯图亚特王朝的命运争吵不休。那天，约翰生认为，如果英国人能有公平的选举投票权，国王当晚就会被赶走。这激起泰勒不满的吼叫。这是个托利党与辉格党之间敏感的政治问题，两个强人互不相让。鲍斯威尔看两人的争论觉得是一种娱乐，据此判断谁更理解英国人的幽默。

约翰生替泰勒这位乡村牧师写过不少布道词，这恰能帮助不能专心传教而把精力用于养牛的泰勒。不过，泰勒拒绝念约翰生给妻子的祷告词，因为其措辞太过夸张。

有一天晚上，约翰生与鲍斯威尔讨论案子，为一位非洲奴隶约瑟夫·纳特（Joseph Knight）打官司，约翰生口述，鲍斯威尔记下请愿书，申诉纳特应在苏格兰合法得到自由身。①这场争辩与约翰生一贯反对奴隶制思想是一致的。在前一年,他写信给鲍斯威尔,支持1772年高等法院的决定:一旦奴隶进入英国,就应成为自由民。他在《税收不是暴政》中也认可让所有美国奴隶自由地决定命运,这让政治家本杰明·富兰克林批判他的言论在煽动奴隶起义,反对白人。②

鲍斯威尔用约翰生口述的申诉,成功地为纳特获得了自由人身份。不过,鲍斯威尔虽以约翰生的热情来自偏见和不完全甚至假信息来为其辩解,却表明自己的看法,认为废除奴隶制度是狂野和危险的,会直接影响商业的利益。这是当时社会主流的一般看法。

这些天,鲍斯威尔在阿什伯尼向约翰生的小学同学打听约翰生的少年时代,他满意地把谈话记录放进自己的"约翰生仓库",然后告别,返回苏格兰。约翰生仍在阿什伯尼住了一个时期后回到家乡。这次出门约三个月(8月30日至11月6日)。返回伦敦后,约翰生接着与斯莱尔夫人一起去布赖顿住了四天,回到伦敦后,他感觉身体欠佳,写作《诗人传》的进展缓慢。到12月,他终于写完玄学派诗人考利的传记,为自己设下高标准。此时,对手出版社已出版《英国诗人作品集》20卷,而约翰生签约的合同已过了六个月,他却才完成这第一篇。

写作诗人传期间(1778)

1778年1月,约翰生陪伯尼博士与他儿子来到温切斯特学院,通过他与约瑟夫·沃顿教授的友好关系,确保孩子能被接受入学。在复活节后,他明显感到,原以为的"小计划"列传是件紧身衣,束缚自己,令他不舒服。他写诗人德莱顿,结果成为篇幅长而细致的列传,接下来写弥尔顿也是长篇大论。

熟悉出版界并后来成为《绅士杂志》编辑的约翰·尼科尔斯(John Nichols)着手帮助编辑约翰生的《诗人传》。他才33岁,十分了解各类诗人的典故。其他人还有斯蒂芬森、艾萨克·里德、托马斯·沃顿、约瑟夫·沃顿、珀西,还有其他

---

① 马丁:《约翰生:一部传记》,第421页。
② 马丁:《约翰生:一部传记》,第421页。

学者和图书馆馆员都给他提供了资料和帮助。同时，他还要求鲍斯威尔提供苏格兰诗人詹姆斯·汤姆森的资料。

2月27日，《晨报》和《每日广告》发布消息称约翰生病危，第二天，《公共广告》复制了这个谣言，直到3月4日，《伦敦日报》才辟谣。他尽力帮助演员谢尔登演出康格里夫的《如此世道》(The Way of The World)，这是为书商汤姆·戴维举行的义演，因为戴维正被迫卖掉他的家产。

3月，鲍斯威尔第十次访约翰生（3月17日至5月19日）。他写的约翰生传记里有很多的记录每日谈话的篇幅，有些是他们朋友间几乎失控的争吵记录，比如，约翰生对斯莱尔夫人说，他总是为刺痛人的谈话难过，那本不应该，只是因为有无法忍受的烦恼，而斯莱尔夫人回答他是在忍受烦恼他的事，没有人会为此忧虑："我相信，我已分享了你的责骂。"

在书商迪利家，有家乡诗人安娜·西沃德等客人（4月15日）。约翰生晚到了一会儿，见到查尔斯·弗朗西斯·谢尔登（Charles Francis Sheridan）的 An History of the late Revolution in Sweden[1]，拿起来便读，鲍斯威尔形容他贪婪的情形"像一条狗，用爪踩骨头，同时舔两边的肉"。[2] 他与真诚的贵格会女士玛丽·诺尔斯（Mary Knowles）有一段令人难忘的对话。约翰生尊敬贵格会员的虔诚，可拒绝支持贵格会提升妇女社会地位。当玛丽抱怨男人比女人有更多的自由时，他回应，男人所有的危险及他们所做的都是为女人，如果要求女人比男人有更多的完美，那是她们的荣耀。玛丽坚持说希望另一个世界有两性公平，约翰生认为她太有雄心："我们都希望自己是天使。"马丁认为，这只是他对女人的部分观点，另外，他也会替女性维权，劝导鲍斯威尔放弃他不合理的计划包括排斥女性继承房地产方面，观点明确："女人应与男人一样有自然和同等的申诉要求。这些要求不应任意或轻易地被取代或侵犯。"在死亡议题上，他说："没有一个理性的人会在碰到死亡时无所畏惧。"[3]

4月17日，约翰生在去教堂路上碰巧见到退休律师奥利弗·爱德华。爱德华是

---

[1] 大意为：瑞典革命纪实。
[2] 沃默斯利：《约翰生传注释本》，第677页。
[3] 同上，第680页。

他的大学同学，分别后有近50年未见过面，约翰生感慨，同在伦敦生活了半辈子，却到晚年才得机缘巧合的一见。

最不愉快的时候是争议美国问题。那天（4月18日），约翰生在家接待客人，诺顿·尼科尔斯牧师（Revd Norton Nicholls）晚上来坐。鲍斯威尔这天几乎从早陪伴约翰生坐到半夜。在谈话中，鲍斯威尔同情美国事业，这让约翰生极为恼火，痛斥美国。[1] 5月2日在雷诺兹家吃饭，这天来了很多人，鲍斯威尔又说了些冒犯约翰生的话，约翰生当众人面不客气地粗暴攻击他，使他受到极大伤害，以至5月1日至11日的日记完全空白。还好鲍斯威尔最后容忍了约翰生，鲍斯威尔在书里说，这是人类友谊要承担的义务，否则，他不想再见约翰生。后人读鲍斯威尔写的约翰生的传记，在欣赏感激之余，还应看到并体谅他仿佛有"伴君如伴虎"那般承受任意责备和嘲弄的苦衷。这似乎也是友情和友善的一种代价。几天后，鲍斯威尔与约翰生在蓝顿家吃饭（5月8日），两人重归于好。

鲍斯威尔试图帮助约翰生抓紧完成《诗人传》的写作。一天他访问蒲柏的好友、政治家马钱蒙特伯爵（3rd Earl of Marchmont），在伯爵表示愿意提供蒲柏的咨询后，他立即安排约翰生与他在第二天见面，并赶回斯特里汉姆宣布这个大好消息。没料到，约翰生使性子，发脾气，说自己明天决不回城，也不想知道蒲柏的什么事。这让大家都十分困惑，鲍斯威尔更是进退两难，最后，斯莱尔夫人解围，说他应去了解情况，约翰生依旧不肯退让："如果天上掉知识，我会用手接，可我不会自找麻烦去寻求它。"

鲍斯威尔明知他的骄傲，但还是坚持应守约，约翰生最终答应以后会访问伯爵。第二年约翰生与鲍斯威尔还是去了（1779年5月1日），两小时的交谈令他收获不少，情不自禁地说："我愿给你20英镑，也不会不来。"但这之后的六个月后，他才开始动笔写《蒲柏传》。

正当需要时，一本斯宾塞（Joseph Spence）的手稿（出版 Anecdotes[2]），适时地到了他手里，内有蒲柏的观察记录。约翰生广泛地参考了这位蒲柏朋友的评论

---

[1] 佩奇记此日人名为罗伯特（Robert Nichols），应有误。佩奇：《约翰生年谱》，第74页。
[2] 大意为：逸事集。

笔记，这是他在斯莱尔夫人的家庭医生卢卡斯·佩皮斯爵士（Sir Lucas Pepys）介绍下，借纽卡索公爵（the Duck of Newcastle）保存的这部斯宾塞的手稿，但他没在书中适当地答谢纽卡索公爵，引起一些人不满。[①]

肖像画、新小说

在伦敦，有很多社交活动使约翰生很忙碌，特别是在斯特里汉姆，他常去伯尼家，有时去伊丽莎白·蒙塔古夫人的豪华住宅，与蓝袜子俱乐部的女士们交谈。他还有十几篇《诗人传》未写，不仅有许多访客和饭局干扰，还有感冒和咳嗽影响他睡眠。他一有空闲，便想什么时候可以去阿什伯尼"闻干草、吸三叶草花香"。有一天，因天冷和咳嗽，他错失与斯莱尔夫人共进晚餐，随后，他在夫人面前责怪自己不可原谅。在雷诺兹为斯莱尔夫人画像后，夫人没有送约翰生一份复制品，他觉得被轻视了，夫人知道后赶紧送给他一幅复制的画像。6月，画家雷诺兹妹妹雷妮为约翰生画像，给他带来一些放松。据韦恩的约翰生传记说，雷妮其实不情愿描画他的面容。

夏季，约翰生持续情绪沮丧，写作没有多大进展。他说整个夏季都在博尔特的住所，想到写《诗人传》的任务，觉得蒲柏就像平地而起的珠穆朗玛峰，他只但愿早日完成，可得以身心自由。他甚至想到斯莱尔夫人能够重新计划意大利的旅行，虽明知斯莱尔先生的健康状况不可行，还是抱着若成行一定要参与的希望。

伯尼博士25岁的女儿范妮几个月前秘密地出版了她的经典小说《伊夫莱娜》（Evelina, 1778），因为害羞或忧虑社会对女性作者的鄙视，她尽可能隐瞒身份。约翰生早些时候在音乐家伯尼家聚会时见过她。伦敦整个夏季都在议论这部新小说，起初无人知道作者的背景。这天（7月22日），约翰生在斯特里汉姆，当着范妮的面大加称赞小说的第一卷，范妮很"震惊"，随后借给约翰生第二卷。此时给予约翰生最大安慰的，莫过于这颗文坛新星的出现。约翰生让她读他写的《考利传》。

[①] 马丁：《约翰生：一部传记》，第431页。

第八章 《诗人传》

约翰生对这位朝气、羞涩、迷人和睿智的女性十分喜爱，就其作品更是大加赞扬，超出了批评家的公正范围，而范妮对这位博学的长者的深深敬爱也保持到终生，她几十年的日记，不仅包括斯莱尔夫人的家庭烦恼和紧张，更有小说家的智慧和描写生动的场景，使她与佩皮斯和鲍斯威尔一起，名列于英国历史文学传记的"名人堂"中。

范妮初见约翰生十分吃惊，看到他"高个，敦实，站立时非常恐怖。整个身体都在颤抖，手脚从不能有片刻的安静"，其服装陈旧，眼睛近视，直到人走近跟前，他才能看清是谁。他查看书架，几乎要花五分钟才能辨识清楚，眼眉几乎碰到书页。若拿到一本书后，他立即聚精会神读起来，旁若无人，让身边等他说话的人惊愕不安且不知所措。

范妮发现如果约翰生要说话，他要先被人吸引，她自然成为吸引约翰生而让他愿意说话的女性。不过，她也有尴尬的时候，约翰生曾当众人面拉她到身边亲吻她，而他那时自然是一位垂垂老矣的长辈。

9月，约翰生去埃塞克斯的沃利军营拜访友人蓝顿，住了五天。那时约翰生膝盖受伤还有其他病痛，蓝顿回忆："他坐下来后，有一定程度的耐心，注意看地区军事法庭的工作程序。"有天晚上11点，他来到军营，特别有兴趣地与人谈论军事问题，特别是火炮。

10月15日，雷诺兹开始画约翰生的第四幅画像。约翰生不满意这幅画，对斯莱尔夫人说，雷诺兹画了他最糟糕的一面。他对雷诺兹1778年的"斯特里汉姆画像"比较满意，这是一组文学俱乐部成员的肖像，挂在斯莱尔先生新建的图书室内。约翰生似乎更在意斯莱尔夫人的看法，他问她："乔舒亚爵士完成我的画像，似乎每个人都很满意，我希望知道你是否喜欢。"

10月，书商已完成所有诗人文集的印刷，只等他的前言和列传部分。书商卡德尔试图催他，而他解释说实际写作与原来设想的一个作者写三四页不同，所以延误了，并且还有八位诗人要增写篇幅，写完德莱顿后，他有四篇可以交稿。

前20卷圣诞节出版。此时，69岁的他，还有35位诗人的传记要写。

出版部分《诗人传》

到了1779年，出版商没得选择，在秋季出版了56卷英国诗人的文集，同时分开出版约翰生已完成的部分传记，包括弥尔顿和其他诗人的几个短篇。他完成《弥尔顿传》后（1779年1月），赶紧参考英国人物百科写其他传记。1月20日，大卫·加里克因中风突然离世，终年62岁，这让他感到十分茫然，2月1日，与文学俱乐部成员一起参加了葬礼。

借正在写埃德蒙·史密斯传，他既表达了对人生导师沃姆的敬仰，也表达了对42年前一起来伦敦谋生的学生的离世百感交集的心情："一个多么有希望的人。我为他中风离世感到遗憾。他的去世遮挡住了民族欢愉的阳光，使公众娱乐的宝库贫瘠。"加里克夫人把这些话刻在了墓碑上。理查德·坎伯兰（Richard Camberland）也参加了葬礼，他记着这样一幕：苍老的约翰生站在墓碑前，泪流满面。[1]2月，约翰生告诉雷妮，《诗人传》还有一周能完成。

1779年3月1日，约翰生把52位诗人中的22位诗人写完，先分四册，题为"英国诗人文集的前言、传记和评论"出版，印刷1500册。他送给国王一本，似乎完成了1767年见面时的许诺。

到这时，还有30位诗人的传记等着约翰生写完。

鲍斯威尔两次来访

这一年，鲍斯威尔打破惯例，有两次来见约翰生。1779年3月，鲍斯威尔进行他第11次访问约翰生（3月15日至5月3日）。

---

[1] 贝特：《约翰生传》，第545页。

第八章 《诗人传》

耶稣受难日（4月2日）那天，约翰生因为失眠胸部疼痛禁食。复活节，他审视生活，感觉不安。过去一年"沮丧地空白"，健康不佳，除写传记外很少做慈善。他没对诗人传记有什么幻想，预想会受到攻击。他清楚："对一个人所做最差的事是让他沉默。一个城市被摧毁是坏事，可全城饥饿却是更糟的事。"他有所准备，因为他知道"一个作者很少因被批评而受伤"。约翰生早有警觉，他不太喜欢鲍斯威尔猎奇他，而作为传记作者，鲍斯威尔却意识到有必要保留他的文字，尤其他来日已无多，作为活着的人物，必有事迹。约翰生感到某种限制，很烦鲍斯威尔如影随形，甚至跟他到教堂。此前他听说鲍斯威尔讲述他与亨利·赫维的逸事不真实，很有些不愉快。

想到诗人传记未完成，约翰生写道："自己已经70岁，该做的事不应再推迟。没有时间可再失去。"沮丧弥漫在空气中。他已意识到"不可能得到好转"或要"去掉所有邪恶习惯"。他要摆脱鲍斯威尔，正如同鲍斯威尔要摆脱他一样。鲍斯威尔有个时期很少与他通信，其实也是在隐瞒自己的抑郁症，仅以"无法解释的疏忽"来敷衍回应。

鲍斯威尔返回苏格兰后不久，约翰生回家乡住了一个多月（5月21日至6月28日），其间往返于泰勒的阿什伯尼庄园。当约翰生访问泰勒家，并准备完成其余30位诗人的传记时，6月8日，斯莱尔先生首次被中风击倒。这天斯莱尔到其姐姐家，听说姐夫刚因生意破产去世，本以为他能帮忙，却受到刺激，随即倒在姐姐的桌旁。他虽快速恢复，却已没有从前的精气神了。

7月，约翰生返回伦敦，住在斯特里汉姆。这期间他教昆妮和范妮拉丁文，试图维持斯特里汉姆的愉快气氛。此时范妮并未注意到他有抑郁症，感觉"约翰生博士很有趣，常大笑不止"。

约翰生明白伦敦的酒厂处在挣扎中，除投资过大欠债，同时，大装修斯特里汉姆别墅包括图书室，消耗了多年的积累，财政危机加重（1778年4月）。约翰生帮着想办法，提出每年限制生产8万桶酒的计划，终被采纳。

斯莱尔先生的抑郁症不见好转，约翰生称抑郁症这条"黑狗"不仅吃他的骨头还吃他的心。约翰生给予斯莱尔先生饮食建议，也希望斯莱尔夫人给先生打气。但不幸的打击不止于此，夫人在1779年8月流产了，那是个男孩。

10月，鲍斯威尔陪同一位朋友来伦敦游玩，再次来看望约翰生（第12次访问，

10月4日—18日）。他看到约翰生因痛风躺在床上，难以行走，了解到约翰生通过吃鸦片、放血止痛来缓解病痛。此时斯莱尔夫人和范妮去了布赖顿参加抽奖活动，奖品正是约翰生的《诗人传》，书商鲍恩（Bowen）在那里卖书，认为销售情况很好。①

11月，约翰生的身体有所好转，他写信给夫人，说："这一整天无人来看我。"诺克斯认为，他写信什么都写又好像什么都没有写，从痛风到担心法国入侵让"所有贸易都死了"。②

他给家乡斯托水塘的伊丽莎白·阿斯顿写信说，日子单调，"愉快难得"。他接受斯莱尔夫人写信不写日期的习惯，对范妮不能给他及时回信他感叹这是"怎样一个吉卜赛人"。他曾与书商就质量差的羊皮纸装订《诗人传》发生过不愉快的争执，提醒书商卡德尔："请求提供好的纸质书在朋友中分发。让我们别再争论。"

被斯莱尔夫人拒绝同行

1780年2月21日，斯莱尔先生又一次中风失去健康，紧接着又失去了1780年大选的地区席位。于是，斯莱尔夫妇去巴斯疗养身体。

3月11日，继一年前加里克去世，约翰生的年轻朋友博克拉克突然去世，年仅40岁。约翰生把博克拉克当作是活着的表哥科尼看待几近20年，这是他所说的"另一个在人类中不能找到的人"。白发人送黑发人，约翰生感到刻骨铭心的内疚，他抱憾于自己对这位喜爱他的年轻人在最后日子的过于严厉和无情，因为他觉得"在这个老年期，应想更好的事而不是辱骂人"。

约翰生给住在巴斯的斯莱尔夫人写信，告诉她《罗利传》快写完了，可是有五六个访客打断了他，感觉不很好，原本计划下周能写出四五篇诗人传记。几天后，他又抱怨说，许多客人来，写作没有大进展。

鲍斯威尔不知远在伦敦的约翰生发生了什么事，热情写信向他要当年给切

---

① 诺克斯：《约翰生一生》，第319页。
② 同上。

斯菲尔德伯爵的信,自然得到了约翰生的冷淡回复。4月29日,皇家研究院在威廉·钱伯斯爵士设计的萨默塞特宫举办展览会,约翰生被展出的一些油画吸引,注重能刷新存在感的暗淡色调。他的朋友、雕塑家约瑟夫·诺尔肯斯(Joseph Nollekens)为戈尔德史密斯刻的雕塑,摆放在威斯敏斯特教堂,约翰生曾为其写过墓志铭(1777年)。雕塑家还刻过约翰生的半身塑像,放在皇家学院展览。约翰生把塑像图片送给家乡的露西和其他朋友,如斯莱尔夫人、雷妮、乔舒亚·雷诺兹爵士、加里克夫人。他不太喜欢这座无鲜明个性的塑像,因为他的朋友能以任何人为样本"砍出一个头来"。他也不喜欢有太多头发,觉得显示不出他自身的特征,而"像个完全被囚禁的顽固不化的爱尔兰乞丐",让他与其他人没有区别,不过是所有艺术馆里另一个古代诗人的雕塑而已。

范妮5月28日的日记表明,约翰生想来巴斯陪同斯莱尔夫妇,夫人打消了他的念头,因为她知道他很快就会厌倦巴斯的生活。此前斯莱尔夫人告诉约翰生,为改善先生的健康状况,要带他到巴斯住几周,然后到布莱顿度夏季。他们带了范妮同去,已没有安排专门房间给他。这让约翰生感到了斯莱尔夫人态度的急剧变化,他有些无奈并感叹:"不要让新朋友取代老朋友。老朋友因为最早欣赏你而应得你最好的关照,而那些后来拥向你并拿你的优秀作为信誉的新朋友,仅希望在你的支持下得到整个世界。"5月30日,约翰生告诉斯莱尔夫人,他哪里也不去,要待在伦敦直到完成全部《诗人传》。

戈顿骚乱

1780年6月,伦敦发生了持续六天的暴力事件,史称"戈顿暴乱"(Gordon Riots,6月2日至8日)。暴乱缘起于《天主教解放法》(1778),该法实施后,免除了天主教徒对其土地的拥有权和继承权的限制,国教信徒乔治·戈顿领主带领5万人,从索斯沃克区到威斯敏斯特进行抗议,要求撤销立法,对天主教徒施加严厉管制。冲突导致暴力,烧毁天主教人商铺,释放监狱犯人。火光冲天,伦敦自1666年大火后从未见过如此烟雾弥漫。

约翰生向在巴斯的斯莱尔夫人报告说，暴徒晚上在舰队街监狱和国王宫殿附近点火，不清楚有没有其他地方，但可以看到天空中火焰腾飞。斯莱尔家人不仅从约翰生，也从其他渠道听到消息，听说他们的酒庄面临危险，幸亏经管员约翰·珀金斯（John Perkins）为暴徒提供免费酒水，打发暴徒离去。这次事件让近年来过山车似的斯莱尔家庭的命运沉到了低谷。

约翰生给斯莱尔夫人的信中还谈到自己的健康："昨天禁食放血，看医生，吃饭。然而，既不是因为禁食也不是因为放血能让我好些。"斯莱尔夫人在日记（7月14日）中承认，自与约翰生认识后，他们从未分开过那么长时间（2月至7月）。

9月，国会解散，重新选举，斯莱尔先生返回伦敦参与竞选，而此时约翰生在自己博尔顿的家里，继续写作《诗人传》。9月18日，73岁生日，约翰生在日记中写道："我总是习惯让这一天不经意地过去，可是，这次我想有些小欢庆并没有不恰当。我邀请了艾伦（印刷商）和利弗特（医生）。"他们吃了什么，在家还是在外吃的，没人知道，不过，这是一次特例，他打破了常规，因为往年的生日他都在闭门思过写祈祷，高地旅行时鲍斯威尔为庆贺他的生日险些失去他的友情。

得知斯莱尔先生返回了伦敦，约翰生放下《蒲柏传》的写作，帮助斯莱尔先生竞选，为他写报纸宣传广告。斯莱尔是个病人，当向选民致辞时还犯了中风，夫人说："他的朋友认为他要死，而他的敌人当作他已死。"9月18日，斯莱尔先生败选，仅排名第三。此后，斯莱尔先生不听医生的劝告，依然旧习不改，大吃大喝。音乐家伯尼的朋友塞缪尔·克里斯普给妹妹描述过斯莱尔的别墅生活，尤其是丰盛的大餐：20多道菜，还有水果冰激凌，应有尽有："我从未在任何贵族家见过如此奢华吃喝的阔派场景。"

冬天来临，斯莱尔夫妇租下格罗夫纳广场的一套时尚住房。夫人一直想离开酒厂旁的家，到一个更时尚的地区，并且住西区能靠近他们的家庭医生，以方便看病。这年年底，约翰生完成了《诗人传》的写作，随后开始校对书稿。12月9日，想起弟弟曾在萨默塞特区住过（1736—1737），他写信给玛丽·普劳斯，请她在当地打听纳撒尼尔。

第八章 《诗人传》

《诗人传》出版

1781年1月30日，斯莱尔夫妇搬去西区，给约翰生安排出一个房间，以使他往来方便。失去在酒厂索斯沃克的圆塔房间，约翰生内心甚是不满，但表面上却表示对换地方无所谓。夫人开始积极介入上流社会的交谊活动，如《晨报》(Morning Herald) 描写她穿时髦衣装出入人群。①她对范妮羡慕又抱怨地说到一些朋友的优越感，如蒙塔古夫人的钻石、索菲亚的微笑、皮奥齐的歌唱、约翰生的幽默，而她的"主人不能睡眠"。斯莱尔先生的主要问题是过度饮食，每餐都要有丰盛的美食。

3月5日，约翰生完成全部《诗人传》，最后一篇交给出版社的是《蒲柏传》。先前出版的四卷加上现在的六卷，前后合计十卷，出版商在3月已有计划，把他这十卷所有传记合集出版，印制3000本，题目确定为"英国最著名诗人传"（1779—1781），后世简称《诗人传》，起初不单独出售，要与诗人文集同时购买，引起读者不满，有人借阅诗人文集仅是为了看《诗人传》。作家贺拉斯·沃波尔咨询是否能分开买，被告知要先买下全部60卷诗歌集。后来，出版商决定分开销售。

韦恩从书中读出了"轻松的语调"，归因于这些年在斯特里汉姆的环境（与朋友聊天）和斯莱尔夫人的慷慨支持，尤其她首肯的"最好的小传《康格里夫传》"，写于索斯沃克酒厂旁斯莱尔夫妇的家里。这四年（1779—1781）是约翰生与斯莱尔夫人"友谊的顶峰期"，有更多患难与共的互助合作。酒厂的生意和斯莱尔先生的健康恶化，都让约翰生与斯莱尔夫人走得更近。如果说前期是约翰生有求于她"管控"自己，而这些年正是她需要约翰生这个帮手。内在情感诉求也许在疏远，而友谊反倒能加强。至少约翰生的独立，能够让斯莱尔夫人减轻负担，可以做些自己愿意参与的社交文娱活动。而这四年里，自斯莱尔先生中风后，夫

---

① 报纸说，夫人为多样化，约翰生为慈善，蒙塔古夫人为时髦。见诺克斯：《约翰生一生》，第334页。

人终发现丈夫患有性病，日记里虽埋怨其隐瞒而外表上却表示不在乎，期待他恢复健康，继续维系大家庭。

在1782年8月和9月，约翰生进行《诗人传》第二版修订，主要吸纳朋友如约翰·尼科尔斯、鲍斯威尔、斯蒂芬斯等人的看法。新修订本于1783年2月出版，印数3000册。他为此得到100英镑稿酬，至此结束了六年在这部传记上的工作。

约翰生并不认为自己写了一部杰作，他认为这是一个"大杂烩"（ragbag），甚至把自己一篇40年前写的作品《萨维奇传》也放了进去。他让自己静心写作，为减少麻烦，他乐意直接采纳他人和自己从前写的作品，不过，他直接用的作品只有赫伯特·克罗夫特男爵的（Sir Herbert Croft）的《杨格传》（Edward Young）。克罗夫特男爵后来于1788年开始提建议修订约翰生词典，因发现其漏收著名作者使用过的1.1万个单词，想要给予补全，但终因征订不足，男爵留下200卷手稿未能出版。

《诗人传》体现出约翰生具有个性化的文学批评思想，在社会上引起好恶不一的争议。马丁强调其与政治原则有关，主要体现在对三位诗人弥尔顿、沃勒和利特尔顿①的评价上，激怒了许多他们的崇拜者。②稍后浪漫主义批评家猛烈抨击，影响所及是后人对"约翰生学"的接受。韦恩认为，博学多才的约翰生自有深厚的"奥古斯都诗学"（Augustan poetry）情结（Augustan moment）③，讲求规范和恰当表现，不喜欢无韵诗，不喜欢当代时髦，不信任诗人威廉·柯林斯的杂乱，不欣赏诗人格雷的生硬挽歌，不推崇诗人弥尔顿模仿的古诗，对诗学界沃顿教授和珀西主教所主张培养中世纪而非前罗马的诗风不感兴趣，为此还惹怒过他们。他的这些多少有些薄今人而厚古风的观念，无不让那些立志要破古风立新气的批评家难以接受。诗人威廉·考珀（William Cowper）在读了《弥尔顿传》后写一封信说道："我要戳其老夹克，直到让他的养老金在口袋里叮当响。"④

捍卫者也在发声。作家和批评家切斯特顿（G.K. Chesteronn，1874—1936）提到，考虑约翰生的重要地位如同恺撒之于庞培，剧作家萧伯纳曾抗议约翰生把

---

① 贝特提到弥尔顿、斯威夫特和格雷三人。贝特：《约翰生传》，第537页。
② 马丁：《约翰生：一部传记》，第434页。
③ 韦恩：《约翰生传记》，第346页。
④ 同上，第347页。

第八章 《诗人传》

"古典批评标准"用于18世纪,甚至用于解读莎士比亚,而切斯特顿却直言,这个"古典标准"同样可以用来读《诗人传》,不必急于给约翰生下"陈旧"的评语,因为你不知道什么时候就能从中读到他阐释或判断诗人的"新意",如同用平等眼光看世界的思想,并未过时死去,世界总会转向他寻求答案。

贝特的约翰生传记对这部没有理论或体系,依据感觉而非规则评价诗歌的著作,从其主旨、选题、争议、风格几方面分析,澄清误解误读(包括一些批评家对此书评价不高),特别阐释玄学诗人《考利传》的优秀,强调约翰生自认这个放在首篇的传记写得最好。同时,肯定《诗人传》有"词语句法丰富、简短从句、多用动词"(一般英语散文动词占10%～14%,而约翰生晚年散文占17%,特别是写《蒲柏传》占23%)的特点,[①]构成这部著作紧凑、凝练、简洁和明快的风格,如艾略特说,约翰生的写作如同其以呼吸短促的方式在与人谈话聊天那般。约翰生写蒲柏与德莱顿及其异同比较十分精彩,故有人合二为一创造新名词"蒲德"(Popendryden)。[②]

这部"最平和和最亲切"的作品,既有浓厚的"自传成分",又饱含了约翰生丰富的知识和人生经验,韦恩说,读它35年来,几乎所有的时候,没有在这些书页里读不到感兴趣、有教益、能愉悦的趣事。手拿这部"大杂烩"的现代版两册书,无论在长途列车的旅行途中,还是在潮湿乏味的乡间旅店,他全无任何疲劳厌倦,脑海翻腾这些约翰生提供的有趣的诗人生活逸事。[③]

死亡或诗人之死,总是约翰生的关注点。[④]在这些最后时刻,他的观察叙说总能让人惋惜一个天才突然地离世,表明"人类欲望的虚幻"。无论发生什么,约翰生总是强调"自然"而非封圣之死,完全没有生死有泰山鸿毛之轻重那样不平等的观念。

这部作品突出"生活的文学观",表现出约翰生对文学对生活的全面态度。他捍卫文学,尤其生活的文学,不把文学看作罕见的人类表达方式,而是把它看作普通和无限复杂的生活的部分。

---

① 贝特:《约翰生传》,第544页。
② 韦恩:《约翰生传记》,第346页。
③ 见韦恩:《约翰生传记》,第352页。
④ 德马利:《约翰生创作生平》,第291页。

经济和社会常迫使作者忍受生活之苦。基于这方面观察，约翰生把作者列在人类最悲惨甚至最无优势的群体中，他们常受物质之苦，何况写作上的精神折磨，他们易怒、愤慨、情绪躁动，难以安宁，"如同漫长冬季的狼，被迫猎食彼此"。他们背上几乎难以发挥作用的文学负担，有与其能力不成正比的出版嗜好。他们进行无价值的写作："出版，也许，仅因为他们已经写了。"他了解格拉布街文人写手，无不抱着成功的梦想："仅期待在人类中能找到自己的劳作，恐怕没有什么比这更荒谬的了。""作者总是在害怕公众谴责与一直更恐惧被无视这两者之间颤抖。"如同蒲柏"任由自己置于批评法庭面前，寻求羞辱带来的名声"。上述是学者杰弗里·迈耶（Jeffrey Meyers）勾勒出的约翰生关于作家与写作联系的"生活图"。[①]约翰生知道自己就是他们其中一员，因而，他放弃讽刺人生的视角或手法，悲悯同情大于袖手旁观，尽可能在成名后或有条件时给予同行扶持帮助，如前我们已看到一长串他帮助穷文人朋友的名单。

文人的生活，包括却不仅仅限于经济拮据、金钱利益、饮食喝酒及个性习惯，这是他要评论的主题。感同身受，写他人就是在写自己，尤其以艾迪生为例子，写他常到小酒馆喝酒，坐到深夜，希求从酒杯中能使"不满得到安慰、胆小寻求勇气、羞怯找回自信"。他从别人看他的眼神感到压抑，他希望轻松谈话，他要酒神奴役自己。到头来，既不是艾迪生也不是其他人能控制名声的起伏，"时间会很快结束人为和偶然带来的名誉"。"名声靠友善或利益提升太高，自有危险，在未来时代，难免不会被批评家报复，以同样比例沉没下去"，好比跳得有多高，就掉得有多深。约翰生提醒最有可能大红大紫的文人作家，只有珍惜名声、谨慎行事才有希望。

马丁认为，"文学名声"问题，成为《诗人传》的重要主题，这也是约翰生早就一直存在的"人类希望幻灭"的老主题。[②]从翻译《阿比西尼亚游记》，到创作诗歌，叙述《拉塞拉斯》，到最后《诗人传》，无不呈现一个思想家"回家"的状态。人类记住一个人，更多的时候仅是记住他的片言只语，他的一句话、一首诗、一个行动，无不都是"回家"这一思想指向，正如作家欧文斯通所言："人的生命

---

① 参看迈耶写的书评，见《约翰生通讯》（*Johnsonian News Letter*，2020年9月），第55页。
② 马丁：《约翰生：一部传记》，第435页。

总是沿着一个完整的圆在运行，任何人都无法摆脱自己的运行轨道。"又如巴尔扎克所说："人生是各种不同的变故，由循环不已的痛苦和欢乐组成。"还如叔本华说："人生就在痛苦与无聊之间摇摆。"

一般而言，名人一生无非打压别人抬高自己。约翰生对此坚决说"不"，他提醒作家和批评家："必须承认鉴赏上失误，才能得到人们赞扬他伟大的信誉。"约翰生让文人记住"被遗忘"与"被谴责"同样是他们不可逃避的命运。

有人说约翰生是一位"文学独裁者"。事实上，出版商仅是希望用其权威推销图书，而他却为诗集书脊要写"约翰生"的名字大为恼怒，因为他说既无"推荐"也无"修订"这些诗人的作品。仅在前言部分写了传记，也不过是表达他所要说的一些看法而已。基于他晚年强调真实的艺术观包括经验和事实胜于虚构，[①]他批评弥尔顿的优秀田园基督诗歌《利西达斯》（*Lycidas*，1638），因而备受责备和瞩目。他点评了上千首诗歌，为何唯有对弥尔顿的《利西达斯》批评引人注目呢？贝特认为，由于这是大家公认的最伟大的短诗歌，所以才会对约翰生的批评有难以忘记的印象。[②]

[①] 德马利：《约翰生创作生平》，第288页。还可参考上述"批评家"章节。
[②] 贝特：《约翰生传》，第538页。还有一种看法，因模仿弥尔顿的短诗成时髦风气，约翰生便给予严厉批评。韦恩：《约翰生传记》，第347页。

第九章　最后岁月

斯莱尔去世

1781年3月,鲍斯威尔进行其第12次伦敦之行,他与约翰生一起参与复活节祈祷,继续他们之间的谈话。

斯莱尔夫妇自1780年冬季租下格罗夫纳广场一套时髦居室,宴餐时间从下午的3点改到8点,社交如常,客人照样围在菜肴丰盛的饭桌上谈话。斯莱尔有时谈到要恢复到意大利旅游的原计划,要到德国泡温泉。他不听劝告,坚持不改变饮食习惯,继续坚持大吃大喝,用牙齿挖自己的坟墓。夫人写信给约翰生抱怨:"对一张不能缝住的嘴巴,我全无什么是健康人的看法。"4月2日,午餐时,朋友看他贪吃很惊讶。约翰生曾严厉地对他说:"今天早上你还责备你的医生,你这样贪吃比自杀好不了多少。"下午,昆妮找斯莱尔时发现他倒在地面,医生到来后诊断其受中风大攻击。4月4日凌晨,亨利·斯莱尔去世,终年52岁。约翰生有两个夜晚陪伴他,直到他生命的最后时刻,感受他脉搏的最后跳动,看着这熟悉而亲切的自认识15年来一直保持对他的尊敬和仁慈而从未翻脸的面庞。

葬礼日,约翰生在日记中提到,随斯莱尔先生而去的还有"他的无数希望和愉快"。韦恩说,这不是迷信预言,仅是实际感受的一般常识。人走茶凉,有多快,又有多少戏剧性,约翰生尚未有预见。

斯莱尔夫人习惯上总是要回避死者,带昆妮赶快离开斯特里汉姆到布莱顿。自此以后,约翰生与夫人及家庭还有三年多的来往。有些不了解约翰生与他们家关系的人,开始议论斯莱尔去世后约翰生是否会与夫人结婚。

不久后,在斯莱尔夫人未在场时,遗嘱执行人公开丈夫的遗嘱:遗孀接受每年2000英镑年金以及抚养五个孩子费用(15岁以下女孩每人150英镑年金,15～21

岁之间的孩子每人200英镑年金）。如果卖掉酒厂，夫人可分得3万英镑，其他钱留给孩子。斯特里汉姆别墅留给夫人直至终生，夫人死后转给孩子。夫人可以得到斯特里汉姆和索斯沃克两地房屋所有家具，有些指定给了孩子。斯莱尔先生指定的四个遗嘱执行人每人得到200英镑酬劳，约翰生是其中之一。有人认为应给他多些，贝特认为，斯莱尔先生事前已征求过他的意见，排除了给他特殊待遇的可能性。约翰生并不需要钱，总是抵制以钱作为礼物。

约翰生急切要求斯莱尔夫人拿出2000英镑维持酒厂生意，这个计划并不能让夫人感到满意，早在1781年1月29日，她就写道："先生可能会离去，不可能留给我足够的资金维持生意。"一想到已投下大笔资金还要继续下去，她恨这样的生活，要告别这个既有许多美好时光又有不少难过日子的美丽别墅。

参加完葬礼，约翰生在1781年耶稣受难日星期五的日记中写道："我欣赏他的照顾，几乎占我全部生活的四分之一。"变化的风暴比他预期的要大，也很少愉快。

两个月内，斯莱尔夫人指示信托人卖酒厂，而约翰生作为四个遗嘱执行人之一，乐于充当中介人，忙于奔波劳碌。约翰生之所以参与销售活动，是要帮助得到好价格。据鲍斯威尔记录，约翰生告诉买家："我们这里卖的不仅锅炉和大酒桶，而是潜在的发财致富生计，超出贪婪者的梦想。"这段时间是约翰生最快活的日子，因为有事可做。

家变

鲍斯威尔在这次访问期间（3月至6月）敏锐地感觉有些"家变"的隐情。斯莱尔先生死后留下空缺，而他认定夫人应该与他所真诚热爱和尊重的约翰生结婚，便大胆搞了个"恶作剧"，替约翰生写一篇淘气的文字游戏"颂诗"（*Ode by Dr.Samuel Johnson to Mrs Thrale upon Their Supposed Approaching Nuptials*[①]）。约翰生从未表示过这个渴望。无论结婚还是密友，他晚年愿意与女性交朋友，并希望

---

① 大意为：塞缪尔·约翰逊博士在假想即将到来的婚礼上给斯莱尔夫人的颂歌。

关系能长存，而斯莱尔夫人是他唯一能分享秘密的人。诺克斯认为，鲍斯威尔对待这个问题太轻浮。贺拉斯·沃波尔提到鲍斯威尔是个"典型的忙人"，范妮称他是所有敬仰约翰生者的"模仿者"。也许在这个或其他问题上，当学生问起鲍斯威尔的品性时，耶鲁大学腓特烈·波特尔（Frederick Pottle）教授认为，鲍斯威尔"道德上应受到谴责"。[①]马丁认为，这首诗歌写于斯莱尔葬礼之后，鲍斯威尔表现出了一种"不雅的趣味"。不过，韦恩却引出三段十二行诗句，给予适当肯定。比较韦恩的看法，可见同一首诗，传记者解读有天壤之别。尽管约翰生从未写过，夫人后来却在传记里读到，从不怀疑这是鲍斯威尔写的。

鲍斯威尔与约翰生有天一起来到加里克夫人家，晚宴上见到一些老朋友、女作家，如汉纳·莫尔、伊丽莎白·卡特、雷诺兹和伯尼。饭后，鲍斯威尔与约翰生一起回家。他们先到泰晤士河边漫步，凭栏处，想到失去住在这里的两个朋友，约翰生感慨地说："先生，两个这样的朋友无人可替代。"

鲍斯威尔再次邀请约翰生与威尔克斯到朋友迪里家聚会。约翰生之后赠送《诗人传》给威尔克斯。

离开伦敦时，约翰生顺路陪鲍斯威尔去了郊外几天（6月2日至5日）。他们先去了离伦敦北部约50英里的伦敦迪里书商的弟弟家，走访诗人爱德华·扬格生前的农庄，参观索斯希尔教堂、巴特勋爵之乡卢特—胡欧，在当地小店吃饭。

6月5日，他们分手道别，鲍斯威尔乘迪里的马车前往谢福德郡，而约翰生坐贝德福德郡公共马车返回伦敦。

自斯莱尔先生去世后，夫人与早年在伯尼家晚会（1777—1778冬季）认识的意大利音乐家加布里埃尔·皮奥齐（Gabriel Piozzi）频繁接触，男方年龄（41岁）与夫人相当，比约翰生（71岁）能给她更多信赖和依托。鲍斯威尔似乎早有感觉，在几次到斯特里汉姆后，他发现夫人与皮奥齐的关系特别，才写"诵诗"给予约翰生趁早行动的暗示。

约翰生自觉身体并不好，也在准备未来的变化。作家范妮这时出现在约翰生

[①] 澳大利亚学会会员约瑟菲娜·怀斯曼（Josephine Wiseman）于1970年期间跟从波特尔教授研究约翰生。之后她转向核医学职业并成为业内领军人物。她在写给会员交流读书文章中提到这个问题。

身边，恰可弥补夫人冷淡他的空间。10月，他计划走一趟熟悉的老路，由弗兰克陪同，先到牛津，回家乡，再去看阿什伯尼的泰勒（10月15日至12月11日）。在约翰生回乡前，范妮看到其奇怪的各种约束限制，他挨饿、禁食、吃汞和鸦片，行为十分可怕。回到家乡，他看到继女露西已显苍老，耳朵比过去更聋，彼此说话难以了解，况且她吃东西和锻炼都较少；友人伊丽莎白·阿斯顿已瘫痪，身体较前稳定，而朋友简斯·加斯特里尔夫人，尚干练有活力。他在家乡处处感到沉闷，郁郁寡欢，见什么都十分恐惧，拒之于外。也许正是在这期间，他独自一人到父亲书摊自罚站立两小时忏悔。

他写信给鲍斯威尔说："一个病人看另一个病人，能有什么乐趣呢。"他向往斯特里汉姆，对斯莱尔夫人说："当我和皮奥齐都回来，你会有两人，他们都喜爱你。"

他一从家乡返回伦敦便给斯莱尔夫人写信，请她不要忽视、放弃他："没有人会爱你更多，敬你更多。"

斯莱尔夫人看到约翰生身体很差，有些病症状已显现，如张口不自主。1781年12月17日，夫人在日记记录他气喘病急性发作，身体浮肿，担心他会瘫痪。然而，此时，夫人更多想到的是自己未来的计划，如何带大孩子和皮奥齐一起去意大利，她已无法忍受再带上约翰生，因为他刺耳的咳嗽早入她敏感的神经。若能延长居留，她相信与皮奥齐也许能发展为夫妻关系。但真一走了之，她担心朋友说她自私无情。距离也许可以避免直面的尴尬，摆脱厌烦的谣传，使人得到心灵的解脱。

接下来的五个月，约翰生用拉丁文给劳伦斯医生写信，希望精神交流能减轻其身体痛苦。

第九章　最后岁月

悼念利弗特诗歌（1782）

　　1782年1月17日，早上大约7点，在博尔特院，利弗特医生心脏病复发突然去世，终年77岁。约翰生与利弗特认识长达35年。[1]利弗特原本是这个家里最健康的人，现在突然离去。约翰生总是厌恶看到朋友的去世，何况是老朋友，一位见证他贫困、编纂词典、写《漫步者》、妻子死去而陪伴他度过岁月蹉跎的同伴。3月至4月，约翰生深情地写下《悼念利弗特医生》（*On the Death of Dr. Robert Levet*），被誉为"最杰出的简短挽歌"。诗歌刊登在《绅士杂志》8月号，[2]赞扬一个真诚的基督徒，他不图回报，默默地奉献，一生慈善，帮助无希望的人和真正的贫穷者，而约翰生把他看作"完美人"的人道主义范式，既纪念逝者，又表达生者约翰生的思想状态。韦恩强调诗歌里有两个特征值得关注，一是逝者的"务实"（医生），另一个是他的"特别才能"（医术）。这虽是一首表达深情友谊的个人诗作，约翰生却升华其为赞美普遍人性之歌。

　　利弗特去世，并没有平息家里两位老女人的厌恨和争吵。从安娜女士和德斯蒙琳斯夫人多病的现状，他感受到疾病和死亡包围的乌云。年初约翰生感冒后，气管炎持续数月，伴随肺气肿和新发现的充血性心脏疾病，他感到呼吸特别困难，非常虚弱。3月，他在日记里特别记录了自己的健康和其他情况，如用希腊字母表明尿尿状况。

　　3月20日，约翰生告诉友人蓝顿，在医生帮助下，他生病期间（十周内）放血50盎司，有时感觉好，有时不起作用。他气喘吁吁，无法躺下，只能坐在椅子上过夜。他吸鸦片不过是遭受"徒劳想象的暴政"。

　　这段时间，约翰生帮助伯尼写了其《音乐历史》的结束语，同时，他有谈话机会，便狂热赞扬范妮在夏季出版的新小说《塞西利娅》（*Cecilia*, 1782）。同时，

---

[1] 贝特：《约翰生传》，第562页。
[2] 韦恩提到1783年8月出版，韦恩：《约翰生传记》，第367页。

他还给予年轻的苏格兰语言学家威廉·肖（William Shaw，1749—1831）和医生兼作家托马斯·劳伦斯所进行的写作无偿编辑修改。他祈祷并指导弗兰克要经常读《圣经》。除有时到夫人家外，约翰生几乎不再行走，开始有些胡言乱语，对新加入俱乐部的编辑马隆说："我已用完一个病人能得到的所有自由。"害怕或恐惧死亡、发疯和地狱之火，同时深感有罪，这些自责自谴开始笼罩约翰生生命的最后岁月。

告别"第二个家"

约翰生与斯莱尔夫人之间有些小争吵。4月，他给夫人写短信说："自你送我走后，我已完全失控，可我为何要告诉你？若你不关心也不希望知道。"结尾说道："不要让皮奥齐先生或任何人把我挤出你的头脑，不要认为，任何人会爱你如同你的人。"夫人只好带他去斯特里汉姆。5月11日，夫人在日记中写道，她接约翰生来斯特里汉姆："他病得很重，我担心他如此呼吸痉挛，不可能活在他自己家里。"几天后，约翰生告诉夫人病好些了，但其实他又感冒了，支气管炎更加严重。他返回城一周，以看朋友为借口，尝试自己独立而孤独生活的能力。为能呼吸顺畅，他整个晚上坐在椅子上睡觉。6月，约翰生回复鲍斯威尔的信，同意他因家庭经济问题暂不来访。

他稍好些，就想换换空气改善身体，去牛津短暂访问（6月10日至19日）。在亚当教授请客的饭桌上，他见到诗人汉纳·莫尔。之后，他坚持说要带她看看他就读过的彭布罗克学院。尽管身体虚弱乏力，他还是强打精神显得十分愉快。

他返回伦敦又去夫人的斯特里汉姆庄园，在那里他有时读《圣经》，偶尔纠正新出版的《诗人传》的文字错误，然而，他并没有意识到到10月过后就要永远离开斯特里汉姆。

8月，斯莱尔夫人一直考虑移居意大利，那里吃住都便宜，况且皮奥齐"像个天使"，会照顾她。在两位男人中，约翰生代表过去，而皮奥齐代表未来。在一些朋友中，虽已经知道她的心愿所属，她却没有告诉女儿昆妮，也没有告诉好友范妮，更没敢告诉约翰生。她保留别墅物业三年，在伦敦租房住了三个月过冬天。虽知道约翰生搬出后不会与她们住一起，她要知道"我的导师，我的朋友，我的友人，我亲爱的约翰生"会有什么反应。爱是不能说走就走的。

约翰生从牛津回来几个月后，8月22日，天气好，斯莱尔夫人看他情绪好，便告诉他，她要与皮奥齐一起到意大利休假三年。约翰生明知消息迟早要来，但仍然内心震撼，好像被再次拒绝去意大利那般。不过，他脸面刚毅，没有表示反对意见，倒认为是好主意。这一下反而让夫人感觉失去平衡，本期待的愤怒、失望、抗议和请求，都没有出现，顿时只能想象自己的微不足道："看看这个平时对自己多么重要的人！我想象约翰生先生没有我，他是不会活下去的。我们已生活在一起18年，我是那么抚慰他、关心他，在他生病时照顾他，可他却一点微言都没有，不是这样吗？他对我与他分开，没有任何感觉，毫不动心，仅想到谨慎行事，如平常那样回到房里照样读他的书。"

斯莱尔夫人一直想，约翰生所爱的仅是她的丈夫斯莱尔，现在她要约翰生说出爱她的语言来支持其这个出国决定，这怎么可能。她不知道，这什么也不说，已是约翰生所能做出其保留"勇气"和"宽宏大量"的决定了。谁知道三年后会发生什么呢？

斯莱尔夫人的回忆提到，她这个决定自然惹怒了约翰生圈子的朋友们。贝特认为，夫人不仅仅以恼怒和虚荣方式来解读约翰生，她更知道，约翰生直接反对会让她更为不满。这种"推责方式"，自然来自人们内心更深层和复杂的情感需求的压力。当我们让他人受到伤害，总要带着个人悲伤的借口和公正来平衡自己，而真正的动机却与此没有联系。夫人感觉约翰生不爱她、冷淡她，不过是个推诿。她不仅要延长到意大利的居留时间，还在心里早已确定皮奥齐是她未来的丈夫。

面对压力，她难免苦思犹豫，要考虑的不仅他是外国人和天主教徒，其歌唱家的职业很少得到尊重，还要想到孩子们在外国教育长大的未来前途如何。毕竟，约翰生是个大名人，她熟悉他，也是她自己有点名气的重要途径。她自有好理由，渴望离开他。当然，若在整个问题上决定下来后，她却很容易进行强烈辩护而很少再对约翰生表现出怜悯和仁慈。

9月，在斯莱尔夫人安排下，斯特里汉姆别墅出租给首相谢尔本勋爵，为期三年。她在布莱顿度过夏季，然后在伦敦租房，随时准备与皮奥齐动身到意大利。

约翰生虽一直表现对这个家所有计划的兴趣，此时却保持沉默，而范妮已察觉斯莱尔夫人爱上了皮奥齐。

10月6日，约翰生到小教堂，参加他自己知道的最后一次祈祷。他拖着受伤的腿，要休息好几次，才能走到距离不远的教堂。他独自到那里，离开后也不想见人。他用拉丁文写下："我用一个吻告别教堂。"

他最后一次坐在别墅的图书室里，仿佛那些约翰生爱好者的肖像画都在看着他，过去的事一一都来到眼前。这些是斯莱尔先生出资委托雷诺兹画的，包括加里克、戈尔德史密斯、斯莱尔，现在他们都已去世。这是约翰生16年来一直视为排遣其孤独寂寞的家。他用拉丁文结束日记："什么时候我能再来斯特里汉姆？"

他独自祈祷，相信他无论进来还是走出这个房子，上帝都会保护他。鲍斯威尔的传记抄录下他写出那些停止使用图书室的文字和一篇祷词。这里是智慧的中心，伦敦的名人如画家雷诺兹、表演艺术家加里克、天才作家戈尔德史密斯、杰出政治家伯克都是这里的常客。斯莱尔夫妇知道，若没有约翰生，这里根本不可能是个群贤毕至的聚会点。

布赖顿

第二天，他在夫人的请求下陪她们一家去了布莱顿。夫人显然已没有太多精力去照顾他。范妮随后加入他们的活动，大家一起在那里住了约六周（10月7日至11月20日）。这些日子，他感冒，脾气古怪，走路很不稳。他因耳聋到教堂什么也听不到。他不自知，自己已老态龙钟，突然变得没有人想亲近他了。

范妮有近距离观察记录，说她自己"在陌生人面前，很怕他"。他声音暴躁，举止粗鲁，在布赖顿社交圈开始有些臭名昭著，人们很少邀请他参加聚会。这让他更加难受。在朋友家，一位家里常客威廉·佩皮斯博士有天晚上与他争论，在受不了他的暴躁后，突然拿起帽子走人，因害怕他在，便不再来朋友家。

约翰生和斯莱尔夫人被邀请到一个大聚会，他的行为，尤其是挑剔不喜欢的食品，让人感到冒犯。范妮为他难过，因为"他憎恨孤独"。他感受到了伤害，就如同"维吉尔的牧羊人,虽得到爱,却死在故乡岩石上"。他的抑郁还表现在体能的虚弱无力。他从小酒吧到家,要停下来休息四次。他要靠吃鸦片帮助睡眠。几乎每晚,在床上几小时后,他要坐起来才能得到顺畅的呼吸。为集中精神,他学习荷兰语,几周后,他能流利阅读。他愿意做些翻译。因为翻译是"理解—认可"和"接受—译写"的双向过程,比原创写作更适合他继续保持脑力活动。他注意加强体能锻炼,从深水井里用桶打水,反复做"拉起放下"的动作。然而,这些作为完全分散抑郁症的活动毕竟是有限的。他常要求有人陪伴。有个晚上,他坚持要与范妮、斯莱尔夫人和昆妮一起去看一场愚蠢的球赛,而所有人见他来后都很惊讶地看着他。范妮问他为何要来凑热闹,他说,这不会比一个人的孤独更糟。

幸运的是,约翰生见到雷诺兹的好朋友菲利普·梅特卡夫(P. Metcalfe)并请求陪他几天。菲利普问范妮,他不理解为何约翰生渴望他的陪伴,一个盲人到教堂能看到什么?范妮使他确信约翰生没有全盲。于是,在11月初,约翰生身体有所康复后,他们有三天短途旅行(11月8日至10日),去了阿伦德尔城堡(因气喘未进入)、奇切斯特教堂(教堂的辉煌吸引了他)、米德赫斯特区考德雷之家,然后去佩蒂沃斯之家(家具厂),以及西萨斯区的斯托林顿、斯坦宁、布兰贝尔。

回到伦敦(11月20日)后,斯莱尔夫人在阿盖尔街租了一套房。她也许感觉在斯特里汉姆的沉闷,当冬天临近,预备有空房,可接约翰生过来住,却不知如何解除他和她自己的痛苦。她很清楚,人们一直怀疑她在寻找丈夫。不过,她这个租房的举动应能使她得到某些自我安慰,至少表明她还在接近约翰生并注意看护他。"如果我失去他,我会更加糟糕,他是我的朋友、父亲、监护人、守信者。"他需要她,而她不知道如何摆脱他。夫人要把这里作为临时庇护所去照顾他,同时,更要方便自己参与城里的社交活动。当她向皮奥齐表白心迹后,皮奥齐也意识到一个新门正在为自己打开。

约翰生独自在家的时候,随时等待斯莱尔夫人叫他去吃饭或住几天。这个阿盖尔房,显然完全不可替代过去的家——无论是索斯沃克的圆塔房间还是斯特里汉姆的大庄园。这是个空巢,里面已无实质性的友爱亲情。约翰生大多数时间都住在自己在博尔特的住处。他这个曾经热闹的家,安娜病危,德斯蒙琳斯夫人离开,利弗特的早餐桌早已空置,弗兰克从不能有效地管理。约翰生难耐寂寞,保持与人通信,经常给夫人写信。

圣诞节后一天，约翰生提到有些客人来拜访他，又补充说："我从未见过那些曾经希望永远不会失明的人。"斯莱尔夫人知道这个话中有话的暗示，他们太久未见面，便马上请他到阿盖尔安排吃住。范妮第二天发现他精神很好。几天后，斯莱尔夫人发现他病得很重，在饭桌上，见他难以说话，不能进食，仅是重复地唠叨说："你根本不知道我病得多么严重。"她回忆，整个夜间，尽管全身疼痛，但约翰生表现得特别友善。即使如此，约翰生不愿意住她提供的房间，更愿自由来往于博尔顿的家与阿盖尔之间。在博尔顿的家里里，为方便行走，避免呼吸困难，他从楼上搬到了楼下的房间。

此时，斯莱尔夫人的家庭危机正在发生，她计划的婚事遭到女儿强烈反对，这个像父亲的大女儿提醒母亲说斯莱尔先生还"活着"。对于这些事，而约翰生几乎蒙在鼓里。

鲍斯威尔在缺席两年后，于1783年3月20日到伦敦，开始他第13个年头看望老师的活动。第二天，在阿盖尔街的住所，鲍斯威尔见到约翰生，他和斯莱尔夫人在一起。约翰生说自己病得很重，很高兴他来访。从谈话中，鲍斯威尔感受到他对政治还保持关心甚至忧虑。诺斯勋爵于1782年3月辞退，约翰生和弗兰克为他祈祷。洛金汉勋爵继诺斯大臣之位，他希望他的政府应比前任做得好。这不容易且局势更糟糕。当洛金汉在7月病逝，谢尔本勋爵和皮特接替他组成新政府，不过很快被推翻，查尔斯·詹姆斯福斯和诺斯组成联盟政府，于1783年2月执政。约翰生厌恶地举手说："我们现在没有权力，也没有和平，同时，不仅没有对其他国家造成影响，也没有国家的安宁。"相较20年前的辉煌，约翰生实在无法承受这类今非昔比的落魄。"我应尽力守秩序，支持君主。"面对乔治三世的虚弱、骚乱中上台的软弱且分裂的政府，约翰生感到惊恐，因为他心目中总是期待一个像过去那样强有力的内阁大臣。约翰生向鲍斯威尔倾诉："若谈论内外公共事务，我很快就会被人打断骨头。我会活着，看着所有事都会更糟地发生。"这类"悲观""胡言"，虽无不受其抑郁症影响，但也有其言为心声的真实感觉。

鲍斯威尔虽人到中年（42岁），但还是热情好奇，注意引导约翰生回忆他们高地旅行的美好时光，以打消其郁闷情绪。在这几周时间，他的日记本记录了一些精致场景。4月20日，鲍斯威尔和洛维与房客德斯蒙琳斯夫人有一次交谈，涉及约翰生的性行为，鲍斯威尔特意标注"保密"（tacenda）。

当斯莱尔夫人告诉他自己要去巴斯时，鲍斯威尔不知道究竟发生了什么事。因为他刚到伦敦，想当然地以为一切都和从前一样。然而，几个月来，伦敦社会和报纸到处流言，议论斯莱尔夫人与皮奥齐的绯闻，不仅贬低皮奥齐的外国人身份，还怀疑他为钱结婚的动机。家人朋友开始施压于斯莱尔夫人。

4月初，约翰生的咳嗽突然好了，呼吸也畅快许多。4月5日，夫人在去巴斯前一天，向约翰生告别。约翰生在日记中写道："我离开了斯莱尔夫人。""我心情激动。我给她一些规劝。她说她同样深有感受。"他们可能仅在一年后有个非常短暂的相见。

5月，约翰生的腿因腹部水多而肿胀，行走不便。因健康失去活力，约翰生感到孤苦伶仃。身边的人，利弗特已在坟墓，两个病女人在家，他在孤独的房间无人可说话。他所见到的只是两个女人的争吵不休。最后，德斯蒙琳斯夫人先退让离开一年，家里剩下约翰生与安娜。

5月29日，鲍斯威尔在第二天回苏格兰之前拜访约翰生。

这段时间，约翰生继续保持与斯莱尔夫人通信联系，给她女儿写信更多，目的也是想了解夫人的近况。6月5日，他直接抱怨夫人："为何你写的那么少。"她回答要在巴斯过平静生活。对这个冷酷回答，约翰生受到了极大的刺激，诺克斯直接把接到此信的情绪与他的"中风"联系在一起。

中风（1783）

6月17日，凌晨，夜里醒来，约翰生感觉头昏脑涨，两眼昏花，显然，他遭受了中风的打击。他想测试一下中风程度，用拉丁文写祈祷文，但行距错乱，很快就不能说话。他喝了两杯酒，想刺激声带，结果他只能说"是"，不能说"不是"。他赶紧写便条给邻居埃德蒙·艾伦。无法说话的情况持续了两天，第二天，书商汤姆·戴维写信给斯莱尔夫人，告诉她约翰生中风了，他现在很可怜，没有女性朋友帮他做服务工作，德斯蒙琳斯夫人已离开。但这些暗示终未能让斯莱尔夫人前来照顾他。约翰生没有对病危保守秘密，他写了一封长信告诉斯莱尔夫人这个恐怖事件的全过程，希望她不要离开他，因为他不应受到忽视或憎恨。6月19日，斯莱尔夫人此时人在巴斯，她在日记中写道："我在远处，可怜的伴友。"她仅提出来到伦敦去看他的模糊信息，留给约翰生是否有强烈要求的空间。约翰生谢谢她的好意，似乎要把她这个暗示提议留给未来用。斯莱尔夫人不仅没去伦敦，甚至也没有要求他身体好转后直接来巴斯，她只是像对待一个普通人那般，在日记里祝他健康如常。

斯莱尔夫人此时更多的是想到自己的处境。若屈从女儿，便失去自己的自由，为此，她生气烦恼，也为暗自苦恋皮奥齐伤心。相思憔悴，她开始生大病。过了些日子，约翰生从中风中恢复过来，虽能说话，但说不清楚，也不能说很长。他的病很复杂，他以拉丁文写日记的方式，先是告知斯莱尔夫人，之后题为"病人的记录"予以保留。

外出：蓝顿家和鲍尔斯领地

身体好转，约翰生要保持活动，决定7月中外出。碰巧蓝顿和家人到海边城镇罗切斯特休假，他有两周时间与这一家人在一起，当与八个调皮的孩子玩闹时，多少能调节情绪。要离开时舍不得，他觉得最好能再住一年。

8月19日，他起坐十次，大约三小时，让雷妮画画。他对雷妮直言自嘲，这是"约翰生的恐惧魂灵"。

8月28日，接受新朋友威廉·鲍尔斯（W. Bowles）的邀请，约翰生早上6点出发，晚上9点到希尔区其领地。此前他怕身体精神不好，担心自己的举止失控，一再推迟。鲍尔斯时年28岁，来自威尔特郡，父亲是索尔兹伯里区牧师。他领约翰生去看家族领地花园希斯之家，离索尔兹伯里郡不远。那里曾是斯图亚特查理二世的避难地，其在此隐蔽长达一星期（1651年10月）。约翰生对那里花园极感兴趣，也是他第一次看到巨石阵，马上联想其古代的历史和作用。他认为，作为德鲁伊纪念碑，巨石是几千年前人在岛上最古老的劳作。这两个巨大人工建筑，是建筑史最早的设计案例，也是最后的完美杰作。巨石阵比邻的索尔兹伯里大教堂也令约翰生十分震撼。

约翰生与年轻朋友鲍尔斯谈得很开心，涉及宗教、文学、化学、人的本性，偶尔谈到自己。他说道："一部作品在这个世界上很少有真正的虚构，因为同样的形象，几乎没有多少变化，一直服务于所有写作的作者。"贝特认为，他这时对年轻人，恰如同表哥科尼当年对他一样做出各种指点，但是，与表哥不同，约翰生以自己辛苦得到的经历说："当我对人类有更多了解后，我期待他们很少。我现在随时称一个人是好人，比我过去更容易地说出口。"鲍尔斯后来把谈话记录交给鲍斯威尔，要求匿名，他并不是为自己的名望才作这个记录。

鲍尔斯想分散约翰生的抑郁情绪，提议来个短途旅行到韦默斯，此时斯莱尔夫人刚从巴斯到那里过夏季，但他发现约翰生没有太想见她。显然，他们处在一种焦虑不安的状态之中，皮奥齐已让他们间的关系复杂化，斯莱尔夫人没有邀请他来，显然在故意躲避他。

在约翰生去威尔特郡时，老房客、诗人安娜已病重，于9月6日去世，终年77岁。这天约翰生到花园参观后接到噩讯，为她写了祈祷词。同利弗特医生一样，她作为一个"家庭伴侣"已30年。

他感到更孤独了，回家意味回到荒无人烟的废墟，因为弗兰克夫妻最近也搬出了博尔特的家里。约翰生此时还被一些消息所分散了注意力，有利于减少其孤独感。他回复斯莱尔夫人谈到的"热气球"，认为尽管尚未知道其可能的用途，但觉得这个发展"不容置疑"。9月18日，约翰生回到家，一个人孤独地坐着，有时吃点东西或基本禁食。他在8月15日写过祷词，在9月20日，又为刚去世的安娜及彼此30多年的友谊祈福。

这次外出回来后，约翰生的腿肿得严重，几乎走不动。早在1781年至1782年冬季，他的左睾丸肿大持续了六个月，他写信给普利茅斯著名外科医生，约翰·马奇（John Mudge）建议他立即手术。在珀西瓦尔·波特（Dr.Percivall Pott）医生要安排手术前，早前曾由克鲁克香克医生（Dr.Cruikshank）动刀，试图做睾丸刺穿汲取水肿，不料口子突然破裂脓水流出，疼痛和肿大的部分被抑制，病症自然突然消失，他因此躲过需要另一场开刀治疗的危机。约翰生对霍金斯说，同时得三种病"瘫痪、痛风和气喘，谁能感觉更好"。贝特认为约翰生有四种病综合征：中风后遗症、支气管炎和肺气肿、充血性心力衰竭、风湿性关节炎。约翰生曾对昆妮描述他关节疼痛，难以起床，靠两根拐棍撑起，坐上椅子，十分痛苦和困难。

1783年10月19日，在病情减轻后，约翰生新认识的朋友、演员约翰·菲利普·肯布尔（J.P.Kemble）来看他，后又带来其姐姐、著名悲剧演员莎拉·西登斯（Sarah Siddons），他请他们喝茶并赢得他们的好感。他坐在莎拉旁边，情绪很好。肯布尔谈到莎拉的演出和角色，约翰生表示很愿意到剧场去看她的演出。

发起最后一个俱乐部

11月，一些知道约翰生身体健康不佳的朋友、粉丝纷纷来看他。考虑到聚会可转移他的精神紧张和孤独、焦虑，而原有俱乐部已有些年不活动，老成员只有霍金斯和书商约翰·佩尼有些联系，约翰生愿意广交朋友并与他们交谈。12月3日，霍金斯、约翰·赖兰、约翰·佩尼和约翰生四人，在靠近圣保罗大教堂旁的"女王军酒吧"见面。他们虽有几天聚会，可很早就散场，如霍金斯提到，晚上10点后，人走场散，约翰生依旧回到孤独中，在自我无趣的冥思中度过漫漫长夜。

早在家庭医生托马斯·劳伦斯中风后，约翰生便成为理查德·布罗克利斯比医生（Dr.Richard Brocklesby）的病人，此时，他与医生布罗克利斯比一起，在离他住处只有六分钟路的一个小酒馆，以小酒馆的名字为名，发起成立了"艾塞克斯头俱乐部"（Essex Head Club）。这是以约翰生为核心发起的第三个也是最后一个俱乐部。由从前斯莱尔先生的男仆塞缪尔·格里夫斯负责事务管理。

这个夜间聚会的俱乐部每周见面三次（一、四、六）。约翰生起草"章程"，人数确定24人，参会者每次交六便士，不参加者每次罚款两便士（不久改为罚三便士），连续三个月不参加就当作主动退会。[①]12月8日，星期一，俱乐部宣布正式创立。约翰生参加首次聚会后，因身体健康原因，犯冠状动脉血栓，缺席了四个月。

约翰生热爱青年、看重未来的一个方面，可从他曾大力支持约瑟夫·班克斯

---

① 马丁：《约翰生：一部传记》，第450页。

加入文学俱乐部得到确认（1778年11月）。他认为："这是一个非常荣耀的接纳。"班克斯曾随库克船长到澳大利亚东部海岸考察（1768—1771），约翰生从与他谈话或报告中了解了澳大利亚，甚至在高地旅行时曾模仿过袋鼠动作。事实上，班克斯入会第二年，作为皇家学会会长向国会建议，把悉尼植物湾作为囚犯安置点。约翰生曾有过出海到澳大利亚的念头，终因身体原因放弃。约翰生邀请画家雷诺兹入会，因为考虑到对手詹姆斯·巴里是成员，雷诺兹便拒绝了。巴里是皇家学院教授，也为约翰生画过肖像（1778—1780）。

在这个俱乐部，约翰生参加了第一周的活动。而在第三次会上，他犯了急性关节炎疼痛，难以回家。之后，他封闭自己在家八九周，虽不能到会，仍关心其继续进行。辉格党政治家温德汉与约翰生有不少接触，还到家里访问了他。

俱乐部终因约翰生健康恶化，很快也就"人去楼空"，倒是他去世后，爱好者、敬仰者又走到一起，以原先"文学俱乐部"之名，秉承先志，恢复活动，延续下去。当今伦敦约翰生故居，是"约翰生伦敦研究学会"的主要活动场所。

圣诞节，约翰生接待大量客人来访，而他们带来了游戏和礼物。他给斯莱尔夫人写信解释说，他感到寂寞，所以有许多人来。那些老朋友会克制自己，不常来打扰，而年轻朋友过于谨慎，怕干扰老人家休息。他在家常有小聚会，或有一两次出外吃饭。

出版人爱德蒙·艾伦去世后，约翰生主动要求约翰·尼科尔斯负责他著作的出版业务。尼科尔斯与约翰生在晚年有密切交往。约翰生最后出版涉及文学的文章《致尼科尔斯书信》，发表在《绅士杂志》（1784年12月），披露了一本无名氏的《古代通史》。这是从牛津教师斯温顿的手写稿里获得的信息。他把这个文件交给尼科尔斯，成为他对文学、历史的最后贡献。在《绅士杂志》出版，在德马利看来最合适不过，从这里他开始文学生涯，作为著名作家而在此善终，这也算是一次"回家"。

病重在家

1784年是约翰生在世的最后一年。自中风后,他说话受到影响,身体虽有所恢复,但来日已无多。大病过后,他抓紧时间行动,不仅频频到朋友家应酬,还忙于外出。

约翰生安排了最后的"回家"行程:回母校,见朋友;回家乡,交代为父母、兄弟、妻子做墓碑的事宜;回中部,见老校友。约翰生再返回伦敦后,离去世已不到一个月,仿佛一切都在为死亡准备。

1784年2月,自前一年年底犯病居家,约翰生腿部一直水肿。他常自我检查尿量,并吃些鸦片止痛。

他告诉朋友约翰·赖兰,他的水肿部分不断地扩大,说他"极其害怕死去",为此,他已经"自我禁闭八周"。他希望到意大利那样的有好气候的地方疗养,可身体有病,没有人陪伴,怕养老金不够支付,去海外养老仅是一种奢望。

赫伯登医生告诉他,到了夏季水肿会部分消失。他认为医生的说法没有道理,他不能听医嘱等待夏天。

2月13日,他向克鲁克香克医生要长条绷带。2月16日,他吃了大剂量药粉。17日,他自己用刀切割大腿排水肿。他真想到可能要死了。恐惧五天过后,2月19日,他的排尿量多达20品脱[①],水肿突然止住,身体竟有些神奇地自然恢复。

夜晚,因咳嗽气喘无法睡眠,约翰生试图用上帝给的天分,尽力保持大脑活动状态。他写信给斯莱尔夫人:"当失眠时,我翻译古希腊格言为拉丁文,驱赶漫漫长夜。"病重期间,他翻译了100多条格言,写在小纸片上。同时,他重读了一本常翻看的格言书。神父佐西玛的格言,他曾在《绅士杂志》发表《墓志铭》一文给予称赞(1740),在《冒险者》里翻译其韵文为英文(1750)。此外,他看

---

① 一品脱大约等于568毫升。这里所说的"20品脱"如果指日排尿量,显然有些夸张。

《希腊文集》，里面有许多诗歌是格言金句。他翻译这些格言为拉丁文，既锻炼脑力，又回顾一生所喜爱。可惜的是，虽1878年记载有72条约翰生翻译格言的小纸片留存了下来，但到了2000年，已知存世的仅有6条。这些翻译便条当年出售后，作为遗嘱基金被分发了。

居家129天或4个月，在这个约翰生计算的数字和称之为"自我监禁"期间，他封闭自己，难以走出家门一步。即使有人来访，他也无法排除孤独感。他认为，"在病人房间，来访者不适合陪伴"，因为"病人首先谈的话题是自己"。

约翰生想念熟悉的朋友和家人的面孔。他常给斯莱尔夫人写信，而这些书信不再有愉快的回复。3月8日，朋友蓝顿知道他病情严重，特意到伦敦来陪伴看护他，在舰队街租了一间房，以便随时方便照顾。4月20日，范妮和其他朋友到约翰生家吃饭，品尝斯莱尔夫人送来的三文鱼。4月21日，他似乎恢复健康能出门了。他先到圣·克莱门特教堂谢恩康复。他计算禁足日"有129天，一年的三分之一"。这是正常人的生活所不可容忍的。24日，他出现在皇家学院每年展览会的公众面前，这时候的他能像两年前那样呼吸畅快，在夜晚的凉风中到俱乐部与大家会面（4月底）。5月，他放任自己到几个朋友家吃饭，他说："我现在不能驱动世界，轮到世界驱动或吸引我了。"

斯莱尔夫人失恋

在巴斯的斯莱尔夫人的健康同样不好，主要是整个冬天她都在为与皮奥齐分手的事而伤心。此时，女儿索菲尔病重，也直接影响了她这个母亲的情绪。夫人直白地告诉女儿："你们都希望我与约翰生结婚，我知道。我从前已经是一个人的护士，我不希望自己又成另一个人的护士。约翰生比我大30岁。他是我的信任者，我的父亲，我的朋友，却不会是我的丈夫。"

看着母亲一天天憔悴，昆妮开始倾向于同情母亲，放弃她曾强烈阻止母亲结婚的计划。1月，昆妮写信叫皮奥齐从意大利返回看望病重的母亲。他们开始通信，情到深处，即使要与孩子们分开，她也要与爱人结婚到意大利生活。她的健康似乎一夜间好转，急切地等待他到来。而皮奥齐却故意拖延时间，怕仅是她那可怕的女儿一时冲动的许可，便以冬天道路艰难为借口，确认5月返回伦敦。

斯莱尔夫人很有把握，她5月中回到伦敦，暂租住莫蒂默街公寓，安排在与皮奥齐到意大利之前找监护人照看孩子，因为遗嘱执行人不允许她带孩子到天主教国家。

4月26日，约翰生给她忠告："安定想法，控制想象，别想波斯人的幸福。"这里文字提到她从前渴望定居意大利。事实上，是约翰生无法约束自己的想象。他知道，皮奥齐很快就到英国，却不能确定她会有必要与他结婚。她已拒绝过一次，也许还会再次送走他。不过，约翰生也有些话触动心灵，坚定了夫人的自我选择："夫人，没有人会蔑视自己的爱情，除非愚笨，人性会确认她自己的情感，报复冒犯她的耻辱。"

鲍斯威尔的最后访问

5月，鲍斯威尔第14年也是最后一次进伦敦城见他的伟人。5月15日，他们下午3时许在布罗克利斯比医生家吃过饭后，经过"黑衣修士桥"，来到俱乐部，见到大家。约翰生情绪高涨，谈话充满活力，他说："昨天在寡妇加里克家聚会，见到卡特夫人、莫尔小姐和范妮小姐。这三位女士别处难找。除夏洛特·诺伦克斯外，我不知到哪里还能找出第四位。她是她们中最杰出的。"

几天后（5月19日），他愿意与鲍斯威尔交谈，说自己不介意谈话的粗暴影响。鲍斯威尔提醒他谈话会伤害那些神经脆弱者，他却立即反驳："我不知道有这类神经脆弱者。"伯克后来听到他这个说法表示很理解，人在临终前，会有太多意识，很少在意谈话时的粗鲁。

因为有两年没有去牛津，他要鲍斯威尔陪他去那儿几天，计划6月3日出发。鲍斯威尔正好要为写传记收集材料，要见彭布罗克学院亚当博士了解约翰生早年求学情况。在路上，他们坐马车遇到来自美国的母女俩。约翰生无所顾忌地与鲍斯威尔开玩笑，引起她们的好奇和敬佩。到学院后，约翰生急切地到亚当博士家，除简单说些病情外,谈论文学、历史各种话题。这些天,他几乎无所不谈。亚当博士的女儿已是中年,说在家从未听过如此有趣的谈话。无论听到别人怎么说他的坏话,她认为约翰生是"可亲和有趣"的人。

4日,鲍斯威尔当晚赶回伦敦参加庆贺国王生日的活动和观看纪念音乐家亨德尔逝世25周年演出,9日,又回到牛津陪伴约翰生。约翰生没能亲自参与活动,但他为伯尼博士的《纪念亨德尔》一文撰写了致辞。谈话中,当亚当和鲍斯威尔提议约翰生出版祷告词,约翰生立即拒绝,并说,有许多事他希望能做,但他不知道上帝能允许其在世上有多长时间。听亚当一再劝说后,约翰生很是恼火,直接说别干扰他:"让我静一下,让我静一下,我被压垮了。"只见他用手挡住脸,头低在桌子上。鲍斯威尔熟悉这种场面,这仅是约翰生抑郁症出现在谈话中无数例证的又一个而已。约翰生始终坚持,生活肯定更多的是悲惨而不是幸福:"即便大天使有要求,我也不会再来重过一次生活。"在牛津,他睡不好,因为身体燥热气喘,有几次坐在椅子上,难以在床上睡觉。在约翰生督促下,已故朋友编辑的遗作出版了,这是一部苏格拉底门生色诺芬的文集。他还企求学人去编辑希腊诗人奥本的文集。

与鲍斯威尔一起返回伦敦(6月16日)后,约翰生气喘发作,睡眠断断续续。6月17日,他的小中风情形很明显。不过,比较病重而言,他更怕孤独。他不久前说:"幸福不能在自我思考中找到。它仅能从其他人的反馈里得到。"然而,他又想不让孤独征服自己。他对年轻人约翰·赖兰的诗歌中表达"孤独和隐退的幸福"的思想不满,但他不想伤害他。经一再追问之下,他说自己"还未批评性地研读它们",而真实的想法是诗歌"赞扬孤独太过分了"。他认为,如果人们处在愚蠢的状态下,退休和隐退是从世界生活中隐退,是一种逃脱而非征服,而那些有任何让人受益能力包括权力的人,他们的消极隐退可以被认为是一种道德自杀,好像要强调能者应战斗到最后的一刻。

6月22日,他到文学俱乐部与会员见面,这应是他最后一次看大家。鲍斯威尔提议到北部德比郡阿什伯尼疗养一段时间,然而,泰勒因正在装修房子暂不能接待他。得知他害怕冬天到来,医生给了他到意大利有益于改善身体的建议,他愿意接受。为此鲍斯威尔和一些朋友在保利将军家,背着他合谋策划了一个旅行计划,并由意大利朋友弗兰克·萨斯特利(F.Sastres)陪伴他。俱乐部新会员萨斯特利是教师和作家，于1777年定居伦敦。他们考虑约翰生虽有养老金可按季度发放，这对他长时间外出用钱不方便，为能确保他安心到国外疗养，应向政府提议给约翰生增加养老金。鲍斯威尔征求雷诺兹的意见，想在7月2日离开伦敦前办好这件事。6月28日，鲍斯威尔接到瑟洛勋爵的回信表示支持，并说将转递他们的申请报告给国王或首相。雷诺兹认为，鲍斯威尔此时应告诉约翰生他们的计划："你的朋友会为你做一切事。"6月29日，约翰生听到鲍斯威尔的安排后泪流满面，感动地说："上帝保佑你们。"他止不住激动，立即走出房间，很快又返回来。他同意第二天到画家雷诺兹家吃饭。鲍斯威尔离开他家时，虽有感觉却不知道这是他最后到这里的机会："我再也没有到过这个屋檐下，一个我长期敬仰的地方。"

6月30日，三位老朋友在雷诺兹家吃最后的晚餐。约翰生感谢朋友的热情帮助，也对自身实际状况十分冷静，他说："当一个人去意大利仅是感觉如何呼吸新鲜空气，他能享受的东西非常有限。"谈到趣味高的人的话题，一般认为他们的优势常成障碍，约翰生以其为人所知的积极态度回答："先生，这是个无须计较得失的想法，人人都应尽力在你所能的每个方面都完美。"

鲍斯威尔陪同他乘雷诺兹的四轮马车回家，约翰生想留他到家再继续聊天，而鲍斯威尔怕他情绪低落内心不安而给予谢绝。在车上互道珍重告别之后，约翰生下车喊道："再见，朋友！"他神情凄然，头也没回匆匆地走上人行道。这是传记里感人至深的描写，不禁令人想到人生终有一别。这是当鲍斯威尔还是年轻法律学生时约翰生送他到海外留学时那个背影（1763）的重现，也是约翰生留给传记人的最后身影。

病人日记

这天与约翰生告别的还有另一个人。斯莱尔夫人在6月30日送给约翰生和其他孩子监护人一个正式信件。她的突然之举，让约翰生十分震惊。她宣布皮奥齐要来巴斯（7月1日）并决定与他结婚。在皮奥齐到来前，昆妮证实了这个消息后带妹妹们离开伦敦去了布赖顿。

斯莱尔夫人在结婚前给约翰生发出短束,强调这是一个"不可改变的决定",请求他原谅她的隐瞒。

角色换位,思考不同。斯莱尔夫人用自己的行动而不征求"父母同意"的说法,真正激怒了他,尽管约翰生从未把她看作"女儿",而夫人却把他视为"父亲"。约翰生支持昆妮的做法,强调说:"你没有离开母亲,可你母亲离弃了你们。"

约翰生对这封看似无可商量的无情无义的信给予非常严厉的回复:"如果我解读你的信正确,你已不光彩地结婚,如果还没有,让我们在一起谈谈。如果你抛弃你的孩子和你的宗教,愿上帝原谅你的邪恶;如果你已失去你的名誉、你的国家,请你的愚蠢不要再伤害自己。"(7月2日)夫人两天后的回复也不客气:"如果你不改变对皮奥齐先生的看法,我们的通信到此结束。"

7月6日,约翰生开始用拉丁文写"病人日记"(到11月8日)。此前已有四个月记录他的病情。在鲍斯威尔走后,他的气喘、水肿和多发性疾病又严重起来。过了六天(7月8日),他给斯莱尔夫人回信,也许意识到自己的粗暴,他有些悔恨,给出更温情却无用的话语,祝贺夫人幸福,感谢她20年来挽救他基本属于悲惨的生活。最后,为她的孩子们,他恳求她劝皮奥齐能定居伦敦,这样她能更尊严更有经济保障地生活。约翰生心里还是认为仅是些"想象的幻觉",会诱惑她去意大利。不过,夫人所想的也正是皮奥齐所要的——离开伦敦过清静的日子。

对约翰生而言,这是生命将到尽头的时候,而对斯莱尔夫人来说却是新生活的开始。言为心声,她说:"当我看到英国的海岸渐渐离我远去,我是多么开心。"他们在9月初离开伦敦。

当时英国社会普遍对男性搞音乐及外国人都有些偏见,皮奥齐既是音乐人又是外国人,被认为不是合适的丈夫,而斯莱尔夫人的一些闺蜜和友人的看法更是偏激,包括好友范妮也一样,甚至伊丽莎白·蒙塔古夫人也说:"我相信这个可怜女人疯了。"约翰生更是绝情地表示"已与她一了百了"。他告诉范妮:"若接到她的信,我会马上烧掉。我会烧掉所有我能找到的。我再不与她说话。我绝不希望再听到她的消息。"当然这不完全真实,他最终还是手下留情,炉火过后,约翰生母亲的信全无留下,可斯莱尔夫人的书信还是留下许多——爱是不能忘记的。

还有残酷的现实是,约翰生本人的意大利行已同其"人类欲望的虚幻"那样令人惋惜。

约翰生于9月9日听到国王拒绝给他增加养老金的消息,拒绝原因不详。爱德华·瑟洛勋爵(Edward Thurlow,1731—1806)提出一个方案,以他自己的房子或以约翰生自己的养老金作为抵押,借贷500~600英镑现金,这样可让约翰生避免感到是在接受慈善捐助金的内疚不安。约翰生了解这个"诡计"后,给瑟洛勋爵写信婉言回谢,陈述他不会去意大利的理由:"身体好,我不愿离开;病太重,我也不能走动。"自由之思想、善良之人格、独立之精神,一切所为,无不表明约翰生还是那个出生就"勇敢的男儿"。他"眼睛充满泪水",难以再写什么了。然而,伦敦不相信眼泪。

最后归程

到了秋季,约翰生感觉身体好些,立即进行他最后一次回家乡的行程(7月13日至11月16日)。7月8日,他写信告知露西要回家乡,虽身体虚弱,但不会麻烦她,因为泰勒博士会送他回乡。7月10日,他写信给布朗利教区牧师长托马斯·巴格肖,请他允许放一块石碑在妻子特蒂墓地上,并委托朋友约翰·赖兰到布朗利把他所写碑文刻在石碑上。如果还有精力,他会到布朗利看碑石。这个已拖延许久的事,是他在弥留岁月想到要先完成的。交代完毕,他身心轻松,开始他熟悉道路的最后一次旅途。

在家乡,约翰生很高兴见到继女露西和邻居朋友简妮·加斯特里尔,在他离开前,她们原本病重的身体有所康复。他写信给朋友赖兰:"很高兴看一个病人。发现生病不总是死亡。对一个老人来说,是看其能活到更大的岁数。"他仍固执地把握自己的生命。他还去了阿斯伯尼访老友泰勒家,在那里居住了两个多月(7月20日至9月26日),泰勒是他有60年交情的老朋友,时光一下子回到几十年前,他离开牛津大学时,与泰勒走到公路等候马车回乡的情景。

在泰勒的家里,他的专用房间没有改变,但是他看到周围到处有装修杂物,感觉不舒服。泰勒身体也不好,晚9点就上床睡觉,两人习惯很不同。然而,尽管有些厌烦和孤独冷清，约翰生身体虚弱，只好安静休息。约翰生不时给伦敦的医生布罗克利斯比写信报告其病情。在阿斯伯尼，他有时看看农庄的大麦，查看一下大公牛。在天凉和雨水天，他读书，给朋友写写信，并不急于回伦敦。他告诉伯尼博士，从前谈天气改变人的想法，只证明头脑空虚，现在他要打消这个想法，满意地谈论天气，"骄傲已消失"。8月13日，约翰生一觉醒来，气喘症突然消失，感到轻松自由，享有了几周的舒畅心情。至于水肿，发展缓慢甚至有时还在消退。9月18日，他在阿什伯尼度过了75岁生日。

远离伦敦，他听到一些消息，引人注目的是热气球飞行表演。作家贺拉斯·沃波尔为表达民间情绪特意创了一个新词"气球狂热"（Balloonomania）。9月14日，意大利人文森特欧·伦纳迪（Vincenzo Lunardi）乘热气球在英国上空成功飘游30分钟，飞行21英里，引10万人观看。约翰生在生日这天写信给画家雷诺兹，提到热气球飞行的事件。9月29日，他给布罗克利斯比医生信说："一天收到三封信都谈热气球，如果这是娱乐，必会结束。除非能飞过高山，才会有服务于交通的作用。"

约翰生到牛津的时候，英国人詹姆斯·萨德勒（James Sadler）在其实验的"热气球"升空之后（10月4日），用"氢气球"在牛津上空飘游17分钟22公里（11月12日）。约翰生让弗兰克到场观看。

此时，雷诺兹被任命为国王御用画家，相比于令人厌倦地谈论热气球飞行，他更愿为朋友祝福。不过他认为这个御用位置，既不是很高的荣誉，也不能从国王捉老鼠的游戏中获得多大利润。返回家乡前，他去了一趟德文郡查特沃斯庄园，见到美丽、迷人的公爵夫人乔治·安娜。接着，他又返回家乡，住了近七周（9月27日至11月10日）。既然住下来，他已不急于返回伦敦。他总是提醒自己，生命短促，一切极不稳定，要好好尽可能地使用它。

约翰生在池塘流淌的溪水边沉思，这是他小时候游泳的地方，他写下最后一首拉丁文原创诗歌。诗的开头想到亲人："当我畏缩时，伸出笨拙双臂、无能为力，父亲快乐地教我游水。"结尾，他希望溪水长流，朋友赫克托的生命如溪水长在。如德马利所言，这是一首"凄美的最后的告别诗"。[①]

[①] 德马利：《约翰生创作生平》，第306页。

他曾对父亲不孝，拒绝替父亲看管书市，现在，他用站立在尤托克西特市场淋雨的行动忏悔。现在的他能坦然地面对过去，急切重温和定格心目中对父母和朋友的追思感念。人生轮回，归根复本。

他给朋友尤其他的医生布罗克利斯比写信，报告他的健康情况，大约四个月内，共计写了19封信。这些病况都收录在他的"病人记录"里。

不久前他被威廉·坦普尔伯爵的一句格言所触动。威廉说："抑郁症对国民是一种优雅的疾病。当他们没有病时，非常正常，当他们没有烦恼时，非常愉快。"在鲍斯威尔抱怨抑郁症时，他已说出了这句格言的另一种表达方式："当你没病时，好好过；当你不愤怒时，要愉快。"

约翰生在家乡向布罗克利斯比医生抱怨一家报纸关注他在查特沃斯的活动，"就像鲍斯威尔的伎俩"，他几乎无法想到还有另一个人值得他怀疑。显然，鲍斯威尔对这些活动情况感兴趣，不仅要完整的复印件，既给约翰生看，又留给自己写传记用。约翰生没有谴责这些"狙击手"，他只是提醒自己防人之心不可无，有些人正耐心地等待他死亡。诺克斯认为，他就像要回应这些期待，故意把难以看懂的信放进"病人记录"里。

病情加重

到了10月初，约翰生的病突然加重，他给布罗克利斯比医生写信，抱怨过去几周身体很虚弱，过于难熬的夜晚，使沮丧成为他主要的敌人。他不得不多吃鸦片和大量海葱，他描述由于吃了过多鸦片自己处于"昏迷不醒"的状态。诗人安娜·西沃德在家乡常见他，她在一封给惠利牧师的信里写道："我心痛地看他尽力呼吸，他确实为此在克服极大困难。这位文学流星不是不可能落到其升起之地。利奇菲尔德虽接受他的暗淡苍白，而他的坚毅活力仍在。"安娜的这类描述，被认为留下了约翰生最后时日的一些真实生动却过于客观的画面。

当地医生考虑他的身体状况，建议他10月底返回伦敦。"城市是我的根基。"约翰生告诉布罗克利斯比医生："我不害怕返回伦敦或住在那里。在烟雾弥漫的都市，我的水肿病会加重。我认为这是原始和基本的疾病。伦敦有我的朋友，有我的书，我还未告别他们，那里还有我的欢乐。雷诺兹伯爵不久前告诉我，'我的职业是公众生活的一部分。我希望一直坚守在我的岗位上，直到上帝叫我安息。'"

约翰生说的这个"公众生活"，是城里人的日常生活，在他而言，是见各种来访的朋友，与他们交流思想，进行有趣的谈话。

11月8日，约翰生停写了从7月6日开始的"病人日记"。最后在返回伦敦之前，他有一天到伯明翰，花四天访问牛津大学，与老朋友道别。11月10日，他到伯明翰访问小学朋友赫克托和他的妹妹。之后，有几天他在牛津与亚当博士在一起，无论谈话，还是走进校舍，再次回顾他年轻的梦想和雄心壮志。在他回城前，他翻译了最后一首贺拉斯拉丁文颂诗《春天的回归》(*Spring's Return*)："月亮旋即复原她的缺失/而可悲的男人却倒下了/普里亚姆（希腊国王）和他的儿子们躺在那里/空荡荡仅余灰烬和阴影。"[①]约翰生知道自己要死在伦敦，总是害怕死亡和天谴，而这首恐惧伴随乐观的诗歌，表明他希望提振精神去完成最后的任务。

11月16日，回到伦敦后，约翰生给朋友伯尼的家人写信祝福，尤其向老朋友赫克托医生表示抱歉："我们已经活得太长，很快就会分别。"斯莱尔夫人和皮奥齐先生在米兰收到一张他的画照，夫人承认她还是想念他的。

病情加重，约翰生意识到自己来日无多，接下来几周，他在博尔特庭院准备迎接死亡。他把大量藏书分给朋友，要书商托马斯·卡德尔把他的主要出版物打包交给亚当博士并转送到牛津图书馆，把祷告词手稿交给乔治·斯特汉出版。有一天晚上，他指导友人蓝顿要出版的拉丁文诗歌，后来还把他翻译的一些小纸片交给了蓝顿。

晚上多数时间，约翰生坐直身体睡觉才能够呼吸。清醒的时候，他会把古希腊格言翻译成拉丁文诗句以打发时间。他要找新的娱乐、刺激、幻想。他知道："病人第一次谈话通常是谈自己。"他要抵制这个惯例。他靠放血去水肿，白天的时候他会努力起来尽力走走，他说："我会被征服，但我不应投降。"

精神好时他会叫来年轻的朋友胡尔，乘马车到斯特汉先生郊外的住处艾斯林顿待两天。那里空气好，他呼吸顺畅，谈话也愉快。返回路上，他给陪同的朋友

---

① 德马利:《约翰生创作生平》，第307页。

讲故事，娱乐气氛。到家后，他用茶招待大家，尽管有时他自己因水肿不能够多喝茶。

11月28日，霍金斯等朋友来访。他醒来后，对大家表明自己对信仰的虔诚态度。之后他还对朋友说，有一道希望之光进入了他的灵魂，他已置身于与上帝和谐并无任何冲突的境界。11月末和12月初，他开始烧毁他的大量文稿，多次表明蔑视过去，因为它充满痛苦。这其中不仅有母亲写给他的所有信件，恐怕是后人最想了解的部分，还有记述他生平经历的两大卷日记本，包括《年鉴》。霍金斯捡起小本子，怕有人与小报联系在房内寻找关于约翰生的任何信息。约翰生注意到霍金斯所作之后，要求他立即归还，"不要插手"。霍金斯第二天写信向他道歉，并归还了小日记本。鲍斯威尔在他的书中抱怨霍金斯所为，说不然的话这些含有隐私记录的文字不会被烧掉。约翰生此时写不了字，只能口述，朋友蓝顿来帮他写信。他不要给人不近人情的感觉，自嘲说："如果我不高兴，一定是个野蛮人，不讲理了。"回乡前，他已安排好妻子的墓碑，现在最后行动，他想到弟弟，一个早在50年前已从他脑海消失的亲人，不久前还多方打听他过去的事以便了解他。现在他决定，把他和父母放在一起永久纪念。他送去写好的墓志铭，请人雕刻，嘱托家乡的药剂师理查德·格林亲到现场，看着这些文字刻在墓碑上，并竖立在母亲和弟弟的墓前，似乎坚信"这些石头能保护尸体"，如他叮嘱把妻子的石碑埋深些、坚固些："希望这些在我活着时做好。"

约翰生执迷于关照死者坟墓又回避直接去看墓碑的做法，也许反映了他内心的恐惧，如《拉塞拉斯》女仆皮夸尔不敢入金字塔内一般。韦恩认为，在勇敢地为生命战斗到最后一息时，他思想里的消极与积极元素并存。他爱生怕死。在生命最后两年，他在书信中流露出了怕死的情绪。其实，相对于他更害怕的死后审判，身体的死亡已不算什么。

约翰生要老朋友约翰·尼科尔斯借出一些《绅士杂志》，杂志刊登过他写的国会辩论的文章；他写信给出版人威廉·斯特汉了解养老金发放情况。他先后在12月10日接到88英镑5先令，13日接到75英镑养老金。自然，他要节约出一笔钱，作为他的遗嘱执行专用款。

根据约翰·胡尔的叙述，约翰生想到要照顾最后的流浪者，约翰·威斯利寡妇的妹妹马撒·霍尔，她已77岁，而约翰生把她看作是个具有美德的妇女，要把安娜的旧房给她。这要有时间去安排。

几天后，12月5日，约翰生写了最后一篇祈祷词。此前10月在家乡，当概述一本祈祷书并阐释宗教怀疑的本质时，他清楚地知道自己受其拯救的问题。尽管他罕有地表示他的宗教怀疑精神，害怕公之于众，在德马利看来，约翰生一生对此极度怀疑并智慧地探索。他一直在挣扎中，反对用自己的批判能力探究基督信仰的科学性，恐其导致灾难的后果。可谓内心的自我妥协。①马克思熟读莎士比亚每句话甚至采用"人生镜子""社会百科全书"的话语评论莎翁，这些显然出于约翰生的《莎士比亚戏剧集》"前言"，他却没有给约翰生留下一句话，因而，我们无神论者与约翰生失之交臂自有前辈引导。具有反讽意味的是，有些传记作者还是无法达成共识，确定约翰生的质疑精神究竟与其信仰成什么比例关系。不过，这个最后与上帝交流的祈祷词，虽然排除约翰生写作和言语的模糊不清特征，却是他在死前安息自己的最后努力。其显著特征，从"人类的眼睛看来"，这是一种德马利所说的"括号内的犹豫"，反映出其声明或陈述并展示其要求自己"严格真实"的一生。

牧师、威廉·斯特汉的儿子乔治·斯特汉在出版这篇祈祷词时，把"原谅我并接受我的改宗"一句删除了，以免引起误会。约翰生词典对"改宗"的定义是"从非难到恩惠，从恶劣到神圣的生活"，韦恩认为，这正是他的确切而正确的状态，所以这个祈祷词才如此谦卑、如此智慧、如此美丽。②

即使极端情况下，约翰生也从不接受那些"不去探究的表面真实"，一切要重新审视。他无休止的自由独立思想，尽在其一切写作和谈话中，最后的原创诗歌、最后的翻译、最后的祈祷文、最后的墓志铭、最后的嘱托，直到生命最后一刻才结束。这里若把鲍斯威尔打造的"顺从"形象与德马利阐释的"怀疑"精神结合起来，我们才能走近并思考约翰生一生"内在深沉的特质"。

约翰生问律师霍金斯爵士遗嘱执行人打算在哪里埋葬他，霍金斯说，无疑，在威斯敏斯特教堂。这让约翰生感到宽慰，不再担心。几年前他不愿进去这个教堂。当奈特女士安排一个聚会去参观教堂，邀请约翰生参加，他回答说："不，我

---

① 德马利：《约翰生创作生平》，第307页。
② 韦恩:《约翰生传记》，第377页。

在外面等你们。"

12月6日，朋友、翻译家约翰·胡尔记得，这天约翰生与所有医生吵闹，显出难以忍受痛苦的非理性情绪。在律师霍金斯坚持下，他调整其遗嘱，增加附件。事先霍金斯已为他草拟遗嘱。他要通知亲戚，却不知道他们在哪里，如何得到信息。他有些不耐烦，草草在遗嘱书留有许多空白处签了字。

12月8日和9日，约翰生最后确定遗嘱，要律师霍金斯把住所的家具财物留给仆人弗兰克使用。他遗留了大量的钱财，甚至比所想的还要多，大部分钱给了养子弗兰克，共计1500英镑，每年由蓝顿支付70英镑。他曾咨询过医生朋友每年该给弗兰克多少合适，得知通常给50英镑，他多给了20英镑，表明自己是"真正的绅士"。之所以没有一次性全给他，是想留给弗兰克去竞争生活能力的空间。他认真想到弗兰克的未来，常把他叫到床边，向他解释经文，为他祈祷。他告诉弗兰克，回到他的家乡生活容易省钱，有人能给予帮助，政治家威廉·温德汉会成为他的监护人。弗兰克和英国妻子若干年后来到约翰生的家乡开办了一所学校（1797），他于1801年去世，他们的大儿子塞缪尔终业于陶瓷工业。

约翰生留给蓝顿750英镑，给酒厂管理人巴克利、珀金斯各300英镑，给珀西150英镑，却没有给继女露西，她因被忽视感到不快。他把有些精神错乱的表妹伊丽莎白·亨尼安置在精神病院，给了她100英镑。约翰生的全部遗嘱金累计为2800英镑，这些本可以用于他意大利旅行，却都捐献做了慈善。他还指示，若卖掉家乡的楼房，可分给一些他不熟悉的亲戚，包括他的教子和画家莫利特斯·洛微的孩子。他为钱写作一生，到头来一点都不带走这些身外物。

自残，与死亡斗争

约翰生的人生处在最后两周。马丁认为，他过去所做的一切就像不断发展的剧情，现在是他在死亡之床演奏人生交响曲的最后高潮。有不少朋友来看望他，尤其政治家伯克听到约翰生感谢他来看望时说："我敬爱的先生，你总是对我那么好。"

12月10日，担心他没有人帮助，朋友替他从邻居中雇了一个人晚上照看他，以便在需要时帮助他。约翰生发现，这个人很无用，睡起来像榛睡鼠。但约翰生虽然抱怨却并未拒绝他，因为他想到他需要钱用。

每当见到这些探访朋友时，约翰生都有回忆可谈，包括告诫他们如何度过余生。他谈的最多的是他的病状、恐惧和希望。参与照顾他的医生主要有赫伯登、布罗克利斯比、克鲁克香克、理查德·沃伦。在他临终前经常来探望他并写下记录的朋友有胡尔、霍金斯、范妮，他们的笔记叙述了所见所闻和最后的见面情景，如同政治家温德汉的仆人的记录同样珍贵。仆人因参与最后的照顾，留下了第一手观察资料。

鲍斯威尔虽未能在伦敦，事后却广泛调查、深入了解，记录下了这位他称之为伟人，"导师、哲学家、朋友、因列"①的这最有戏剧性效果的最后瞬间，不仅采纳霍金斯、胡尔的笔记，还参考了意大利教师和翻译家萨斯崔和雷诺兹的叙述和描写。佩奇年谱强调，胡尔和霍金斯的记录最早且最为详尽，为其所依据。

新闻报纸更是每日报道或猜测约翰生临终消息。作家墨菲说，约翰生博士之死，让公众的焦虑不安超出所有从前关心事件的例子。当报纸充满名人逸事、辩解、文章和各种文字时，没有一个文学人物能引起如此般全社会的关注。每个人在他病床前都看到，约翰生忏悔自己，需要太长的时间，才感谢上帝恩典，完全信任救世主。要做这个仪式，是"圣洁死亡"的传统部分，因为著名人士的死，能为其他人提供信仰的榜样。几个朋友都见证，约翰生临终前几天，非常平静地接受自己道德人格存在的善终。乔治·斯特拉恩听约翰生说："所有约翰生的害怕已平息，同时约翰生被充沛的信仰所引导。"而弗兰克观察，他"完美顺从"，"不再有任何烦躁不安或脾气暴躁"。②

鲍斯威尔以医生的说法增添其顺从信仰的证据。当约翰生问布罗克利斯比医生自己是否能恢复，医生有些犹豫后问他是否准备听真话，在得到他确认后，医生说，只有奇迹发生才能挽救他的生命。得知实情后，约翰生宣布绝食，停止治

---

① 诗人因列是小说《拉塞拉斯》的人物。沃默斯利：《约翰生传注释本》，1776年3月29日，第522页。
② 马丁：《约翰生：一部传记》，第462页。

疗，也不再用麻醉剂。这也许是他要保持思想洁净，以清醒的态度面对死亡。他要祈祷，把灵魂交给上帝。如同他要年轻人胡尔尊重信仰，让室内客人在他床边祈祷，告诫其他人记住"生命短促，永恒不变"，以此约束他们未来的行为。

12月11日，胡尔和他妻子中午去探访，见范妮、泰勒、霍金斯、帕拉迪索、萨斯特利、蓝顿和扎诺比都在场。前一天，范妮想见他，被告知不合适。

12月12日，去世前一天，胡尔感觉他已"神志不清"。马丁认为，尽管那些阐明约翰生去世的方式，多少有些见证人的理想化的愿望，他们会有偏见的评价，可是，几乎无理由怀疑他在最后日子平静地离去。不过，他"自残"的挣扎，还是留下他与死亡斗争的迹象。他如常人一样，有个在死亡前"转化"的过程，进而升华到强烈信仰的程度。比如他焚烧文稿的举动，显然他内心不安宁。[①]在他去世前八到十天里，他流着泪口中默念麦克白的台词："你能不能治疗病态的心理/拔出记忆深处的痛苦/用甜蜜的使人遗忘的药水/抹去写在脑海里的烦恼/排除压在心头胸间的积毒？"听到这熟悉的台词，布罗克利斯比医生立即接过下一句话："还要病人自行解决。"

约翰·赖兰在五天前企图安慰约翰生，每个人死后来生都有伟大的希望。约翰生敏感并随口应答："是的，我们都有希望，可是这要条件。我不知道要达到这些条件还有多远。"尼科尔斯告诉鲍斯威尔，约翰生死前一周，挣扎着要延长生命。其水肿从胸部散发到脚底。他不怕疼痛，要医生给他刺破或切开水肿处。医生轻轻地切开表面，他喊："深点，再深点，我要生命延续，你害怕我疼，我并不在乎这个疼。"当医生稍微走开，他叫弗兰克拿给他小刀片，亲自把伤口切深，身边人极力劝止，结果伤口大出血，医生赶忙包扎伤口。贝特写的约翰生传记确认这天是12月12日而非13日。

这在鲍斯威尔看来，是一种活下去的热情，而霍金斯认为，他的恐惧或害怕既不是刺破也不是切口。因为如果切割自己身体，他没有加速其死亡，那么，他在最后日子过度服用药物却应可以做到。鲍斯威尔不愿过多评论，不希望以其伟人的精神和体力的混乱来结束他的作品，而霍金斯却直言不讳地指出，许多人在这恐惧场景面前都表现出其思想的平静，可约翰生的挣扎表现，若从严格的宗教

---

① 德马利：《约翰生创作生平》，第7页。

实践看，不免有些令人失望。韦恩批评霍金斯虽知道整个病情发展实情，却引导出约翰生要自杀早死的这个想法，实在误解了约翰生。约翰生的整个生命，可以说，都是为死亡在做准备，他一生与自然疾病挣扎，面对要进坟墓的前景，总是难免被恐怖所干扰。

最后的日子

12月13日，是约翰生在世的最后一天。这一天他几乎都在睡眠中。他喝了点牛奶，抱怨没有恰当地端给他。他朋友的女儿莫里斯小姐从街边走进来，要求弗兰克允许她进来看看并给约翰生祝福。知道来由，约翰生勉强翻个了身，看着她说了一句"上帝保佑你"，便没有气力再说下去了。有几个朋友一直在房间陪着，没有人说话。因为他一直昏睡、气喘，有规律地呼吸。从昏睡中醒了一会儿，他对来看望的意大利教师弗朗克·萨斯特利说了一句拉丁语："我现在要死了。"他当时神志昏迷，这句话好似将死的古罗马角斗士向恺撒大帝的最后致敬。

晚上刚过7点，弗兰克和德斯蒙琳斯夫人在房外等候，他呼出了最后一口气。

第二天，约翰·胡尔和威廉·西沃德来看他时，发现了一个令人震惊且永久难忘的场景：约翰生躺在床上失去了生命。约翰·胡尔不敢相信："场面如此恐惧，约翰生博士躺在床上没有了生命。"

去世后两天，约翰生的遗体从博尔特的家里被带到温德米"亨特的解剖学校"进行医学解剖。据观察，他的心脏"特别强大"。雷诺兹为他做了石膏头型面模，之前为他画过四五幅肖像画。英国著名雕塑家约瑟夫·诺伦肯斯（J.Nollekens）制作了他的半身塑像（1777）。他的躯体包括精神风貌早已是艺术家创作的对象。

12月17日，鲍斯威尔在苏格兰听到伟人的死讯。"我不能相信。我的想象不能让我确信。"他顿时觉得麻木，"我惊呆了，在震惊之余，我没有流泪，没有一点温柔的情感。我的感觉，仅是一大片的空白。"这恐怕是无声胜有声的最强烈表白。他路途遥远，难以及时赶来参加最后的告别。

女作家汉纳·莫尔说："他的去世成就了一个文学时代。"

葬礼

12月20日，约翰生的葬礼在威斯敏斯特大教堂举行。校友、牧师泰勒博士主持葬礼仪式，所有在伦敦文学俱乐部的成员都参加了悼念活动。

根据地位荣誉排名抬棺人是：皇家学会会长约瑟夫·班克斯爵士、国会议员伯克先生、查尔斯·伯尼爵士、乔治·科尔曼、蓝顿先生、温德汉先生。他们把他的铅棺放在"诗人角"，在诗人戈尔德史密斯的石碑和莎士比亚纪念碑下，紧挨加里克旁。现在，每年在约翰生的忌日，伦敦约翰生学会会员都会在此献花篮，表示他们是约翰生爱好者，如同在他的诞辰，每年家乡学会会员举行夜宴喝潘趣酒，祝贺他们家乡的儿子生日快乐。他受后人敬仰，因为他一生都在努力成为一个有勇气有智慧的"世界公民"。①

最早在约翰生去世便发表其生平介绍的作家托马斯·泰尔斯（Thomas Tyers）②说："谁想到加里克和约翰生他们两人最后会睡到一起呢？"约翰生的墓碑质朴无华，仅有他的名字、文凭和死亡日期。去世的前些天，在被告知自己将会被安葬在大教堂时，他简单地回答："放一块石碑在我墓地，我余体不再受打扰。"约翰生在乎余体，却并不在乎对其灵魂的拷问，如他所说："我相信，报纸难得有一天没有我的名字。"

他耐不得寂寞，害怕孤独，甚至需要热闹。万万没想到，就是葬礼本身，也有本应安静却纷纷扬扬的热闹报道。遗嘱执行人霍金斯选择便宜的葬礼服务而不用音乐，据说借口是因为约翰生耳聋，生前对音乐不敏感。整个仪式没有合唱团的声音，十分沉寂。泰勒主持并宣读祷词，十分乏味，几乎冒犯了所有约翰生的朋友。伯尼博士在葬礼后第二天评论说霍金斯爵士安排不妥当，没有国歌或唱诗班服务，没有训诫，仅是念教区埋葬任何老妇人的祷词。一般猜想是霍金斯要省

---

① 德马利：《约翰生创作生平》，第24页。
② 泰尔斯在约翰生死后不久发表《约翰生传记素描》（Biographical Sketch of Samuel Johnson）。

钱，用"便宜方式"以便有余钱能执行约翰生的遗嘱，而泰勒博士更是呆板，光念稿子。①

马丁写的传记引出这段葬礼逸事，而我们当代人看到这些挑剔的杂音自会忍俊不禁，同时，再换个角度思考，泰勒、霍金斯这些老朋友，确实真懂他，也就真不想再打扰他了。这是怎样一个境界？想想看，一场全无声音的葬礼，全程会有什么效果。沉寂是爱的深沉，如同静水深流、空谷回音。大爱无言，无声胜过有声。痴心迷爱，约翰生的朋友竟然到了连死死安置，也处处替友人着想，生怕不周，愧对友情。谁解个中情？想想后来那些根本没有见过约翰生的约翰生迷，也有痴心迷情，便不难理解了。

祈祷追思会随后在牛津圣·玛丽教堂举行。在许多祷词中，蓝顿写了最长的一篇，马隆和雷诺兹读过。1796年，纪念约翰生的荣誉仪式在圣保罗大教堂揭幕。

鲍斯威尔的约翰生传记出版

批评家现在有他们的表现机会了，有人评论说："现在老狮子已死，每只蚂蚁都认为可以杀他了。"

已成为皮奥齐夫人的原斯莱尔夫人在意大利听到了约翰生去世的消息，应出版社请求，很快于1786年出版《约翰生逸事》。尽管激怒约了翰生爱好者，尤其是鲍斯威尔和马隆，《伦敦日报》却称她写出了"真人约翰生的真实画面"。《绅士杂志》认为"逸事表明是一部生动和相知理解的作品"。受到鼓舞，她在1788年又出版与《约翰生通信集》。根据她的日记，后人整理出版了《斯莱尔夫人纪事》，她也从一位文学爱好者、家庭妇女，成为了一个有影响力的作家。

勤劳的霍金斯，不顾年老体弱，编辑出版了第一部约翰生著作集并附录约翰生传（十卷本），同样引起关注和不满。人们期待更好的传记出现。面对至少有八本约翰生的传记图书出版在先，鲍斯威尔看到，且有把握，他在努力却未急于出

---

① 马丁：《约翰生：一部传记》，第465页。

版。他自信为此特意准备了20年，不可能写出来不出彩。然而，有些事他还是感觉失落和心寒。因为看到公布的"遗嘱"，他的伟人送书给蓝顿、赫伯登医生和布罗克利斯比医生，甚至给远在艾斯林顿的乔治·斯特汉先生，唯独没有送他。显然，他被忽视了。他也许能感觉到，毕竟自己是个伦敦过客，忘年交有自身局限。如同后来西方学者研究分析，约翰生社交中有三类朋友：一类是他能敞开心灵的，如斯莱尔夫人；一类是熟悉他为人的人，如泰勒，更宽泛地说，还有理查德·巴赫斯特，雷诺兹，约翰·霍克斯沃思，和他们在一起，约翰生能与之思想共通，互相珍重个人的美德；一类是能多少进行思想交流比较但却不能经常互相珍视其个人美德的人，如鲍斯威尔、霍金斯、戈尔德史密斯和斯蒂芬斯。鲍斯威尔虽不会首肯这些后人的分析，他知道需要赶快平衡自己的心理，就像初次见约翰生那样，敬仰没有怨言，代价要去付出。无论如何苦恼不满，他不能忘记伟人的音容笑貌。

当看到报纸上的文章，对约翰生把大量财物赠给养子引发争议，甚至把其每年给弗兰克70英镑看作"骇人听闻"进行抨击时，鲍斯威尔无法容忍那些对他导师的人格攻击。他发现一个线索，霍金斯在约翰生去世几天前，把一些笔记本放进口袋，以免被"有人"发现后不恰当使用。他猜到这个"有人"显然指的是弗兰克。第二年春天，鲍斯威尔到伦敦特意找弗兰克并与他交朋友，很快从他那里得到伟人日记的监护权。弗兰克讨厌那个骨子里看不起黑人的霍金斯，却很高兴协助有求于他的鲍斯威尔。弗兰克按其要求给遗嘱执行人霍金斯爵士、雷诺兹爵士和威廉·斯哥特博士写信，请他们送回所有约翰生的文稿。当鲍斯威尔提出要从弗兰克手中买下这些文稿时遭到拒绝，他只好以买下一些约翰生爱好者的往来书信来答谢弗兰克的慷慨支持。其中有一封被用于作品的信是斯莱尔夫人1780年4月写给约翰生的，夫人发现后，立即给予谴责："鲍斯威尔要用它来威胁我们。他从弗兰克那儿花半个克朗买下它，以此作为嘲弄。"特蒂的结婚戒指保存在一个小木盒里，弗兰克本来要交给约翰生的继女露西却被其拒绝，便写上这是纪念他主人的礼物，交给妻子保管。[①]

鲍斯威尔一直努力，要为他的导师写出真实的传记，尤其不满斯莱尔夫人和

[①] 诺克斯：《约翰生一生》，第355页。

霍金斯那些对待约翰生的不公正描写。他尽可能找到每个与约翰生交往的人，跑遍全城，甚至下乡，全面了解所有情况，要求信息点滴不漏。其间，他见到过范妮。范妮起初不愿与他交往，因为知其有些道德污点和玩世不恭的态度，怕他写坏约翰生，事后读他的作品方才得以信任，因为他做到以最虔诚的方式，全无"恶意"地完美地表达了所热爱的这一个"他的约翰生"。

鲍斯威尔在约翰生去世一年后出版《赫布里底群岛游记》(*The Journnal of a Tour to the Herbrides*，1785)，反响不错。这是他早有把握的底牌。因为他在高地途中边记边写，约翰生读过大部分记录，称赞他越写越好，尤其对文中的碎片细节并无任何反对。他得到直接的鼓励便是约翰生当时愿意配合他回顾早年的生活细节。

鲍斯威尔接下来的一切努力，便是完成创作《约翰生传》(1791)。这天，5月16日，恰是28年前他与伟人见面的日子。这部书如同一座巨大的纪念碑，足以让人驻足瞻仰一个人起伏跌宕、光辉灿烂的一生。首印两卷本，发行1750册，两年内不断重印，他不但还清了出版图书所借贷款，还盈利600英镑。1798年第二版出版，他生前做了些修改。1799年5月，编辑马隆负责第三版修订本，被后人视为标准文本。

没有尾声的结尾

鲍斯威尔的《约翰生传》，再无其他约翰生传记可以代替，甚至难以超越，可谓开始了一个人死而复生的传记历史典范。从此以后，约翰生传记的写作不再有结尾，每代人都会有说不完的约翰生，而任何作品再也无法回避与他这部作品大环的相扣链接。[①]美国巴克内尔大学文学教授格雷格·克林汉（Greg Clingham）主编的两本约翰生研究文集，强调当年同时代人的一个说法：约翰生留下的巨坑无人能填补。[②]约翰生复杂多样的经历、自由独立的思想、自我内省的精神、风趣尖刻的谈话、善良仁慈的人格，仍在广为传诵。"Johnsonian"（约翰生爱好者）这个鲍斯威尔首创的名词及其所形成的群体遍及各地，可谓绵绵不绝，薪尽火传。人们喜欢约翰生，也诚如英国散文家马斯·比尔博姆（Max Beerbohm，1872—1956）所言："约翰生博士有对也有错，否则，我们不会那么热爱他。"威廉·福布斯爵士（Sir William Forbes，1739—1806）给鲍斯威尔的信说："你的传书已经反复看过，感受到比我亲耳聆听约翰生本人谈话还要生动并富有深刻的教益。"[③]这些话不仅嘉奖恰当，还委婉地道出这部戏剧性的《约翰生传》非全纪实而有浓厚的文学色彩和丰富的想象创造力。

约翰生曾视人物传记为他的最爱，认为其教人生活，有益人生。诺克斯结束

[①] 约翰生传记及其各类研究论文论著的标题索引从起始到1969年有250页。从1970到1985年新增100页。参考德马利：《约翰生创作生平》，第309页。详看本书作者《走近约翰生》，社会科学文献出版社，2018年。

[②] 语出政治家威廉·汉弥尔顿。

[③] 沃默斯利：《约翰生传注释本》，1777年9月24日，第635页。

他著的约翰生传记时说:"我相信约翰生所说,在写这部传时,我从未失去这个希望。"约翰生对鲍斯威尔说:"如果你厌倦了伦敦,你也就厌倦了生活。"笔者早年著《文学欣赏》(长江文艺出版社,1985年),把文学殿堂比作伦敦,引用过约翰生的这句话作为小书的结束语,距今已36年,如同奥德赛漂泊后终于回家,庆幸人生,感慨万千。鲍斯威尔以约翰生的传记对我们后来人说:你热爱约翰生,也就会更热爱生活,能与他一样,与约翰生结伴,接纳生命全程。

最后斗胆借用约翰生在出版修订本《英语词典》后写有向博学大家、世界知识人斯卡利格致敬拉丁文诗歌《认识自己》,向约翰生和约翰生爱好者鞠躬谢意:[1]

> 我的任务全部完成,
> 所有工作已结束,
> 命运为我,
> 又铺设了怎样的前路?
> ············

---

[1] 约翰生在出版修订本《英语词典》后写拉丁文诗歌《认识自己》(Know Thyself, 1772),向博学大家、世界知识人斯卡利格(Joseph Scaliger, 1540—1609)致敬。韦恩的英译诗,见格林编《约翰生文选》,牛津出版社,1984年,第28～30页。德马利曾提到此诗歌及意义并说约翰生计划写《颂无知》(Hymn to Ignorance),见德马利:《约翰生创作生平》,第72、113、139页。

后　记

　　这本《约翰生评传》基本按年月顺序述说，力图较完整地介绍约翰生成长和成就自己的全过程，理解其历史环境、社会事件、人物关系、重要作品发表和影响及不同传记作家的分析、解读、评价。

　　主要参考书籍有，鲍斯威尔《约翰生传》（1791）；皮奥齐夫人《约翰生逸事》（1786）；霍金斯《约翰生传》（1787）；克里福德《青年约翰生》（1955）；约翰·韦恩《约翰生传记》（1974）；沃特·杰克森·贝特《约翰生传》（1978）；罗伯特·德马利《约翰生创作生平》（1993）；皮特·马丁《约翰生：一部传记》（2008）；戴维·诺克斯《约翰生一生》（2009）；诺曼·佩奇《约翰生年谱》（1990）等。值得提到，在这些跨越世纪的传记作者中，有约翰生同时代人，鲍斯威尔和霍金斯是律师，皮奥齐夫人是约翰生的红颜知己。除韦恩是作家外，其他都是大学文学教授，他们倾学者全力研究约翰生。同时，本书还参考了其他研究者及资料。值得一提的是，澳大利亚约翰生学会会员在新冠肺炎疫情期间（2020年），由会长伊恩·基思（Ian Keese）发起在网上学习交流心得活动，会员所写的数十篇文章或提供或补充流行传记版本的缺失或进一步思考的信息，让笔者受益颇大。越学习，笔者越感到约翰生的世界深似海，深深体会到了约翰生何以想写《颂无知》。

　　本书以综合不同传记作者包括其他研究者观点的方式述说约翰生，仿佛绘制一幅特别行迹图，又如同料理一盘特色沙拉、制作一条特质珍珠链。自信这也是传记的一种写法，期待这个尝试能别开生面，提升理性质疑和智慧判断的能力。因为人物传记要比较来看才容易呈现客观和展示真实，至于取舍大小不当或排挤疏密不均，尤其如何保留传主的警句逸事，任何阙漏舛错、叙述不畅，笔者自应

后 记

负全责，接受批评，只为更好行进，学习、欣赏并理解、走近这位能使生活受益并与之同行的人生导师。

在此，感谢十多年来出版我译文、论著的出版社，特别是国际文化出版公司的许明先生和参与工作者；感谢海内外亲朋师友和前贤后生Johnsonian，特别是约翰生藏书家伯恩律师（John Byrne）、德马利教授（Robert DeMaria）和克林汉教授（Greg Clingham）的鼓励、帮助和支持；感谢我们的Ping Ming Health及其连锁公司；感谢老朋友卢和丰同学曾慷慨赞助出版约翰生作品集；尤其感谢我的妻子王萍、母亲缪雪珍、岳母郑瑾绮，还有儿子和儿媳蔡槿楠、蔡薇丝及其他家人、亲戚的全力呵护和体谅。

向所有Johnsonian致谢、致敬！

蔡田明
2021年8月18日于珀斯